秦郡新探

以出土文献为主要切入点

凡国栋 / 著

上海古籍出版社

目 录

绪言 ……………………………………………………………… 1

上编　秦郡设置新考

第一章　秦郡设置的学术史回顾 …………………………… 19
　第一节　问题的缘起 ………………………………………… 19
　第二节　乾嘉以降的争鸣 …………………………………… 22
　第三节　出土文献带来的新突破 …………………………… 29

第二章　解决秦郡设置问题的取径 ………………………… 38
　第一节　解决秦郡县设置问题的几点思考 ………………… 38
　　一、步骤 ……………………………………………………… 38
　　二、分期 ……………………………………………………… 39
　　三、系年 ……………………………………………………… 40
　　四、书法 ……………………………………………………… 41
　第二节　解决秦郡设置问题的前提——秦郡存目考述 …… 44

第三章　秦郡设置考（上） ………………………………… 51
　第一节　故秦地置郡考 ……………………………………… 51
　第二节　故韩、魏地置郡考 ………………………………… 62
　第三节　故赵地置郡考 ……………………………………… 76

第四章　秦郡设置考（中） ………………………………… 86
　第一节　故楚地置郡考 ……………………………………… 86
　第二节　故燕地置郡考 ……………………………………… 100
　第三节　故齐地置郡考 ……………………………………… 105

第五章　秦郡设置考（下） ·················· 112
　　第一节　故吴越、闽越地置郡考 ·················· 112
　　第二节　存疑郡考 ·················· 118
　　第三节　类郡政区（内史） ·················· 124

上编小结 ·················· 128

下编　秦郡界域新考

第六章　秦郡界域研究的学术史回顾 ·················· 135
　　第一节　秦郡界域的研究 ·················· 135
　　第二节　秦郡领县的研究 ·················· 139

第七章　解决秦郡界域问题的取径 ·················· 143
　　第一节　关于秦县认定标准的几点思考 ·················· 143
　　　一、职官制度与秦县确认 ·················· 145
　　　二、籍贯书法与秦县确认 ·················· 147
　　　三、题铭制度与秦县确认 ·················· 151
　　第二节　领县与界域 ·················· 153

第八章　秦郡界域新考（上） ·················· 156
　　第一节　关中诸郡（含内史） ·················· 156
　　第二节　山东南部诸郡 ·················· 177

第九章　秦郡界域新考（下） ·················· 213
　　第一节　山东北部诸郡 ·················· 213
　　第二节　淮汉以南诸郡 ·················· 238

下编小结 ·················· 267

结语 ·················· 269

附录 ·················· 271
　　附文一：《里耶秦简（壹）》所见秦县略考 ·················· 271

附文二：秦封泥所见同名秦县辨析 ………………………… 335
附文三：里耶秦简所见秦基层地方行政体系 ……………… 351
附图一：秦昭襄王三十五年十二郡示意图 ………………… 389
附图二：秦始皇二十六年政区示意图 ……………………… 390
附图三：秦末政区示意图 …………………………………… 391

引述资料简称表 …………………………………………… 392

主要参考文献 ……………………………………………… 394

后记 ………………………………………………………… 407

绪　　言

一、缘起和意义

我国郡县制度肇端于春秋战国之际由封建而郡县的变局。此前的商周时期为宗法封建时代，实行分土而治，诸侯各自为政，中央和地方不存在行政隶属关系。李峰先生将西周国家定义为"权力代理的亲族邑制国家"，这一理论很好地阐释了西周国家的中央与地方的关系。他指出：

> 西周国家首先被设想为邑群的集结体，它们靠国家政治权力组成一个分层的网状组织。其中，边远的属邑通过路径与族邑连接起来，而族邑又进一步借助道路与王室宗族所在的诸侯国都保持联系。在顶层，王都——即渭河平原的"五邑"和东部的成周构成了权力的网状组织，周王正是通过这个网络进行巡行。根据委任原则和王室宗族的血缘结构，国家权力由王都分派至诸侯国的国都，并且通过诸侯国的政治结构，进一步到达不同的土著宗族。在西部的王畿地区，它由王都直接传至管理着众多偏远属邑的宗族中心。①

近代以来，研究中国疆域沿革和地方行政制度史的学者都是从郡县制讲起。如童书业先生20世纪40年代撰写《中国疆域沿革略》，在第二编讲历代地方行政区划的时候将黄帝、尧、舜、禹所定州制归为"传说中之州服制"，而从郡县制之起源讲起。严耕望先生在稍后成书的《中国地方行政制度史——秦汉地方行政制度》一书中亦是首论郡县制的渊源。周振鹤先生撰写《中国地方行政制度史》，开篇第一部分专门阐述人们对地方行政制度起源的误会。他认为："由封建变郡县标志着地方行政制度的产生，这一转

---

① 李峰：《西周的政体——中国早期的官僚制度和国家》，生活·读书·新知三联书店2010年，第302页。

变过程大约延续了五百年时间,郡县制渐渐臻于完备,为秦始皇在全国范围内罢侯置守准备了基础。"①自此以来,郡县制度也成为两千多年中国地方行政制度的基本框架,后来虽有州县制、府县制等变化,但是均未脱其窠臼。

关于郡县制之起源与流变,历来论者颇多,迄今未有定论。不过大致而言,用"萌芽于春秋,演进于战国,完成于秦代,至两汉臻于大备"这句话来总括其源流大致是不差的。② 郡县制的实质是分民而治,其前提是中央集权。中央政府"按地区划分它的国民",将全国领土划分为不同层级的行政管理区域,在各个区划内设置地方政府,并授予地方政府一定的行政、军事、财政、司法等权力。因此它实际上反映的是中央与地方的关系。历史上对于这个问题的探索主要表现为封建与郡县之争。自秦始皇混一域内、海内为郡县之日起,两千余年来封建与郡县之争便没有停息。作为这种争论的现实表现,在汉、晋两代就发生了封建制的两度回光返照。近代政体由专制改而共和,封建与郡县之争已然没有现实意义。自现代学术兴起之后,研究者已经开始走出讨论封建与郡县孰是孰非的藩篱,转而对郡县制、封建制进行历史学的考察,其中蔚为大观的一门学问就是对历史时期郡县制的研究。

然而检视近代以来郡县制度之研究现状,秦之郡县制无疑是其中最为薄弱的一环。研究者往往将其与汉代统而论之,实际论述的时候往往也是详汉而略秦。个中原因固然有制度相承的考虑,但是秦史研究资料奇缺亦为一大障碍。汉代郡县制度的研究目前已较为深入,而秦代的郡县制度虽然不乏探究者,但长期以来纠葛于郡目问题,未能深入探讨其区划之详情、职官之设置、官府之运作。

治史之难在于巧妇难为无米之炊。司马迁在秦亡不过半个世纪之后著述《史记》之时已为此叹息不已。他在《史记·六国年表》的序言中写道:"秦既得意,烧天下《诗》《书》,诸侯史记尤甚,为其有所刺讥也。《诗》《书》所以复见者,多藏人家,而史记独藏周室,以故灭。惜哉,惜哉!独有《秦纪》,又不载日月,其文略不具。"③不过太史公之撰著《史记》毕竟去古未远,尚可以做到"网罗天下放失旧闻","百年之间,天下遗文、古事靡不毕集太史公"。这种条件今人自然不能具备,治秦史者或亦当感慨有过之。不过较之太史公,我们能够得见一些太史公不曾采获的材料,此今世治秦史者之幸事。近世以来,出土材料日益增多。其中有裨于秦史研究的材料有简牍、封

---

① 周振鹤:《中国地方行政制度史》,上海人民出版社2005年,第8页。
② 严耕望:《中国地方行政制度史——秦汉地方行政制度》,上海古籍出版社2007年,第7页。
③ 司马迁:《史记》,中华书局1982年,第686页。

泥、玺印、陶文、瓦当、货币铭文等多种门类。借助出土材料,运用王国维先生提倡的"二重证据法",于秦代郡县研究大有可为,特别是其中关于秦郡问题的研究具备较大突破的可能。正是基于这一背景,我们提出在出土文献视域下对秦郡问题进行一次系统的研究。

二、相关出土材料简介

由于本书是在出土文献这一视域下讨论秦郡问题,于所用之材料不能不事先作一介绍和说明。近世以来由于考古学发展迅猛,出土材料门类众多、数量巨大,其中与秦郡研究相关之材料亦不在少数。限于本书的研究主旨,此处只介绍与本论题相关度较高的部分材料。

(一) 简帛类

简帛类资料是出土文献之大宗,其中秦系简牍历年来共发现有 10 批,总数约 40 000 枚,30 多万字,实为秦史之资料宝库。① 其中既有简牍典籍,也有简牍文书,内容非常广泛,不少资料对我们的论题都有重要的价值。另外,历年发现的汉简数量亦不在少数,其中西汉早期的部分简牍亦与此论题密切相关。下面我们就对这部分简牍资料作一个简要的介绍。

1. 云梦睡虎地秦简

云梦睡虎地秦简于 1975 年出土于湖北云梦睡虎地 11 号秦墓中,总数有 1 155 枚,另有残片 80 枚。这是我国考古界第一次发现秦简,从数量和内容来看都是极其重要的发现。其中可归为典籍类的有《编年记》《语书》《为吏之道》《日书》(两种)。此外还有大批秦律以及与秦律相关的材料,包括《秦律十八种》《效律》《秦律杂抄》《法律问答》和《封诊式》,由于秦律在传世文献中极为罕见,这次发现引起了学术界的广泛关注。据《编年纪》所透露出的墓葬时代分析,这些律文应该成于秦统一之前。

关于这批材料的公布,早期在《文物》上有几篇简报和介绍。1977 年和 1978 年文物出版社先后出版了两种《睡虎地秦墓竹简》。前者为 8 开线装本,收入了除两种《日书》以外的所有竹简释文和图片,并作有简注;后者为 32 开平装本,内容与前者相同但无图片。1981 年,文物出版社出版了《云梦

---

① 本节对简牍出土情况的介绍除参考相关的发掘报告外,还参阅了下列论著,恕不一一说明出处。李均明:《古代简牍》,文物出版社 2003 年;何双全:《简牍》,敦煌文艺出版社 2004 年;胡平生、李天虹:《长江流域出土简牍与研究》,湖北教育出版社 2004 年;赵超:《简牍帛书发现与研究》,福建人民出版社 2005 年;骈宇骞、段书安:《二十世纪出土简帛综述》,文物出版社 2006 年;单育辰:《1900 年以来出土简帛一览》,《简帛》第 1 辑,上海古籍出版社 2006 年,第 481—513 页。

睡虎地秦墓》一书，全面介绍了睡虎地 11 号秦墓的墓葬时代、形制、出土文物等情况。1990 年，文物出版社出版了由睡虎地秦墓竹简整理小组编写的 8 开精装本《睡虎地秦墓竹简》，收录了睡虎地 11 号秦墓出土的所有竹简释文、图版、注释。除《编年记》《为吏之道》《日书》甲乙种之外，其他部分都做了现代语译。

2. 天水放马滩秦简

天水放马滩秦简牍于 1986 年出土于甘肃天水放马滩 1 号秦墓，计有竹简 461 枚，另有木牍 4 块。竹简内容为《日书》（两种）和《墓主记》，①木牍正反两面绘有七幅地图（其中一牍只绘一面）。

放马滩秦简木板地图是目前所见最早的实物地图，与秦代历史地理研究有着密切的关联。② 其著录和研究情况请参阅胡平生、李天虹二位先生合著《长江流域出土简牍与研究》的相关章节。关于放马滩地图的复原研究，曹婉如、张修桂、藤田胜久、雍际春等学者先后对地图的编缀复原提出了各自的意见。③ 近来，晏昌贵先生依据最新的红外照片，释读出木板地图中的"北方"二字，从而确定地图的方位为上南下北，并在此基础上重新复原地图水系和地域范围，进而探讨地图所反映地域的历史文化面貌，足资参考。④

3. 云梦龙岗秦简

云梦龙岗秦简于 1989 年出土于湖北云梦龙岗第 6 号秦墓，整理缀合得竹简 150 余枚，另有木牍 1 方。竹简内容是秦律，整理者据简文内容分为五类，分别题名为《禁苑》《驰道》《马牛羊》《田赢》《其他》，其性质属于围绕禁苑管理事务所作的法律摘抄。这批简是秦律的第三次发现，⑤结合墓葬年代考察其时代当系秦末，应该是秦统一后的律文，但与睡虎地秦律又一脉相承。

---

① 标题作《墓主记》是整理者的意见，李学勤先生据其内容改名为《志怪故事》，胡平生先生据简文首句改称《邸丞谒御史书》，这里暂从整理者意见。
② 甘肃省文物考古研究所：《天水放马滩秦简》，中华书局 2009 年。
③ 曹婉如：《有关天水放马滩秦墓出土地图的几个问题》，《文物》1989 年第 12 期；张修桂：《天水〈放马滩地图〉的绘制年代》，《复旦大学学报》1991 年第 1 期；张修桂：《当前考古所见最早的地图——天水〈放马滩地图〉研究》，《历史地理》第 10 辑，上海人民出版社 1992 年；藤田胜久著，李淑萍译：《战国时秦的领域形成和交通路线》，《秦文化论丛》第 6 辑，西北大学出版社 1998 年；雍际春：《天水放马滩木板地图研究》，甘肃人民出版社 2002 年。
④ 晏昌贵：《天水放马滩木板地图新探》，《考古学报》2016 年第 3 期。
⑤ 秦律的第二次发现是 1979—1980 年间在四川秦川郝家坪 50 号战国秦墓中出土的两方木牍。其内容是秦武王二年（前 309）颁布的《为田律》。详细情况请参阅胡平生、李天虹：《长江流域出土简牍与研究》，第 218—221 页。

这批材料首次全部公布在1994年出版的《考古学集刊》第8期中，1997年科学出版社出版了刘信芳、梁柱两位先生编著的《云梦龙岗秦简》一书，公布了龙岗秦简的全部释文和照片，并作了一定的研究。2001年，中华书局出版了由中国文物研究所和湖北省文物考古研究所共同编写的《龙岗秦简》一书，书中文字释读采用了红外线技术，对原整理本释文作了不少修订，并对简文分类和内容理解提出了一些新看法。

4. 沙市周家台秦简

沙市周家台秦简于1993年出土于湖北沙市周家台第30号秦墓，计有竹简381枚，另有木牍1块。主要内容有《历谱》《日书》《病方及其他》等。其中《历谱》类似于睡虎地秦简的《编年记》，月朔干支之下为墓主经历的记录，所载地名一定程度上可反映出当时历史地理的某些信息。

除早期发表的几篇简报外，其全部墓葬发掘、简牍释文照片等信息均见于2001年中华书局出版的《关沮秦汉墓简牍》一书。

5. 龙山里耶秦简

里耶秦简2002年发现于湖南湘西自治州龙山县里耶镇里耶古城城内一口编号为J1的古井中，包括残简和削衣在内，总数37 000余枚。据报告称，除第5层发现少量文字具有战国时期楚文字书写特征的竹简外，其他层位均为木质秦代简牍。其年代亦明确记载为秦始皇二十五年至秦二世二年，即公元前222年至公元前208年。竹简内容为秦洞庭郡迁陵县政府档案，涉及当时社会的各个层面，有人口、土地、赋税、吏员、刑徒的登记及其增减和原因，仓储管理和粮食俸禄发放，道路、邮驿、津渡的管理和设备添置，兵器的管理和调配，中央政府政令的传达和执行，民族矛盾、民事纠纷的处理等。

这批材料的公布经历了较长时间，其前期公布情形如下：《文物》2003年第1期《湖南龙山里耶战国——秦代古城一号井发掘简报》公布了首批经过初步整理的竹简释文，附有彩色图版。与此同时，《中国历史文物》2003年第1期也发表了《湘西里耶秦代简牍选释》，此文与《简报》相表里，有选择地标点注释了《简报》公布的释文，并对简文涉及的历法、行政设置、地方官吏的设置以及民族、交通地理等问题进行了初步探讨。另外，由国家文物局主编的《2002中国重要考古发现》一书也对里耶秦简的发掘作了详细的介绍，其中刊发的图片质量较高，与《简报》的照片可以配合使用。此后整理者又借助几次学术会议陆续公布了部分原始资料。其一是署名张春龙、龙京沙的《里耶秦简三枚地名里程木牍略析》一文，该文公布了编号为"J1(16)12"和"J1(17)14正面""J1(17)14背面"的两枚木牍（配有黑白图版），并公布了

"J1(16)52"的黑白图版。其二是张春龙先生发表的《里耶秦简中祠先农、祠窨和祠堤校券》一文，其中"祠先农"部分曾以《里耶秦简中的祠先农简》为题在台湾中国文化大学、晓峰纪念馆主办的第三届简帛学术讨论会发表，此后在武汉大学简帛研究中心主办的"中国简帛学国际论坛2006"上又以《里耶秦简校券和户籍简》为题公布了其中几类校券和编号为K11的凹坑内发掘的部分户籍简释文。2007年岳麓书社出版了湖南省文物考古研究所整理的《里耶发掘报告》一书。《报告》基本上收入了以上零散发表的简牍内容，只是增配了部分简牍的图版。此后，在2007年10月举行的"中国里耶古城·秦简与秦文化国际学术讨论会"上，张春龙先生以《里耶秦简中纪录疾已和丞某用餐情况的简牍》为题，介绍了一部分关于官吏用餐记录的简牍。

2012年1月，湖南省文物考古研究所编著的《里耶秦简（壹）》由文物出版社出版。根据该书《凡例》介绍，里耶秦简根据出土地层单位分五辑出版，第一辑包含第五、六、八层出土的简牍。该书图版据简牍原大影印，按照整理编号编排，图版下对应标注简牍出土登记号；释文据图版顺序编排，与图版分开排印。几乎与《里耶秦简（壹）》出版同步，由陈伟先生主编，何有祖、鲁家亮以及笔者参与撰著《里耶秦简校释》（第一卷）由武汉大学出版社出版。该书是陈伟先生主持教育部哲学社会科学研究重大课题攻关项目"秦简牍的综合整理与研究"成果。该书调整了《里耶秦简（壹）》约620枚简牍、共1340字的释文；在简牍缀合上，将293枚简牍缀合成131枚，化零为整，复原出71份相对完整、大致可以通读的文书。该书还增加现代标点并附有较简明的注释，除字词释义，亦有不少地理与制度的探讨。该书出版之后，课题组成员之一何有祖师兄在武汉大学简帛研究中心主办的简帛网发表有关缀合文章数篇，共得缀合70余则，取得不俗的成绩。①

2017年，湖南省文物考古研究所编著的《里耶秦简（贰）》由文物出版社出版。2018年，由陈伟先生主编，鲁家亮、何有祖以及笔者参与撰著《里耶秦简校释》（第二卷）由武汉大学出版社出版。该书新释、改释文字400余字，新缀合简文50余条，对全部释文施加标点和注释，形成了方便各相关学科学者利用的基础文本。该书注重传世与出土文献、行政文书与法律文本的相互比照，以探明简牍文献语文和历史的双重内涵。

---

① 何有祖：《里耶秦简牍缀合》（七则），《里耶秦简牍缀合》（二、三、四、五、六、七），《里耶秦简牍缀合》（二则、六则、八则、三则）等系列论文，分见于简帛网（www.bsm.org.cn）"简帛文库"的"秦简"专栏2012年5月—2013年10月。

6. 岳麓书院藏秦简

湖南岳麓书院于2007年至2008年分两次从海外文物市场抢救回一批秦简，计有2176枚，其中较为完整的有1300余枚。从初步整理情况判断，这批秦简内容包括《质日》《为吏治官及黔首》《占梦书》《数》《奏谳书》《秦律杂抄》《秦令杂抄》等七类。据早期媒体报道，简文中不仅发现了"苍梧""洞庭"等里耶秦简中出现过的秦代郡名，而且陈松长先生还据简文内容提出秦48郡之外应当存在州陵、江湖二郡的看法。① 这批简牍的大致情况可参考陈松长先生发表在《文物》2009年第3期的《岳麓书院所藏秦简综述》一文。此外，《中国史研究》2009年第3期有一组关于岳麓书院秦简的专题文章，其中公布有部分简文。②

从2010年开始，《岳麓书院藏秦简》已陆续出版完毕，共计七册。《岳麓书院藏秦简（壹）》收录《质日》《为吏治官及黔首》《占梦书》三篇。《岳麓书院藏秦简（贰）》收录《数》一种。《岳麓书院藏秦简（叁）》包括狭义的奏谳文书、举荐文书以及记载乞鞫案件的文书，涉及群盗、逃亡、杀人、婚姻、户籍、财产继承、冒名书信、商业用地分配等问题，涵盖行政犯罪、经济犯罪、刑事犯罪等多个方面。《岳麓书院藏秦简（肆）》与《岳麓书院藏秦简（伍）》《岳麓书院藏秦简（陆）》《岳麓书院藏秦简（柒）》内容相近，都是秦代律令。秦律内容包括《田律》《金布律》《尉卒律》《徭律》《傅律》《仓律》《司空律》《内史杂律》《奔敬（警）律》《戍律》《行书律》《置吏律》《贼律》《具律》《狱校律》《兴律》《杂律》《关市律》《索律》等。秦令据其所署的令名情况，可大致分为卒令、廷卒令、廷令、内史仓曹令、内史旁金布令、迁吏令、祠令、卜祝酎及它祠令、安台居室居室共令、四谒者令、食官共令、四司空卒令、四司空共令、郡卒令、尉郡卒令、《辞式令》等。律令文书中直接记载了部分郡县名称，而且不少内容记载有时人的籍贯信息，通过行政文书的运作及其流转情况，

---

① 相关内容最早见诸媒体报道（龙军：《岳麓书院抢救性回购一批流落海外秦简》，《光明日报》2008年4月20日第2版；陈永杰：《抢救神秘秦简》，《北京科技报》2008年4月21日第46版）。陈松长先生的具体意见参阅氏著《岳麓书院藏秦简中的郡名考略》，《湖南大学学报（社会科学版）》2009年第2期，第5—10页。陈伟先生认为州陵为南郡之属县，并非秦郡名。参阅陈伟《"江胡"与"州陵"——岳麓书院藏秦简中的两个地名初考》，《中国历史地理论丛》2010年第1期，第116—119页。

② 陈松长：《岳麓书院藏秦简中的行书律令初论》，《中国史研究》2009年第3期，第31—38页；肖灿、朱汉民：《岳麓书院藏秦简〈数〉的主要内容及历史价值》，《中国史研究》2009年第3期，第39—50页；朱汉民、肖灿：《从岳麓书院藏秦简〈数〉看周秦之际的几何学成就》，《中国史研究》2009年第3期，第51—58页；肖永明：《读岳麓书院藏秦简〈为吏治官及黔首〉札记》，《中国史研究》2009年第3期，第59—68页；于振波：《秦律令中的"新黔首"与"新地吏"》，《中国史研究》2009年第3期，第69—78页。

可窥见当时的郡县隶属关系,对于复原秦代政区大有裨益。

7. 江陵张家山汉简

1983年底至1984年初,江陵张家山247、249、258号墓共出汉简1 280余枚。其中M247出土了竹简1 236枚(不含残片),大部分保存完好,字迹明晰可辨。其他两墓M249和M258也出土了少量竹简,残断较甚。其中M247的竹简共分八部分,包括《历谱》《二年律令》《奏谳书》《脉书》《算数书》《盖庐》《引书》《遣策》。内涵十分丰富,涉及西汉早期的律令、司法诉讼、医学、导引、数学、军事理论等方面,对于研究西汉社会状况和科学技术的发展具有重要的价值。据墓葬形制和随葬品风格特点推断墓葬的相对年代晚于睡虎地秦墓,与江陵凤凰山西汉墓年代相去不远,上限在西汉初年,下限不会晚于景帝。而据墓中《历谱》推断墓主去世当在西汉吕后二年(公元前186年)或其后不久,所以墓所出汉律与秦律有着较为明显的相承关系。《二年律令》中的《秩律》记录的是当时朝官和地方官的禄秩,不仅可借此了解汉初职官制度,亦可以用来研究汉初政区设置的情况。此外《二年律令·津关令》《奏谳书》也有关于汉初地理建置的内容。

该简早期有简报披露部分情况,2001年11月文物出版社出版了《张家山汉墓竹简[二四七号墓]》一书,公布了这批竹简的全部照片和释文。2006年5月文物出版社出版了张家山二四七号汉墓竹简整理小组编著的《张家山汉墓竹简[二四七号墓](释文修订本)》。2007年,武汉大学简帛研究中心、荆州博物馆、早稻田大学长江流域文化研究所合作利用红外线技术重新整理的《二年律令与奏谳书》一书由上海古籍出版社出版。

8. 马王堆汉墓《地形图》和《驻军图》

1973年底在湖南长沙马王堆三号汉墓中出土有三幅绘在绢帛上的地图,其中《地形图》和《驻军图》记载有汉初长沙国南部地区的县邑、河流、山川等信息,是研究长沙国政区及其南部疆界的第一手资料。这批资料的著录情况大致如下:先是《文物》1975年第2期报道了该图的整理情况,并配发了谭其骧先生撰写的专文。① 随后1977年文物出版社出版了《古地图》,公布了马王堆三号汉墓出土的《地形图》和《驻军图》的照片和临摹图。②

关于该地图的研究,最早有谭其骧先生撰写的《马王堆汉墓出土地图所

---

① 马王堆汉墓帛书整理小组:《长沙马王堆三号汉墓出土地图的整理》,《文物》1975年第2期;谭其骧:《二千一百多年前的一幅地图》,《文物》1975年第2期,收入氏著《长水集》(下),人民出版社1987年,第233—245页。

② 马王堆汉墓帛书整理小组编:《马王堆汉墓帛书 古地图》,文物出版社1977年,亦见曹婉如等:《中国古代地图集(战国—元)》,文物出版社1990年。

说明的几个历史地理问题》一文，该文探讨了汉初长沙国的南界，并考证落实了地图所见长沙南部地区八个县治的地望问题。① 此后参与讨论的有黄盛璋、周世荣、张修桂等学者，此不赘述。②

9. 松柏1号汉墓木牍

2004年底湖北荆州纪南镇松柏1号汉墓中出土木牍63块，另有木简10枚。据整理者发表的报告称，木牍内容包括遣书、簿册、牒书、历谱以及墓主周偃的功劳记录、升迁记录、升调文书等公文抄件。整理者据历谱资料判断该墓年代为汉武帝早期。这批简牍的公布情况大致如下：《文物》2008年第4期公布了其中的35号木牍，记载内容为南郡下辖属县免老、新傅、罢癃各项的人数。③ 2009年荆州博物馆编辑出版的《荆州重要考古发现》一书中又公布了另外四枚简牍，内容涉及法令、户籍、人口等内容。④

10. 其他

以上我们介绍了6批秦简和3批汉简帛。此外秦简尚有4批，一是1975年与睡虎地11号秦墓同批发掘的4号秦墓木牍（两块），二是1979—1980年间四川青川郝家坪50号战国秦墓木牍（两块），三是1986年江陵岳山秦墓木牍（两块），四是1993年江陵王家台15号秦墓竹简（800余枚）。其中江陵王家台秦简又发现了《效律》条文，不过这批材料尚未发表，无法利用。⑤

经过多年研究积累，有关秦简的综合性研究成果也开始出现，其中最具代表性的成果是武汉大学简帛研究中心组织的关于秦简牍的系统整理工作。对包括睡虎地秦简、龙岗秦简、周家台秦简、放马滩秦简等多批秦简进行再整理，利用红外拍摄技术，首次刊布了相关简牍的红外照片，广采众家之长，重新修订释文、注释和编连，该成果在原报告基础上有较大提升。⑥

---

① 谭其骧：《马王堆汉墓出土地图所说明的几个历史地理问题》，原载《文物》1975年第6期，收入氏著《长水集》（下），人民出版社1987年。
② 黄盛璋、钮仲勋：《有关长沙马王堆汉墓的历史地理问题》、周世荣：《马王堆古地图有关问题研究》，收入湖南省博物馆编：《马王堆汉墓研究》，湖南人民出版社1981年；张修桂：《西汉初期长沙国南界探讨》，《中国历史地理论丛》第3辑，陕西人民出版社1988年。
③ 荆州博物馆：《湖北荆州纪南松柏汉墓发掘简报》，《文物》2008年第4期，第24—32页。
④ 荆州博物馆编：《荆州重要考古发现》，文物出版社2009年，第210—211页。
⑤ 1990年湖北江陵扬家山135号墓出土一批竹简（75枚），原发掘报告将该墓作为秦墓处理（荆州地区博物馆《江陵扬家山135号秦墓发掘简报》，《文物》1993年第8期）。陈振裕先生结合秦汉葬俗的差别等项判断该墓为汉墓，似可从。参氏著《七十年代以来湖北出土秦汉简牍概述》，简帛研究网2000年9月10日；另参氏著《湖北秦汉简牍概述》，艾兰、邢文编：《新出简帛研究》，文物出版社2004年。
⑥ 陈伟主编：《秦简牍合集》，武汉大学出版社2014年。

(二) 封泥、玺印类

玺印是古人昭示信用之物，一般用作官府公文往还和私人书信交往的凭证。而封泥作为玺印抑压结落的实体，其本质是一种封缄形式。二者都可直观反映当时职官、地理、文字，以及政令布达、信息传递等有关制度，所以近世以来备受历史学者的重视。王国维先生在《齐鲁封泥集存序》中曾对其价值作过很好的阐释："窃谓封泥与古玺印相表里，而官印之种类，则较古玺印为尤多，其足以考正古代官制地理者，为用至大。"①

然而由于秦祚短暂，传世秦玺印和秦封泥数量极为稀少。罗福颐先生主编《秦汉魏晋南北朝官印征存》著录秦官印43方，传世秦封泥则仅有寥寥数枚而已。② 再加上秦统一之前历史颇为长远，各种制度多有沿袭，不可能以灭六国之年判然分断；而汉又多承秦制，由此使得秦汉官印界限比较模糊，给断代工作造成一定的困难。李学勤先生曾说："目前，我们的有关知识仍是有限的，对战国晚期秦国、秦代和汉初的印与封泥，仍难作全面的划分。考虑到秦代不过短促的15年，这种划分或许在客观上是不可能的。因此，今天我们说秦印、秦封泥，应理解为年代可有上溯下延，以不远于秦代为近是。"③

20世纪末，随着西安北郊相家巷秦封泥的集中出土，这一现状得到极大的改观。不仅秦封泥的数量和品种有了大幅的增长，在秦封泥的断代研究方面也取得较大进步。据统计，至今收藏者陆续公布的这批封泥总数近3000枚，堪称封泥发现之最。④ 而随着这批秦封泥的面世，对秦封泥的断代研究亦成为可能。不过我们也应该注意到这一工作目前还处于开创阶段，研究者所提出的某些断代依据是否可靠还需要进一步接受实践的检验。

相家巷秦封泥现分别藏于北京古陶文明博物馆和西安书法艺术博物馆

---

① 王国维：《观堂集林》卷18《齐鲁封泥集存序》，中华书局1959年，第920页。
② 吴式芬、陈介祺《封泥考略》指出的"叁川尉印""赵郡左田""怀令之印""重泉垂印"等，王辉先生《秦印探述》(《文博》1990年第5期，第236—251页)中指出的"皇帝信玺""信宫车府""北宫宦□""军假司马"为秦封泥。不过随着相家巷封泥断代研究的深入开展，学者开始借助这批封泥提供的断代标尺研究清理此前著录和近代以来陆续出土的封泥，周晓陆从中清理出百余品秦式封泥。参阅周晓陆、刘瑞：《90年代之前所获秦式封泥》，《西北大学学报(哲学社会科学版)》1998年第1期，第75—82页。
③ 李学勤：《秦封泥与秦印》，《西北大学学报(哲学社会科学版)》1997年第1期。
④ 相家巷秦封泥的总数量目前仍然难以确切知道，据这批秦封泥的主要研究者陈晓捷、周晓陆最近公布的数字，其总数当超过6000枚，品种有望过千。参阅陈晓捷、周晓陆：《新见秦封泥五十例考略——为秦封泥发现十周年而作》，收入西安碑林博物馆：《碑林集刊》第11辑，陕西人民美术出版社2005年。

（西北大学博物馆亦有少量收藏）。收藏者最初曾陆续发表一些论文披露了部分内容，集中著录则有如下数种：2000年出版的《秦封泥集》以北京古陶文明博物馆藏秦封泥为主，兼收各种谱录和考古报告中所见秦封泥，是当时所见秦封泥的一次集中著录和研究。2002年出版的《新出土秦代封泥印集》以西安书法艺术博物馆藏封泥为主，并收录了部分北京古陶文明博物馆藏品，附录57品为各种谱录和考古报告中所见秦封泥。2007年出版的《秦封泥汇考》是在《新出土秦代封泥印集》一书的基础上作的扩充，基本上将《秦封泥集》的内容囊括在内。至此出土秦封泥的著录数量已十分可观，为秦代历史研究提供了丰富的材料。

相家巷秦封泥亦有部分系考古发掘所得，如1996年西安市文管会（现为文物保护考古研究所）在汉长安城西北角相家巷村发掘一窖藏，得封泥若干枚，但未发表。2000年4、5月间，社科院考古研究所长安城考古队在相家巷村南农田发掘一处秦遗址，出土封泥325枚，涉及100多个品种，其释文和图片已经发表在《考古学报》2001年第4期。①

2006年，陕西西安市未央区六村堡内的东西路南侧发现秦封泥，该地与相家巷封泥发现地相距仅600米。② 此外，文雅堂等一些收藏单位零星发现的秦封泥也多见于相关论文。③ 2007年，李晓峰、杨冬梅先生将济南市博物馆收藏的带界格封泥进行了公布和考释。④ 2008年，路东之出版《问陶之旅》，⑤集中收录《秦封泥集》之后陆续收集的战国、秦、汉封泥。2009年，王玉清、傅春喜先生出版《新出汝南郡秦汉封泥集》，⑥公布了在河南平舆出土的汉汝南郡封泥554枚，其中多为汉代封泥。2010年，周晓陆先生出版《二十世纪出土玺印集成》，⑦是当时已知玺印、封泥的集中著录，蔚为大观。同

---

① 王辉：《秦封泥的发现及其研究》，《文物世界》2002年第2期，第26—28页；中国社会科学院考古研究所汉长安城工作队：《西安相家巷遗址秦封泥的发掘》，《考古学报》2001年第4期，第509—544页；刘庆柱、李毓芳：《西安相家巷遗址秦封泥考略》，《考古学报》2001年第4期，第427—452页。
② 马骥：《西安近年封泥出土地调查》，《青泥遗珍——战国秦汉封泥文字国际学术研讨会论文集》，西泠印社2010年，第30页。
③ 陈晓捷、周晓陆：《新见秦封泥五十例考略——为秦封泥发现十周年而作》，收入西安碑林博物馆：《碑林集刊》第11辑；周晓陆等：《秦封泥再读》，《考古与文物》2002年第5期，第68—75页；周晓陆等：《在京新见秦封泥中的中央职官内容——纪念相家巷秦封泥发现十周年》，《考古与文物》2005年第5期，第3—15页；周晓陆：《于京新见秦封泥中的地理内容》，《西北大学学报（哲学社会科学版）》2005年第4期，第116—125页。
④ 李晓峰、杨冬梅：《济南市博物馆藏界格封泥考释》，《中国书画》2007年第4期。
⑤ 路东之：《问陶之旅——古陶文明博物馆藏品撷英》，紫禁城出版社2008年。
⑥ 王玉清、傅春喜：《新出汝南郡秦汉封泥集》，上海书店出版社2009年。
⑦ 周晓陆：《二十世纪出土玺印集成》，中华书局2010年。

年,杨广泰先生出版《新出封泥汇编》,①收录个人收藏的 7 800 方 1 272 种封泥,其中多为首次公布,是新出封泥资料的一次大汇集。2011 年,许雄志先生出版《鉴印山房藏古封泥菁华》,②将自己收藏的封泥结集出版。2012 年,周晓陆先生出版《酒余亭陶泥合刊》,③公布封泥 204 枚。同年,西安中国书法艺术博物馆藏 20 枚封泥在《唐都学刊》发表。④ 2014 年,赵旭将杨广泰收藏的 1 100 枚封泥捐赠给秦陵博物馆。王辉先生发表了其中的 327 枚汉封泥拓片,并作有考释。⑤ 2015 年,杨广泰先生出版《新出陶文封泥选编》,⑥公布其收藏的战国封泥 3 种、秦封泥 246 种、汉封泥 228 种、新莽封泥 93 种。同年,庞任隆先生编辑出版《秦封泥研究》,⑦汇集秦封泥研究文章 20 篇,公布西安中国书法艺术博物馆藏 100 枚秦封泥。2018 年,任红雨先生出版《中国封泥大系》,⑧共辑录封泥拓片 15 177 枚,6 347 种,是封泥发现以来收集封泥数量、品类最多的封泥谱录。2020、2021 年,刘瑞先生编著《秦封泥集存》、《秦封泥集释》先后出版。⑨ 两种著作出自训练有素的考古学家之手,对此前重复著录的大量封泥进行了辨析和剔除工作,共收录中央与地方官印封泥 1 843 种 8 531 枚、私印封泥 499 种 675 枚、吉语封泥 6 种 6 枚、无字封泥 5 枚、特殊封泥 1 枚,合计 2 350 种 9 281 枚。二书体例合理,参照《汉书·百官公卿表》《汉书·地理志》《中国行政区划通史·秦汉卷》等体例,分部编排,按照郡县排列,以郡统县,眉目清晰,体现出作者对秦汉郡县问题的识断,颇便使用。

（三）题铭类

李学勤先生在 20 世纪 50 年代末期发表的《战国题铭概述》一文中提出将传统的"金石学"称为"题铭学",⑩此后虽有陈世辉先生对此提出异议,⑪但是这一概念已经逐步被学术界接受并得到较为广泛地使用。因

---

① 杨广泰:《新出封泥汇编》,西泠印社出版社 2010 年。
② 许雄志:《鉴印山房藏古封泥菁华》,河南美术出版社 2011 年。
③ 周晓陆:《酒余亭陶泥合刊》,艺文书院 2012 年。
④ 《西安中国书法艺术博物馆藏秦封泥图录》,《唐都学刊》2012 年第 6 期。
⑤ 王辉:《秦陵博物院藏汉封泥汇释》,《秦始皇南陵博物院》第 5 辑,陕西师范大学出版社 2015 年。
⑥ 杨广泰:《新出陶文封泥选编》,文雅堂 2015 年。
⑦ 庞任隆:《秦封泥研究》,陕西人民美术出版社 2015 年。
⑧ 任红雨:《中国封泥大系》,西泠印社 2018 年。
⑨ 刘瑞:《秦封泥集存》,中国社会科学出版社 2020 年;刘瑞:《秦封泥集释》,上海古籍出版社 2021 年。
⑩ 李学勤:《战国题铭概述》(上),《文物》1959 年第 7 期,第 50 页。
⑪ 陈世辉:《读〈战国题铭概述〉》,《文物》1960 年第 1 期,第 72 页。

此现在一般认为，"题铭"是以金属器（主要是铜器，也有部分金银器）、陶器、石器、骨角器等质地坚硬的物体作为载体的铭刻、书写题记，也有一些书写在简牍上的文字；从文字内容性质上说，"题铭"基本上是属于相对简短扼要的官文书一类。①

在这类材料中颇有可资考证秦代地理的内容。如秦兵器铭文中有一组上郡监造的戈，黄盛璋、王辉、董珊等多位先生曾先后对其进行系年工作，结果发现史书所载上郡由魏入秦的年代以及秦置上郡的年代可与上郡诸戈反映出的年代特征互相印证。又如秦陶文所见一些地名，有可与史籍呼应者，有可补史籍之阙者。而且这些题铭类的资料又往往能够见于简牍、玺印、封泥的记载，这种多重的证明也增加了这类资料的可靠性，为相关的历史研究工作提供了可靠的证据。

题铭类的资料性质不一，往往散见多处，不但搜集工作殊为不易，而且需要专门的学问去释读文字、甄别年代，因此这部分文献的汇集工作我们主要参考了王辉先生《秦铜器铭文编年集释》《秦文字集证》以及《秦出土文献编年》三部著作。其中陶文类的著述主要参考袁仲一、刘钰二位先生编著的《秦陶文新编》一书。货币铭文主要利用汪庆正主编《中国历代货币大系·先秦货币》，并参考了黄锡全先生所著《先秦货币通论》一书。

三、理论与方法

在利用传世文献研究秦郡问题方面，此前的研究者大致已经将相关文献搜罗殆尽（详参下文学术史梳理）。而问题之所以遗留至今，一个关键的因素在于传世文献数量有限，仅仅依靠它们无法圆满地解决问题。因此有必要寻求新的方法来推动秦郡研究的进展。如上文所述，秦汉时期出土文献已经蔚为大观，其中不乏对于探讨秦郡问题大有裨益者。因此有必要将该秦郡问题置于"出土文献"这一视域下重新加以审视。

在出土文献与传世文献关系的认识方面，广为称道的方法莫过于王国维于1925年在清华研究院"古史新证"课堂上提出的"二重证据法"，即以"地下之新材料"检验补正"纸上之材料"。这一方法在古史研究中被证明是一种科学的、行之有效的方法。不过更重要的意义在于它具有普遍运用于其他相关学科中的可能。而包山楚简、睡虎地秦简和张家山汉简等早期法律文献之于中国法制史的研究，郭店楚墓竹书、上海博物馆藏战国楚竹书所见的大量儒家和道家文献之于中国早期学术史的研究，即为其中的显例。

---

① 董珊：《战国题铭与工官制度》，北京大学博士学位论文2002年。

此后饶宗颐等人曾提出多种不同类型的所谓"三重证据法",①其实质莫不是在"二重证据法"基础上衍生出的理论思考。

王国维所谓"地下材料",主要是指文字资料,属于考古材料中的特殊门类,因此他的研究局限性也很明显。譬如杨宽先生曾这样评价二重证据法的不足:"自王国维创二重论证之说,以地下之史料参证纸上之史料,学者无不据以为金科玉律,诚哉其金科玉律也!然此二重论证之方法,惟殷史因殷墟卜辞之出土乃得为之,夏以上则病未能。近人或以山西西阴村之发现为夏民族之遗址,或以仰韶之彩陶文化为夏文化之遗留,皆证据薄弱,仅因与夏民族之地域传说相合而谓即夏民族之遗址,实近武断!"②因此孙庆伟先生指出二重证据法的方法很难照搬到其他那些"哑巴"的考古材料上去,这一特点决定了它不可能成为考古学的主要范式,严格地说,他甚至不能算是考古学的研究方法。③

不过,二重证据法的指导意义主要还是局限在资料的运用方面,具体到秦郡的研究,我们不能忽视历史地理研究的基本理论和方法,尤其是历史政区地理的理论方法。周振鹤先生曾这样揭示传统沿革地理学研究方法的局限:"……只能局限于研究王朝之间政区的变迁,或者说,只局限于每个王朝复原一套政区体制——乾嘉以来诸学者对各正史地理志所做的考订校补工作就属于这个范围——而不能深入到个别王朝内部的政区沿革中去。"④而长期以来学术界对秦郡郡目争论的根源实质上亦在于此。正因为这一缘故,秦郡郡目的论者往往有的就秦初而论,有的就秦末而论,各执一词。实际上并没能对秦郡设置问题作动态的把握。对于秦郡而言,虽然没有地理志作为某一绝对年代的参照系,但这并不妨碍对其每一政区的置废省并等变化作动态的考察,因此秦郡研究的最终取向仍然是力求做到在纵的方向每个政区的来龙去脉都一清二楚,横的方向每个年份的政区状况都一目了然。虽然这一要求对于秦这一特殊历史时段来说期望值过高,但是在这个

---

① 关于饶宗颐先生所提之三重证据法,请参阅曾宪通、沈建华二人的论述。曾宪通:《古文字资料的发现与多重证据法的综合运用——兼谈饶宗颐先生的"三重证据法"》,《古文字研究》第26辑,中华书局2006年;沈建华:《三重证据法的抉发和证明——〈饶宗颐新出土文献论证〉导引》,《中国文物报》2005年10月12日。此外徐中舒、杨向奎、汪宁生等学者也都曾提出过不同形式与内涵的"三重证据法"。参彭裕商:《徐中舒:"古史三重证"的提出者》,《中国社会科学学报》2009年8月27日;杨向奎:《宗周社会与礼乐文明》,人民出版社1992年;汪宁生:《古俗新研》,敦煌文艺出版社2001年。
② 杨宽:《中国上古史导论》自序,上海古籍出版社2016年,第2页。
③ 孙庆伟:《鼏宅禹迹——夏代信史的考古学重建》前言,生活·读书·新知三联书店2018年,第13页。
④ 周振鹤:《西汉政区地理》,人民出版社1987年,第4—5页。

出土材料日益丰富的时代,也许在不远的将来,我们对秦郡会有一个更接近于历史原貌的认识。

任何研究者对秦郡面貌的认识都面临着不断用新出土材料加以验证与更新的问题。在出土文献层出不穷的背景下,我们以往的某些认识可能会得到更确切的证明,某些认识则可能需要加以修正。以睡虎地秦简为例,这批重要的秦简曾是我们了解秦代历史的一扇窗户,利用这批材料,研究者对秦代历史的认识取得了很多超越前人的成就。但是这些认识是否正确合理,是否有继续探讨的必要,这就面临着用睡虎地秦简出土后陆续出土的里耶秦简、岳麓书院藏简等新出秦代文献来重新检讨的必要。因此,在出土文献的视域下不断重新检视以往的认识是学界一项长期而艰巨的课题。

当然,我们也必须承认,不管是传世文献还是出土文献,都存在其局限性。熟悉文献的历史地理学家利用沿革地理学的方法能够推定某县治所的大致位置,却无法通过文献的方法证明其观点正确与否。从某种意义上讲,文献记载只能说明某郡、某县的有无问题,而考古发现则能直观地揭示其地理位置、城址规模等特征。新中国成立以来,各地配合基本建设,进行考古发掘与研究工作,其中涉及许多秦汉城址的考古调查与发掘。自20世纪50年代至今,先后开展了三次全国文物大普查,发现了一大批秦汉城址,这些成果陆续发表在学术期刊上,全国各省也陆续出版了各地的文物地图分册。① 利用这些资料可以进一步将文献记载的秦汉时期城址进行更为准确的定位。徐龙国先生《秦汉城邑考古学研究》一书搜集到全国25个省、市、自治区,近400个县市的630座城址资料,该书将所有的城址分为黄河中下游、长江中下游、北方长城沿线地带及边远地区四个区域,并对各城邑的发展进程作了动态的考察,分辨出一批秦代城邑,②对我们以考古学角度验证从文献分析的结论是否正确提供了极大的便利。

四、基本思路

关于本书时代的说明。秦代是从公元前221年秦始皇统一六国开始至公元前206年灭亡的短命王朝。囿于秦封泥断代这种出土资料"年代属性"问题所带来的困难,想要将论述的时段局限在这短短15年间难度是非常大

---

① 截至2011年,共有北京、天津、陕西、山西、山东、江苏、河南、甘肃、青海、宁夏、内蒙古、辽宁、吉林、湖南、湖北、广东、浙江、福建、四川、重庆、云南、西藏等22个省、市、自治区出版了文物地图集。
② 徐龙国:《秦汉城邑考古学研究》,中国社会科学出版社2013年。

的。因此我们将研究的时段前溯和后延,所讨论的时限包括战国秦、秦代以及秦楚之际这三个部分。鉴于上述原因,文中在称述上一般用"秦"而尽量避免使用"秦代"。

对于秦郡研究而言,最理想的结果当然是逐年复原其置郡的本来面目,这就势必要求我们厘清每一个郡的始置年代、界域、领县、治所等情况,但是这种"原貌"的获得在目前似乎是不可能实现的理想。在现有材料的基础上可行的工作大致如下:其一,在资料许可的情况下尽可能弄清一部分郡的始置年代、界域、领县等情况。其二,在前一步工作的基础上通过必要的逻辑推理,对某个信息量较大的时间剖面作政区复原。

至于研究的可行性,除了前文已经论述关于材料和方法问题而外,我们认为还要注意以下两个方面:(一)郡县制的确立是在秦始皇统一六国、混一域内的过程中逐步推广并确立的,因此要将秦郡的演变和秦代疆域的演变结合起来考虑,在秦代历史发展的自然序列中去推敲秦代政区地理面貌。这就要求我们在复原秦郡面貌的过程中留意秦代郡县发展与疆域演变的自然演进顺序及阶段性特征。在论述上可以按照秦疆域发展的进程来考证不同历史阶段的置郡、置县情况。(二)在研究断面的选择上,此前多数研究者重视的是秦始皇二十六年的三十六郡,并以此来代替有秦一代的政区面貌。很少有学者注意到秦统一之前或秦末的政区面貌。由于文献资料的限制,不同断面上的现有信息量是不一样的。而张家山汉简《秩律》提供了一个较《汉志》更靠近秦代的坐标,使我们有可能采取"分进合击"的办法确定更多郡的始置年代、领县和界域等情况,秦封泥等出土文献也能丰富我们对秦郡领县及其界域的认识,以此为基础,我们或可以将秦代行政区划的认识提高到一个新的水平。

在探索秦郡历史原貌的进程中,我们采取的方式实际上是从文献分析中得出结论,以考古学的方法作为验证文献正确与否的重要依据。方法是否合适、结论是否可信,我们没有必定的把握,由于资料仍嫌不足,且有大批重要的秦汉简牍资料正在整理之中而未及得见,故于是篇只能广搜前贤之论,期望能有些许推进,若能达成此一目的,则为万幸。待将来新材料公布出版,新的考古发现问世,吾辈再继力探讨,故问题之最终解决仍期于来者。

上 编

秦郡设置新考

本编主要讨论秦郡设置问题。首先是对秦郡设置研究的学术史作系统梳理，在系统评述前贤研究成果的基础上，力图找到解决秦郡设置问题的钥匙。在此基础上我们从步骤、分期、系年、书法四个角度对解决秦郡设置问题的取径作有初步的思考。为了厘清前人对郡目的争论，我们将所有"秦郡存目"全部纳入研究范围，在此基础上对各秦郡所依托的文献依据进行可靠性分析，进而从中筛选出确实为秦所置的可靠郡目。秦郡存目考察的关键在于对秦郡的设置年代进行系统而全面的辨析。考察中我们尽量全面收集有关秦郡设置年代的不同意见，择善而从，力求给每个秦郡确定一个准确的设置年代，至少也将其设置年代框定在一个较小的范围内。最后，在秦郡设置年代系统研究的基础上。我们另辟蹊径，从秦郡设置年代的角度给出一个全新的三十六郡郡目。

第一章　秦郡设置的学术史回顾

秦郡的研究有着悠久的历史传统，虽然历朝历代都有学者对此问题做过尝试，但由于资料的缺乏和方法的局限，这项研究长期以来只是纠葛于对秦置郡目等少数问题的讨论，而不能深入时代内部对其演变过程作细致的考证。因此，与其他朝代政区地理的研究相比，包括秦郡研究在内的秦政区地理研究明显滞后。20世纪80年代末周振鹤先生《西汉政区地理》一书出版以来，自汉以降的诸多朝代陆续都有了自己的政区地理著作，唯独秦代政区的研究乏人。① 直到近些年，随着大批秦封泥和秦简的发现，秦郡的研究现状才大为改观，一批在新材料基础上讨论秦郡的著作纷纷问世，使得这一领域的研究有了较大的起色。下面试对秦郡设置这一问题的研究现状作一介绍。

第一节　问题的缘起

《史记·秦始皇本纪》记载始皇二十六年平定天下，海内为郡县，法令由一统。面对天下归一、河山一统的局势，始皇和臣僚有一段关于封建与郡县的廷议，"丞相绾等言：'诸侯初破，燕、齐、荆地远，不为置王，毋以填之。请立诸子，唯上幸许。'始皇下其议于群臣，群臣皆以为便。廷尉李斯议曰：'……置诸侯不便。'始皇曰：'天下共苦战斗不休，以有侯王。赖宗庙，天下初定，又复立国，是树兵也，而求其宁息，岂不难哉！廷尉议是。'"始皇最终采纳了廷尉李斯行郡县制的建议，于是"分天下以为三十六郡"。不过遗憾的是，《史记》中没有这三十六郡的清单。《秦始皇本纪》同时又记载始皇三十三年"略取陆梁地，为桂林、象郡、南海"，但《史记》终究没有明言秦末共

---

① 这里描述的情形是2010年拙著的初稿博士论文撰写阶段的情形，当时后晓荣先生的《秦代政区地理》刚刚出版，还未及得见。

有多少郡。这样,《史记》中仅留存了"三十六"这样一个数目,至于其具体名目,千载以来的秦郡研究者虽皆欲得其真相,但终究只能望树兴叹而已。《汉书·地理志》(以下简称为《汉志》)、《续汉书·郡国志》(以下简称为《续汉志》)记载两汉政区,于每郡下首先记述其建置缘起,于秦朝既有之郡往往标注有"秦置""秦郡""秦某郡"或"故秦某郡"等字样以明其沿革。① 检核两部志书所记秦郡,一般以为《汉志》有三十六郡(钱大昕说);《续汉志》则有三十八郡,比《汉志》多出现了黔中、鄣二郡。直到刘宋裴骃作《史记集解》(以下简称《集解》),才第一次开列出秦始皇三十六郡的明细单。其中有三十三郡与《汉志》相同,外加《续汉志》的黔中、鄣二郡,又把内史也算一郡凑足三十六郡,而不列见于《汉志》的南海、桂林、象三郡。《晋书·地理志》(以下简称《晋志》)在序文里继承《集解》之说而又加以发展,其所举秦初并天下三十六郡的名目与《集解》同,并加上了平南越后增置的闽中、南海、桂林、象四郡,合四十郡(表 1-1)。王国维氏对上述学术分歧有一段精辟的分析概括,他说:

> 自《史记·秦始皇本纪》载始皇二十六年从廷尉李斯议分天下以为三十六郡,于是言秦郡者分为二说:一以为三十六郡乃秦一代之郡数,而史家追纪之;一以为始皇二十六年之郡数,而后此所置者不与焉。前说始于班固《汉书·地理志》。后说始于裴骃《史记集解》而成于《晋书·地理志》。②

王氏之说可谓一语中的,寥寥数语便道出了秦郡郡目问题产生分歧的根源,即对三十六郡之数的不同理解,是秦代置郡的总数还是始皇二十六年所置的郡数。而之所以会产生不同理解,其中一个重要的原因在于班固的《汉志》。按照班氏的体例,所谓"秦置""秦郡""秦某郡"或"故秦某郡"等字样只是为了明其沿革,并未将其系于秦始皇二十六年之下。只不过所记秦郡之数恰好为三十六个,③这就使得后来的不少研究者产生误会。《续汉

---

① 《汉志》丹扬郡下班固自注:"故鄣郡。"泗水国下班固自注:"故东海郡。"这类以"故某郡"形式出现的注记方式仅此两见。由于它们不像其他郡的注记那样明确标注为秦,所以不同学者在这两个郡的认识上颇不一致。参辛德勇:《秦始皇三十六郡新考》,《文史》2006 年第 1、2 辑;收入氏著《秦汉政区与边界地理研究》,中华书局 2009 年,第 10—12、37—42 页。

② 王国维:《观堂集林》卷 12《秦郡考》,第 534 页。

③ 所谓《汉志》三十六郡这一数目很可能出于一种误解,上文注释中提到的以"故某郡"形式出现的东晦郡、鄣郡亦应归入此列,故《汉志》注记的秦郡实际上应为 38 郡。另详下文"东晦郡""鄣郡"部分。

志》在记载汉郡沿革上采取的是与《汉志》相同的办法,如果我们再数数《续汉志》所记秦郡之数,其实这样的误会还是可以消除的。

表1-1 四家秦郡郡目说异同表

出处序号	《汉志》	《续汉志》	《集解》	《晋志》
1	上郡	上郡	上郡	上郡
2	东郡	东郡	东郡	东郡
3	南郡	南郡	南郡	南郡
4	蜀郡	蜀郡	蜀郡	蜀郡
5	九江	九江	九江	九江
6	代郡	代郡	代郡	代郡
7	太原	太原	太原	太原
8	齐郡	齐郡	齐郡	齐郡
9	琅邪	琅邪	琅邪	琅邪
10	上党	上党	上党	上党
11	颍川	颍川	颍川	颍川
12	南阳	南阳	南阳	南阳
13	会稽	会稽	会稽	会稽
14	云中	云中	云中	云中
15	雁门	雁门	雁门	雁门
16	上谷	上谷	上谷	上谷
17	渔阳	渔阳	渔阳	渔阳
18	右北平	右北平	右北平	右北平
19	钜鹿	钜鹿	钜鹿	钜鹿
20	汉中	汉中	汉中	汉中
21	陇西	陇西	陇西	陇西
22	北地	北地	北地	北地

续　表

出处序号	《汉志》	《续汉志》	《集解》	《晋志》
23	河东	河东	河东	河东
24	巴郡	巴郡	巴郡	巴郡
25	辽西	辽西	辽西	辽西
26	辽东	辽东	辽东	辽东
27	南海	南海		南海
28	长沙	长沙	长沙	长沙
29	砀郡	砀郡	砀郡	砀郡
30	九原	九原	九原	九原
31	三川	三川	三川	三川
32	泗水	泗水	泗水	泗水
33	桂林	桂林		桂林
34	象郡	象郡		象郡
35	邯郸	邯郸	邯郸	邯郸
36	薛郡	薛郡	薛郡	薛郡
37		鄣郡	鄣郡	鄣郡
38		黔中	黔中	黔中
39			内史	内史
40				闽中

第二节　乾嘉以降的争鸣

裴骃的《集解》说及在此基础上发展而来的《晋志》说被后世许多著作沿用，成为一种主流观点。譬如南宋王应麟的《通鉴地理通释》、清初顾祖禹的《读史方舆纪要》均采用此说。① 在这种情形下,相关的研究成果十分有限,直到乾嘉考据学兴起,这一局面才得到改变。谭其骧先生在《秦郡新考》篇首对这段学术史作有如下描述。

  三百年来学者言秦郡者无虑数十家,聚讼纷纭,莫衷一是。陈氏芳绩(《历代地理沿革表》)、洪氏亮吉(《卷施阁文甲集·与钱少詹论地理书》)稍有所见,王氏鸣盛(《十七史商榷》)、杨氏守敬(《历代舆地图·秦郡县表序》)都无足取,金氏榜(《礼笺》附录《地理志分置郡国考》)、梁氏玉绳(《史记志疑》)、刘氏师培(《左盦集·秦四十郡考》)因仍旧说,略无创获。钱氏大昕考经证史,深邃绵密,古今殆罕其匹,于此独执泥于《班志》三十六郡目,置《史》《汉》纪传于视若无睹,哓嗻再四,终难自圆其说(《潜研堂文集》《秦四十郡辨》《秦三十六郡考》《答谈阶平书》《再与谈阶平书》《答洪稚存书》《廿二史考异》)。姚氏鼐识解最为通达,所言皆中肯綮,惜未能勤搜博采以证实之(《惜抱轩文集·复谈孝廉书》)。全氏祖望所得綦多,惟限于初并天下时之三十六郡(《汉书地理志稽疑》);王氏国维乃推而及于嬴秦一代所有之郡,而不免好奇穿凿(《观堂集林·秦郡考》)。近人或宗全,或宗王,皆凭臆进退,非能确证其所宗者为无误无遗也。②

  根据各家观点的差别,谭其骧先生将上述数家大致分为三派:其一是以钱大昕为代表的宗《汉志》派;其二是以杨守敬等人为代表的宗《晋志》派,这两派均为少数派;第三派是以全祖望和王国维为代表的一派,于《汉志》《晋志》均不迷信。③ 其实就谭其骧先生本人的研究结论来看,他自己亦应算作第三派。自谭文发表以后,秦郡研究的面貌较之以前大有不同。辛德勇先生以"总其大成"来评价谭氏在秦郡研究上的贡献,可谓不虚美。

  在乾嘉考据时代秦郡的研究大致有如下三个特征:其一,参与讨论的学者数量众多、讨论异常热烈。从最早参与的陈芳绩算起到20世纪40年代"总其大成"的谭其骧先生,其间参与者不下二十人;其中钱大昕、洪亮吉、

---

① 王应麟撰,张保见校注:《通鉴地理通释校注》卷一《历代州域总叙上》"秦四十郡"条,四川大学出版社2008年,第31—35页;顾祖禹撰,贺次君、施和金点校:《读史方舆纪要》卷一《州域形势》一,中华书局2005年,第37—40页。
② 谭其骧:《秦郡新考》,原载《浙江学报》第2卷第1期,1947年,收入氏著《长水集》(上),第1—12页。
③ 谭文初题作《秦郡》,乃为《中国大百科全书》所撰之条目,刊于《复旦学报(社会科学版)》1982年第5期,后收入氏著《长水集续编》,人民出版社1994年,第64—68页。

姚鼐、谈泰(阶平)四人以书札的形式反复辩难,讨论的热烈程度更可见一斑。其二,乾嘉学派的考据学方法影响深远,在延绵三世纪的时间里,每每有学者继起讨论,不断将研究向前推进。其三,在研究方法上,摆脱裴骃旧说,直接分析最早的文献记载。用辛德勇先生的总结,即"勾稽《史记》《汉书》以及《水经注》诸书中的零散史料,来一一验证这些所谓的'秦郡',是否确为嬴秦一朝所有,并且核定其设置年代,以确定秦始皇二十六年之前,秦人是否已设有此郡"。① 正因为这一时期的研究具有上述三个特征,秦代政区的研究也取得了前所未有的成就,形成了秦郡研究的一个黄金时代。为了方便稽考这一时期的重要研究著述,我们制作了"乾嘉以降三百年秦郡研究著述表"(表1-2)。

表1-2 乾嘉以降三百年秦郡研究著述表

作 者	文 章
陈芳绩	《历代地理沿革表》卷首目录及卷四②
全祖望	《汉书地理志稽疑》卷一③
金 榜	《地理志分置郡国考》④
戴 震	《水地记初稿之一》"秦四十郡"条⑤
梁玉绳	《史记志疑》卷五⑥
钱大昕	《汉书考异》、⑦《秦四十郡辨》《秦三十六郡考》《答谈阶平书》《再与谈阶平书》《与姚姬传书》《答洪稚存书》⑧

---

① 辛德勇:《秦始皇三十六郡新考》,《文史》2006年第1、2辑,收入氏著《秦汉政区与边界地理研究》,第4页。本文所引以书为准,下同。
② 陈芳绩:《历代地理沿革表》,《丛书集成新编》第91册,新文丰出版公司1984年,第300、301、334页。
③ 全祖望:《汉书地理志稽疑》卷一,收入全祖望撰,朱铸禹汇校集注:《全祖望集汇校集注》,上海古籍出版社2000年,第2483—2490页。
④ 金榜:《地理志分置郡国考》,《礼笺》卷一《地理志分置郡国考》,《续修四库全书》第109册,上海古籍出版社2002年,第23、24页。
⑤ 戴震:《水地记初稿》卷一《记郡》"秦四十郡"条,张岱年主编:《戴震全书》第4册,黄山书社1995年,第97—101页。
⑥ 梁玉绳:《史记志疑》,中华书局1981年,第163、164页。
⑦ 钱大昕:《廿二史考异》卷7《汉书二》,收入钱大昕撰,方诗铭等点校:《廿二史考异 附:三史拾遗、诸史拾遗》,上海古籍出版社2004年,第140页。
⑧ 钱大昕:《潜研堂文集》卷16、卷35,钱大昕撰,吕友仁校点:《潜研堂集》,上海古籍出版社1989年,第253—256、258—260、630—634、637—639页。

续表

作　者	文　章
洪亮吉	《与钱少詹论地理书一》①
姚　鼐	《复谈孝廉书》②
胡承珙	《三十六郡考》③
毛岳生	《秦三十六郡说》④
黄廷鉴	《秦三十六郡考》⑤
赵绍祖	《读书偶记》卷八"秦郡"条⑥
杨守敬	《秦郡县表序　秦四十郡目录》⑦
刘师培	《秦四十郡考　附秦郡建制沿革考》⑧
王国维	《秦郡考》⑨
朱　偰	《秦三十六郡考》⑩
钱　穆	《秦三十六郡考》、⑪《秦三十六郡考补》⑫

① 洪亮吉:《与钱少詹论地理书一》,《卷施阁文甲集》卷十,收入谭其骧主编:《清人文集地理类汇编》第1册,浙江人民出版社1986年,第66、67页。
② 姚鼐:《惜抱轩文集》卷六,收入姚鼐撰,刘季高标点:《惜抱轩诗文集》,上海古籍出版社1992年,第96—97页。
③ 胡承珙:《求是堂文集》卷一,收入谭其骧主编:《清人文集地理类汇编》第1册,第76—77页。
④ 毛岳生:《秦三十六郡说》,《休复居文集》卷一,收入谭其骧主编:《清人文集地理类汇编》第1册,第78—81页。
⑤ 黄廷鉴:《秦三十六郡考》,《第六弦溪文钞》卷一,收入谭其骧主编:《清人文集地理类汇编》第1册,第82—83页。
⑥ 赵绍祖:《读书偶记》卷八"秦郡"条,中华书局1997年,第107—108页。
⑦ 杨守敬:《秦郡县表序　秦四十郡目录》,光绪丙午九月重校订本,(台北)联经出版事业公司1981年影印。
⑧ 刘师培:《秦四十郡考　附秦郡建制沿革考》,初刊《国粹学报》第49期,1909年1月11日,又刊《广益丛报》第194号,1909年3月1日,收入《左盦集》卷五,《刘申叔遗书》,江苏古籍出版社1997年,第1255—1256页。
⑨ 王国维:《秦郡考》,《观堂集林》卷12《秦郡考》,第534—542页。
⑩ 朱偰:《秦三十六郡考》,《北大国学周刊》第19期,1926年。
⑪ 钱穆:《秦三十六郡考》,原载《清华周刊》第37卷第9、10期合刊文史专号,1932年,收入氏著《古史地理论丛》,生活・读书・新知三联书店2004年,第205—217页。
⑫ 钱穆:《秦三十六郡考补》,原载《禹贡(半月刊)》第7卷第6、7期合刊,1937年,收入氏著《古史地理论丛》,第218—222页。

续　表

作　者	文　章
李聘之	《秦三十六郡汇考》①
权少文	《秦郡沿革考辑》②
周　恒	《秦郡考序》、《清代以来学者对于秦郡之争论与考订》、《秦郡问题之检讨》、《秦郡建置之沿革》③
曾昭璇	《秦郡考》④
关全今	《读曾昭璇先生秦郡考书后》⑤
谭其骧	《秦郡新考》⑥

　　站在学术史的角度上看,在乾嘉考据时代,研秦郡诸家以全、王、谭三人成绩最大,影响最广,也最具有代表性。后世诸研秦郡者确如谭氏所云各有所宗,如童书业、严耕望二氏均采全说,⑦马非百氏采谭说。⑧ 可见争讼仍未止息,谭其骧先生本人于1982年为《中国大百科全书》撰写"秦郡"条目时也有较为客观的说明:"近年来,史学界讲到秦郡时有的采用谭其骧说,有的仍用《晋志》或王国维说。"这也说明乾嘉考据时代的研究未能最终解决这一问题。

　　关于上述各家在秦三十六郡郡目问题上观点的异同,辛德勇先生在《秦始皇三十六郡新考》一文中有较为详细的说明。⑨ 现据该文将各家说法整理如下(表1-3)。

---

① 李聘之:《秦三十六郡汇考》,《再建》旬刊第1卷第6期,1940年。
② 权少文:《秦郡沿革考辑》,《西北问题论丛》(一),1941年。
③ 周恒:《天津益世报史地周刊》第53、97、98、104、105期,1947年8月5日、1948年7月12日、1948年7月20日、1948年8月31日、1948年9月7日。
④ 曾昭璇:《秦郡考》,《岭南学报》第7卷第2期,1947年。
⑤ 关全今:《读曾昭璇先生秦郡考书后》,《读书通识》第146期,1947年。
⑥ 谭其骧:《秦郡新考》,原载《浙江学报》第2卷第1期,1947年,收入氏著《长水集》(上),第1—12页。
⑦ 童书业:《中国疆域沿革略》,《童书业历史地理论集》,中华书局2004年,第57页;严耕望:《中国地方行政制度史——秦汉地方行政制度》,第32—35页。
⑧ 马非百:《秦集史》,中华书局1982年,第564—677页。
⑨ 辛德勇先生在文中统计结果认为有33郡为大家公认。今按,王国维主张以临淄代齐郡,与诸家不同,故诸家均认同的秦郡数目实际上为32。参辛德勇:《秦始皇三十六郡新考》,《秦汉政区与边界地理研究》,第4页。

表 1-3 十家三十六郡郡目异同表

	陈芳绩 金 榜 洪亮吉 赵绍祖 刘师培	全祖望	梁玉绳	王国维	钱 穆	谭其骧
1	鄣郡	楚郡	内史	陶郡	楚郡	陈郡
2	郯郡	广阳	广阳	河间	广阳	广阳
3	九原	东海	九原	闽中	闽中	闽中
4	齐郡	齐郡	齐郡	临淄	齐郡	齐郡
5	三川	三川	三川	三川	三川	三川
6	河东	河东	河东	河东	河东	河东
7	陇西	陇西	陇西	陇西	陇西	陇西
8	北地	北地	北地	北地	北地	北地
9	上郡	上郡	上郡	上郡	上郡	上郡
10	汉中	汉中	汉中	汉中	汉中	汉中
11	巴郡	巴郡	巴郡	巴郡	巴郡	巴郡
12	蜀郡	蜀郡	蜀郡	蜀郡	蜀郡	蜀郡
13	云中	云中	云中	云中	云中	云中
14	雁门	雁门	雁门	雁门	雁门	雁门
15	代郡	代郡	代郡	代郡	代郡	代郡
16	太原	太原	太原	太原	太原	太原
17	上党	上党	上党	上党	上党	上党
18	上谷	上谷	上谷	上谷	上谷	上谷
19	渔阳	渔阳	渔阳	渔阳	渔阳	渔阳
20	右北平	右北平	右北平	右北平	右北平	右北平
21	辽西	辽西	辽西	辽西	辽西	辽西

续表

	陈芳绩 金　榜 洪亮吉 赵绍祖 刘师培	全祖望	梁玉绳	王国维	钱　穆	谭其骧
22	辽东	辽东	辽东	辽东	辽东	辽东
23	邯郸	邯郸	邯郸	邯郸	邯郸	邯郸
24	钜鹿	钜鹿	钜鹿	钜鹿	钜鹿	钜鹿
25	东郡	东郡	东郡	东郡	东郡	东郡
26	琅邪	琅邪	琅邪	琅邪	琅邪	琅邪
27	南阳	南阳	南阳	南阳	南阳	南阳
28	颍川	颍川	颍川	颍川	颍川	颍川
29	砀郡	砀郡	砀郡	砀郡	砀郡	砀郡
30	泗水	泗水	泗水	泗水	泗水	泗水
31	薛郡	薛郡	薛郡	薛郡	薛郡	薛郡
32	南郡	南郡	南郡	南郡	南郡	南郡
33	九江	九江	九江	九江	九江	九江
34	会稽	会稽	会稽	会稽	会稽	会稽
35	黔中	黔中	黔中	黔中	黔中	黔中
36	长沙	长沙	长沙	长沙	长沙	长沙

　　三十六郡郡目以外,学者在秦陆续拓置、析置之郡的郡目上也有不同的意见。全祖望氏认为在秦始皇 36 郡之外,秦另置有南海、桂林、象、九原、闽中等 5 郡,共计有 41 郡。此外,全氏还将东阳、郯郡、吴郡、鄣郡、胶东、胶西、济北、博阳、城阳、临淄、衡山、庐江、豫章等 13 郡列入"十八王所置郡名"之列。王国维认为在秦始皇 36 郡之外,秦尚置有广阳、胶东、胶西、济北、博阳、城阳、南海、桂林、象、九原、陈、东海等 12 郡,共计 48 郡。谭其骧认为在秦始皇 36 郡之外,秦另有拓置南海、桂林、象和九原四郡,析置东海、常山、济北、胶东、河内、衡山六郡,合计 46 郡。此外尚有鄣、东阳与庐江三郡论而

未定,后采周振鹤先生意见确定了郯与庐江二郡,是亦有48郡。① 为便于对比,现将全、王、谭三氏所考36郡之外的秦郡列表如下(表1-4)。②

表1-4 全、王、谭三家析置、拓置秦郡异同表

	1	2	3	4	5	6	7	8	9	10	11	12
全祖望	南海	桂林	象郡	九原	闽中							
王国维	南海	桂林	象郡	九原	东海	济北	胶东	胶西	陈郡	广阳	博阳	城阳
谭其骧	南海	桂林	象郡	九原	东海	济北	胶东	河内	衡山	常山	郯郡	庐江

第三节 出土文献带来的新突破

王国维在《齐鲁封泥集存序》中描述当年出土文献的情况时写道:"洹阴之甲骨,燕齐之陶器,西域之简牍,巴蜀齐鲁之封泥,皆出于近数十年间。"③王氏另在1913年11月写给缪荃孙的信中提道:"近为韫公编《封泥集存》,因考两汉地理,始知《汉志》之疏,成《秦郡考》《汉郡考》二文。"④这是王氏《秦郡考》一文的撰写背景,是时距王国维正式提出"二重证据法"尚有十余年。⑤ 不过王氏已经自觉地运用出土文献来反思《汉志》的记载,因

---

① 周振鹤:《周振鹤自选集》,广西师范大学出版社1999年,第4页;周振鹤:《汉郡再考》附《秦一代郡数为四十八说》,原刊《学术集林》第1辑(上海远东出版社1994年),后收入作者文集《学腊一十九》,山东教育出版社1999年,第71—72页;谭其骧主编:《中国历史地图集》第二册,中国地图出版社1982年,第11—12页。
② 姚鼐在《复谈孝廉书》中指出桂林等三郡不属于初并天下时的36郡,他另据《史记》补充了黔中、陈郡、东海、河内、济北等郡,同时还指出郯、东阳、胶东、胶西、博阳、城阳、衡山等郡见于楚汉之交,是否秦郡不可遽定。不过姚氏并未说明黔中等郡属于秦始皇三十六郡,还是秦统一后析置、拓置之郡。
③ 王国维:《观堂集林》卷18《齐鲁封泥集存序》,第920页。
④ 刘寅生、袁英光编:《王国维全集——书信》,中华书局1984年,第37、38页。
⑤ 关于"二重证据法"提出的时间,通行的看法认为是王氏于1925年在清华研究院的讲义《古史新证》中提出。近来陆续有学者指出王氏早在1913年撰著《明堂庙寝通考》时已提出"二重证明法",在上引王氏给缪荃孙的同一封信中王氏提到"夏间作《明堂寝庙考通考》二卷"(按,"寝庙"当作"庙寝"),是则王氏撰《秦郡考》《汉郡考》前已有"二重证明法"的思考。今按,《观堂集林》卷3所载《明堂庙寝通考》乃删改版,王氏初稿见于《雪堂丛刻》第三册,北京图书馆出版社2000年。参郑吉雄:《从经典诠释传统论二十世纪〈易〉诠释的分期与类型》,收入氏著《儒学与东亚文明研究丛书(六)——易图象与易诠释》,华东师范大学出版社2008年;侯书勇:《"二重证明法"的提出与王国维学术思想的转变》,《郑州大学学报(哲学社会科学版)》2008年第2期。

而能发现《汉志》的疏略，进而提出"以《汉书》证《史记》，不若以《史记》证《史记》"，"于《史记》中求始皇二十六年所置三十六郡之数"这一研究思路。

王氏在上引写给缪荃孙的信中曾颇为自矜地写道："自谓自裴骃以后，至国朝全、钱、姚诸家之争讼，至是一决。"然而王氏之后，仍然有人继起争讼。钱穆先生文章终了时也有类似的感情流露："余……复辨之如此，秦郡之争，其庶有定论欤？"①后晓荣先生也在文中写道："秦一代建郡之数于史有征者五十四，备列如上，或秦郡之数可为暂结。"②盖棺之说，无人不愿为之，只是吾辈生于千百年之后，"上究千百年前之典章经制，史文阙略，焉得必无遗漏？"此语见于谭其骧先生《秦郡新考》文后，对于研究该问题的学者来说，"多闻阙疑"无疑是最合适的态度。谭氏《秦郡新考》一文虽然影响颇广，但直到三十余年后，他本人于1982年为《中国大百科全书》撰写"秦郡"条目时仍然比较客观地写道："近年来，史学界讲到秦郡时有的采用谭其骧说，有的仍用《晋志》或王国维说。"这是较为平实的态度，其实际情况正如史念海以及谭氏弟子周振鹤所认识的那样，秦郡郡目问题其实仍然没有解决。③

谨慎并非保守，因为谁也不知道来自地下的文献会怎样颠覆我们传统的认识。20世纪80年代初张家山汉简出土的时候，几乎所有的研究者都认为《奏谳书》简124—161中的"苍梧"为县而非郡。④ 而2002年里耶秦简的出土则使得研究者不得不放弃这一看法。因为里耶秦简中的"苍梧"明明白白记载为秦郡。令人惊异的还远不仅如此，里耶秦简中与"苍梧"同现的还有"洞庭"郡。这两个既不见于传世秦代文献也不为历来秦郡研究者所知的秦郡的出现，给几已成定论的秦郡研究带来了巨大的冲击。这就在一定程度上动摇了千百年来对秦郡郡目的认识，可谓是一项颠覆性的发现，致使学术界不得不对秦郡问题重新进行探讨。⑤ 在秦简牍方面，湖南岳麓书院藏秦简中又见有前所未知的新郡——江胡郡，目前关于该郡的研究也已起步。⑥

---

① 钱穆：《秦三十六郡考补》，《古史地理论丛》，第221—222页。
② 后晓荣：《秦代政区地理》，社会科学文献出版社2009年，第117页。
③ 辛德勇：《秦始皇三十六郡新考》，《秦汉政区与边界地理研究》，第5页。
④ 李学勤：《〈奏谳书〉解说（下）》，《文物》1995年第3期，第40页；彭浩：《谈〈奏谳书〉中秦代和东周时期的案例》，《文物》1995年第3期，第45—46页。
⑤ 周振鹤：《秦代洞庭、苍梧两郡悬想》，《复旦学报（社会科学版）》2005年第5期。
⑥ 陈松长：《岳麓书院藏秦简中的郡名考略》，《湖南大学学报（社会科学版）》2009年第2期，第5—10页，原以《岳麓书院新获秦简中的郡名考略》为题发表于"东亚资料学可能性的探索——以出土资料为中心"国际学术研讨会，成均馆大学2008年8月28、29日；陈伟：《"江胡"与"州陵"——岳麓书院藏秦简中的两个地名初考》，《中国历史地理论丛》2010年第1期，第116—119页；原以《"州陵"与"江胡"——岳麓书院藏秦简中的两个地名小考》为题提交，"荆楚历史地理与长江中游开发——2008年中国历史地理国际学术研讨会"，武汉大学2008年10月。

再比如说西安相家巷秦封泥的出土,这批封泥较之王国维当年所见之秦汉封泥不仅数量上有天壤之别,而且在科学考古的支撑下其年代特征更为明显。据《秦封泥集》一书不完整统计:"秦封泥涉及三十四个郡(或谓三十五个),九十五个(或谓九十七个)县。封泥上得出的此数字在出土及传世文物之中,为秦郡县所见最多的一项,成为一份秦地理志的可靠的索引。"[1]在这批封泥中,有一部分内容可以佐证乾嘉以来某些学者的看法,如王国维主张的河间郡即见于秦封泥;但亦有一些此前研究者所未曾寓目的"新面孔",如衡山、即墨、济北、赵郡、泰山、淮阳等。至于那些"老面孔",有些郡名在书写上也与传世文献的记载存在差异,如泗水→四川、三川→叁川、临淄→临菑、东晦→东海等类。总之,这批封泥也是解决秦郡郡目问题不可或缺的重要资料。

可以说,不论是就出土文献的数量而言,还是就其学术价值而论,最近二十年来的秦代出土文献都已经远远超出王国维所处那个时代的水平。在此背景下,秦郡郡目问题重新成为学界关注的热点,也取得了一些重要的突破。

以洞庭郡和苍梧郡的研究为例,参加讨论的学者有周宏伟、陈伟、王焕林、周振鹤、钟炜、赵炳清、徐少华、李海勇、守彬、罗士杰、晏昌贵等十余位先生,另外李学勤、陈蒲清等先生在相关论文中也涉及这一问题。[2] 结合里耶的出土秦简并综合诸位研究者的意见,秦代苍梧、洞庭二郡的存在已经得到证明。李学勤先生文中说:"里耶简发现后,'洞庭郡'问题曾引起不少讨论

---

[1] 周晓陆、路东之:《秦封泥集》,三秦出版社2000年,第66页。

[2] 周宏伟:《传世文献中没有记载过洞庭郡吗?》,《湖南师范大学社会科学学报》2003年第3期,第83—84、120页;陈伟:《秦苍梧、洞庭二郡刍论》,《历史研究》2003年第5期,第168—172、192页;王焕林:《里耶秦简释地》,《社会科学战线》2004年第3期,第137—142页;周振鹤:《秦代洞庭、苍梧两郡悬想》,《复旦学报(社会科学版)》2005年第5期,第63—67页;钟炜:《秦洞庭、苍梧两郡源流及地望新探》,简帛网2005年12月18日;钟炜:《楚秦黔中郡与洞庭郡关系初探》,《湖北大学学报(哲学社会科学版)》2005年第4期,第442—445页;钟炜:《洞庭与苍梧郡新探》,《南方论刊》2006年第10期,第87—88页;赵炳清:《秦代无长沙、黔中二郡略论——兼与陈伟、王焕林先生商榷》,《中国历史地理论丛》2005年第4期,第66—78页;赵炳清:《秦洞庭郡略论》,《江汉考古》2005年第2期,第74—77、81页;徐少华、李海勇:《从出土文献析楚秦洞庭、黔中、苍梧诸郡县的建置与地望》,《考古》2005年第11期,第63—70页;守彬:《秦苍梧郡考》,《出土文献研究》第7辑,上海古籍出版社2005年,第181—185页;李学勤:《初读里耶秦简》,《文物》2003年第1期,第73—81页;陈蒲清:《长沙是楚国"洞庭郡"的首府》,《长沙大学学报》2006年第3期,第1—2页;罗士杰:《里耶秦简地理问题初探》,台北市简牍学会、中华简牍学会编辑:《简牍学报:劳贞一先生百岁冥诞纪念论文集》2006年总第19期,第27—41页;钟炜、晏昌贵:《楚秦洞庭苍梧及源流演变》,《江汉考古》2008年第2期,第92—100页。

和推测。我对此郡名的存在也有过怀疑,及至看到 J1⑨1-12 简明云'某某戍洞庭郡不智(知)何县署',始觉释然。"因此秦洞庭郡的存在是证据确凿、无可置疑的。至于苍梧郡,陈伟结合里耶秦简和张家山汉简的有关简文亦将其勾稽出来,应该也是证据充分,没有疑问的。苍梧、洞庭二郡的存在既得到证实,那么传统看法中属于秦郡的长沙、黔中二郡如何处置呢?陈伟分析认为:"秦黔中郡一度大致包括通常认为的黔中、长沙二郡地,后者是在秦始皇二十五年从中分离出来。"陈伟进一步作出推测:"秦始皇二十五年将原黔中郡一分为二后,西北一部没有沿用黔中旧名,而是改称'洞庭郡',东南一部则称作'苍梧郡',后世以'长沙郡'称之,大概是采用汉人的习惯。"因此陈伟先生实际上认为秦代并无长沙、黔中二郡,此后周振鹤、赵炳清二位先生进一步申述了这一观点。周振鹤先生明确指出原定长沙、黔中二郡并不存在,应以洞庭、苍梧两郡代之。但是徐少华老师、李海勇先生则有不同看法,他们在分析楚秦黔中郡发展演变脉络的基础上认为黔中郡当与洞庭郡并存,均为秦郡。

再比如说岳麓书院秦简所见之"江胡郡",陈松长先生认为:"'江胡(湖)郡'乃是秦代为了加强吴楚地区江河湖泊之地的统治而特设的郡治。其地望也应该在江河湖泊众多的吴楚地区。"①陈伟最初提出"江胡"应该读为"江浦",与楚的江旁郡有关,并推测说:"江胡(浦)郡可能只在秦灭楚之后的短暂时间内存在,而在秦统一之时、至迟在秦始皇二十七年(前220年)之前已被省并。"不过随后陈师对此观点有所修正,他通过简文推测江胡的范围"属于楚国故地,位置很可能在九江郡以东。由于在四川郡与九江郡北部之东,尚有东海郡的存在,江胡郡又应在东海郡之南。符合这些条件的,乃是我们熟悉的会稽郡"。因此陈师指出江胡郡可能是会稽郡的前身。②于薇先生提出"江胡郡"即"淮阳郡"的观点,认为"江胡郡在淮河上游北岸古江、胡国所在的区域,初为楚郡,楚灭后入秦,并入颍川郡,秦开发淮河流域,将颍川郡析为二郡,其中后世文献中的'淮阳郡'部分,一度仍被称为'江胡郡'"。③周运中先生又提出江胡郡即江夏郡。④何慕在其博士论文中对此亦有论述,她从分析传统文献中所记载的分野学说入手,认为江胡是吴国故地的别称,在此基础上她指出江胡郡的范围包括"今钱塘江以北的太

---

① 陈松长:《岳麓书院藏秦简中的郡名考略》,第 5—10 页。
② 陈伟:《"江胡"与"州陵"——岳麓书院藏秦简中的两个地名初考》,第 116—119 页。
③ 于薇:《试论岳麓秦简中"江胡郡"即"淮阳郡"》,简帛网 2009 年 6 月 18 日。
④ 周运中:《江胡郡即江夏郡考》,简帛网 2009 年 8 月 8 日。

湖流域",即传统认识中会稽郡的范围。① 由于相关材料尚未完全公布,有关问题尚需进一步论证和说明。我们期待着这批材料能够尽快整理面世,为秦郡研究提供更多的材料。

在出土文献层出不穷的这一背景下,有多位学者顺应时代的要求开始着手对秦郡的有关问题作系统的总结和梳理。其中最具代表性的成果即辛德勇先生所著《秦始皇三十六郡新考》,②辛文共八万余言,在郡目问题上首次按照三个时段对秦郡郡目进行解析,提出了四十二郡整合为三十六郡,并进而发展为四十八郡的重要论点。从研究方法上讲,这是首次深入秦代政区内部的尝试,通过对三个时间断面的剖析,辛文初步厘清了一些郡的沿革。用辛氏自己的话来说,就是"使得这一在过去看来此一级别政区设置最难理清的时代,展现出比其他任何朝代似乎都要清楚的面貌"。较以往的研究,这一成果无疑是一次重大的突破。辛文以三幅地图展示郡目的分合演变,比较形象直观。为便于利用,我们将其地图转换成下表(表1-5),以便更明确地区分辛氏所考不同郡目之间的沿革关系。

表1-5 辛德勇氏郡目沿革示意表

序 号	四十二郡	三十六郡	四十八郡
1	内史	内史	内史
2	叁川	叁川	叁川
3	河东 河内	河东	河东 河内
4	陇西	陇西	陇西
5	北地	北地	北地
6	上郡	上郡	上郡
7	汉中	汉中	汉中
8	巴郡	巴郡	巴郡
9	蜀郡	蜀郡	蜀郡

① 何慕:《秦代政区研究》,复旦大学博士学位论文2009年,指导教师:周振鹤。
② 辛德勇:《秦始皇三十六郡新考》,《文史》2006年第1、2辑,收入氏著《秦汉政区与边界地理研究》。

续 表

序 号	四十二郡	三十六郡	四十八郡
10	九原	九原	九原
11	云中	云中	云中
12	雁门	雁门	雁门
13	代郡	代郡	代郡
14	太原	太原	太原
15	上党	上党	上党
16	上谷 广阳	上谷	上谷
17	渔阳	渔阳	渔阳
18	右北平	右北平	右北平
19	辽西	辽西	辽西
20	辽东	辽东	辽东
21 22	恒山 赵郡 清河 河间	邯郸 钜鹿	恒山 邯郸 钜鹿
23	东郡	东郡	东郡
24	临淄 济北	齐郡	齐郡 济北
25	城阳 即墨	琅邪	琅邪 胶东
26	南阳	南阳	南阳
27	颍川 淮阳	颍川	颍川 淮阳
28	砀郡	砀郡	砀郡
29	四川	四川	四川

续表

序　号	四十二郡	三十六郡	四十八郡
30	薛郡	薛郡	薛郡 东海
31	南郡	南郡	南郡
32	九江	九江	衡山 九江 庐江
33 34	会稽	故鄣 会稽	故鄣 会稽
35	黔中	黔中	洞庭
36	长沙	长沙	苍梧
			闽中
			南海
			桂林
			象郡

　　2009年初，后晓荣先生在修订其博士论文的基础上出版了《秦代政区地理》一书。其中第三章题为"秦置郡新证"，作者结合传世文献和出土资料提出秦置五十四郡的新见解。具体而言，即秦统一初年置三十六郡，统一后拓地开置五郡，分地析置十三郡，合计五十四郡。其结论如下：

　　统一初年三十六郡：汉中、上郡、巴郡、蜀郡、河东郡、陇西郡、北地郡、南郡、南阳郡、上党郡、太原郡、叁川郡、东郡、巫黔郡、云中郡、雁门郡、颖川郡、邯郸郡（赵郡）、钜鹿郡、上谷郡、渔阳郡、右北平郡、辽西郡、辽东郡、砀郡、四川郡、薛郡、九江郡、会稽郡、代郡、长沙郡、临淄郡（齐郡）、琅邪郡、广阳郡、淮阳郡（楚郡）、九原郡

　　统一后拓地开置五郡：闽中郡、桂林郡、象郡、南海郡、新秦中郡

　　统一后分地析置十三郡：河间郡、河内郡、衡山郡、恒山郡、东海郡、清河郡、济北郡、即墨郡、城阳郡、胶西郡、博阳郡、洞庭郡、苍梧郡

后氏在论述上虽然注意到秦郡的不同性质而将其分为三类,这貌似与辛氏的三个剖面相同,但因为后氏实际上并未考证各郡的沿革,因此在后氏的结论里面,五十四郡济济一堂,全部被安置在秦代的疆域图中。与辛氏的方法相比,后氏的研究实际上又退回到乾嘉时代的水平。同类的问题还存在于何介钧《"秦三十六郡"和西汉增置郡国考证》、王伟《秦置郡补考》等先生的研究中。① 这里就不一一介绍。

2010 年初,笔者又读到复旦大学何慕博士题为《秦代政区研究》的博士学位论文。② 该论文在秦代置郡郡目问题上着墨较多,与辛德勇、后晓荣的研究相比,何氏对该问题的研究有进一步的推进。其结论如下:

秦三十六郡:上郡、巴郡、汉中、蜀郡、陇西郡、北地郡(**崤山以西六郡**)

河东郡、南郡、南阳郡、上党郡、叁川郡、太原郡、东郡、颍川郡、广阳郡、砀郡、薛郡、九江郡、会稽郡、钜鹿郡、邯郸郡、琅邪郡(**崤山以东十六郡**)

云中郡、雁门郡、上谷郡、渔阳郡、右北平郡、辽西郡、辽东郡、代郡、九原郡(**北边九郡**)

淮阳郡、四川郡、洞庭郡、苍梧郡、临淄郡(**新知五郡**)

统一前省并之郡:巫黔郡、赵郡、河外郡

统一后置郡:东海郡、闽中郡、南海郡、桂林郡、象郡、济北郡、恒山郡、河间郡、河内郡、衡山郡、江胡郡、庐江郡、即墨郡

存疑之郡:郯郡、城阳郡、武陵郡

拙稿提交博士论文答辩之后这十年来,学界对秦郡问题继续开展研究。现将其间主要研究成果补充介绍如下。

晏昌贵先生对秦郡问题用力颇深。以睡虎地秦简《置吏律》所见"十二郡"为线索,考察秦郡的时间属性,通过对早期秦郡设置时间的细致考索,指出十二郡反映的是秦昭襄王晚年的情形。③ 以睡虎地秦简《编年记》为线索,考察秦郡的空间属性。从秦灭三晋置郡与秦灭楚置郡两个方面分析秦郡的形成及其地域形态问题。④ 还以里耶秦简为资料来源,辑录其中所见

---

① 何介钧:《"秦三十六郡"和西汉增置郡国考证》,陕西师范大学、宝鸡青铜器博物馆编:《黄盛璋先生八秩华诞纪念文集》,中国教育文化出版社 2006 年,第 349—356 页;王伟:《秦置郡补考》,纪念徐中舒先生诞辰 110 周年国际学术研讨会论文集,2009 年 4 月。
② 何慕:《秦代政区研究》,复旦大学博士学位论文 2009 年。
③ 晏昌贵:《秦简"十二郡"考》,《舆地、考古与史学新说——李孝聪教授荣休纪念论文集》,中华书局 2012 年,又收入氏著《秦简牍地理研究》,武汉大学出版社 2017 年。
④ 晏昌贵:《秦简牍地理研究》。

郡县名称,撰写《里耶秦简牍所见郡县名录》《里耶秦简牍所见郡县订补》两篇文章,集中梳理里耶秦简所见秦郡名目,其中见于里耶秦简的秦郡有18个,包括内史、泰原郡、河内郡、叁川郡、南郡、泰山郡、琅琊郡、洞庭郡、苍梧郡、衡水郡、蜀郡、巴郡、雁门郡、代郡、淮阳郡、东海(海)郡、折(浙)江郡、南阳郡;见于里耶秦简的秦县有129个及若干待考秦县。晏先生就期复原了秦洞庭郡的全部属县,并探讨了秦洞庭郡治所的变化情况。①

周群先生《秦代置郡考述》一文从见于文献的战国时期置郡入手,考索出秦置郡22、其他诸侯国置郡21,共计43郡;另有战国时期秦国存疑郡17个,去除与其他诸侯国重叠者7郡,则战国时期全部诸侯国置郡总数达53郡。秦统一六国之后实行普遍的郡县制,"分天下作三十六郡"。此三十六郡,即是在战国时期各诸侯国所置郡的基础上重新规划、省并而成的。他认为秦始皇二十六年所分天下之三十六郡,不当以裴骃之说为据,也不可以后来之学者所说为据,然而他也没有提出一个自己的方案,而是将问题留待将来。②

周振鹤先生主编的《中国行政区划通史》是继谭其骧先生主编《中国历史地图集》之后,新时代的带有的总结性鸿篇巨著。该书共13卷本、15册,将先秦至民国历代政区沿革条分缕析,做出通代的沿革来。其中"千呼万唤始出来"的《秦汉卷》2016年由复旦大学出版社出版(2017年出版修订版)。其中秦代部分由张莉执笔。该卷第一编秦代政区部分重点对秦郡进行了探究。上篇分区域对秦郡置废分合的过程做了较为系统地论述。篇末则以附章的形式将楚汉之际诸侯疆域的变迁过程进行复原。下篇首先对秦县设置的数目与分布作出估测,随后考辨了秦代具体县邑存在的可能性及其所属之郡。③

徐世权先生的博士论文《学术史视野下的秦郡研究》是一部从学术史角度研究秦郡问题的论著。全文分清代、民国、1950年至2000年、2001年至2016年四个时间段梳理学者的秦郡研究成果。大体按照"秦一代郡数及郡名""秦始皇三十六郡名""秦郡始置时间""秦郡郡境""秦郡郡治""秦郡图""秦郡个案研究"等七项内容进行概括总结,并设立专节总论各个时期的研究概况以及取得的成绩和存在的问题。论文名为学术史的回顾,实际上提出了不少值得重视的观点。④

---

① 晏昌贵:《里耶秦简牍所见郡县名录》,《历史地理》第30辑,上海人民出版社2014年;《里耶秦简牍所见郡县订补》,《历史地理研究》2019年第1期。
② 周群:《秦代置郡考述》,《中国史研究》2016年第4期。
③ 周振鹤主编:《中国行政区划通史·秦汉卷》,复旦大学出版社2016年。
④ 徐世权:《学术史视野下的秦郡研究》,吉林大学博士学位论文2017年,指导教师:吴良宝。

第二章　解决秦郡设置问题的取径

第一节　解决秦郡县设置问题的几点思考

通过上章的学术史回顾,秦郡郡目问题的复杂性已经不言自明。同时,秦郡年代问题也是另一个让秦史研究者头痛不已的难题。由于史料中留下明确置郡年代的秦郡数目有限,而且不同史料之间的记载往往还存在歧异,这无疑给秦郡沿革的研究带来了极大的困难和挑战。前述研究秦郡诸家在相关的论著中虽然也就有关秦郡的沿革或多或少作有论述,取得了一些成果,但总体而言争议仍然较多,问题依然存在。究其原因,在于各家"皆凭臆进退,非能确证其所宗者为无误无遗也"。[①] 换言之,此前的研究并未能贯通全部材料,进行系统研究。

一、步骤

那么解决这一问题的出路何在呢？答曰：在于资料整理的系统性和分析推理的客观性。为达到此一目的,我们在论述上按照如下步骤进行：

第一步,全面搜集秦郡郡目,包括曾被研究者肯定的、否定的、存疑的以及出土文献新见的所有郡目。

第二步,结合文献考察各郡作为秦郡的可能性。一方面,原属六国置郡在秦的统一之后是否纳入秦郡范畴；另一方面,秦在占领六国某一区域后是否自行置郡。

第三步,在文献许可的前提下,尽量分析有关郡的设置年代,力求厘清各郡的演变脉络、沿革关系。

清理秦郡存目的用意在于使所有郡目都纳入考察视野,让它们在同一个平台上对话,以尽量避免研究中带有先见性或倾向性的主观臆断。一方

[①] 语出谭其骧：《秦郡新考》,收入氏著《长水集》(上),第1—12页。

面,此前被肯定的秦郡,可能因为新材料的出现而被排除出秦郡之列;另一方面,此前未被视作秦郡或存疑的郡名亦可能因为新材料的出土而归入秦郡的行列。

第二步工作要求在确定秦郡郡目的基础上,结合文献考察各郡作为秦郡的可能性。在这部分的论述中我们按照秦与六国的故有疆域来划分区域。这样更便于结合秦统一进程来分析其置郡过程。

第三步的目的在于明确各秦郡的年代,这样不仅秦始皇三十六郡问题能够不辩自明,而且秦统一前后合并、废止、析置、拓置各郡的情形亦可一目了然,并可在此基础上厘清各郡沿革关系。

二、分期

陈直先生曾就秦郡研究的分期问题提出一种颇具前瞻性的指导意见,即主张将秦郡研究划分为四个时期:

> 一为昭王以来并吞六国各郡时期,多错杂见于《史记》。二为始皇二十六年调整各郡时期,如《史记·穰侯传》之陶郡,此时即已废除。三为始皇三十三年以后至二世时续置各郡时期。四为秦楚之际各诸侯自置自分各郡时期。①

我们按照陈氏提出的这一分期方式对秦郡年代的研究现状进行一番考察,可以发现多数研究实际上集中在前三个阶段,特别是第二阶段对秦始皇三十六郡的研究上。其中第四阶段的研究最为薄弱,笔者目前所见只有姚鼐《项羽王九郡考》、全祖望《十八王所置郡名》二文对此问题作了初步的研究。② 至于第一阶段,成果相对比较丰富。其中最具代表性的可举杨宽和李晓杰二氏的研究。③ 导致上述现象的原因主要在于各阶段史料记载的详尽程度不一,因此各个阶段的研究进展无法齐头并进。作为对陈直分期理论的一种尝试,辛德勇先生《秦始皇三十六郡新考》一文首次较为系统地论

---

① 陈直:《秦始皇六大统一政策的考古资料》,收入秦始皇兵马俑博物馆研究室编:《秦文化论丛(第一集)》,西北大学出版社1993年,第206页。

② 姚鼐:《惜抱轩文集》卷2《项羽王九郡考》,收入《惜抱轩诗文集》,第26—28页;全祖望:《汉书地理志稽疑》卷1,收入《全祖望集汇校集注》,第2491—2494页。

③ 杨宽氏的研究参氏著《战国史》(增订本)附录一《战国郡表》(六)"秦国设置的郡",上海人民出版社2003年,第680—684页;李晓杰的研究参阅氏著《中国行政区划通史·先秦卷》第九章第二、三节"秦郡考证",复旦大学出版社2009年,第444—468页。此外还有路伟东:《战国郡考》,复旦大学硕士学位论文2000年,指导教师:钱林书。

述了秦郡研究的前三个阶段,取得了较为可观的成果。不过辛氏本人在文中也指出,其研究的结果"得出的只能是一个几十年长时间层面内的政区设置状况,而不是始皇二十六年某日划定三十六郡时这一时间断面上的郡级政区"。①

与分期相关的是时间断面的选择。如所周知,秦始皇二十六年"分天下为三十六郡"是一个重要的节点,上文已经梳理了学界对这个问题的研究历程。在此之前,另有一个时间断面没有得到充分的重视,即睡虎地秦简《置吏律》关于"十二郡"的记载。② 据我们了解。目前有黄盛璋、林剑鸣、王辉、晏昌贵、屈卡乐等先生就十二郡的问题进行了专门的探讨,取得了基本一致的认识。③ 如上文所述,秦郡数目在有秦一代一直处于变动之中。自秦惠文王初设上郡,至秦始皇二十六年的三十六郡,"十二郡"是在此期间一个难得的时间断面。探明这个时间断面的秦代政区,对于推动秦郡研究、全面认识秦代政区地理无疑具有重要意义。

因此,现实上可操作的分期方案实际上可根据"十二郡""三十六郡"这两个时间断面划分为三个阶段。本书第三章在探讨秦郡设置年代考证之后会就"十二郡""三十六郡"这两个时间断面的秦郡设置情况作出论述。

三、系年

先秦时期文献对某些历史事件发生年代的记载存在一些无法理顺的矛盾,这就使研究者在运用材料进行研究时无法真正地放心使用。其中有些问题虽然可借助出土文献来做补正,譬如晋太康年间汲冢出土的魏《竹书纪年》、睡虎地秦墓出土的《编年纪》等文献,就纠正了一些错误的纪年。但是总体而言,战国史料系年的问题依然存在。日本学者在这一领域的研究较为引人瞩目,其中平势隆郎先生所著《新编史记东周年表——中国古代纪年の研究序章》和藤田胜久先生所著《史记战国史料の研究》,都可以算作对

---

① 辛德勇:《秦始皇三十六郡新考》,《文史》2006 年第 1、2 辑,收入氏著《秦汉政区与边界地理研究》,第 22 页。
② "县、都官、十二郡,免除吏及佐、群官属,以十二月朔日免除,尽三月而止之。其有死亡及故有缺者,为补之,毋须时。"(睡虎地秦墓竹简整理小组:《睡虎地秦墓竹简》,文物出版社 1990 年)
③ 黄盛璋:《云梦秦简辨正》,《考古学报》1979 年第 1 期;林剑鸣:《秦史稿》,上海人民出版社 1981 年;王辉:《秦史三题》,《一粟集:王辉学术文存》,艺文印书馆 2002 年;晏昌贵:《秦简"十二郡"考》,《舆地、考古与史学新说——李孝聪教授荣休纪念论文集》,又收入氏著《秦简牍地理研究》;屈卡乐、卢地生:《秦"十二郡"考议》,《殷都学刊》2020 年第 1 期。

这一问题的系统研究。① 其中平势氏研究的着眼点是以《六国年表》记载为主干来系统编排战国史事的年代，不过正如董珊、李晓杰先生所指出的那样，该书完全把《史记》作为信史来处理，并未对其真伪作进一步考订。② 而藤田氏的研究虽然对平势氏所存在的问题作了一些订正，但多数结论实际与平势氏的结论一致，且其研究主旨并不在于作史料的编年，因此实际上并不便于利用。因此相比之下，平势氏的研究成果影响更大。譬如李晓杰先生在其所著《中国行政区划通史·先秦卷》一书中，在史料年代的处理上就完全采取平势氏的意见。其实这种做法似并不可取，正如董珊先生在其博士后出站报告的序言部分中所指出的那样，平势氏著中的错误亦不在少数。③ 鉴于上述原因，我们在战国史料系年问题上还是采取杨宽先生所著《战国史料编年辑证》这部书的研究成果。④

四、书法

司马迁在《史记》中记述秦攻占某地置郡时候用"置""为"等语来描述，其中"置"又有"初置""作置"等区别。严耕望先生在考察楚汉中郡地望时曾对太史公在秦置郡这一问题上的书法体例深有领会，其说如下：

> 楚秦汉中郡域之不尽同，观于太史公书法体例已足知之。考秦郡，可就其沿置分为三类：(1) 郡名、郡域均沿旧制者，(2) 名虽仍旧，地有增损者，(3) 新划区域，另授新名者。《秦纪》《始皇纪》"初置""置""为"者凡十二郡。……此十二郡中，属第三类者占最多数，属第二类者占少数。黔中郡属第二类，最为明显。《秦纪》昭王三十年书曰："取巫郡及江南为黔中郡。"可知《秦纪》黔中郡虽因旧名，而其郡域已增益，故书曰"为"，秦汉中郡，又于秦惠王后元十三年书曰："攻楚汉中取地六百里置汉中郡。"其意盖如黔中。盖秦取楚汉中郡之西部六百里地，

---

① 平势隆郎：《新编史记东周年表——中国古代纪年の研究序章》，日本东京大学东洋文化研究所丛刊第15辑，东京大学出版社1995年；藤田胜久：《史记战国史料の研究》，东京大学出版会1997年。其中藤田氏的著作已经翻译成中文出版，即曹峰、广濑薰雄译：《〈史记〉战国史料研究》，上海古籍出版社2008年。
② 董珊：《战国题铭与工官制度》，北京大学博士学位论文2002年，第9页；李晓杰：《中国行政区划通史·先秦卷》，第231页。
③ 董珊：《战国题铭与工官制度研究——附论新见铜器和简帛》，北京大学博士后出站报告2004年，第1页。
④ 杨宽：《战国史料编年辑证》，上海人民出版社2001年；同类的著作还有缪文远：《战国史系年辑证》，巴蜀书社1997年。

增以秦人固有之汉上区域。因沿旧名,名曰汉中,故书曰"置"。以别于郡名郡域均沿六国之旧者。①

今按,严耕望先生所论仅限于《秦本纪》《秦始皇本纪》所载之12郡,为了弄清问题,我们将考察的对象扩大到《史记》中所载全部秦郡(包括原六国置郡)。考察的结果如下表2-1所示:

表2-1 《史记》所载秦郡书法差异表

郡 名	书 法	出 处
汉中郡	置汉中郡	《秦本纪》
南 郡	为南郡	《秦本纪》《六国年表》《白起列传》
太原郡	初置太原郡	《秦本纪》《六国年表》
东 郡	初置东郡	《秦始皇本纪》《卫康叔世家》《魏公子列传》《六国年表》
	作置东郡	《蒙恬列传》《春申君列传》
	置东郡	《燕召公世家》《刺客列传》
	为秦东郡	《魏世家》
颍川郡	以其地为郡,命曰颍川	《秦始皇本纪》
	置颍川郡	《六国年表》《燕召公世家》
	为颍川郡	《韩世家》
会稽郡	置会稽郡	《秦始皇本纪》
黔中郡	为黔中郡	《秦本纪》
南阳郡	初置南阳郡	《秦本纪》
三川郡	初置三川郡	《秦本纪》《六国年表》
	作置三川郡	《蒙恬列传》
	置三川郡	《燕召公世家》

---

① 严耕望:《楚置汉中郡地望考》,《责善半月刊》第2卷第16期,1941年,第8—12页。

续表

郡　名	书　法	出　处
南海郡 桂林郡 象　郡	为南海、桂林、象郡	《秦始皇本纪》
闽中郡	为闽中郡	《东越列传》
陇西郡 北地郡 上　郡	有陇西、北地、上郡	《匈奴列传》
云中郡 雁门郡 代　郡	置云中、雁门、代郡	《匈奴列传》
上谷郡 渔阳郡 右北平郡 辽西郡 辽东郡	置上谷、渔阳、右北平、辽西、辽东郡	《匈奴列传》

观察上表，可得如下认识：

其一，《史记》所载秦郡在书法用语上差异较大，大致有"置""为""有"三种情形，其中"置"又有"初置""作置"之别。特别值得注意的是，颍川郡写作"以其地为郡，命曰颍川"，虽亦是用"为"字，但说法与其他各郡迥然不同。从句意上来看，这种说法句意更为明确，大致与严耕望先生所谓"新划区域，另授新名"的秦郡相符。

其二，《史记》不同篇章对同一秦郡的设置在叙述上会有用语的不同。最明显的例子是对东郡的叙述，这些分别见于《史记》中9个不同的篇章，在用语上也有四种不同的说法。可见单单从用语上很难辨别各郡属于严氏所分三类秦郡之哪一类。以严氏作为例子来说明的黔中郡与汉中郡来讲，严氏将其归入第二类，但是两个郡的书法用语分别用"为"和"置"。周振鹤先生认为："'取巫郡及江南为黔中郡'一句，并非一般所理解的那样，是将巫郡与江南地合而为黔中郡，而是伐楚巫郡与在江南的黔中郡的意思。'为'或者有'是'的含义。因为同一件事，在《楚世家》里则记为'秦复拔我巫、黔中郡'。可见'巫郡及江南为黔中郡'与'巫、黔中郡'等值，黔中郡地望应在江南。"①今按，就

---

① 参周振鹤：《秦代洞庭、苍梧两郡悬想》，《复旦学报》2005年第3期。

黔中一郡而言,周氏之说并无不妥,但若将其他句中的"为"字也理解为"是"则于理难通。

为了避免分歧,尽可能准确合理地判定秦郡的设置年代,这里对置郡年代的判定原则作一点必要的说明:一、传世文献对某郡的设置年代有明确可靠记载的,以文献记载的年代为准;二、传世文献中没有某郡设置年代记载的,根据文献中某郡(原为六国置郡)或某地区(秦占领后新置)被秦攻占的年代来判定;三、无法确定置郡县年代的秦郡,依据文献记录确定一个合理的存续区间。

有鉴于此,在秦郡年代研究上,我们有必要提出更切合实际的研究目标。考虑到不同秦郡年代记载详略不同的实际情况,结合可以预见的考证结果,我们将秦郡年代研究的具体结果大致分为如下四类:

第一,置年可明确到某年,沿革情况清晰的秦郡。

第二,置年不明确,但大致可划定在一较合理的年代区间内;沿革情况大致清晰的秦郡。

第三,置年不可考,但能大致确定属于哪个阶段的秦郡。

第四,只知其名,置年与所属阶段无考的秦郡。

第二节　解决秦郡设置问题的前提
——秦郡存目考述

在秦郡研究学史上,曾作为秦郡郡名纳入研究者视野的秦郡数量大致有70个左右,除少数为出土文献仅见以外,其中绝大多数见诸传世文献。按照研究者对其定位,这些郡目大致可分为如下三类:

第一类,多数学者基本上一致同意作为秦郡处理的郡目有如下37个:三川(叁川)、河东、陇西、北地、上郡、汉中、巴郡、蜀郡、云中、雁门、代郡、太原、上党、上谷、右北平、渔阳、潦西(辽西)、潦东(辽东)、邯郸、东郡、钜鹿、琅邪、南阳、颖川(颍川)、砀郡、泗水(四川)、薛郡、南郡、九江、黔中、长沙、会稽、九原、闽中、象郡、桂林、南海。

第二类,少数学者主张作为秦郡处理的秦郡郡目共有33个,其中又可别为两类。其一为基于传世文献的旧说,包括内史、广阳、齐郡、临菑、河内、常山(恒山)、河间、济北、城阳、即墨、胶东、胶西、博阳、淮阳、陈郡、楚郡、郯郡、东海(东晦)、衡山、庐江、鄣郡、陶郡、榆中、新秦中、赵郡等25郡;此外另有基于出土文献的新说,包括巫黔、洞庭、苍梧、江胡、河外、浙江、武陵、汾囗等 8 郡。

第三类,一般作为秦楚之际置郡或汉郡处理的郡名有如下 5 个:泰山、东阳、吴郡、清河、豫章。

以上郡目总计 75 个,其中见诸出土文献者如下表所示:

表 2-2　出土文献所见秦郡存目表

出文献所见秦郡存目	出　土　文　献
叁川	《集》二·二·3"叁川尉印"、《五十例》"叁川邸丞"、《岳麓》简 864"其女子当迁者,东郡、叁川、河内、颖川、请(清)河……"、706"东郡、叁川、颖川署江胡郡"。
河内	《新见》"河内左工""河内邸丞",《里耶》J1-169 封泥匣"轵以邮行河内",《岳麓》简 864"其女子当迁者,东郡、叁川、河内、颖川、请(清)河……"、383"河内署九江郡,南郡、上党"、706"南阳、河内署九江郡"。
上郡	《集成》11404 上郡守寿戈,《集》二·二·1"上郡候丞",《新见》"上郡太守"。
汉中	《集成》11367 汉中守戈,《新见》"汉中底(邸)印"。
巴郡	《发掘》"巴左工印",《里耶》16-5"今洞庭兵输内史及巴、南郡、苍梧输甲兵,当传者多"、《里耶》8-61+8-293+8-2012"巴叚(假)守丞敢告洞庭守主"。
蜀郡	蜀守戈,①《集》二·二·7"蜀左织官",《新见》"蜀大府丞""蜀西工丞",《征存》0022"蜀邸仓印",《睡虎地》"封诊式"简 46。
陇西	《秦封泥集存》P680"□西右漕丞"。
代郡	《征存》0051"代马丞印",《集》二·二·15"代马丞印",《新见》"代马",《里耶》8-528+8-532+8-674"御史闻代人多坐从以縠"。
太原	《集》二·二·16"太原守印",《五十例》"太原大府",《岳麓》简 194、706"泰原署四川郡",《里耶》8-2040 背"泰原"。
雁门	《里耶》8-410"廿八年,迁陵田车计付鴈(雁)门泰守府"。
上党	《集成》11054、11500"上党武库",《五十例》"上党府丞",《岳麓》简 383"南郡、上党□邦道当成东故徼者,署衡山郡"。
上谷	《五十例》"上谷府丞"。

---

① 吴镇烽:《秦兵新发现》,收入《容庚先生百年诞辰纪念文集》,广东人民出版社 1998 年,第 563 页。

续 表

出文献所见秦郡存目	出　土　文　献
广阳	《秦封泥集存》P822"广阳"。
辽东	《集》二·二·14"辽东守印"。
恒山	《汇考》1230"恒山候丞",《新见》"恒山武库",《岳麓》简864"当成请(清)河、河间、恒山者"。
邯郸	《发掘》"邯造工丞",《集》二·二·12"邯郸造工"、《集》二·二·13"邯造工丞"。
清河	《五十例》"清河水印","清河太守",①《岳麓》简374"清河假守"、863"当成请(清)河、河间、恒山者"、864"其女子当迁者,东郡、叁川、河内、颖川、请(清)河……"。
河间	《集》二·二·4"河间太守",《五十例》"河间尉印",《岳麓》简863"当成请(清)河、河间、恒山者"、864"其女子当迁者,东郡、叁川、河内、颖川、请(清)河……"。
钜鹿	《新见》"钜鹿之丞(?)"。
东郡	《集》二·二·5"东郡司马",《五十例》"东郡尉印",《岳麓》简864"其女子当迁者,东郡、叁川、河内、颖川、请(清)河……"、707"东郡、叁川、颖川署江胡郡"。
临菑	《集》二·二·22"临菑司马"。
济北	《集》二·二·18"济北太守"。②
城阳	《集》二·三·48"城阳候印"。③
即墨	《集》二·二·30—32"即墨""即墨太守""即墨□□"。
泰山	《集》一·四·28"泰山司空""泰山太守章",④《岳麓》简1114"泰山守",《里耶》8-462+8-685"卅五年三月庚子,泰山木功右□守丞勮追"。

① 孙慰祖:《中国古代封泥》,上海人民出版社2002年,第42页。
② 孙慰祖先生认为是赝品,参氏著:《封泥:发现与研究》,上海书店出版社2002年。
③ 学界关于此封泥的认识分歧较大。周晓陆先生认为城阳为县名,傅嘉仪、后晓荣、辛德勇等先生虽以秦郡视之,但具体看法亦有不同。参周晓陆、路东之:《秦封泥集》,第300页;傅嘉仪:《秦封泥汇考》,第259页;后晓荣:《秦代政区地理》,第107页;辛德勇:《秦始皇三十六郡新考》,《秦汉政区与边界地理研究》,第66—67页。
④ 该封泥为西安市文物园林局"抢救性发掘"所得,目前陈列于西安市文物保护考古研究所博物馆(西安博物院)展厅。此据王伟:《秦玺印封泥职官地理研究》,陕西师范大学博士学位论文2008年,第245页。

续 表

出文献所见秦郡存目	出 土 文 献
琅邪	《集》二·二·23—29"琅邪司马""琅邪候印""琅邪司丞""琅邪都水""琅邪水丞""琅邪左盐""琅邪发弩",《里耶》8－657"琅邪叚(假)【守】□敢告内史、属邦、郡守主:琅邪尉徙治即【默】……"
南阳	《新见》"南阳邸丞",《五十例》"南阳司马",《岳麓》简706"南阳、河内署九江郡"。
颖川	"颖川太守",①《岳麓》简864"其女子当迁者,东郡、叄川、河内、颖川、请(清)河……"、707"东郡、叄川、颖川署江胡郡"。
淮阳	《集》二·二·34"淮阳弩丞",睡虎地4号秦墓木牍"黑夫等直佐淮阳,攻反城久,伤未可知也",②张家山汉简《奏谳书》"淮阳郡守行县掾新郪狱"案。
四川	《集》二·二·17"四川太守",《集》P407"四川轻车",《发掘》"四川水丞",《岳麓》简706"泰原署四川郡"。
东海	《汇考》1229"东晦□马",《新见》"东晦都水"。
南郡	《集》二·二·6"南郡司空",《征存》0049"南郡候印",《新见》"南郡府丞",《五十例》"南郡池丞",《睡虎地》"编年纪"简27"南郡备警"、《语书》"南郡守腾",《里耶》16-5"今洞庭兵输内史及巴、南郡、苍梧输甲兵,当传者多",《里耶》8－772"南郡泰守",《岳麓》简383"南郡、上党□邦道当戍东故徼者,署衡山郡",《奏谳书》简124－125"南郡卒史""南郡守府"。
衡山	《集》二·二·8"衡山发弩",《五十例》"衡山马丞",《里耶》8－1234"衡山守章言:衡山发弩丞印亡,谒更为刻印。·命",《岳麓》简1221"戍衡山郡"、383"署衡山郡"。
九江	《集》二·二·9"九江守印""九江司空",③《岳麓》简383"河内署九江郡,南郡、上党"、706"南阳、河内署九江郡"。
庐江	《里耶》8－1873"妻曰备,以户□(迁)庐江,卅五年",《岳麓》简556"丞相上庐江假守书"。
巫黔	《新见》"巫黔□邸""巫黔右工"。
洞庭	《里耶》"洞庭司马"封泥、6-2"迁陵以邮行洞庭"、7-5"洞庭太守府"封泥匣、9－1"洞庭假尉"、16-5"今洞庭兵输内史及巴、南郡、苍梧"。

---

① 孙慰祖:《中国古代封泥》,第42页。
② 《云梦睡虎地秦墓》编写组:《云梦睡虎地秦墓》,文物出版社1981年,第25—26页。
③ 该封泥未见著录,此据王伟:《秦玺印封泥职官地理研究》,第245页。

续　表

出文献所见 秦郡存目	出　土　文　献
苍梧	《征存》0050"苍梧候丞",《里耶》16-5"今洞庭兵输内史及巴、南郡、苍梧输甲兵,当传者多""苍梧为郡九岁",①《奏谳书》简129"苍梧守"。
南海	《征存》0021"南海司空"。
江胡	岳麓简706、194"东郡、叁川、颖川署江胡郡"、480"江胡"。
河外	《新见》"河外府丞"。
浙江	《征存》0048"浙江都水"。
武陵	《里耶发掘报告》P181"武陵泰守"。
汾□	《新见》"汾□府□"。
蔺川	《秦封泥集存》P1417"蔺川丞相"。

以上出土文献所见秦郡数目有45个,其中属于第一类的有22个,分别为:叁川、上郡、汉中、巴郡、蜀郡、陇西、代郡、太原、雁门、上党、上谷、辽东、邯郸、钜鹿、东郡、琅邪、南阳、九江、颖川、四川、南郡、南海。

属于第二类的有20个,分别为:广阳、河内、恒山、河间、临菑、济北、城阳、即墨、淮阳、东海、衡山、庐江、巫黔、洞庭、苍梧、江胡、河外、浙江、武陵、汾□。

属于第三类的有2个,分别为:泰山、清河。

何慕博士将秦郡分作三个考证区域,即包括秦帝国西半部的十四郡(包括崤山以西六郡,以及崤山以东的河东、太原、上党、颖川、东郡、三川、南阳、南郡八郡在内)、北边除九原外的八郡在内的二十二个郡属于第一区域;秦始皇三十三年之后开拓岭南、北边匈奴地设置的郡(按,包括九原、闽中、南海、桂林、象郡等五郡)属于第二个区域。秦帝国在版图的东部和南部设置的郡属于第三个区域。② 何氏同时指出第一区域的建置十分稳定,将来基本不会再因出土材料而更动郡名。第二区域的秦郡只有置年存在争议,基本上也不存在变动,而争议最大的区域位于第三区域。这一划分对于认清秦郡设置问题具有重要的指导意义。可以看到,何氏所定第一、第二区域的

---

① 转引自何介钧:《"秦三十六郡"和西汉增置郡国考证》,陕西师范大学、宝鸡青铜器博物馆编《黄盛璋先生八秩华诞纪念文集》,第349—356页。

② 何慕:《秦代政区研究》,第39—41页。

秦郡都属于我们所划定的第一类别。除去这一部分,第一类中剩余如下 10 郡：邯郸、钜鹿、琅邪、砀郡、四川、薛郡、九江、黔中、长沙、会稽。在此之中,邯郸、钜鹿、琅邪、四川、九江五郡已经见诸出土文献。再者,因为出土秦简先后发现有洞庭、苍梧、江胡三郡,有学者主张用洞庭、苍梧、江胡三郡分别代替黔中、长沙、会稽三郡。因此有待出土文献证明的实际上只剩下砀郡、薛郡。

在第二类中,除见诸出土文献的郡目之外,尚有如下 10 郡目有待证实：广阳、胶东、胶西、博阳、陈郡、郯郡、鄣郡、陶郡、榆中、新秦中。

在第三类中,除见诸出土文献的郡目之外,尚有如下 3 郡目有待证实：东阳、吴郡、豫章。

另需说明的是,以上 75 郡目之中某些郡之间的关系比较特别,我们根据各郡之间关系的不同,将其分为如下几组：

第一组：本名与另称关系

淮阳—陈—楚、东海—郯、胶东—即墨

第二组：今名与曾用名关系

河外—三川　巫黔—黔中—洞庭、泰山—博阳　长沙—苍梧

第三组：关系不明（或因误解而产生关系）

邯郸—赵　临淄—齐　会稽—吴—江胡　河东—临汾　榆中—新秦中　鄣郡—豫章

上述这几组郡名,其中有些组所指向的地域可能相同。对于它们之间的关系,或以为是某郡的另称,譬如全祖望认为"楚郡治陈,故亦称陈郡",谭其骧认为东海郡治在郯,"秦汉之际亦称郯郡";①或以为是某郡的曾用名,譬如刘师培认为"秦名郯,楚名东海,高祖初年名郯,又改名东海"。② 这就是认为郡名有前后交替的变化。还有一些郡名之间历史上被认为是今名与曾用名关系,但是根据现有的认识,我们可以明确这是古人的误解。如《元和郡县图志》《太平寰宇记》认为秦灭赵,置赵郡、钜鹿郡,统一后赵郡更名为邯郸郡。此说影响颇广,以至于近来仍有不少学者据所谓"赵郡左田"认为赵郡与邯郸郡是前后相继的关系。但是王国维早在《齐鲁封泥集存序》就指出始皇既灭六国,所置诸郡,"无即以其国名之者"。③ 何慕博士也明确提出"国名不得存在于秦代郡名中"。④ 此说甚是,因此有秦一代,是不可能存

---

① 谭其骧：《秦郡新考》,《长水集》（上）,第 7 页。
② 刘师培：《秦四十郡考》,《刘申叔遗书》,第 1255 页。
③ 王国维：《观堂集林》卷 18,第 923 页。
④ 何慕：《秦代政区研究》,第 14—17 页。

在赵郡、楚郡、齐郡、吴郡之类的名称。秦末之乱爆发以后,怀有强烈复国情绪的六国遗民纷纷恢复战国、复兴王政,因此秦楚之交实际上是战国时代的延续。从这个意义上讲,赵郡、楚郡、齐郡、吴郡之类带有强烈战国色彩的郡名极有可能是秦楚之际的产物。

梳理郡名之间的这些关系,一方面要通过记载探明何为本名,何为别称;另一方面需要通过分析其年代来确认前后关系。对于那些因为历史原因而存在的误解,更要从基础材料入手,从当时的历史环境入手,尽量弄清楚导致误解的原因,探讨误解产生的过程。至于上述各组郡名之间的具体情况如何,请参考我们在相关郡下的论述。

第三章 秦郡设置考(上)

第一节 故秦地置郡考

自战国中晚期以至秦统一六国,秦不断开疆拓土,领地不断扩大。从广义上来讲,所有取自六国之地事实上都成为秦地,但秦汉时期所谓"故秦地"的内涵却是一个比较统一的概念。据《史记·货殖列传》以及《汉书·地理志》所作的地域区分,故秦地的范围大致包括关中区(内史)、陇西区(陇西郡、北地郡、上郡)、巴蜀区(巴郡、蜀郡、汉中郡)三大地域。①

1. 上郡

上郡候丞	上郡太守	上郡太守
《秦封泥集存》P714	《秦封泥集存》P714	《秦封泥集存》P714

《汉志》"上郡"下班固自注曰:"秦置。"其实上郡原为魏郡,②入秦后亦置为秦郡(详参表2-2)。只因入秦较早,一般作秦地视之。关于秦置上郡的年代,历来争议较大。这一方面是因为研究者对传世文献的有关记载存在不同理解,另一方面则是由于考古学界对考古发现的有关上郡的纪年题

---

① 雷虹霁:《秦汉历史地理与文化分区研究——以〈史记〉〈汉书〉〈方言〉为中心》,中央民族大学出版社2007年。

② 《史记·匈奴列传》:"魏有河西、上郡,以与戎界边。"《史记·秦本纪》:"魏筑长城,自郑滨洛以北,有上郡。"

铭的年代认识有较大分歧。关于这一问题的研究现状,李力先生已经作了较为系统地归纳。① 下面在李文的基础上结合我们新掌握的部分材料,将三种不同意见分别作一介绍。

第一种意见是主张上郡置于秦惠文王十年(前328年)。此说的依据是《史记》中惠文君十年有关魏纳上郡十五县于秦的一系列记载。② 持此说的学者主要有全祖望、谭其骧、马非百、黄盛璋、李晓杰等人。③

第二种意见是主张上郡置于秦惠文王更元元年(前324年)。此说的依据是《史记·张仪列传》关于"筑上郡塞"的记载。持此说者有高明、陈平、董珊等人。④

第三种意见是认为上郡置于秦昭王三年(前304年)。此说的主要依据是《水经·河水注》"奢延水又东,迳肤施县南,秦昭王三年置,上郡治"这条记载。⑤ 持此说的主要有钱穆、王蘧常、杨宽等。⑥

对于第三种意见,马非百先生据秦惠文王更元年间的"上郡守疾"戈已作出有力的反驳。此外黄盛璋、杨宽、陈平等人还从其他角度指出第三说的诸多可疑之处。因此,第三说实际上已经基本被否定了,不过这里值得注意的是杨宽、陈平二人对上引《水经·河水注》那段话都作了一番新解释。杨宽先生之说见于其《上郡守疾戈考释》一文后的"补记"。在这篇文章中,杨氏放弃前说,改从第一种意见。现将其说略引如下:

---

① 李力:《秦铜器铭文所见"隶臣"及"鬼薪"、"城旦"身份考》,中国政法大学法律古籍整理研究所编:《中国古代法律文献研究》第3辑,中国政法大学出版社2007年,第22—82页,收入氏著《"隶丞妾"身份再研究》,中国法制出版社2007年,第226—287页。
② 主要见于《秦本纪》《魏世家》《六国年表》《张仪列传》。
③ 全祖望:《汉书地理志稽疑》卷1,收入全祖望撰,朱铸禹汇校集注:《全祖望集汇校集注》,第2484页;谭其骧:《秦郡新考》,原载《浙江学报》第2卷第1期,1947年,收入氏著《长水集》(上),第2页;马非百:《秦集史》,第578页;黄盛璋:《云梦秦简辨正》,《考古学报》1979年第1期,收入氏著《历史地理与考古论丛》,齐鲁书社1982年,第4页;黄盛璋:《秦兵器分国、断代与有关制度研究》,载《古文字研究》第21辑,中华书局2001年,第243—244页;李晓杰:《中国行政区划通史·先秦卷》,第444—445页。
④ 高明:《中国文字学通论》,文物出版社1987年,第555页;陈平:《试论战国型秦兵的年代及有关问题》,《中国考古学研究论集——纪念夏鼐先生考古五十周年》,三秦出版社1987年,第316—317页;董珊:《战国题铭与工官制度》。
⑤ 据杨宽先生考证,《水经注》"秦昭王三年"当为"十三年"之误。前面脱一"十"字。说详杨宽《战国史料编年辑证》,上海人民出版社2001年,第629、702页。
⑥ 钱穆:《秦三十六郡考》,原载《清华周刊》第37卷第9、10期合刊文史专号,1932年,收入氏著《古史地理论丛》,第207页;王蘧常:《秦史》,上海古籍出版社2000年,第106页;杨宽:《战国史》(增订本)附录一《战国郡表》(六)"秦国设置的郡",上海人民出版社2003年,第680页。

我们认为秦惠文王十年(前328年)魏全献上郡十五县给秦,秦即有上郡。《水经注·河水》云:"奢延水又东,迳肤施县南,秦昭王三年置上郡治。"是说秦昭王三年于肤施置上郡治,并非说秦昭王三年设置上郡。①

陈平先生亦指出:

《水经》的注文是针对本经中的肤施县而发的。这条注文的本意似应理解为:在秦昭王的三年,秦把上郡的郡治由别处移置到北魏时的肤施县(战国秦汉时称高奴),而不是……秦国直到昭王三年才开始设置上郡这个郡。②

今按,《水经注》在说明某水所经由之县为某秦郡治所时一般有固定的格式,如:

《水经·河水注》:"(河水)又东迳九原县故城南,秦始皇置九原郡,治此。"

《水经·浊漳水注》:"尧水自西山东北流,迳尧庙北,又东迳长子县故城南,周史辛甲所封邑也。《春秋》襄公十八年,晋人执卫行人石买于长子,即是县也。秦置上党郡,治此。"

《水经·鲍丘水注》曰:"(灅水)迳无终县故城东,……秦始皇二十一年灭燕,置右北平郡,治此。"

《水经·大辽水注》曰:"(辽水)屈而西南流迳襄平县故城西,秦始皇二十五年灭燕,置辽东郡,治此。"

考察上述数例,不难发现其格式大致为"某水迳某县+置某郡+治此"。而上引《水经注·河水》"奢延水又东,迳肤施县南,秦昭王三年置,上郡治"与上引数例大致相仿,唯一的差别是这段文字在"治"后无"此"字。正因为这个缘故,该句只能在"置"字下断读,意思是说昭王三年所置的是"肤施县",而"肤施县"又是"上郡"的治所。这样的话,就不难发现第三种意见其实是建立在对《水经注》错误理解基础之上的,那自然也就不可信了。

---

① 杨宽:《上郡守疾戈考释》,原载《中央日报》1947年5月,收入氏著《杨宽古史论文选集》,上海人民出版社2003年,第409页。
② 陈平:《试论战国型秦兵的年代及有关问题》,《中国考古学研究论集——纪念夏鼐先生考古五十周年》,第316—317页。

第二说的主要依据是《张仪列传》所谓"筑上郡塞"的记载。不过对于"上郡塞"具体指什么又存在不同的看法。史念海先生认为"上郡塞"位于今陕西富县、洛川境内的洛水中游,是秦国在今黄龙山、子午岭之间的洛水河谷修建的长城。① 近年来,考古工作者在此处实地踏勘的成果也似乎印证了史氏的这一看法。② 不过也有学者认为秦在取得上郡之后,没有必要在今富县筑长城防魏,更不必大举防赵。因此他们认为富县长城不是张仪所筑的上郡塞。③

今按,"上郡塞"位置在何处还可以继续讨论,但是"塞"既然以"上郡"为名,自然应该是置上郡在前。因此,秦置上郡的年份就应在"筑上郡塞"之前。从这个意义上来讲,上郡设置的年份定在魏纳上郡十五县的惠文王十年(前328年)也是妥当的,但最迟不应晚于秦惠文王更元元年(前324年)秦"筑上郡塞"之时。

上郡是秦内史之外最早设置的郡,有上郡铭文的兵器格外多见。由"上郡武库"铭文可见,上郡为秦国早期重要的军工基地和北方边疆军事重镇。④ 随着秦的对外扩张,上郡的管辖区域也在不断扩大。据上文所考秦昭王十三年(前294年)夺取原属赵国的肤施(今陕西榆林南)之后,将上郡郡治迁往肤施。从秦兵器刻铭看,迁往肤施之前,上郡的治所可能在高奴(今陕西延安北)或漆垣(今陕西铜川北)。迁徙郡治的目的显然是直面来自北方的匈奴和赵国。

2. 巴郡

(印章图)
巴左工印
《秦封泥集存》P740

---

① 史念海:《黄河中游战国及秦时诸长城遗迹的探索》,原载《陕西师范大学学报(哲学社会科学版)》1978年第2期,收入《河山集·二集》,三联书店1981年,第450—453页;史念海:《西北地区诸长城的分布及其历史军事地理》,《河山集·七集》,陕西师范大学出版社1999年,第258页。
② 姬乃军:《陕西富县秦"上郡塞"长城踏察》,《考古》1996年第3期。
③ 瓯燕、叶万松:《"上郡塞"与"堑洛"长城辨》,《考古与文物》1997年第2期。
④ 晏昌贵:《秦简"十二郡"考》,《舆地、考古与史学新说——李孝聪教授荣休纪念论文集》。

《汉志》"巴郡"下班固自注:"秦置。"其实据《华阳国志》及《水经注》记载,巴郡原为古巴国,入秦后亦置为秦郡(详参表2-2),由于入秦较早,一般以秦地视之。不过传世文献中关于秦置巴郡年代的记载存在诸多问题,以至如今学界对这个问题仍存在分歧。就笔者所见,大致有以下五种看法。

第一种观点认为巴郡置于秦惠王初元九年(前329年)。此说的主要依据是在《史记·张仪列传》中,张仪与司马错在惠王前辩论的文字系于惠王十年以前。持此说的主要有马培棠、钟凤年等人。①

第二种观点认为巴郡置于周慎王五年,即秦惠王更元九年(前316年)。其依据是《华阳国志·巴志》的如下一条记载,"周慎王五年,蜀王伐苴。苴侯奔巴。巴为求救于秦。秦惠文王遣张仪、司马错救苴、巴。遂伐蜀,灭之。仪贪巴、苴之富,因取巴,执王以归。置巴、蜀及汉中郡。"持此观点的学者主要有杨宽等人。②

第三种观点认为巴郡置于周赧王元年,即秦惠王更元十一年(前314年)。其依据是《华阳国志·蜀志》的如下一条记载,"周赧王元年,秦惠王封子通国为蜀侯,以陈壮为相。置巴(按,疑巴是衍文。详下)、蜀郡。"持此观点的学者主要有谭其骧、王蘧常、马非百、黄盛璋、李晓杰、路伟东等人。③

第四种观点认为巴郡置于秦惠王更元十四年(前311年)。此说认为巴郡、蜀郡置于同年,据《水经·江水注》记载:"秦惠王二十七年,遣张仪与司马错等灭蜀,遂置蜀郡焉。"而秦惠王二十七年即更元十四年,故有此说。持此说的学者有全祖望等。④

第五种观点认为巴郡置于公元前285年以后。此说的提出者为徐中舒先生,针对传统看法,徐氏提出两处疑点:其一,若置巴郡在前,秦人用兵应当从最近的巴郡出兵,这与《秦本纪》所载"蜀守若伐楚,取巫郡及江南为黔中郡"这条记载冲突;其二,秦在设南郡、黔中郡以前若在巴地设郡,秦无法越过蜀地和南郡统治巴地。因此他认为"蜀未设郡之前,巴不能有郡"。⑤

以上第四说建立在秦于秦惠王更元十四年置蜀郡的基础之上,这一判断并不可靠(详蜀郡部分),故此说不可从。至于第一说,徐中舒先生已著文

---

① 马培棠:《巴蜀归秦考》,《禹贡(半月刊)》第2卷第2期,第42页;钟凤年:《论秦举巴蜀之年代》,《禹贡(半月刊)》第4卷第3期,第221页。
② 杨宽:《战国史》(增订本),第680页。
③ 谭其骧:《长水集》(上),第2页;王蘧常:《秦史》,第106页;马非百:《秦集史》,第608页;黄盛璋:《云梦秦简辨正》,《历史地理与考古论丛》,第4页;李晓杰:《中国行政区划通史·先秦卷》,第447页;路伟东:《战国郡考》。
④ 全祖望:《汉书地理志稽疑》卷1,《全祖望集汇校集注》,第2484页。
⑤ 徐中舒:《巴蜀文化初论》,原载《四川大学学报(哲学社会科学版)》1959年第2期,收入氏著《徐中舒历史论文选辑》,中华书局1998年,第1041页。

辩驳,证据确凿,此不赘述。① 在第五说中,徐氏所发两点疑问颇有道理,但亦非不可逾越的障碍。《史记·秦本纪》载:"(秦昭襄王)二十七年,……使司马错发陇西,因蜀攻楚黔中,拔之……三十年,蜀守若伐取巫郡,及江南为黔中郡。"徐氏的疑问在于秦为何没有就近从巴发兵攻楚,其实我们也应该反过来考虑,当时巴若非秦的势力范围,秦又何以能越过巴境去攻打位于巴境以东的楚巫郡和黔中郡呢?再者,秦伐楚需要大量的兵源、物资,仅仅依靠巴地难以支撑对楚的战争,而蜀的富庶也是不言而喻的,而从《秦本纪》的记载来看,秦前后两次发动对楚的战争都调动了蜀郡的资源。由此可见,第五说也难以成立。

第三说是目前信者较多主流观点。其实该说的依据也不一定可靠。《华阳国志·蜀志》:"周赧王元年,秦惠王封子通国为蜀侯,以陈壮为相。置巴、蜀郡,以张若为蜀国守。"据任乃强先生校注,后一句旧刻皆无蜀字,衍国字。② 今按,该句行文自始至终与巴无关,句中巴字颇显突兀,颇疑原文并无此字,后人不知其由而误加,复又据《巴志》增蜀字。不过这一点尚无法证明,只能存疑待考。

这样,综合考量之下,巴郡置年当以第二说为是。不过按照最保守的意见,至迟在秦惠王更元十一年(前314年)巴郡已经设置。因此将巴郡置年定在秦惠王更元九年(前316年)与更元十一年(前314年)之间恐最为稳妥。

3. 蜀郡

蜀大府丞	蜀尉之印	蜀左织官	蜀西工丞
《秦封泥集存》P726-727	《秦封泥集存》P728	《秦封泥集存》P730	《秦封泥集存》P729

《汉志》"蜀郡"下班固自注:"秦置。"其实据《华阳国志》及《水经注》记载,蜀郡原为古蜀国,入秦后亦置为秦郡(详参表2-2),由于入秦较早,一般以秦郡视之。关于秦灭蜀之后的情形,在文献中既有蜀侯又有蜀守,二者关系如何,不同学者的理解存在差异,因此其置郡年代判断远较巴郡更为复

---

① 徐中舒:《巴蜀文化初论》,《徐中舒历史论文选辑》,第1030页。
② 常璩撰,任乃强校注:《华阳国志校补图注》,上海古籍出版社1987年,第129页。

杂,下面先将各家的意见作一个清理。目前大致有四种意见:

其一,设置于周慎王五年,即秦惠文王更元九年(前316年)。其依据是《华阳国志·巴志》的如下一条记载,"周慎王五年,蜀王伐苴。苴侯奔巴。巴为求救于秦。秦惠文王遣张仪、司马错救苴、巴。遂伐蜀,灭之。仪贪巴、苴之富,因取巴,执王以归。置巴、蜀及汉中郡。"持此说的学者主要有马非百、胡大贵、冯一下、路伟东等人。①

其二,设置于周赧王元年,即秦惠王更元十一年(前314年)。其依据是《华阳国志·蜀志》的如下一条记载,"周赧王元年,秦惠王封子通国为蜀侯,以陈壮为相。置巴、蜀(按,疑巴是衍文。详上文)郡,以张若为蜀国(按,据任乃强校注,国字衍)守。"持此说的学者主要有任乃强、李晓杰等。②

其三,设置于秦惠王更元十四年(前311年)。其依据是《水经·江水注》记载:"秦惠王二十七年,遣张仪与司马错等灭蜀,遂置蜀郡焉。"持此说的学者有全祖望、钱穆、黄盛璋等。③

其四,设置于周赧王三十年,即昭襄王二十二年(前285年)。其依据是《华阳国志·蜀志》:"(周赧王)三十年,疑蜀侯绾反,王复诛之。但置蜀守。"持此说的学者主要有徐中舒、杨宽等人。④ 另有王蘧常氏虽据此立说,但误将其换算成昭襄王十二年,亦将其归入此派。⑤

以上四说,哪一种比较可靠呢?我们认为问题的关键在于认清如下几个问题。其一,从文献记载来看,秦灭蜀之后,在蜀的统治管理上,既有蜀侯,又有蜀守。虽然学界对这一问题还存在争议,但是一定要以蜀"但置蜀守"的时间来计算蜀置郡的年代似乎也不妥当。⑥ 因此我们不采第四说。其二,《华阳国志·蜀志》:"(周赧王)三年,分巴、蜀置汉中郡。"据此,巴、蜀应置于汉中郡之前。据下文所考,秦置汉中郡在秦惠文王更元十三年(前

---

① 马非百:《秦集史》,第610页;胡大贵、冯一下:《蜀郡的设置和第一任蜀守考》,《四川师范大学学报(社会科学版)》1993年第2期;路伟东:《战国郡考》。
② 常璩撰,任乃强校注:《华阳国志校补图注》,第129页;李晓杰:《中国行政区划通史·先秦卷》,第445—447页。
③ 全祖望:《汉书地理志稽疑》卷1,《全祖望集汇校集注》,第2484页;钱穆:《秦三十六郡考》,《古史地理论丛》,第206页;黄盛璋:《云梦秦简辨正》,《历史地理与考古论丛》,第4页。
④ 徐中舒:《巴蜀文化初论》,《徐中舒历史论文选辑》,第1041页;杨宽:《战国史》(增订本),第680页。
⑤ 王蘧常:《秦史》,第107页。
⑥ 晏昌贵先生认为:"蜀郡在设郡之前为古国,秦灭蜀国设郡又封蜀王后裔为侯国,实行郡国并行的双轨制,待时机成熟后,乃灭侯国,实行单一的郡县制。蜀郡的上述变化过程,可视作早期秦郡中不同于上郡的另一种类型。"参晏昌贵:《秦简"十二郡"考》,《舆地、考古与史学新说——李孝聪教授荣休纪念论文集》,又收入氏著《秦简牍地理研究》,第37页。

312 年），如此第三说亦可排除。其三，秦灭巴蜀在秦惠王更元九年（前 316 年），这一点《华阳国志·巴志》《史记·六国年表》的记载一致，应无疑问。只是主张灭蜀当年置郡的学者据《史记·太史公自序》"因而守之"认为司马错是蜀郡第一任太守，而第二派学者则据《华阳国志》"以张若为蜀守"来立论。其实"因而守之"的"守"字是否一定是"郡守"尚待确认，而《华阳国志》"以张若为蜀守"亦可能是司马错之后的第二任郡守。二说之间一时还难分伯仲，目前将蜀郡设置时间定在两个年份，即秦惠王更元九年（前 316 年）与更元十一年（前 314 年）之间，似较为稳妥。

4. 汉中郡

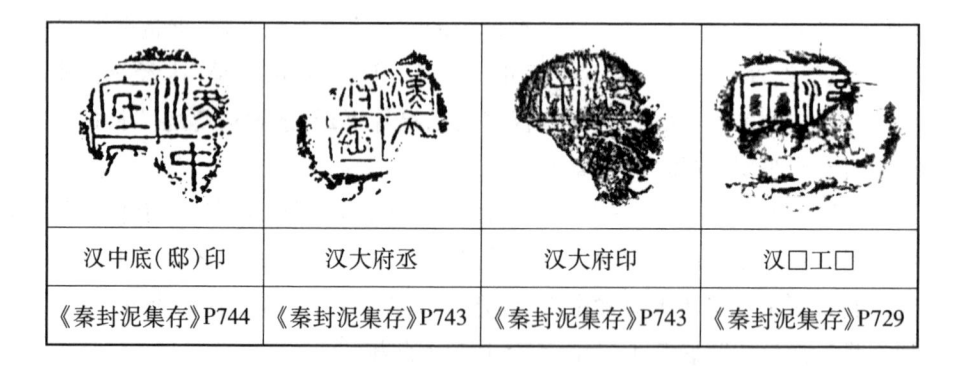

汉中底（邸）印	汉大府丞	汉大府印	汉□工□
《秦封泥集存》P744	《秦封泥集存》P743	《秦封泥集存》P743	《秦封泥集存》P729

《汉志》"汉中郡"下班固自注："秦置。"《史记·秦本纪》："楚自汉中，南有巴、黔中。"故汉中郡原为楚郡，又《华阳国志·蜀志》载："（周赧王）三年，分巴、蜀置汉中郡。"因此秦置汉中郡领域当在楚汉中郡县基础上有所增益，①入秦后亦置为秦郡（详参表 2-2），秦置汉中郡之年应在为地被秦占领之同年或稍后。《史记·秦本纪》："（惠文王更元）十三年，庶长章击楚于丹阳，虏其将屈匄，斩首八万；又攻楚汉中，取地六百里，置汉中郡。"《史记·樗里子列传》："（秦惠文王更元十三年）（樗里子）助魏章攻楚，败楚将屈匄，取汉中地。"《史记·张仪列传》载："楚王不听，卒发兵而使将军屈匄击秦，秦、齐共攻楚，斩首八万，杀屈匄，遂取丹阳、汉中之地。"《史记·楚世家》："（楚怀王）十七年春，与秦战丹阳，秦大败我军，斩甲士八万，虏我大将军屈匄、裨将军逢侯丑等七十余人，遂取汉中之郡。"《史记·屈原列传》曰："怀王怒，大兴师伐秦。秦发兵击之，大破楚师于丹、淅，斩首八万，虏楚将屈匄，遂取楚之汉中地。"《史记·六国年表》楚怀王十七年栏亦载："秦败我将屈匄。"以上记载年代清楚，秦置汉中郡的年代应为秦惠文王更元十三年（前 312

---

① 严耕望：《楚置汉中郡地望考》，《责善半月刊》第 2 卷第 16 期，1941 年，第 8—12 页。

年)。历代以来秦郡研究者对这个问题均无异词。①

5. 陇西郡

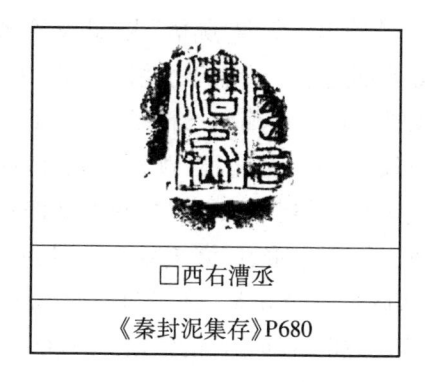

```
□西右漕丞
```
《秦封泥集存》P680

《汉志》"陇西郡"下班固自注:"秦置。"关于陇西郡的置郡年代,全祖望《汉书地理志稽疑》以为"不知其置郡之年"。② 其实《史记·匈奴列传》有一段比较笼统的记载:"秦昭王时,义渠戎王与宣太后乱,有二子。宣太后诈而杀义渠戎王于甘泉,遂起兵伐残义渠。于是秦有陇西、北地、上郡,筑长城以拒胡。"(《汉书·匈奴列传》略同)至于具体的置郡时间,秦汉史籍没有明确记载,但北魏时期的郦道元在《水经·河水注》记载:"滥水……,又西北迳降狄道故城东。……汉陇西郡治,秦昭王二十八年置。"③谭其骧、钱穆、杨宽、王蘧常等人均信从郦道元氏的记载将陇西郡的置郡时间定于秦昭王二十八年(前279年)。④ 但也有学者有不同的意见,如马非百先生指出:

> 《史记·秦本纪》:昭王二十七年,使司马错发陇西,因蜀攻楚黔中。则陇西之置郡,当在昭王二十八年以前。郦氏说似有误。⑤

今按,依前述肤施例,《水经注》所云二十八年实际上是陇西郡治置县的年代,其设郡之年当在前。马氏之说可从,黄盛璋、李晓杰、路伟东等先生也有

---

① 马非百《秦集史》云:"《华阳国志》作秦惠文王二年置者实非。"按,查《华阳国志》无秦惠文王二年置汉中的记载。然《华阳国志·汉志》载:"周赧王二年,秦惠王置郡,因水名也。"估计马氏是漏看了句首"周赧王"三字,而以"二年"属下读,遂以为秦惠文王二年,故有此误会。其实该句亦见于《水经·沔水注》,《华阳国志·蜀志》所载同事亦记作"三年"。任乃强先生以为旧刻之误,或是。参常璩撰,任乃强校注:《华阳国志校补图注》,第61、128页。
② 全祖望:《汉书地理志稽疑》卷1,《全祖望集汇校集注》,第2483页。
③ 郦道元撰,杨守敬、熊会贞疏:《水经注疏》,江苏古籍出版社1989年,第158页。
④ 谭其骧:《长水集》(上),第2页;钱穆:《秦三十六郡考》,《古史地理论丛》,第206页;杨宽:《战国史》(增订本),第680页;李晓杰:《中国行政区划通史·先秦卷》,第433页;前揭《秦史》,第108页。
⑤ 马非百:《秦集史》,第583页。

相同的看法。① 陇西置郡当早于秦昭王二十八年（前 279 年），从马氏所引《秦本纪》的记载看，至迟在昭王二十七年（前 280 年）秦已经置有陇西郡。②

附带指出，陕西宝鸡曾出土所谓"陇栖"戈，此戈曾名"二十六年戈""二十六年□□守戈""陇西郡戈""二十六年丞相戈"等，由于铭文刻写"字体草率，纹道极浅，纤细如发"且只有摹本，给释读增加了一定的难度，尤其是"守"前二字一直存争议，李学勤先生称"陇栖"即陇西郡。③ 黄盛璋先生指出所谓"陇栖"二字应该是"丞相"，认为是中央监造的兵器。④ 黄说得到王辉、董珊等学者的赞同。⑤ 郭永秉、广濑薰雄先生目验原器清晰照片后，将此戈定名为"二十六年临相（湘）守戈"。⑥ "守"前"临相（湘）"二字的正确释出，也就不能作为判定陇西置郡年代的依据。后晓荣、李晓杰二氏文中据此判定陇西置郡县的年代恐不妥。⑦

6. 北地郡

□□郡印⑧

《秦封泥集存》P1094

---

① 黄盛璋：《云梦秦简辨正》，《历史地理与考古论丛》，第 4 页；李晓杰：《中国行政区划通史·先秦卷》，第 450 页；前揭《战国郡考》。
② 徐世权先生发现自秦昭王二十一年之后，中央监造的兵器铭文中"西工师（西县工室工师的省称）"再也没有出现过，从而推测即秦昭王二十一年将"西"县从中央属县中划分出来作为陇西郡的郡治。但是徐先生在解释相关出土文献中"西工师"的时候又辩称其他地方的"西"乃表示方位之词。其法未能一以贯之，今不取。参徐世权：《学术史视野下的秦郡研究》附录一，第 257 页。
③ 李学勤：《秦国文物的新认识》之四"秦郡县造兵器的新发现"，《当代学者自选文库·李学勤卷》，安徽教育出版社 1999 年，第 248—249 页。
④ 黄盛璋：《新出秦兵器铭刻新探》之七"宝鸡所出土所谓陇西戈"，《文博》1988 年第 6 期，第 45 页。
⑤ 王辉：《秦铜器铭文编年集释》，三秦出版社 1990 年，第 63—64 页；董珊：《战国题铭与工官制度》，北京大学博士学位论文 2002 年。
⑥ 郭永秉、广濑薰雄：《绍兴博物馆藏西施山遗址出土年属邦守尊戈研究——附论所谓秦廿二年丞相戈》，《出土文献与古文字研究》第 4 辑，上海古籍出版社 2011 年，第 112—127 页，其副标题中的"廿二"应是"二十六"之误。
⑦ 后晓荣：《秦代政区地理》，第 67—68 页；李晓杰：《中国行政区划通史·先秦卷》，第 450 页。
⑧ 《发掘》原释为"□□郡印"，周晓陆将其释读为"北地郡印"，周晓陆：《二十世纪出土玺印集成》（中册），中华书局 2010 年，第 426 页；王伟认为释"北地"似证据不足。

《汉志》"北地郡"下班固自注："秦置。"关于北地郡的置郡年代，全祖望《汉书地理志稽疑》以为昭襄王置，但不知其年。① 《史记·匈奴列传》中有一段比较笼统的记载（见上文"陇西郡"），但是无法确认准确年代。这件事亦载于《后汉书·西羌传》："及昭王立，义渠王朝秦，遂与昭王母宣太后通，生二子。至王赧四十三年，宣太后诱杀义渠王于甘泉宫，因起兵灭之，始置陇西、北地、上郡焉。"这里将事情明确记载为"王赧四十三年"（即昭襄王三十五年，前272年）。对于这一则材料，顾颉刚先生曾表示怀疑。② 蒙文通先生亦提出"四"为衍文的看法，即认为"四十三"为"十三"之讹。③ 但是亦有学者结合《史记·范雎列传》范雎入秦说昭王的有关记载来印证范晔在《后汉书》中所记年代可信。④

据《范雎列传》，范雎在入秦之后并未马上得到秦王的召见，而是"待命岁余"，而当时"昭王已立三十六年"。昭王面见范雎时口称："寡人宜以身受命久矣。会义渠之事急，寡人旦暮自请太后。今义渠之事已，寡人乃得受命。"这句话难免有托辞之嫌，但从当时语境看亦不会与昭王范雎此次会面的时间相隔太久。至于昭王所云"义渠之事"，从昭王所说"旦暮自请太后"句看来，应该就是指《后汉书》所谓宣太后诱杀义渠王之事。

由此可见，《后汉书》所记载时间应属可信。⑤ 故谭其骧先生谓秦灭残义渠事当在"昭王三十五六年之际"，⑥马非百先生亦云："义渠事起于三十五年，至三十六年乃始告一结束。"⑦杨宽先生说大致相同，不过在杨氏所著《战国史》中却有两个互相矛盾的时间，即他在正文的注释中赞同《后汉书·西羌传》的记载将秦灭义渠时间定为昭王三十五年（前272年），但是在附录的表中却写作"前271年"。⑧ 近来发表的一些论文亦多用此说，⑨此不赘述。

---

① 全祖望：《汉书地理志稽疑》卷1，《全祖望集汇校集注》，第2483页。
② 顾颉刚：《秦与西戎》，《史林杂识初编》，中华书局1963年，第57—63页。
③ 蒙文通：《周秦少数民族研究》第七章"秦西诸族之移徙""义渠与匈奴"小节，《蒙文通文集》（第二卷），巴蜀书社1993年，第109页。
④ 郭殿忱：《秦灭义渠及其地望考》，《西北史地》1996年第1期。
⑤ 顾颉刚（《秦与西戎》第61页）认为《后汉书·西羌传》的文字可能采自《史记》与《竹书纪年》；蒙文通（《周秦少数民族研究》，第109页）亦云："《西羌传》多据《汲冢纪年》，……其言义渠事，颇出《史记》外，而事每可征，岁月能合。"汲冢《竹书纪年》为西晋时墓中所出，《史记》《汉书》不载之事，每有征于此，范晔采之入《后汉书》，自然有其可取之处。
⑥ 谭其骧：《长水集》（上），第2页。
⑦ 马非百：《秦集史》，第580页。
⑧ 杨宽：《战国史》（增订本），第580、680页。
⑨ 郭殿忱：《秦灭义渠及其地望考》；路伟东：《战国郡考》；孙玉荣：《论秦汉时期北地郡的设置及变迁与西北少数民族的活动》，《喀什师范学院学报》2009年第5期。

不过在这个问题上还有另一种意见。譬如黄盛璋先生将北地郡、陇西郡设置的时间定为同一年，即昭王二十一年（前280年）。① 由黄氏所列材料来看，这一结论极有可能是对《匈奴列传》所谓"遂起兵伐残义渠，于是秦有陇西、北地、上郡"这句话的误解。因为从字面上看，这句话的意思是说秦灭义渠之后于是便设置了陇西、北地、上郡等三个郡。② 这样很容易就推导出北地、陇西、上郡都置于灭义渠同年这一结论。而实际并非如此，根据考证，上郡、陇西都置于秦灭义渠之前（详本文陇西、上郡部分的考证）。至于义渠之分布，虽然上郡、陇西、北地都曾为其活动区域，但是其主要活动范围还是如《史记·匈奴列传》所云在"岐、梁山、泾、漆之北"，即秦北地郡地带，因此正确的方法只能是由秦灭义渠的时间判定秦设置北地郡的时间，而上郡、陇西的设置时间与此无涉。由此可见，司马迁在这段历史的叙述上用笔极有纵深感，将几十年的历史事件用简短的一句话表达了出来。

第二节　故韩、魏地置郡考

1. 河东郡

《汉志》"河东郡"下班固自注："秦置。"河东郡原为魏郡。③ 该地何时入秦及何时被置为秦郡，传世文献中没有明确的记载。据《史记·范雎列传》秦昭王四十一年（前274年），有王稽被"拜为河东守"，并许其"三岁不上计"。又据《史记·秦始皇本纪》记载，始皇即位时秦地已"并巴、蜀、汉中，越宛有郢，置南郡矣；北收上郡以东，有河东、太原、上党郡；东至荥阳，灭二周，置三川郡"。因此，作为一种最保守的估计，在昭王四十一年至始皇继位时（前274—前246年），秦无疑已经设有河东郡了。

至于河东由魏入秦的经过，史书记载有前后两个时间。其一，《史记·魏世家》："（昭王）六年，予秦河东地方四百里。"《史记·六国年表》秦昭襄

---

① 黄盛璋：《云梦秦简辨正》，《历史地理与考古论丛》，第4页。
② 范晔在《后汉书·西羌传》中将该句改写为："因起兵灭之，始陇西、北地、上郡焉。"有学者将这句话理解为"置义渠之民于陇西、北地、上郡"。如果单就《后汉书》来说，这样理解也无可厚非，不过对比《史记·匈奴列传》来看，这样理解很显然是不妥当的。详参郭殿忱：《秦灭义渠及其地望考》。
③ 魏国置河东郡史籍没有明确记载，《资治通鉴》胡三省注认为河东为魏郡，全祖望《汉书地理志稽疑》则疑之。今人杨宽、李晓杰、路伟东等氏有详考，今从此说。参杨宽：《战国史》（增订本）附录一附注2，第684页；李晓杰：《中国行政区划通史·先秦卷》，第431页；路伟东：《战国郡考》。

王十七年栏:"魏入河东四百里。"据年表二条记载为同一年,即前290年。其二,《史记·秦本纪》:"(昭襄王)二十一年,(司马)错攻魏河内。魏献安邑,秦出其人,募徙河东赐爵,赦罪人迁之。"《史记·六国年表》秦昭襄王二十一年栏:"魏纳安邑及河内。"据年表二条记载为同一年,即前286年。在这个问题上多数学者取第二个时间,也就是以秦昭襄王二十一年(前286年)作为秦置河东郡的时间,全祖望、谭其骧、钱穆、马非百、王蘧常等氏都持此见。① 而杨宽先生则取第一个时间,即认为秦置河东郡在昭襄王十七年(前290年)。② 李晓杰调停二说,他认为前290年秦所得魏之河东郡当是一部分地,四年之后(前286年)秦才将魏河东郡全郡之地控制在自己手中。③ 不过李氏最终还是将置河东郡的时间定在前286年。上述两种意见而外,董珊先生又提出第三种意见。他将秦取河东的进程分为六阶段,并在此基础上指出秦在最初几个阶段得安邑之后统治一直不稳定,多次得而复失。譬如秦昭王二十一年魏献安邑,多数学者认为秦于此年置河东郡。而董珊先生则注意到《秦本纪》二十二年记载"河东为九县",他认为"河东为九县就是使河东新地成为内史之下的九县"。这实际上就是认为该年秦未置河东郡,而是将河东之地纳入内史属地。他认为魏国正式承认秦对安邑的占领权是在秦昭王三十四年"魏入三县请和"之时,因此他认为,"秦在河东设郡的年代不会晚于昭王四十一年,很可能是在三十四年,魏正式承认安邑归秦所有的时候,才在河东地设郡而以安邑为郡治"。④

今按,秦置河东郡亦见于《水经·涑水注》的记载:"秦(始皇)使左更白起取安邑,置河东郡。"杨守敬《疏》云:

> 《史记·白起传》,取安邑事在昭王十四年,此始皇二字衍,盖浅人习闻始皇分天下为郡,遂意增二字,而不知起事在其先也。然考《秦本纪》云,昭王二十一年,左更错攻魏河内,魏献安邑。秦出其人,募徙河东,赐爵、赦罪人迁之(按,原书在"罪"下断读,不妥,今据中华本《史记》连读),则二十一年乃实有其地。故全祖望《汉志稽疑》,谓二十一年置河东郡。⑤

---

① 全祖望:《汉书地理志稽疑》卷1,《全祖望集汇校集注》,第2485页。
② 杨宽:《战国史》(增订本)附录一《战国郡表》(六)"秦国设置的郡",第680页。
③ 李晓杰:《中国行政区划通史·先秦卷》,第449页。
④ 董珊:《战国题铭与工官制度》,北京大学博士学位论文2002年。
⑤ 郦道元撰,杨守敬、熊会贞疏:《水经注疏》,第581页。

李晓杰先生认为句中"秦始皇"当作"秦昭襄王",①是。今按,《水经注》所谓白起拔安邑事见于《史记·白起王翦列传》昭王十四年:"白起为左更,攻韩、魏于伊阙,斩首二十四万,又虏其将公孙喜,拔五城。起迁为国尉。涉河取韩安邑以东,到乾河。明年,白起为大良造。攻魏,拔之,取城小大六十一。"梁玉绳认为此段有十二处错误,如指出"取魏城六十一"在昭王十八年,《秦本纪》及《魏世家》中皆有明确记载,可证梁氏之说确不可易。晏昌贵先生、徐世权先生、屈卡乐先生均留意到此处的错讹问题。② 但是各家的复原方案又存在不同程度的差别。晏昌贵先生主张《白起列传》的记事应作:

昭王十三年,而白起为左庶长,将而击韩之新城。

其明年,白起为左更,攻韩、魏于伊阙,斩首二十四万,又虏其将公孙喜,拔五城。

[昭王十七年,]起迁为国尉。涉河取韩安邑以东,到乾河。

明年,白起为大良造。攻魏,拔之,取城小大六十一。③

徐世权先生的调整方案为:④

昭王十三年,而白起为左庶长,将而击韩之新城。是岁,穰侯相秦,举任鄙以为汉中守。

其明年,白起为左更,攻韩、魏于伊阙,斩首二十四万,又虏其将公孙喜,拔五城。明年,白起为大良造,攻魏,拔之。

【昭王十六年,白起攻宛,拔之。】

明年,起迁为国尉,涉河取韩安邑以东到乾河。起与左更错攻垣城,拔之。

【明年起攻魏,拔之】取城小大六十一。

【昭王二十一年,大良造白起取安邑置河东郡。】

---

① 李晓杰:《中国行政区划通史·先秦卷》,第449页。
② 晏昌贵:《秦简"十二郡"考》,《舆地、考古与史学新说——李孝聪教授荣休纪念论文集》;徐世权:《〈水经注〉"左更白起取安邑"辨误》,《中国历史地理论丛》2016年第1期;徐世权:《学术史视野下的秦郡研究》附录四《〈史记·白起列传〉辨误三则》;屈卡乐、卢地生:《秦"十二郡"考议》,《殷都学刊》2020年第1期。
③ 晏昌贵:《秦简"十二郡"考》,《舆地、考古与史学新说——李孝聪教授荣休纪念论文集》。
④ 徐世权:《学术史视野下的秦郡研究》附录四《〈史记·白起列传〉辨误三则》。

以上两家均将"涉河取韩安邑以东,到乾河"系于昭襄王十七年,可从。① 一般研究者往往据昭襄王二十一年"魏献安邑"事认为白起此次拔安邑后未能站稳脚跟。其实这种看法没有任何依据。就《白起列传》的记载来看,白起此次军事行动在伊阙大败韩魏联军之后渡河作战,"取韩安邑以东,到乾河"。司马贞《索隐》曰:"魏以安邑入秦,然安邑以东至乾河皆韩故地,故云取韩安邑。"就是说白起涉河占领了安邑及其东面至于乾河的地区。② 从后续的军事行动看,秦昭襄王十八年开始"错攻垣、河雍,决桥取之"(《秦本纪》)、"客卿错击魏,至轵,取城大小六十一"(《六国年表》)。由此可见十七年的战事中,白起不但占领了安邑,而且以安邑为据点占领了安邑以东的大批地区,为下一步向东窥视河内奠定了基础。秦昭王十七年后以安邑为中心的魏地实际上已经落入秦人之手,因此,《魏世家》同年记载魏将"河东地方四百里"奉予秦国。至于《秦本纪》所载昭襄王二十一年"魏献安邑",不过是对现状的承认,从当时的战事情形看,魏很难再从秦手中夺回安邑。基于上述分析,我们认为《水经注》关于白起于拔安邑置河东郡的记载应该是可信的。这样的话,河东郡的设置很可能应上溯至秦昭襄王十七年(前290年)。

需要说明的是,《集成》11331著录有一件1976年在江西遂川东坳头发现的"廿二年临汾守嘽"戈。有学者认为临汾为河东郡治所,但据史书记载河东郡治安邑不是临汾。于是又出现先治安邑,后迁临汾之说。③ 甚至有学者怀疑临汾可能是文献失载的郡名。④ 我们认为上述看法都没有文献依据。这里的"守"应该如李学勤等先生指出的那样理解为"守令"的省称,⑤ 这样临汾只能是秦县名。同样的例子还比如说岳麓秦简中出现的"州陵守",曾经有学者认为是州陵是郡名,经过陈伟先生的考证,可知州陵其实

---

① 屈卡乐仍将该事系于昭王十四年(前293年),并将其作为河东郡设置的年份。参屈卡乐、卢地生:《秦"十二郡"考议》,《殷都学刊》2020年第1期。
② 《史记笺证》在这里就是如此理解,并指出此句行文欠明畅。参韩兆琦编著:《史记笺证》,江西人民出版社2004年,第4154页。
③ 杨宽:《战国史》(增订本),第684页。
④ 王辉:《秦铜器铭文编年集释》;王伟:《秦置郡补考》,《纪念徐中舒先生诞辰110周年国际学术研讨会论文集》,2009年4月。
⑤ 李学勤:《〈秦谳书〉与秦汉铭文中的职官省称》,见于中国政法大学法律古籍整理研究所编《中国古代法律文献研究》第1辑,巴蜀书社1999年。关于职官省称的研究另参裘锡圭:《啬夫初探》,《古代文史研究新探》,江苏古籍出版社1992年,第430—523页;张金光:《秦制研究》,上海古籍出版社2004年,第571—572页;刘乐贤:《里耶秦简和孔家坡汉简中的职官省称》,《文物》2007年第9期。

是南郡属县。① 再比如上文引述的"廿六年临湘守戈",临湘也只能是秦县名。

2. 河内郡

河内邸丞	河内左工	河内司空	河内司马
《秦封泥集存》P779	《秦封泥集存》P780	《秦封泥集存》P780	《秦封泥集存》P781

《汉志》"河内郡"下班固自注:"高帝元年为殷国,二年更名。""河内"屡见于史籍,但极少有学者认为它是秦郡。《资治通鉴》卷4周赧王二十九年"秦司马错击魏河内地"条下胡三省注云:"汉河内郡即魏河内之地,秦并属河东郡。《孟子》记梁惠王曰:'河内凶,则移其民于河东,移其粟于河内。'盖魏之有国,河东、河内自为二郡也。"是胡氏认为河东、河内为魏郡,秦并二为一。② 直至姚鼐在《复谈孝廉书》中方才将河内郡列为秦郡。③ 今得封泥、简牍之佐证(参表2-2),可见秦置河内郡确凿无疑。胡、顾二氏虽未指出河内为秦郡,但是已经怀疑其为魏郡了。杨宽先生考订战国魏郡时不列河内郡,而李晓杰、路伟东二氏则主张魏置有河内郡。④

至于秦河内郡的设置年代,文献没有明确记载。目前大致有两说,其一说出自谭其骧先生,他主张河内郡为秦始皇二十六年后从河东郡分置。其说大致如下:

---

① 陈伟:《"江胡"与"州陵"——岳麓书院藏秦简中的两个地名初考》,《中国历史地理论丛》2010年第1期,第116—119页。
② 顾颉刚先生有与胡三省类似的观点。譬如《史记·魏世家》载"西门豹守邺而河内称治",《索隐》曰:"按,大河在邺东,故名邺为河内。"顾颉刚先生读此写道:"河内为邺一带之大区域名。河内实有为魏郡之趋势。"参顾颉刚:《缓斋杂记》(五),收入氏著《顾颉刚读书笔记》第六卷,联经出版事业公司1990年,第4457页。
③ 姚鼐:《惜抱轩文集》卷六,收入谭其骧主编:《清人文集地理类汇编》第1册,第74—75页。
④ 杨宽:《战国史》(增订本),第677页;李晓杰:《中国行政区划通史·先秦卷》,第433页;路伟东:《战国郡考》。

《高祖本纪》,二年,掳殷王,置河内郡,此入汉之年,非始置之年也。河内西阻王屋、析城诸山,本与河东隔绝,自成一区;昭襄王三十三年魏入南阳,秦始有其地,时东不得邢丘、怀,北不得宁新中,地狭不足以立郡,率以并属河东;其后壤地虽拓,军机倥偬,未遑建制;始皇既并天下,始依山川形便,更加区画,可推而知者。①

　　另一说出自马非百先生,他认为河内设置于昭王时,大致与河东同时。其说如下:

　　河内立郡之始,似当在昭王时。《六国年表》:昭王二十一年,魏纳安邑及河内。三十三年,魏入南阳。三十九年,攻魏,拔怀。四十一年,取邢丘。自是,遂有河内之大半。安邑即河东。河内在魏及汉均为一郡〔《孟子》:梁惠王云:河内凶,则移其民于河东,河东凶亦然。胡三省注:河内、河东,魏二郡〕。在秦亦应为一郡。昭王时有河东守王稽。足证河东在昭王时即已立郡。安邑、河内同时入秦,其立郡亦必在是时甚明。《白起列传》:王自之河内,赐民爵各一级,发民年十五以上悉诣长平,遮绝赵救及粮食。如河内原非一郡,而秦汉两代均无名河内之县邑,则魏所献与昭王所之者,究为何地?而所赐民爵及发年十五以上者又为何地之人?以上文"王之汉中","又之上郡北河"文例观之,所谓"之汉中"者,往汉中郡也,"之上郡北河"者,往上郡属县北河也。则此所之河内,亦必为一郡,实已毫无疑义。《秦始皇本纪》:十八年,大兴兵伐赵,王翦将上地,下井陉,杨端和将河内,羌瘣伐赵。上地,《正义》:上郡上县,今绥州等是也。将上地、将河内,即将上郡及河内所发之兵也。准以司马错发陇西,因蜀攻楚黔中〔《秦本纪》〕,及发四郡兵助魏击楚〔《六国年表》〕之例,如河内不是一郡而为一县,则杨端和所将之兵,岂能自成一军耶?②

　　以上两说各有信从者,譬如辛德勇氏采马说,何慕氏采谭说。③ 晏昌贵先生认为《秦本纪》昭王三十四年"秦与魏、韩上庸地为一郡,南阳免臣迁居之"中的"南阳""上庸"当互调,原文当作"秦与魏、韩南阳地为一郡,上庸免

---

①　谭其骧:《长水集》(上),第9页。
②　马非百:《秦集史》,第594—595页。
③　辛德勇:《秦始皇三十六郡新考》,《秦汉政区与边界地理研究》,第19页;何慕:《秦代政区研究》,第60—61页。

臣迁居之"。又秦昭王三十四年秦击破芒卯华阳,魏入南阳以和。于是秦将韩、魏南阳地"为一郡"。而此郡只能是河内郡,因此他认为河内郡当置于秦昭王三十四年(前273年)。① 屈卡乐、卢地生则将河内郡设置的时间定为秦占领邢丘、怀地之后,即昭襄王四十一年。②

今按,谭氏所谓"军机侄偬,未遑建制"之语乃揣度之辞,所谓早期河内地狭不足以立郡亦不可信。我们认为战争期间也不必待占领全郡之后才设置郡县机构,完全可以根据战争发展的需要权宜安排。《史记·穰侯列传》记载"穰侯封四岁,……拔魏之河内,取城大小六十余"。这里所谓"取城大小六十余",与《秦本纪》所云客卿错在昭襄王十八年"取魏城小大六十一"当为一事。秦人在攻取安邑设置河东郡的同时,已经以犁庭扫穴之势横扫魏之河内郡西部六十余城。由此可见《六国年表》记秦昭襄王二十一年,"魏纳安邑及河内"是可以信从的。如此可知秦河内郡的设置当在秦昭襄王二十一(前286年)。

3. 上党郡

上党府丞
《秦封泥集存》P792

上党郡据《汉志》班固自注为"秦置",但《史记·赵世家》记载赵武灵王曾说到"昔者简主不塞晋阳以及上党",似乎春秋已有上党之名。路伟东曾据《韩非子·外储说》所记"解狐举邢伯柳为上党守"认为春秋战国之交晋国已经设有上党郡。③ 传统的观点认为三家分晋后上党为韩所有,所以一般认为上党为韩置郡,后在秦兵压力下降赵,复被秦攻取置为秦郡。④ 但是

---

① 晏昌贵:《秦简"十二郡"考》,《舆地、考古与史学新说——李孝聪教授荣休纪念论文集》。
② 屈卡乐、卢地生:《秦"十二郡"考议》,《殷都学刊》2020年第1期。
③ 路伟东:《战国上党郡考》,复旦大学历史地理研究中心主编:《面向新世纪的中国历史地理学——2000年国际中国历史地理学术讨论会论文集》,齐鲁书社2001年,第291—299页。
④ 全祖望:《汉书地理志稽疑》卷1,《全祖望集汇校集注》,第2485页;李晓杰:《中国行政区划通史·先秦卷》,第423—426、430、452—453页。

另一派学者则提出赵、韩原各据有上党一部、别置有上党郡的意见。① 近年来又有学者提出三家瓜分上党地区、三家均置有上党郡的意见，是则魏国亦可能设有上党郡。② 关于上党入秦的时间，传世文献记载歧异较多，存在多种不同的说法。

第一种意见是认为上党郡设于昭襄王四十八年(前259年)，其主要依据是《史记·秦本纪》："(昭襄王四十八年)司马梗北定太原，尽有韩上党。"《史记·韩世家》载："(桓惠王)十四年，秦拔赵上党，杀马服子卒四十余万于长平。"《史记·白起列传》："(秦昭王)四十七年，秦使左庶长王龁攻韩，取上党。……四十八年十月，秦复定上党郡。"持此说者有谭其骧、钱穆、马非百等人。③

第二种意见是上党郡设于庄襄王元年(前249年)，此说出于刘师培，未知何据。④

第三种意见是上党郡设于庄襄王三年(前247年)，其依据是《史记·六国年表》秦庄襄王三年栏："王龁击上党。"韩桓惠王二十六年栏："秦拔我上党。"《史记·韩世家》载："(桓惠王)二十六年，秦悉拔我上党。"持此见者有王蘧常等。⑤

第四种意见是上党郡设于庄襄王四年(前246年)，其依据是《史记·秦本纪》曰："(庄襄王)四年，王龁攻上党。"持此见者有全祖望等人。⑥

以上第四说年代显然有误(详下文太原郡部分)，不可信。第二说没有文献依据，亦不可从。至于第一、三两说，都有合理的成分。晏昌贵先生认为不能以《白起列传》所谓"秦复定上党"来确定秦设上党郡的时间。退一步讲，即使此时设有上党郡，随着邯郸战事的展开及秦军的失败，秦上党郡恐难以保全。⑦ 根据上文关于河内郡设置的分析，我们认为秦于昭襄王四十八年(前259年)已经尽有韩上党之后，按照常理秦不可能不在这个战略要地置郡，因此秦初置上党郡的时间当在昭襄王四十八年(前259年)。只是因为秦赵邯郸之战的原因，秦人曾短暂地对上党郡失去控制。不过据《史

---

① 杨宽：《战国史》(增订本)，第680页。
② 路伟东：《战国上党郡考》，第291—299页；钱林书：《战国时期魏国置郡考》，《历史地理》第15辑，上海人民出版社1999年，第20—25页。
③ 谭其骧《秦郡新考》，《长水集》(上)，第3页；钱穆：《秦三十六郡考》，《古史地理论丛》，第205页；马非百：《秦集史》，第658页。
④ 刘师培《秦四十郡考 附秦郡建制沿革考》，《刘申叔遗书》，第1256页。
⑤ 王蘧常：《秦史》，第112页。
⑥ 全祖望：《汉书地理志稽疑》卷1，《全祖望集汇校集注》，第2485页。
⑦ 晏昌贵：《秦简牍地理研究》，第77页。

记·秦始皇本纪》，始皇初继位时"秦地已……北收上郡以东,有河东、太原、上党郡",至迟至庄襄王三年(前 247 年),秦又再次实际控制了上党郡。

4. 三川郡(河外郡)

叁川尉印	叁川□丞	河外府丞
《秦封泥集存》P830	《秦封泥集存》P831	《秦封泥集存》P943
河外太守	河外府丞	河外铁□
《秦封泥集存》P943	《秦封泥集存》P943	《秦封泥集存》P944

《汉志》"河南郡"下班固自注："故秦三川郡。"三川郡原为韩郡,①入秦后置为秦郡(参表 2-2)。出土文献均作"参(叁)川",可见传世本中的"三"为假字。三川郡的置年,传世文献有明确的交代。《史记·秦本纪》："庄襄王元年,……使蒙骜伐韩,韩献成皋、巩。秦界至大梁,初置三川郡。"《史记·六国年表》秦庄襄王元年栏："蒙骜取成皋、荥阳。初置三川郡。"《史记·蒙恬列传》："秦庄襄王元年,蒙骜为秦将,伐韩,取成皋、荥阳,作置三川郡。"《史记·燕召公世家》："(燕王喜)六年,秦灭东(西)周,置三川郡。"据《史记·六国年表》燕王喜六年与秦庄襄王元年为同年,即前 249 年。谭其骧、钱穆、王蘧常、马非百等人均取此说,李晓杰亦取此说,但据平势氏《新编年表》定作前 250 年,今不取。② 又全祖望谓三川郡置年在庄襄

---

① 李晓杰:《中国行政区划通史·先秦卷》,第 426—427 页。
② 谭其骧:《长水集》(上),第 3 页;钱穆:《秦三十六郡考》,《古史地理论丛》,第 205 页;王蘧常:《秦史》,第 111 页;马非百:《秦集史》,第 588 页;李晓杰:《中国行政区划通史·先秦卷》,第 454 页。

王九年，①未知何据。颇疑"九"实际上为"元"字之误。

据文献，秦于庄襄王元年（前249年）置三川郡，当无疑问。接下来的问题是，从秦灭六国的战争进程来看，东进之路，自北而南依次是魏国的河东、韩国的三川、楚国的南阳。从文献记载来看，秦人在三个方向都有进攻的尝试，而且据考前330年，魏献河西地，即黄河以南上洛一带。② 前329年，秦取魏国焦，前324年，张仪伐魏取陕。前322年，秦攻取魏曲沃，前308年，秦攻取韩军事重镇宜阳。前296年，齐、韩、魏联军攻入函谷关，秦求和，归还韩魏部分领土。前290年，秦取安邑之年，韩迫于形势也献出武遂地方二百里。晏昌贵先生结合上述战争态势，以及有关文献的记载，认为秦河外郡当置于前308年取得宜阳之后。③

今按，河外郡为三川郡的前身，此说出自何慕女士。④ 秦封泥有最早公布的一枚"河外府丞"，有学者认为河外郡可能为河东郡曾名。⑤ 王辉先生认为"河外郡"置于秦惠文君时期，后并入内史。⑥ 我在博士论文初稿中曾怀疑那个被释为"外"的字很可能是"间"，河间为秦郡名。此后不久，施谢捷先生《新见秦汉官印二十例》著录了一件比较清晰的"河外府丞"秦封泥。⑦ 虽然"外"字的下部有一些残损，但其轮廓犹在，释读应可靠，因此拙稿的最初观点应该放弃。陈伟先生从楚简中的"外"用作"间"字的声符的现象出发，指出"河外"当读作"河间"。由此，陈伟先生提出"河外"是河间郡异写的可能性比较大，而作为另外一处秦郡的可能性反而比较小。⑧《战国策·韩策二》"谓公叔曰公欲"章："公欲得武遂于秦，而不患楚之能扬河外也。"程恩泽曰："此河外与武遂连文，盖即河南、宜阳、新城之地。"晏昌贵先生据此类传世文献记载证明"河外"或称为"西河外"，是以秦人的地理方位观而言的。

今按，《秦封泥集存》著录有一枚"河外铁□"，这一信息非常重要，该资料表明河外郡应该是置有铁官的。《汉书·地理志》以及考古发掘的秦汉冶

---

① 全祖望：《汉书地理志稽疑》卷1，《全祖望集汇校集注》，第2486页；钱穆：《秦三十六郡考》，《古史地理论丛》，第205页；马非百：《秦集史》，第661页；王蘧常：《秦史》，第107页。
② 吴良宝：《战国时期魏国西河与上郡考》，《中国史研究》2006年第4期，收入氏著《出土文献史地论集》，中西书局2020年。
③ 晏昌贵：《秦简"十二郡"考》，《舆地、考古与史学新说——李孝聪教授荣休纪念论文集》，又收入氏著《秦简牍地理研究》。
④ 何慕：《秦代政区研究》。
⑤ 周晓陆等：《于京新见秦封泥中的地理内容》。
⑥ 清华大学出土文献研究与保护中心：《出土文献与中国古代文明国际研讨会论文集》，北京，2013年6月，第425—431页。
⑦ 施谢捷：《新见秦汉官印二十例》，《古文字研究》第28辑。
⑧ 陈伟：《关于秦封泥"河外"的讨论》，《出土文献研究》第10辑，中华书局2011年。

炼遗址显示，秦汉时期的河间郡境内目前未见冶铁类遗存。而《汉书·地理志》的河东郡、河南郡下则记载有多处铁官，因此"河外"假借作"河间"这一观点恐应该首先排除。那么在河东郡和三川郡之中，河外与三川存在关联的可能性更大。我们注意到，郑州古荥镇冶铁遗址出土陶模具和铁器上有"河一"铭文，①巩县生铁沟遗址出土铁器上有"河三"铭文，②古荥镇冶铁遗址的整理者认为"河一"应是河南郡铁官所辖第一冶铸作坊的简称，因此，他们将古荥冶铸遗址的年代不会早于武帝施行盐铁官营之前，而据此将遗址定为西汉晚期至东汉时期河南郡的一个冶铸遗址。不过有学者据简报资料指出该遗址出土犁铧仍是铁口犁，锄仍是六角形，铲仍是与镈相似的铲，锛仍是长方形的锛，臿仍是凹字形，钁仍是长条方銎。这些特点一般都是战国晚期到西汉前期的器物特征，并据历史记载论证，遗址的年代应当在战国晚期至秦汉间。③ 如果此说可靠，那么铭文中出现的"河"应为"河外"之省，而不是像整理者所云为"河南"之省。④ 从这个角度来看，荥阳、巩县所在的区域在秦时的确可能属于河外郡范围。这样就为河外郡为三川郡前身的说法多了一层证据。

综上所述，河外郡与三川郡的关系可表述如下：河外郡是三川郡的前身，二者是前后相继的过程。秦于前 308 年取得宜阳之后置河外郡；前 249 年取成皋、荥阳，在河外郡基础上置三川郡。

5. 东郡（附陶郡）

东郡太守	东郡司马	东郡尉印
《秦封泥集存》P863	《秦封泥集存》P863	《秦封泥集存》P863

---

① 郑州市博物馆：《郑州古荥镇汉代冶铁遗址发掘简报》，《文物》1978 年第 2 期。
② 河南省文化局文物工作队编著：《巩县铁生沟》，文物出版社 1962 年。
③ 荆三林：《荥阳故城沿革与古荥镇冶铁遗址的年代问题》，《河南文博通讯》1979 年第 2 期。
④ 当然，进入西汉，巩县、荥阳的冶铸作坊继续生产。巩县铁生沟冶铸铁遗址发现了六角缸叠铸范块、叠铸范底版、一字臿铁范芯等带"河三"铭文的铁器八件，湖北大冶铜绿山铜矿遗址出土有"河三"铭文铁斧。另外，荥阳出土汉代陶灶模型陶釜上印有"河一"冶铁作坊标志，登封县和宜阳县出土的汉代陶灶模型陶釜上印有"河三"和"河三口"冶铁作坊标志，此时的"河"应视作"河南"之省。从中也可以窥见冶铁行业的延续性。参李京华：《十年来河南冶金考古的新进展》，《华夏考古》1989 年第 3 期。

《汉志》"东郡"下班固自注:"秦置。"有关出土文献也显示东郡确为秦郡(参表2-2)。东郡的始置年代在文献中有明确的记载。《史记·秦始皇本纪》:"(始皇)五年,将军骜攻魏,定酸枣、燕、虚、长平、雍丘、山阳城,皆拔之,取二十城,初置东郡。"《史记·六国年表》秦始皇五年栏:"蒙骜取魏酸枣二十城。初置东郡。"《史记·蒙恬列传》:"(始皇)五年,蒙骜攻魏,取二十城,作置东郡。"《史记·卫康叔世家》:"(卫)元君十四年,秦拔魏东地,秦初置东郡,更徙卫野王县,而并濮阳为东郡。"《史记·燕召公世家》:"(燕王喜)十二年……秦拔魏二十城,置东郡。"《史记·魏世家》:"景湣王元年,秦拔我二十城,以为秦东郡。"《史记·田敬完世家》:"(齐王建)二十三年,秦置东郡。"《史记·春申君列传》:"秦徙卫野王,作置东郡。"《史记·魏公子列传》:"秦闻公子死,使蒙骜攻魏,拔二十城,初置东郡。"以上记载没有歧义,因此学界均据此将其置年定为秦始皇五年(前242年)。

附:陶郡

《史记·穰侯列传》:"穰侯卒于陶,而因葬焉。秦复收陶为郡。"王国维氏据此推测秦置有陶郡。后经谭其骧、杨宽等学者反复论证,陶郡曾为秦郡这一事实已无疑义。又据《史记·秦本纪》穰侯"出之陶"在昭襄王四十二年(前265年),秦收陶为郡当在此之后。这一点也没有疑问,只是诸家对其存续的年代有不同意见,现分述如下。

王国维列陶郡为秦三十六郡之目,其意见如下:"昭王十六年,封魏冉陶,为诸侯。陶在齐、魏之间,蕞尔一县,难以立国。二十二年,蒙武伐齐河东为九县。齐之九县,秦不能越韩、魏而有之,其地当入于陶。三十六年,客卿竈攻齐,取刚、寿予穰侯,则陶固有一郡之地矣。"①则王氏认为陶郡存在于秦始皇二十六年之后。这是一种意见,另一种意见认为陶郡在统一之前已不存在,但是不同学者对此的解释又有所不同。

谭其骧先生的看法是:"《始皇本纪》五年所拔魏二十城中南有雍丘,东有山阳;《曹相国世家》《绛侯世家》《樊哙列传》《汉书·高帝纪》并云二世三年攻破东郡尉于成武;陶地介在濮阳(东郡治)、雍丘、山阳、成武之间,是知东郡既置,陶必遂即并入,三十六郡中已有东郡,不得别有陶郡也。"②秦置东郡在始皇五年(前242年),则据谭氏所考,陶郡置于前265年,讫于前242年,共存在23年。

杨宽先生认为秦收穰侯封邑所设陶郡,后来被魏国攻取,不复为秦所有。并结合《韩非子》《吕氏春秋》等记载考订魏取陶郡的时间在魏安釐王二十三年(前

---

① 王国维:《观堂集林》卷12《秦郡考》,第536页。
② 谭其骧:《长水集》(上),第3页。

254 年)。① 据杨说陶郡存在的时间只有前 265 年至前 254 年这短短 11 年。

另有陈直、黄盛璋先生亦认为陶郡在始皇二十六年前已废除,只是未详考其废止年代。②

岳麓秦简有如下一条记载:

> 定阴〈陶〉忠言:律曰:"显大夫有辠(罪)当废以上,勿擅断,必请之。"今南郡司马庆故为冤句令,誎(诈)课,当 053/1036 废官,令以故秩为新地吏四岁而勿废,请论庆。制书曰:"诸当废而为新地吏勿废者,即非废。054/1010 已后此等勿言。" ·廿六 055/1011

整理者已经正确地指出"定阴"为"定陶"之误。战国文字、秦文字中多有阴、陶相混的情况。③ 欧扬先生分析简文内容后指出忠对冤句县令的犯罪行为有司法审判权,而只有郡守才能行使对所属县令犯罪的审判权,并据此认为忠是定陶郡守,从而说明秦置有定陶郡。今按,简文中提到的冤句和定陶皆为《汉志》"济阴郡"属县,位置邻近。据张家山汉简《奏谳书》案例 15,南郡治所在地的江陵县令举劾了同郡澧阳县令,因此,秦汉时期郡治所在的县令对本郡其他县令长犯罪有举劾权责。故将这条简文作为定陶郡存在的依据是不充分的。

综合上文的考证,陶郡的设置时间及其最后的归属大致是清楚的。即秦陶郡存续期为前 265—前 254 年,共存在 11 年。前 254 年,被魏夺回;前 242 年秦从魏国重新夺回原陶郡之地,将其置于新设的东郡之下,不复设置陶郡。

6. 颖川郡

颖川太守	颖□榦□	颖川榦丞
《秦封泥集存》P846	《秦封泥集存》P847	施谢捷:《新见秦汉官印二十例》,《古文字研究》第 28 辑

---

① 杨宽:《战国史》(增订本),第 420、681 页。
② 陈直:《秦始皇六大统一政策的考古资料》,收入秦始皇兵马俑博物馆研究室编:《秦文化论丛(第一集)》,第 206 页;前揭《云梦秦简辨正》,第 5 页。
③ 吴良宝:《战国秦汉传世文献中的地名讹误问题》,《出土文献史地论集》,第 232 页。

《汉志》"颍川郡"下班固自注："秦置。"有关出土文献也说明颍川确为秦郡,只是出土文献"颍"均作"颕",与传世本不同。施谢捷指出这只是反映不同时代或不同书手的不同用字习惯,并不存在孰是孰非。"颕"作从禾之形,史籍作从水之"颍",或因得名与颍水有关而改(《汉书·地理志》颕阳下颜师古注引应劭曰"颍水出阳城"),犹如出土秦汉文字资料中"荥阳",因得名与荥泽有关,从"火"之"荥",史籍或作从水之"荥"。或谓文献作"颍"系"颕"之误,不必。①

关于颍川郡的设置年代,《史记·秦始皇本纪》:"(始皇)十七年,内史腾攻韩,得韩王安,尽纳其地,以其地为郡,命曰颍川。"《史记·六国年表》秦始皇十七年栏:"内史胜〈腾〉击得韩王安,尽取其地,置颍川郡。"《史记·韩世家》:"(王安)九年,秦虏王安,尽入其地,为颍川郡。韩遂亡。"《史记·燕召公世家》:"(王喜)二十五年,秦虏灭韩王安,置颍川郡。"《水经·颍水注》:"秦始皇十七年灭韩,以其地为颍川郡,盖因水以著其称者也。……颍水自褐东迳阳翟县故城北,……故颍川郡治也。"以上记载清楚明白,颍川郡置于始皇十七年(前230年)。

7. 砀郡

砀印
《秦封泥集存》P858

《汉志》梁国下班固自注:"故秦砀郡。"关于砀郡的设置年代,《史记·秦始皇本纪》:"二十二年,王贲攻魏,引河沟灌大梁,大梁城坏,其王请降,尽取其地。"《史记·魏世家》载:"(王假)三年,秦灌大梁,虏王假,遂灭魏以为郡县。"《史记·六国年表》始皇二十二年下所载相同。《水经·睢水注》亦曰:"睢水又东迳睢阳县故城南,……秦始皇二十二年以为砀郡。"可见上述记载并无歧义,因此秦置砀郡的时间为始皇二十二年(前225年),前人皆无异辞。

---

① 施谢捷:《新见秦汉官印二十例》,《古文字研究》第28辑,第560—565页。

第三节　故赵地置郡考

1. 太原郡

太原守印	太原丞印	太原大府
《秦封泥集存》P798	《秦封泥集存》P798	《秦封泥集存》P798

《汉志》"太原郡"下班固自注："秦置。"但是据下引《史记·秦本纪》的记载，太原先前实为赵郡，其云："（昭襄王）四十八年……王龁将伐赵武安、皮牢，拔之。司马梗北定太原，尽有韩上党。"昭襄王四十八年即公元前259年，可见至迟不过该年，赵已有太原郡。关于太原入秦置郡的年代，目前学界大致有如下两种看法。

第一种看法是认为置于秦庄襄王四年，其依据是《史记·秦本纪》："（庄襄王）二年，使蒙骜攻赵，定太原。三年，蒙骜攻魏高都、汲，拔之。攻赵榆次、新城、狼孟，取三十七城……四年，王龁攻上党。初置太原郡。"持此意见的学者主要有全祖望、谭其骧、钱穆等。①

第二种看法是认为置于秦庄襄王三年，其依据有两条，一是《史记·六国年表》秦庄襄王三年栏："王齮击上党。初置太原郡。"一是《水经·汾水注》："太原郡治晋阳城，秦庄襄王三年立。"持此说者主要有马非百、王蘧常等。②

今按，云梦睡虎地秦简《编年记》7号简载："庄王三年，庄王死。"③

---

① 全祖望：《汉书地理志稽疑》卷1，《全祖望集汇校集注》，第2485页；谭其骧：《秦郡新考》，《长水集》（上），第3页；钱穆：《秦三十六郡考》，《古史地理论丛》，第205页。
② 马非百：《秦集史》，第664页；王蘧常：《秦史》，第112页。
③ 睡虎地秦墓竹简整理小组：《睡虎地秦墓竹简》，文物出版社1990年。

这与《六国年表》的记载相符,《史记·燕召公世家》亦载:"(今王喜)七年,秦拔赵榆次三十七城,秦置大原郡。"燕王喜七年与庄王三年为同一年,这亦与《年表》《编年记》相合。两相比较可见《秦本纪》庄王有四年显然不正确,① 既然庄襄王在位时间只有三年,那么说太原郡置于庄王四年也就错了。其实梁玉绳在《史记志疑》中早已指出《秦本纪》中的四年乃三年之误。② 谭、全等氏不加辨析而误判,恐是不应有的疏失。

综上,太原郡应置于秦庄襄王三年(前247年)。

2. 云中郡

云中郡原为赵郡,为赵武灵王开胡地所置,这可由《史记·匈奴列传》为证,其云:"赵武灵王亦变俗胡服,习骑射,北破林胡、楼烦,筑长城。自代并阴山下至高阙为塞,而置云中、雁门、代郡。"至于其入秦的时间《汉志》云中郡下班固注曰:"秦置。"《水经·河水注》:"白渠水又西南迳云中故城南,故赵地。……秦始皇十三年,立云中郡。"此说为历来研秦郡者所采信,未见异词。

综上,云中郡应置于秦始皇十三年(前234年)。

3. 雁门郡

雁门郡原为赵郡,为赵武灵王开胡地所置,这一点上引《史记·匈奴列传》已有明确记载,此不赘述。至于其入秦之年,《汉志》雁门郡下班固仅曰"秦置",未署何年。目前大致有两说。其一,全祖望认为雁门郡置于始皇十九年,王蘧常从之。③ 此说大致以秦灭赵之年立论。其二,谭其骧、钱穆、杨宽等认为雁门郡置于始皇十三年。④ 此说大致以云中入秦年参以云中、雁门在地理上的邻近关系立论。

今按,两说都没有确切的文献依据,就当时形势而言,雁门郡当置于秦始皇十三年至十九年之间,即前234—前228年。

---

① 藤田胜久先生在对《史记》战国史料研究的基础上指出:"《六国年表》的纪年是按国别连续记录的。与此相比,《秦本纪》独自排列每个记事。从这种记载形式来看,有错误的很有可能是《秦本纪》。"这一认识有一定的参考价值。参氏著《〈史记〉战国史料研究》,上海古籍出版社2008年,第247页。
② 梁玉绳:《史记志疑》卷4,中华书局1981年,第162页。
③ 全祖望:《汉书地理志稽疑》卷1,《全祖望集汇校集注》,第2485页;王蘧常:《秦史》,第114页。
④ 谭其骧:《长水集》(上),第3页;钱穆:《秦三十六郡考》,《古史地理论丛》,第207页;杨宽:《战国史》(增订本),第680页。

4. 邯郸郡

邯郸造工	邯造工丞
《秦封泥集存》P805－807	《秦封泥集存》P808－809

《汉志》赵国下班固自注："故秦邯郸郡。"关于这一点，前人皆无异辞，现出土文献多见秦置邯郸郡的记载（参表 2－2），可见邯郸为秦郡应无异议。至于其设置年代，传世文献有如下记载。《史记·秦始皇本纪》："十八年，大兴兵攻赵，王翦将上地，下井陉，端和将河内，羌瘣伐赵，端和围邯郸城。十九年，王翦、羌瘣尽定取赵地东阳，得赵王。引兵欲攻燕，屯中山。"《史记·王翦列传》："（秦王政）十八年，翦将攻赵。岁余，遂拔赵，赵王降，尽定赵地为郡。"因此秦置邯郸当在始皇十九年（前 228 年），对此，前人亦无异议。

杨氏左田
《秦封泥集存》P1231

附带指出秦封泥所谓"赵郡左田"，此封泥著录于吴式芬、陈介祺《封泥考略》卷四，右行二字漫漶不清且有残损，难以辨识其为何字。《封泥考略》释为"赵郡"，不知何据。赵超、周晓陆、刘瑞等先生撰文定其为秦封泥，对字形未加关注，直接引为"赵郡左田"。并引《史记》等文献考订将"赵郡"置于秦王政十八年至二十六年之间。[①] 王辉认为此印"左田"二字与"泰上寝左

---

① 赵超：《试谈几方秦代的田字格印及有关问题》，《考古与文物》1982 年第 6 期，第 65—72 页。周晓陆、刘瑞：《90 年代之前所获秦式封泥》，《西北大学学报（哲学社会科学版）》1998 年第 1 期，第 75—82 页；亦刊于《秦陵秦俑研究动态》1998 年第 1 期，第 3—13 页。

田"印同,"赵"字与四川青川县秦墓出土的釜"赵志"之"赵"同,确定其当为秦印。① 至周晓陆将其收入《秦封泥集》后,此枚封泥影响逐渐变大,释字几成定论。研究秦郡的学者皆未辨此二字,直接依据《秦封泥集》所录释文加以引用。包括笔者在内,诸如后晓荣、辛德勇、李晓杰、何慕、贾丽英等皆据此封泥内容,联系《史记·王翦列传》秦王政十八年"尽定取赵地为郡"的记载,认为秦于此时置"赵郡",且存在于秦统一之前。2010年,孙慰祖有机会目验实物后指出"赵郡左田"封泥之"赵郡"的释字有误。王伟先生首先指出此二字作"杨氏"。② 马孟龙在一篇文章中也根据施谢捷据清晰照片考释意见,确定这两个字释为"杨氏"确切无疑。③ 徐世权在梳理出这段略显曲折的学术史之后感慨道,秦封泥中并无"赵郡左田",在其基础上的一切考订都是有问题的。利用古文字资料考释古史问题,释字正确是首要前提。④

5. 河间郡、清河郡、钜鹿郡

清河太守	河间太守	河间尉印	清河水印
《秦封泥集存》P813	《秦封泥集存》P814	《秦封泥集存》P814	《秦封泥集存》P813

河间郡、清河郡、钜鹿郡之间关系复杂,尤其是钜鹿郡、河间郡之间存在着辖境重叠的情况。学界对三郡的设置意见纷呈,往往纠结在一起,分开来讲不便于厘清关系,因此三郡的设置情况合并在一起讨论。

我们先从三郡之中分歧较少的河间郡开始。

王国维据《史记·樊哙列传》"河间守军于杠里"立论而首倡河间为秦郡之说。谭其骧先生认为王氏所据史料中的"河间"为"河内"之误。⑤ 辛德勇先生认为"河间"为"涉间"之误。⑥ 不过这则史料虽有谭、辛二氏之驳难,

---

① 王辉、程学华:《秦文字集证》,台湾艺文印书馆1999年,第209—210页。
② 王伟:《秦玺印封泥职官地理研究》,中国社会科学出版社2014年,第122页。
③ 马孟龙:《再论秦郡不用灭国名》,《复旦大学史地所青年禹贡论坛文集》,2015年。
④ 徐世权:《学术史视野下的秦郡研究》。
⑤ 谭其骧:《长水集》(上),第10页。
⑥ 辛德勇:《秦始皇三十六郡新考》,《秦汉政区与边界地理研究》,第12—13页。

但是据新出秦封泥、简牍,河间为秦郡应无可疑(参表2-2)。

关于河间郡的设置年代,辛德勇先生认为该地在灭赵之前已经开始作为文信侯吕不韦的封地为秦所有,至始皇十二年,文信侯畏罪自杀,于是秦按照穰侯死后收其封地为郡的办法设置河间郡。

今按,《史记·张仪列传》载张仪以连横之策游历山东诸国,在对韩王的说辞中有"赵入朝渑池,割河间以事秦"之语,在对燕王的说辞中有"赵王已入朝渑池,效河间以事秦"之语,事当在秦惠王十四年(公元前311年)。据后来的情势看,此时秦已经涉足河间,不然怎能有吕不韦谋划"广河间"的说法呢。《战国策·秦策》"文信侯欲攻赵以广河间"章生动地描述了赵王如何"立割五城以广河间"的过程;而接下来的"文信侯出走"章,又记载"前日秦下甲攻赵,赵赂以河间十二县"。从《战国策·赵策》有"河间封不定而齐〈赵〉危"的记载来看,吕不韦谋广河间是有根据的。再者,马王堆三号汉墓《战国纵横家书》第25章载"燕使蔡乌股符胠壁,奸(间)赵入秦,以河间十城封秦相文信侯"。据上所考,公元前311年,张仪赚取赵人献河间之地。吕不韦又采取策略多次增广河间的领域。至始皇十二年(前235年),文信侯畏罪自杀,秦的确可能仿效陶郡的做法,将其设置为河间郡。

至于河间郡的存续时间,岳麓简864记载:"当成请(清)河、河间、恒山者",将清河、河间、恒山三郡并列提及。可见在简文书写的年代,三郡是同时存在的。据本文所考,恒山郡的设置与秦始皇二十九年东巡过恒山有关,故疑恒山郡之设置或在此年之前。这样,河间郡的设置亦应延续至秦统一之后。

清河原为赵地,战国秦汉时期常与"恒(常)山"并称。如《史记·苏秦列传》:"赵地……西有常山,南有河漳,东有清河,北有燕国。"《史记·樊哙列传》:"降定清河、常山凡二十七县,残东垣。"传世文献未见清河为秦郡的记载。不过从出土封泥、简牍来看,应可以确定为秦郡(参表2-2)。

关于该郡的设置年代,辛德勇先生指出:"秦王政十四年,秦将桓齮攻取赵平阳、武城。由平原君封邑可知,武城为清河重镇,它的失守,标志着秦已攻取整个清河区域。所以,秦清河郡即应设置于此时。"[1]

今按,辛氏关于清河郡置年的推定可从。但是他认为清河郡只存在于统一之前的看法则不可信。从岳麓简864清河、河间、恒山三郡并列提及这一现象来看,清河郡也应该存续到秦统一之后。

---

[1] 辛德勇:《秦始皇三十六郡新考》,《秦汉政区与边界地理研究》,第20页。

最后来看钜鹿郡。①《汉志》钜鹿郡下班固自注:"秦置。"关于钜鹿郡的设置年代,目前大致有四种意见:

第一种意见将其始置年代定为秦始皇二十五年(前 222 年)。其依据是《水经·浊漳水注》:"衡水又北迳钜鹿县故城东,……钜鹿郡治。秦始皇二十五年灭赵以为钜鹿郡。"钱穆、杨宽二氏据此将钜鹿郡的置年定为始皇二十五年(前 222 年)。② 全祖望亦据《水经注》立论,但是他将钜鹿置年定在始皇二十三年,③这个年代的确定是由于《水经注》版本的差别还是由于全氏自己的疏忽我们不得而知。

第二种意见是将其始置年代定为秦始皇十九年(前 228 年)。其依据是杨守敬对水经注的《疏》云:"《汉志》但言钜鹿郡秦置,不云何年。考《史记·始皇本纪》,十九年,王翦、羌瘣尽定取赵地东阳,得赵王。赵公子嘉自立为代王。二十五年,王贲虏代王嘉。钜鹿郡正赵东阳之地,似不得至二十五年灭代始置郡。郦氏盖合灭代之年为说耳。"④ 谭其骧、马非百、王蘧常等也有与杨守敬氏类似看法。⑤ 因此这一派的看法是认为钜鹿郡置于始皇十九年(前 228 年)。

第三种意见出自辛德勇先生。他认为秦始皇二十六年对郡县进行了大幅的调整,其中最为复杂的部分即在赵国。因为河间曾为吕不韦的封邑,秦王政十二年(前 235 年)吕不韦死,地改为郡。十四年,秦攻占清河地区,置清河郡。十九年,灭赵置赵郡。为了辨识战国时期赵国境内相对独立的地理单元,于是二十六年从赵郡中分出大陆泽附近的钜鹿地区,与河间郡以及清河郡东部地区合并为钜鹿郡。⑥ 因此他认为钜鹿郡置郡时间在秦始皇二十六年。

第四种意见出自何慕博士,她折中《水经注》与辛德勇的看法,将钜鹿郡置郡时间定在秦始皇二十五年到二十六年之间。

上述四说中,以第二说最符合秦灭赵置郡的形势,因此我们认为钜鹿郡的始置时间为秦始皇十九年(前 228 年)。不过在钜鹿郡的存续时间上,

---

① 秦封泥中有一枚"钜鹿之丞"封泥,周晓陆先生认为"巨鹿之丞"与"邯郸之丞"均为秦郡之物。王伟先生亦指出"代丞之印、邯郸之丞、即墨丞印、钜鹿之丞;皆为郡名+(之)丞,可见秦郡守有丞"。今按,代、邯郸、钜鹿、即墨四郡皆有同名之县。秦封泥中县名为两字的官署之印有"□□丞印"(如《集》二·三·3"宁秦丞印")和"□□之丞"(如《集》二·三·62"白狼之丞")两种格式,因此"邯郸之丞"与"巨鹿之丞"这两枚封泥分别视作邯郸县、钜鹿县之物似更妥。
② 钱穆:《秦三十六郡考》,《古史地理论丛》,第 206 页;杨宽:《战国史》(增订本),第 682 页。
③ 全祖望:《汉书地理志稽疑》卷 1,《全祖望集汇校集注》,第 2484 页。
④ 杨守敬、熊会贞:《水经注疏》,第 956 页。
⑤ 谭其骧:《长水集》(上),第 3 页;王蘧常:《秦史》,第 116 页;马非百:《秦集史》,第 649 页。
⑥ 辛德勇:《秦代政区与边界地理研究》,第 12—72 页。

《中国行政区划通史·秦汉卷》提出了一个新的观点,即认为钜鹿郡在秦始皇三十三年被新设置的清河、河间二郡所取代,不复存在。① 对此意见,司豪强先生撰文就钜鹿郡废止说提出批评,认为钜鹿郡设置于秦始皇二十五年至二十六年间之说相对可信,有秦一代应始终设置。②

以上,我们尝试探索河间郡、清河郡、钜鹿郡的性质及其设置时间。在一定程度上可以肯定三郡均设置于秦统一之前,并延续至秦统一之后。至于其是否存在分合,在现有的资料下尚不足以开展具体的研究。关于故赵地的分置方案,辛德勇先生曾提出如下假说:

> 从赵郡中分出大陆泽附近的钜鹿地区,与河间郡以及清河郡东部地区,合在一起,组成钜鹿郡;原赵郡的剩余部分,则与恒山郡和清河郡的西部地区,合为邯郸郡。③

《中国行政区划通史·秦汉卷》则指出秦灭赵,先后设置邯郸郡和钜鹿郡。在秦始皇三十三年,邯郸郡北部分出恒山郡。钜鹿郡一分为二,变成清河郡和河间郡。不过辛氏自己也承认他提出的这种调整过于复杂,不符合秦郡变更的一般状况。④ 因此不管是辛德勇先生提出的"合并说",还是《中国行政区划通史·秦汉卷》的"废弃说",都有待进一步的验证。

6. 代郡

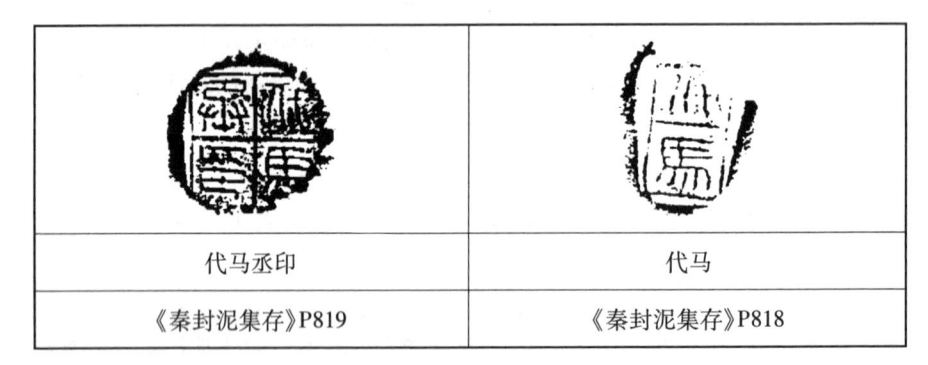

代马丞印	代马
《秦封泥集存》P819	《秦封泥集存》P818

代郡原为赵郡,为赵武灵王开胡地所置,这一点《史记·匈奴列传》已经有明确记载:"赵武灵王亦变俗胡服,习骑射,北破林胡、楼烦,筑长城。自代

---

① 周振鹤主编:《中国行政区划通史·秦汉卷》,复旦大学出版社2019年第二版。
② 司豪强:《秦钜鹿郡考——兼与〈中国行政区划通史·秦汉卷〉钜鹿"废弃说"商榷》,《秦汉研究》2020年。
③ 辛德勇:《秦始皇三十六郡新考》,《秦汉政区与边界地理研究》,第72页。
④ 辛德勇:《秦始皇三十六郡新考》,《秦汉政区与边界地理研究》,第72页注释3。

并阴山下,至高阙为塞,而置云中、雁门、代郡。"至于其入秦之年,《汉志》代郡下班固注:"秦置。"《史记·赵世家》:"秦既虏迁,赵之亡大夫共立嘉为王,王代六岁,秦进兵破嘉,遂灭赵以为郡。"《史记·秦始皇本纪》:"二十五年,……还攻代,虏代王嘉。"《水经·灅水注》:"其水东南流迳高柳县故城北,旧代郡治。秦始皇二十五年虏赵王嘉,以为郡。"①研究者据此认为秦置代郡的时间为始皇二十五年(前222年),可信。

7. 恒山郡

恒山武库	恒山候丞	恒山司空
《秦封泥集存》P819	《秦封泥集存》P818	施谢捷:《新见秦汉官印二十例》,《古文字研究》第28辑

秦置常山郡为谭其骧先生的首创。此说得到马非百、辛德勇等学者的呼应。结合出土简牍、封泥来看(参表2—2),秦置恒山郡应无疑议。只是出土文献作"恒",传世本作"常"乃汉初因避汉文帝刘恒之讳而改。②

关于恒山郡的设置年代,文献没有相关记载。谭其骧先生认为该郡为统一后分邯郸郡置。③辛德勇先生据《汉官旧仪》"汉承秦,郡置太守……边郡……置部都尉、千人、司马、候、农都尉,皆不治民"认定"候为秦边郡武官,非内地所设官职"的前提下依据"恒山候丞"封泥推断恒山曾为秦之边地,并进一步将其置郡年代定为秦始皇十四、五年间。④

今按,与"恒山候丞"类似的封泥另有琅邪候印、上郡候丞,南郡候印、苍梧候丞等四枚(参表2—2)。张家山汉简《秩律》中亦见有郡候(简446)、

---

① 通行本作"二十三年虏赵王迁国以为郡"。此据赵、戴说改。详郦道元撰,杨守敬、熊会贞疏:《水经注疏》,第1177页;谭其骧、马非百等学者亦同。谭其骧《秦郡新考》,《长水集》(上),第4页;马非百:《秦集史》,第658页。
② 陈垣:《史讳举例》,中华书局2004年,第109页。
③ 谭其骧:《长水集》(上),第8页。
④ 辛德勇:《秦始皇三十六郡新考》,《秦汉政区与边界地理研究》,第20—21页。

县、道候(简 472)。① 另外《百官公卿表》所载中尉、典属国之属官都有"候"。凡此可见候并不一定置于边地。因此辛氏在此基础上推定恒山曾为边郡、置于秦统一之前的结论就值得重新考量。

不过辛氏又指出,秦始皇因山岳崇拜的原因在二十六年后又将恒山郡从邯郸郡中重新析置出来。② 这一意见颇具启发性,据《史记·秦始皇本纪》《史记·封禅书》记载,秦始皇曾先后巡视泰山、衡山、恒山三地。而据表2-2的举证可知泰山、衡山、恒山三地作为秦郡设置的可能性都非常大。谭其骧先生曾怀疑衡山郡设置于秦始皇二十八年南巡衡山之前,③因此我们怀疑恒山置郡的时间或许也应与秦始皇巡游恒山有关。据《史记·封禅书》秦始皇在二十九年东巡过恒山,故疑恒山郡之设置或在此年之前。

8. 九原郡

九原郡的置年传世文献没有明确记载,学术界对此大致有两种不同说法。传统的观点是将其列入秦始皇二十六年所置三十六郡之一,这大致是认为其置年不晚于秦始皇二十六年。不过自从全祖望提出九原郡设于秦始皇三十三年蒙恬击败匈奴取河南地之后,并将九原郡排除在三十六郡之外这一观点以来,王国维、谭其骧、钱穆、王蘧常等人先后撰文申述全氏之说,遂使此说在较长的时间内成为主流。④ 不过史念海先生在20世纪90年代撰文提出不同的看法,史氏指出九原郡为赵国旧有边郡。⑤ 这一观点看似又回到传统的观点,但与旧说还是有本质区别。⑥ 不过史氏虽指出九原为赵郡,但未明言赵何时置九原。李晓杰对这一问题作有论述。⑦《水经·河

---

① 关于候的性质,一说是专司伺望、侦察任务的武官,一说是迎送宾客之候舍,供来往百姓人客投宿。我们以为前说似乎更合理,张家山汉简所见郡候秩级与居延汉简所见都尉府之候望长之候官相同,后者显然是边境的军事组织,可见郡候亦应为郡的军事组织系统,很可能为郡尉之属吏。县候亦同。
② 辛德勇:《秦始皇三十六郡新考》,《秦汉政区与边界地理研究》,第85页。
③ 谭其骧:《长水集》(上),第10页。
④ 全祖望:《汉书地理志稽疑》卷1,《全祖望集汇校集注》,第2485页;王国维:《观堂集林》卷12《秦郡考》,第534—542页;谭其骧:《长水集》(上),第6—7页;钱穆:《秦三十六郡考》,《古史地理论丛》,第208—209页;王蘧常:《秦史》,第120页。
⑤ 史念海:《论秦九原郡始置的年代》,初刊《中国历史地理论丛》1993年第2期,收入氏著《河山集》第七册,陕西师范大学出版社1999年,第376—384页。
⑥ 在这一问题上刘师培亦曾指出秦之九原系得之于赵,不过刘氏并未论证赵是否置有九原郡。参刘师培:《秦四十郡考 附秦郡建制沿革考》,《左盦集》卷五,收入《刘申叔遗书》,江苏古籍出版社1997年,第1255—1256页。
⑦ 杨宽先生在《〈穆天子传〉真实来历的探讨》一文中指出赵武灵王胡服骑射后攻取九原云中,设置二郡,《战国史》(增订本)第373页所论与此相同。但《战国史》(增订本)后所附"战国郡表"的赵国部分却未将九原列入,不知何故。参氏著《〈穆天子传〉真实来历的探讨》,原载《西周史》,上海人民出版社1999年;此据氏著《先秦史十讲》,复旦大学出版社2006年,第383—385页。

水注》引《竹书纪年》载："魏襄王十七年，邯郸命吏大夫奴迁于九原，又命将军、大夫、谪子、戍吏皆貉服。"李晓杰认为此处所谓"邯郸"当指赵国而言，并据此推测在赵武灵王二十三年之前赵已有九原郡。① 史念海、李晓杰二氏虽然都认为九原为赵郡，但是在九原何时入秦这一问题上却未达成一致。李晓杰认为赵九原郡后来为匈奴所据，直到秦始皇三十三年遣蒙恬收复河南地才为秦所有。因此在李氏所著《中国行政区划通史·先秦卷》一书关于战国秦郡的部分未列入九原郡。而史念海先生则认为："秦灭赵前，匈奴并未侵占过赵国的土地，九原郡也并未失去。秦承赵规，在始皇二十六年所分三十六郡中，就应已有九原郡，不待三十三年蒙恬北征匈奴始行设置。"②辛德勇先生近来通过对张家山汉简《二年律令·秩律》所示汉初西北边界进行分析，也得出类似的结论，他指出："显而易见，九原郡的存在，并不直接依赖于河套地区的得失。……这种状况反映出西汉初年九原郡的边界形态，显然是从战国赵国沿承而来，从而可以确证，秦灭赵后一直沿承其旧有九原郡的建置。"③

今按，史念海等氏论证九原为赵旧有之郡，诚然有理。不过李晓杰先生提出赵九原郡后来为匈奴所据，直到秦始皇三十三年遣蒙恬收复河南地才为秦所有也有合理的因素。据上文所考，自秦始皇十三年，秦先后取赵之云中、雁门，九原或已被其收入囊中，只是因为此时匈奴乘机南下，地理位置更加靠近西北的九原恐落入匈奴人之手，而无法置郡。据《史记·蒙恬列传》："始皇二十六年，……秦已并天下，乃使蒙恬将三十万众北逐戎狄，收河南。筑长城，因地形，用制险塞，起临洮，至辽东，延袤万余里。于是渡河，据阳山逶蛇而北。暴师于外十余年，居上郡。"由此可知，始皇二十六年遣蒙恬北逐匈奴之时，匈奴早已南下，而且蒙恬抗击匈奴的据点不在九原，也不在云中，而是在上郡。因此，我们认为九原郡在秦始皇十三年并未能真正设置起来，直到乃秦始皇三十三年蒙恬收复河南地才真正置有九原郡。④

---

① 李晓杰：《中国行政区划通史·先秦卷》，第445—447页。
② 史念海：《论秦九原郡始置的年代》，《河山集》第七册，第384页。
③ 辛德勇：《张家山汉简所示汉初西北隅边境解析》，原载《历史研究》2006年第1期，收入氏著《秦汉政区与边界地理研究》，第267页。另参辛德勇：《阴山高阙与阳山高阙辨析》，《秦汉政区与边界地理研究》，第186—190页。
④ 最近的一篇论文是尤佳：《学术史视阈下秦统一前后九原郡辖域变迁再探》，《中国矿业大学学报（社会科学版）》2016年第6期。

第四章　秦郡设置考(中)

第一节　故楚地置郡考

1. 巫黔郡(黔中郡)

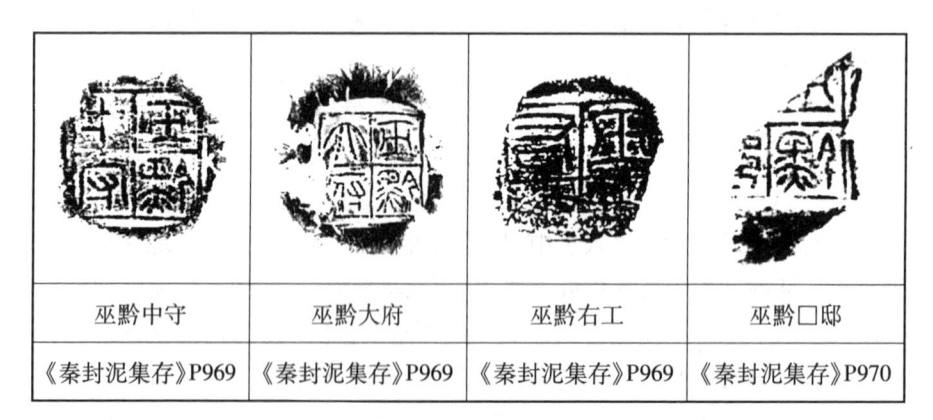

巫黔中守	巫黔大府	巫黔右工	巫黔□邸
《秦封泥集存》P969	《秦封泥集存》P969	《秦封泥集存》P969	《秦封泥集存》P970

《史记·秦本纪》:"(昭襄王)二十七年……使司马错发陇西,因蜀攻楚黔中,拔之。……三十年,蜀守若伐楚,取巫郡及江南,为黔中郡。三十一年……楚人反我江南。"《华阳国志·巴志》:"司马错自巴涪水,取楚商於地,为黔中郡。……涪陵郡,巴之南鄙。从枳南入,折丹涪水,本与楚商於之地接,秦将司马错由之取楚商於地为黔中郡也。"《华阳国志·蜀志》:"(周赧王七年)司马错率巴、蜀众数十万,大舶舩万艘,米六百万斛,浮江伐楚,取商於之地,为黔中郡。"《水经·沅水注》:"沅水又东迳临沅县南,……县治武陵郡下,本楚之黔中郡矣。秦昭襄王二十七年,使司马错以陇蜀军攻楚,楚割汉北与秦。至三十年,秦又取楚巫黔及江南地,以为黔中郡。"黔中见于《史记》而不见于《汉志》,《续汉志》始补出。清儒以降除了宗《汉志》的钱大昕等少数人外,多数均主张黔中为秦取原楚巫、黔中郡后另行改置之郡。

至于"巫黔"之名,不见于传世文献,如何处理黔中与巫黔之关系就需要解决。周振鹤认为楚巫郡与楚黔中郡没有合并。后晓荣则以为秦占领楚巫、黔中二郡后新合并为巫黔郡。① 何慕博士认为:"秦封泥中的'巫黔'或许即传世文献中的巫郡,秦国占领楚国的巫郡后,暂时设置了巫黔郡,秦统一之后并入南郡,从而不存于秦始皇三十六郡之中。"② 王伟先生从封泥内容本身出发认为"巫黔"是"巫郡"和"黔中"郡的省写,可能"巫郡"和"黔中郡"的郡邸是合并在一起的。③ 徐世权在梳理各家意见之后指出:从钩稽现有的传世文献及出土文献资料所得的秦郡名看:第一,无一例郡名是由两个原六国郡名合并而成,所以"巫黔"为二郡混合说稍显缺乏证据,虽然这是从字面上看最直接、合理的解释。第二,从现有掌握的出土文献资料中亦无二郡在首都咸阳的"郡邸"合而为一的情况。如"蜀邸仓印""南阳邸丞""南阳邸印""河内邸丞""汉中底(邸)印""叁川邸丞"等皆。所以,"巫黔□邸"为巫郡和黔中郡的郡邸合在一起的可能性也是很小的。第三,目前看,"巫黔郡"是一秦郡名,与秦"黔中郡""巫郡"存在于不同的历史时期可能是最为合理的说法。④

今按,"巫黔中守"封泥可谓是揭示"巫"与"黔中"关系最直接的例子,而"巫黔大府"则因为玺印容字的原因将"黔中"省称为"黔"。司马错顺江而下取楚巫、黔中二郡后更名为"巫黔郡",可谓名副其实。由上引《史记·秦本纪》可知,巫黔郡置于昭襄王三十年(前277年),只是三十一年"楚人反我江南"(《秦本纪》),"襄王乃收东地兵,得十余万,复西取秦所拔我江旁十五邑以为郡。距秦"。因此秦巫黔郡在这个地区的统治仅仅维持了一年便被楚人夺回了大片失地。据《水经·江水注》又载:"(巫)县,故楚之巫郡也,秦省郡立县,以隶南郡。"因此巫郡后来并入南郡成为南郡的一个县。由此可见,巫黔在统一之前已经省并。

这里有一个比较关键的概念就是"江旁十五邑",《正义》云:"黔中郡反归楚。"杨宽先生认为江旁十五邑指巴东一带的临江地区,原属楚江南。⑤ 张正明先生有两说,一说认为江旁十五邑在今鄂东南、赣西北区域,另一说则是认为楚人所取的江旁十五邑就是后来的洞庭郡。⑥ 晏昌贵先生认为从

---

① 后晓荣:《秦代政区地理》,第72—73页。
② 何慕:《秦代政区研究》,第53页。
③ 王伟:《秦玺印封泥职官地理研究》,第356页。
④ 徐世权:《学术史视野下的秦郡研究》。
⑤ 杨宽:《战国史料编年辑证》,上海人民出版社2001年。
⑥ 张正明:《秦与楚》,华中师范大学出版社2007年,第207页。

当时的战局和后来形势的发展看,江旁十五邑位于江南,应该就是被秦攻取的洞庭、五渚一带。① 今按,《正义》所云简单直接,非常正确,晏昌贵先生所云洞庭、五渚一带正是黔中郡的范围,而张正明先生的第二种看法则正确地指明了该区域的发展趋势。

综上,巫黔郡设置于昭襄王三十年(前 277 年)。前 276 年,楚国收复失地"江旁十五邑",猜想秦可能将江北的商於地(巫郡)并入此前设置的南郡,而被楚人收复的江旁十五邑在秦始皇二十五年(前 222 年),"王翦遂定荆江南地"之时归入新设的洞庭郡(详参下文洞庭郡、苍梧郡部分)。

2. 南郡

南郡太守	南郡府丞	南郡司空
《秦封泥集存》P945	《秦封泥集存》P946	《秦封泥集存》P948
南郡池印	南郡候印	南郡池丞
《秦封泥集存》P948	《征存》0049	《秦封泥集存》P948

《汉志》"南郡"下班固自注:"秦置。"这一点已经由大量出土文献证实(参表 2-2),显然没有疑问。关于南郡的设置年代,《史记·秦本纪》:"(昭襄王)二十九年,大良造白起攻楚,取郢为南郡,楚王走。"《史记·六国年表》:"(昭襄王)二十九年,白起击楚,拔郢,更东至竟陵,以为南郡。"《史记·白起列传》:"其明年(按,指昭襄王二十九年),攻楚,拔郢,烧夷陵,遂东至竟陵。楚王亡去郢,东走徙陈,秦以郢为南郡。"秦昭襄王二十九年为公

---

① 晏昌贵:《秦简牍地理研究》,第 84—85 页。

元前 278 年,秦南郡置于该年。①

3. 南阳郡

南阳司马	南阳邸丞	南阳邦尉
《秦封泥集存》P867	《秦封泥集存》P867	《秦封泥集存》P869

《汉志》南阳郡下班固自注:"秦置。"这一点已经由大量出土文献证实(参表 2-2),显然没有疑问。清人顾观光据《战国策·秦策四》"楚败于南阳"认为楚置有南阳郡。杨宽、陈伟先生则据《说苑·指武》"吴起为苑守,行县,适息"的记载指出楚置有苑(宛)郡,②李晓杰先生认为"此宛郡应称为南阳郡,而宛仅为南阳郡的治所而已"。③

今按,据《史记·秦始皇本纪》记载始皇即位时秦地已并巴、蜀、汉中,"越宛有郢,置南郡矣",可见郡名当以宛为是。《包山楚简》第 131-139 号简有"子宛公",陈伟先生主张将其视作宛郡的长官。④ 这也是郡名为宛的证据。再者,从方位来看,古南阳地大致有三处,一在今山东省泰山以南、汶水以北。以在泰山之阳得名。《公羊传》闵公二年"高子将南阳之甲",《孟子·告子下》"遂有南阳",即此。一在今河南省济源市至获嘉县一带。《左传》僖公二十五年所谓"晋于是始启南阳",即此。⑤ 一在今河南省西南部。战国时分属楚、韩。因地在"中国之南,而居阳地",⑥位于伏牛山、汉水之阳,故名。楚、秦所谓南阳郡属上述第三处南阳。以地理位置而言,该南阳位于楚之北境,就楚而言,似不宜以南阳名之,故楚人所赋之郡名当以宛为是。由此可见南阳郡之名或沿袭自韩之南阳。全祖望、梁玉绳二氏均对此问题有所论述。全氏云:

---

① 王蘧常先生以为南郡置于昭襄王二十八年,不知其依据何在。参王蘧常:《秦史》,第 115 页。
② 杨宽:《战国史》(增订本),第 678 页;陈伟:《楚东国地理研究》,武汉大学出版社 1992 年,第 194 页。
③ 李晓杰:《中国行政区划通史·先秦卷》,第 436 页。
④ 陈伟:《包山楚简所见楚国的宛郡》,《新出楚简研读》,武汉大学出版社 2010 年,第 5 页。
⑤ 陈伟:《晋南阳考》,《历史地理》第 18 辑,上海人民出版社 2002 年。
⑥ 语出《释名·释州国》,参刘熙撰,毕沅疏证,王先谦校补:《释名疏证补》,中华书局 2008 年,第 57 页。

其时韩亦有南阳郡,盖颍川之西,如宛如穰,与楚南阳接,故并取名焉,《六国年表》《秦本纪》《韩世家》可考也。非故晋所启之南阳也。晋之南阳,赵得其温原,韩得其州,魏得其修武,即河内也。三晋同分河内之地,而魏独多,及韩、赵相继失上党,而河内道断,魏之修武亦不保矣。是非可并晋楚之南阳而合之者也。《前志》乃曰:"韩分晋得南阳,秦灭韩,徙天下不轨之民于南阳。宛西通武关而入江淮,一都会也。"则即以为楚南阳矣。不知河内之南阳,其得名在春秋之世,三晋分之,非韩所独,而始皇十六年所受之南阳,地在宛、穰,即与楚境相犬牙者也,奈何混而举之?秦并天下,盖并韩地以入楚之南阳。①

梁氏云:

盖南阳是总统之名,韩、魏分有其地。魏之南阳是河内、修武等处,已于秦昭三十四年尽入于秦,韩之南阳是荆州宛、穰等处,其地大半为秦所取,故秦于前十年置南阳郡矣。此后所攻者皆韩之南阳,不过取而附益之,至始皇十六年而韩南阳之地全纳于秦。②

关于南阳郡的设置年代,《史记·秦本纪》:"(昭襄王)三十五年……初置南阳郡。"《水经·淯水注》:"(淯水)……又南迳宛城东。……秦昭襄王使白起为将,伐楚取郢,即以此地为南阳郡,改县曰宛。"以上记载清楚明白,南阳郡置于昭襄王三十五年(前272年)。

4. 四川郡

四川太守	四川尉□	四川丞印
《秦封泥集存》P894	《秦封泥集存》P894	《秦封泥集存》P895

---

① 全祖望:《汉书地理志稽疑》卷1,《全祖望集汇校集注》,第2487页。
② 梁玉绳:《史记志疑》卷4,第158页。

续表

四川水丞	四川马丞	四川轻车
《秦封泥集存》P895	《秦封泥集存》P896	《集》P407

《汉志》沛郡下班固自注:"故秦泗水郡。"泗水郡名传世文献或作"泗川"。如《史记·高祖本纪》:"秦泗川监平将兵围丰二日,出与战,破之。……泗川守壮败于薛,走至戚,沛公左司马得泗川守壮,杀之。"《史记·绛侯周勃世家》:"因东定楚地泗川、东海郡,凡得二十二县。"出土文献均作"四川",可见秦郡本名"四川",作"泗水""泗川"恐是误写或有意改写。①

关于四川郡的设置年代,《水经·睢水注》曰:"相县,故宋地也。秦始皇二十三年,以为泗水郡,汉高帝四年,改曰沛郡,治此。"一般学者均据此将四川郡设置年代定在秦始皇二十三年。惟全祖望氏认为二十三年军务倥偬,未遑顾及,待二十四年战局底定,楚国已亡,乃设泗水郡。晏昌贵先生亦采信此说,可从。②

5. 淮阳郡(陈郡、楚郡)

淮阳弩丞	淮阳发弩	陈丞之印
《秦封泥集存》P883	《秦封泥集存》P882	《秦封泥集存》P883

---

① 周晓陆先生谓"四川郡之得名,或因其境内有淮、沂、潍、泗四水之故,后则因有泗水而作泗水郡"(《秦封泥集》,第260页)。后晓荣说略同(《秦代政区地理》,第78—79页)。今按,"泗水"古亦名"四川",见《水经·泗水注》:"余以水路求之,止有泗川耳。"(《水经注疏》,第2130页)以河流流向来看,沂水实际上不在四川郡境内,周、后二氏所谓四水实际上只有三水。故余颇疑四川郡实际上得名于泗水(川)。同类的例子还有颍川郡得名于其境内的"颍水"。

② 晏昌贵:《秦简牍地理研究》,第109页。

淮阳郡、楚郡、陈郡三者关系颇为复杂,历来有许多不同的说法。其中最早被作为秦郡名提出的是陈郡。此说由姚鼐首先提出并得到王国维、谭其骧等先生的支持。稍后于姚鼐,全祖望据《史记·楚世家》"灭楚名为楚郡"的记载主张秦置有楚郡。并说楚郡治陈,故亦称陈郡。① 此说提出后除得到钱穆先生响应外,极少有赞成者。② 马非百所倡淮阳郡最晚出,他针对王国维和谭其骧对陈郡的考证指出:"陈有守有令,其为一郡,实无可疑。唯郡名似当为淮阳。"

今按,楚、陈、淮阳三个郡名之间,各家取舍不同,全祖望、钱穆认为陈郡即楚郡,马非百、辛德勇谓陈郡即淮阳郡,后晓荣又提出淮阳郡为楚郡。其实就所指地域来看三者并无差异。关于陈和淮阳的关系,吴良宝先生在《战国魏淮阳上官鼎释地》一文中有明确的论述。他指出:

> 目前所见战国时期的"淮阳"都是郡名,尚未发现是城邑名的情况。从秦简所记戍卒所戍均记郡名而不及县名来看,睡虎地木牍的"淮阳"应是秦郡名。木牍的书写时间是秦王政二十四年二月,据《秦始皇本纪》,此时秦已攻取陈至平舆的大片土地,又虏楚王、破杀项燕于蕲,淮阳郡(旧以为置"陈郡",不确)当置于此年。战国楚文字中只有"陈"县(《包山楚简》简166、191),秦陶文中"陈□里□"(《陶文图录》6·54·2),辖有"□里"的"陈"肯定是县名,未见作为城邑名的"淮阳";而秦封泥"淮阳发弩"(《秦封泥集》第269页)、张家山汉简"淮阳守"(《奏谳书》简75)等中的"淮阳"则是郡名。不仅如此,整个西汉、东汉时期的"陈"都是淮阳国、淮阳郡的治所,当时并没有一个"淮阳"县。因此,从传世文献与出土文字资料来看,说"陈"就是"淮阳",只能是就两汉时期"陈"是淮阳国(郡)的治所而言(即以治所代指郡、国),战国时期并不存在这一对应关系。③

今按,吴氏所云甚是,可从。该郡本名当为淮阳郡,因其治所在陈,故得称陈郡。秦楚之交楚人复国反秦运动高涨,张楚政权又定陈为都,故疑此时又将其称为楚郡。厘清这一关系,则所谓"淮阳郡—陈郡—楚郡"的问题便可迎刃而解。

---

① 全祖望:《汉书地理志稽疑》卷1,《全祖望集汇校集注》,第2487—2488、2493—2494页。
② 钱穆:《秦三十六郡考》,《古史地理论丛》,第209页。
③ 吴良宝、徐世权:《魏"淮阳上官"鼎释地》,《中国文字研究》第21辑,上海书店出版社2015年,后收入《战国魏淮阳上官鼎释地》,氏著《出土文献史地论集》。

全祖望将楚郡的设置时间在始皇二十四年。① 王国维推断陈郡的设置时间是始皇三十三年设立九原、南海、桂林、象郡后，与东海郡一同析置，但王氏先并未排除其设置于秦始皇二十六年之前的可能性。对于这个问题，谭其骧先生则推测说："按《始皇本纪》，二十三年，取陈以南至平舆，虏荆王；陈郡当置于是年。秦于六国故都多置郡，且自陈以至平舆，实得《汉志》淮阳、汝南二郡之地，果优足以置一大郡。"

今按，谭氏所引《秦始皇本纪》的这条材料可能存在错简。其中关于秦杀项燕、掳楚王的时间，《史记·楚世家》与《蒙恬列传》《王翦列传》《六国年表》的记载一致，即破项燕在始皇二十三年，掳楚王在始皇二十四年，惟有《秦始皇本纪》将二者的时间倒置。梁玉绳在《史记志疑》中早已看出这一问题，他指出《秦本纪》有误，并重新将文字董理如下："二十三年，秦王复召王翦，强起之，使将击荆，取陈以南至平舆，杀项燕。秦王游至郢陈。荆将立昌平君为荆王，反秦于江南。二十四年，王翦、蒙武攻荆，破荆军，掳荆王，昌平君遂自杀。"② 睡虎地秦墓竹简《编年记》简30—31在这两年中的记载如下：③

廿三年，兴，攻荆，□□守阳□死。四月，昌文君死。
【廿四年】，□□□王□□。

梁玉绳氏精研《史记》，功力深厚。对比上引简文的记载，除昌文君的死未能一致外，其余论述大致可信。④ 藤田胜久先生在对《史记》战国史料研究的基础上亦曾指出："《六国年表》的纪年是按国别连续记录的。与此相比，《秦本纪》独自排列记事。从这种记载形式来看，有错误的很可能是《秦本纪》。"⑤ 这一判断亦与梁氏的意见相合。据此可知，谭先生据《秦始皇本纪》将淮阳郡的设置时间定在始皇二十三年很可能就误将其置年提前了一年。由于"破荆军，掳荆王"在始皇二十四年，可知淮阳郡亦应置于始皇二十四年（前223年）。

---

① 全祖望：《汉书地理志稽疑》卷1，《全祖望集汇校集注》，第2487页。
② 梁玉绳：《史记志疑》卷5，第175—176页。
③ 睡虎地秦墓竹简整理小组：《睡虎地秦墓竹简》。
④ 另参田余庆《说张楚——关于"亡秦必楚"问题的探讨》，收入氏著《秦汉魏晋史探微（重订本）》，中华书局2004年，第1—29页。
⑤ 藤田胜久：《〈史记〉战国史料研究》，第247页。

6. 九江郡

九江守印	九江候丞	九江司空
《秦封泥集存》P958	《秦封泥集存》P959	《秦封泥集存》P959

《汉志》"九江郡"下班固自注："秦置。"此说有出土简牍、封泥为证（参表2-2），显然无疑。关于该郡的设置时间，《水经·淮水注》："（淮水）又东北流，迳寿春县故城西。县即楚考烈王自陈徙此，秦始皇立九江郡，治此，兼得庐江豫章之地，故以九江名郡。"据《史记·秦始皇本纪》："二十三年，秦王复召王翦，强起之，使将击荆。取陈以南至平舆，虏荆王。秦王游至郢陈。荆将项燕立昌平君为荆王，反秦于淮南。二十四年，王翦、蒙武攻荆，破荆军，昌平君死，项燕遂自杀。"《楚世家》《王翦列传》所载略同，是秦取楚淮南地在始皇二十四年（前223年），全祖望、谭其骧、杨宽、马非百、王蘧常、晏昌贵等人均据此定秦九江郡置于此年。①

今按，《史记·秦始皇本纪》："（二十五年）王翦遂定荆江南地；降越君，置会稽郡。"王翦所平定的"荆江南地"绝非一般泛指，而是楚国所辖"江南"属地。这一区域见《战国策·齐策》"田忌亡齐而之楚"章，载杜赫谓楚王曰"王不如封田忌于江南"，缪文远认为江南在战国时"指今虎斑之江南部分及湖南、江西一带"。②《高祖本纪》"今项羽放杀义帝于江南"，《项羽本纪》称"乃使使徙义帝长沙郴县"，可见此"江南"即长沙。《黥布列传》："与百余人走江南，布故与番君婚，以故长沙哀王使人绐布，伪与亡，诱走越，故信而随之番阳。"此江南也是指长沙、豫章一带。《货殖列传》张守节《正义》云："此言大江之南豫章、长沙二郡，南楚之地耳。"姜亮夫先生谓"秦汉无江南郡，此江南谓豫章、长沙郡在江南耳。"③顾铁符则一语中的地说道："这个江

---

① 全祖望：《汉书地理志稽疑》卷1，《全祖望集汇校集注》，第2488页；谭其骧：《长水集》（上），第4页；杨宽：《战国史》（增订本），第683页；马非百：《秦集史》，第628—629页；王蘧常：《秦史》，第117页。
② 缪文远：《战国策新校注》，巴蜀书社1987年，第317页。
③ 姜亮夫：《楚辞学论文集》，上海古籍出版社1984年，第209页。

南就是某些古书里所说的洞庭、苍梧……它的范围也许相当于西汉的长沙国以及武陵郡、桂阳、零陵等三郡,其土地绝大部分在今湖南境内。"①结合下文讨论洞庭郡、苍梧郡的相关内容,我们认为九江郡应该包括在王翦所平定的"荆江南地"之内,其设置年代无疑应该是秦始皇二十五年(前222年)。

7. 庐江郡

《水经·赣水注》:"赣水又北迳南昌县故城西,于春秋属楚,即令尹子荡师于豫章者也。秦以为庐江南部。"谭其骧最初据《赣水注》怀疑秦置有庐江郡,后采周振鹤说将此郡确认下来。岳麓秦简0556号简载"丞相上庐江假守书:庐江莊道时败绝不补",里耶秦简8-1873载"妻曰备,以户□(迁)庐江,卅五年",皆可证明庐江为秦郡无疑。

至于庐江郡的设置时间,史料无载。《水经·淮水注》:"(淮水)又东北流,迳寿春县故城西。县即楚考烈王自陈徙此,秦始皇立九江郡,治此,兼得庐江豫章之地,故以九江名郡。"由此可见庐江应从九江分置而出,因此九江郡设置的年份为其上限,即秦始皇二十四年(前223年)。又《里耶》8-1873载:"妻曰备,以户□(迁)庐江,卅五年。"可知庐江郡在秦始皇三十五年已经存在。如此,庐江郡设置的时间必在秦始皇二十四年(前223年)至秦始皇三十五年(前212年)之间。《中国行政区划通史·秦汉卷》推测分置的时间为秦始皇二十八年(前219年),②可资参考。

8. 洞庭郡、苍梧郡

馬庭
□庭□马
《秦封泥集存》P958

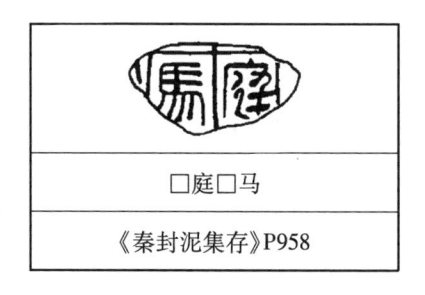

洞庭、苍梧作为郡名不见于传世文献,但据《战国策·楚策》:"楚地西有黔中、巫郡,东有夏州、海阳,南有洞庭、苍梧,北有汾陉之塞、郇阳。"有学者指出洞庭、苍梧本为楚郡。

---

① 顾铁符:《江南对楚国的贡献与楚国的开发江南》,《夕阳刍稿》,紫禁城出版社1988年,第61页。
② 周振鹤主编:《中国行政区划通史·秦汉卷》,复旦大学出版社2019年第二版,第40页。

综合此前研究者的意见,秦代苍梧、洞庭二郡的存在已经得到证明。譬如李学勤先生文中说:"里耶简发现后,'洞庭郡'问题曾引起不少讨论和推测。我对此郡名的存在也有过怀疑,及至看到J1⑨1-12简明云'某某戍洞庭郡不智(知)何县署',始觉释然。"因此秦洞庭郡的存在是证据确凿,无可置疑的。至于苍梧郡,陈伟先生结合里耶秦简和张家山汉简的有关简文亦将其勾稽出来,这也没有疑问。

关于洞庭郡的设置时间,据里耶简大量纪年的文书档案,可明确定为秦始皇二十五年。而苍梧郡的设置时间则有探索的空间,辛德勇先生认为秦黔中郡、长沙郡分别更名洞庭、苍梧与秦始皇二十七年对岭南的战事有关。辛氏还指出伴随着郡名的改变,郡境也有所调整。这实际上就是认为洞庭、苍梧二郡置于始皇二十七年。陈伟先生认为:"秦始皇二十五年将原黔中郡一分为二后,西北一部没有沿用黔中旧名,而是改称'洞庭郡',东南一部则称作'苍梧郡',后世以'长沙郡'称之,大概是采用汉人的习惯。"这实际上是认为洞庭郡置于始皇二十五年(前222年)。一般认为苍梧郡大致相当于传世文献中所载的长沙郡,即宋本《太平寰宇记》卷114江南道潭州下所引甄烈《湘州记》所记载的"始皇二十五年并天下,分黔中以南之沙乡为长沙郡"。《史记·秦始皇本纪》:"二十五年,……王翦遂定荆江南地。"《水经·湘水注》:"故楚南境之地也。秦灭楚,立长沙郡,即青阳之地也。秦始皇二十六年,令曰,荆王献青阳以西。"谭其骧先生曾据此认为秦长沙郡置于秦始皇二十五年灭楚之后。又《里耶》有简文云:

卅四年六月甲午朔乙卯,洞庭守礼谓迁陵丞:Ⅰ丞言徒隶不田,奏曰:司空厌等当坐,皆有它罪,Ⅱ8-755耐为司寇。有书,书壬手。令曰:吏仆、养、走、工、组Ⅰ织、守府门、䙡匠及它急事不可令田,六人予田徒Ⅱ8-756四人。徒少及毋徒,薄(簿)移治虏御史,御史以均予。今迁陵Ⅰ廿五年为县,廿九年田廿六年尽廿八年当田,司空厌等Ⅱ8-757失弗令田。弗令田即有徒而弗令田且徒少不傅于Ⅰ奏。<u>及苍梧为郡九岁乃往岁田</u>。厌失,当坐论,即Ⅱ8-758如前书律令。/七月甲子朔癸酉,洞庭叚(假)守Ⅰ绎追迁陵。/歇手。·以沅阳印行事。Ⅱ8-759

歇手。8-755背

何介钧先生据本简指出:"苍梧建郡至三十四年已有九年,推算应是建置始于始皇二十五年。"①陈伟先生最近提出新的看法,即若按照秦人计算年岁,可能是从出生之年起算。如果"苍梧为郡九岁"按这种方法从始皇三十四年往前逆推,则苍梧设郡实在二十六年。② 晏昌贵先生对该句的理解不同,他在苍梧下点断,从上读。认为简文讲述"为郡九岁"之郡应该指迁陵县所属之洞庭郡,而非苍梧郡,因此该简文只能用来推算洞庭郡的置郡年代为秦始皇二十五年。③ 前揭陈伟先生的文章中提示了一条与苍梧设郡年代相关的信息,即《岳麓书院藏秦简(伍)》13—18记御史言,对"故代、齐从人之妻子、同产、舍人及其子已傅嫁者",比照故魏、荆从人,"已论,输其完城旦舂洞庭,洞庭守处难亡所苦作……;其为士伍、庶人者,处苍梧,苍梧守均处人少所。"陈伟先生据此说明苍梧设郡年代当在代地新灭之际,其实简文"故代、齐"并列,则必然是齐国新亡之时,齐国灭亡尚在秦始皇二十六年廷议分天下三十六郡之后。因此苍梧为郡也可能当在始皇二十六年,与故齐地所置之郡均不与三十六郡之数。

这里需要补充说明的是,1980年王红武、吴大炎《陕西宝鸡凤阁岭公社出土一批秦代文物》一文公布一件所谓"廿六年丞相戈"。近来有学者指出所谓"丞相"当改释为"临湘"。文中提出一种可能,即临湘是一个未见于传世文献记载的郡名,其地当包括临湘(今长沙)附近,在秦分天下三十六郡时,与他地一起,被归并到一个大的长沙郡内。④ 其实结合上文关于"临汾守"的讨论来看,这种可能是不存在的。

9. 衡山郡

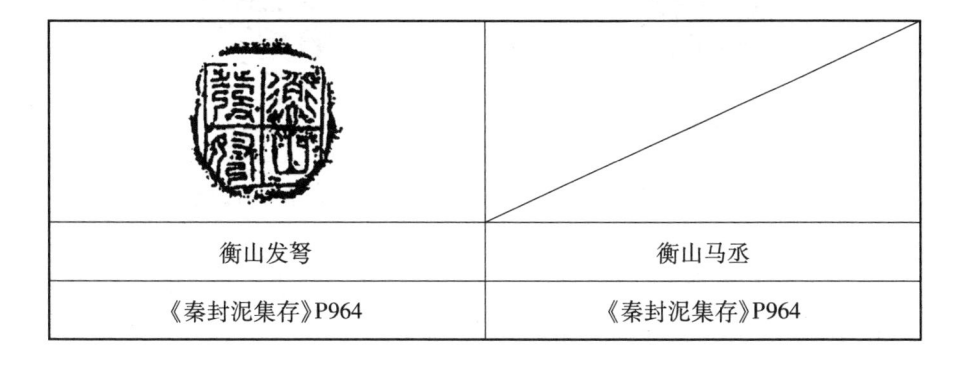

衡山发弩	衡山马丞
《秦封泥集存》P964	《秦封泥集存》P964

---

① 何介钧:《"秦三十六郡"和西汉增置郡国考证》,收入陕西师范大学、宝鸡青铜器博物馆编《黄盛璋先生八秩华诞纪念文集》,第349—356页。
② 陈伟:《秦洞庭和苍梧郡新识》,《中国社会科学报》2019年3月6日。
③ 晏昌贵:《秦简牍地理研究》,第170页。
④ 郭永秉、广濑薰雄:《绍兴博物馆藏西施山遗址出土二年属邦守蓐戈研究——附论所谓秦廿二年丞相戈》,《出土文献与古文字研究》第4辑。

衡山为秦郡,姚鼐氏曾疑之,谭其骧先生最终据《史记·项羽本纪》"番君吴芮为衡山王"将其确定为秦郡,并据《史记·秦始皇本纪》所载始皇二十八年"之衡山"推定其建郡时间在始皇二十八年前。① 辛德勇先生认为衡山郡应当是始皇三十三年时与其他郡一同改置,但同时指出并不能完全排除衡山郡设置于秦始皇二十八年或比这更早的可能。②

关于衡山郡设置时间,《岳麓书院藏秦简(叁)》提供了宝贵的信息,在整理者命名为《癸、琐相谋购案》的文书中记载了一件发生在秦始皇二十五年的案件。其中有文记载:

> 五月甲辰州陵守绾、丞越、史获论令:癸、琐等各赎黥,癸、行戍衡山郡各三岁,以当法。

另有文字记载"廿五年五月丁亥朔……"陈松长先生由此判断衡山郡的置年至少不晚于始皇二十五年(前222年)。③ 晏昌贵先生认为衡山郡在秦始皇二十五年已经存在没有问题,但是结合九江、四川郡设置时间来看,认为衡山也应该置于秦始皇二十四年(前223年)。

10. 东海郡(郯郡)

东海都水	东海□马
《秦封泥集存》P935	《秦封泥集存》P935

《汉志》"东海郡"下班固自注:"高帝置。"又,《汉志》"泗水国"下班固自注"故东海。"关于东海郡是秦郡还是汉郡,学界看法分歧较大。一种代表性的看法是认为:

---

① 谭其骧:《长水集》(上),第10页。
② 辛德勇:《秦始皇三十六郡新考》,《秦汉政区与边界地理研究》,第85—88页。
③ 陈松长:《岳麓书院藏秦简中的郡名考略》,《湖南大学学报(社会科学版)》2009年第2期,第5—10页。

《汉志》凡止言"故"者,若故淮南、故赵、故梁、故东海、故鄣郡之类,皆属汉初所立,义可考核,非钱氏窥言。故说秦郡,不当数鄣。①

今按,东海屡见于出土文献(参表2-2),只是"海"字均作"晦",二字均从"每"得声,例可通假。可见东海为秦郡无疑。如此则毛氏所谓止言"故"者,皆属汉初所立之说已不攻自破。刘师培氏之见则颇为通达,其说云:

> 泗水为东海郡分置之国,《班志》于东海郡下仅言高帝置,于泗水国则言故东海,以明东海亦为故郡,此互见之法。既增故字以为别,盖亦指秦郡言。②

《水经·沂水注》:"(郯)县,故旧鲁也,东海郡治,秦始皇以为郯郡。"《史记·陈涉世家》:"(秦嘉等)将兵围东海守庆于郯。"对于上述记载,历史上不同的学者观点不同,如姚鼐、全祖望、王国维等人将东海列为秦郡,认为郯非秦郡。全祖望以为东海治郯,故亦可名郯郡。杨守敬氏以为:"秦东海郡,楚、汉之际,改名郯郡,汉复故。"③刘师培氏的看法正与杨氏相反,他说:"疑在秦名郯,楚名东海。高祖初年名郯,又改名东海。"④因此分歧还体现在东海与郯之关系上。观出土封泥所载,东海为郡名、郯为县名,东海郡郡治在郯,故得名郯郡,全氏所云非常正确。

关于东海郡的置郡时间。据《元和郡县志》:"秦置三十六郡,以鲁为薛郡,后分薛郡为郯郡。汉改郯郡为东海郡。"又《汉志》"泗水国"下班固自注"故东海",可见东海郡由薛郡和四川郡分置而来。全祖望《汉书地理志稽疑》认为该郡置于始皇二十四年。大概时间是参考薛郡、泗水郡置郡时间而论。王国维定在秦始皇三十三年,也没有举任何证据。谭其骧、钱穆二氏据《史记·秦始皇本纪》载始皇三十五年"立石东海上朐界中,以为秦东门"事,推断东海郡置于秦始皇三十五年。《中国行政区划通史·秦汉卷》据秦始皇二十八年琅邪刻石"东有东海",推测薛郡分置东海郡的时间为秦始

---

① 毛岳生:《秦三十六郡说》,《休复居文集》卷一,收入谭其骧主编:《清人文集地理类汇编》第1册,第78—81页。
② 刘师培:《秦四十郡考 附秦郡建制沿革考》,初刊《国粹学报》第49期,1909年1月11日,又刊《广益丛报》第194号,1909年3月1日,收入《左盦集》卷五,《刘申叔遗书》,江苏古籍出版社1997年,第1255—1256页。
③ 郦道元撰,杨守敬、熊会贞疏:《水经注疏》。
④ 刘师培:《秦四十郡考》,《刘申叔遗书》,第1256页。

二十八年(前219年)。① 今按,《中国行政区划通史·秦汉卷》所云盖是,姑定秦东海郡设置时间为秦始皇二十八年(前219年)。

第二节　故燕地置郡考

1. 广阳郡

广阳
《秦封泥集存》P822

广阳郡之名出现较晚,因不见于《汉志》,故研秦郡者多将其排除在三十六郡之外。譬如王国维主张列广阳于三十六郡之外,认为此郡乃始皇二十六年后分置,但又比置南海等郡要早。② 据《水经·灅水注》记载:

> 灅水又东北迳蓟县故城南,……昔周武王封尧后于蓟,今城内西北隅有蓟丘,因丘以名邑也。……武王封召公之故国也。秦始皇二十三年灭燕,以为广阳郡。

郦道元为涿郡人,对家乡的地理当不会出错。因此全祖望相信郦注,而力倡广阳郡当置于秦灭燕之时,其云:

> 燕之五郡皆燕所置以为防边也,渔阳四郡在东,上谷郡在西,而其国都不与焉。自蓟至涿三十余城,始皇无不置之理,亦无反并内地于边郡之理。且秦始皇之并六国也,其国都如赵之邯郸、魏之砀、楚之江陵、陈之九江、齐之临淄,无不置郡者,何以燕独无之?《水经注》

---

① 周振鹤主编:《中国行政区划通史·秦汉卷》,第38页。
② 王国维:《观堂集林》卷12《秦郡考》,第537页。

始皇二十三年置广阳郡,高帝改曰燕,又分燕置涿郡。郦道元之言当必有据。

据《史记·匈奴列传》载:"燕亦筑长城,自造阳至襄平。置上谷、渔阳、右北平、辽西、辽东郡以拒胡。"上谷、渔阳、右北平、辽西、辽东即全氏所谓燕之五郡,皆燕旧有之郡。全氏揣测五郡之外,燕必如秦设有内史之地,秦灭燕国,理当在此置一郡,不可能将其地合并到北边的上谷郡。今按,据秦封泥可知全祖望所云合理,因此梁玉绳、谭其骧、钱穆等家多从全说。

至于其置郡年代,上引《水经·灅水注》载秦始皇二十三年置广阳郡,但是在《秦始皇本纪》"二十一年,王贲攻蓟。乃益发卒诣王翦军,遂破燕太子军,取燕蓟城"。《燕世家》所载略同,两者相差两年。杨守敬《疏》据《秦本纪》《燕世家》将秦定燕蓟的时间改"二十三"为"二十一",谭其骧先生亦从此说,是认为秦始皇二十一年(前 226 年)置广阳郡。但是杨宽先生则主张秦置广阳郡在始皇二十三年(前 224 年),或是理解为秦取燕后两年置广阳郡。①《中国行政区划通史·秦汉卷》别开新说,认为燕地实乃边地,郡县设置当以防胡为主,边郡意义恰大于不临边之广阳,且燕地逼仄,置六郡似嫌太多。并指出《水经·灅水注》"二十三"乃"三十三"之误,从而将广阳郡置年定在秦始皇三十三年。②

今按,据秦灭其他诸国置郡的情况看,秦始皇二十一年(前 226 年)置广阳郡更为合理。

2. 上谷郡

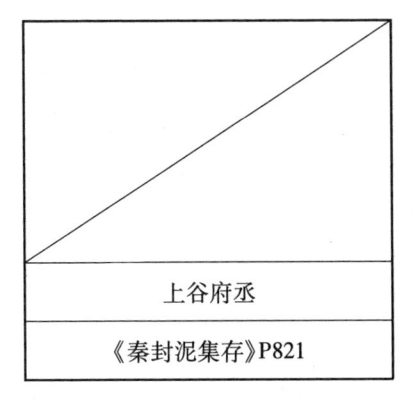

| 上谷府丞 |
| 《秦封泥集存》P821 |

---

① 杨宽:《战国史》(增订本),第 682 页。
② 周振鹤主编:《中国行政区划通史·秦汉卷》,第 29—30 页。

上谷郡据《汉志》班固所云为"秦置"。这一点已经得到出土文献佐证（参表2-2）。然据《史记·匈奴列传》载："燕有贤将秦开，为质于胡，胡甚信之。归而袭破走东胡，东胡却千余里。……燕亦筑长城，自造阳至襄平。置上谷、渔阳、右北平、辽西、辽东郡以拒胡。"可知上谷原为燕郡。吕祖谦《大事记解题》卷四云："秦开不知当燕何君之世，然秦武阳乃开之孙，计其年，或在昭王时。"①杨宽先生从之，②李晓杰又据此推断前280年左右燕已置上谷郡。至于秦何时得上谷置郡，研究者有不同的意见。

一种看法是置于始皇二十一年（前226年）。此说的依据是《秦本纪》《燕世家》所载秦定燕蓟、王喜徙辽东在始皇二十一年。持此说者有全祖望、谭其骧、马非百、李晓杰等人。③

一种看法是置于始皇二十三年（前224年），此说的依据是《水经·圣水注》"秦始皇二十三年置上谷郡"。持此说者有钱穆、杨宽、王蘧常等人。④

今按，《水经注》关于灭燕时间的记载多处存在歧异，如《水经·鲍丘水注》作"二十二年"，《水经·灅水注》作"二十三年"，可见《水经注》的记载不可靠。此处姑从第一种意见将秦上谷郡置年定于始皇二十一年（前226年）。

3. 渔阳郡

渔阳郡据《汉志》班固所云为"秦置"。然《史记·匈奴列传》载："燕有贤将秦开，为质于胡，胡甚信之。归而袭破走东胡，东胡却千余里。……燕亦筑长城，自造阳至襄平。置上谷、渔阳、右北平、辽西、辽东郡以拒胡。"可知渔阳原为燕郡。燕置渔阳郡的时间参上文上谷郡部分的考证。

秦置渔阳郡的时间。《水经·鲍丘水注》："鲍丘水又东南迳渔阳县故城南，渔阳郡治也。秦始皇二十二年置。"杨宽先生据此立论，主张秦置广阳郡在始皇二十二年（前225年）。⑤ 然谭氏也已指出《水经注》之误，且据上文上谷郡考证知秦定燕蓟当在秦始皇二十一年，故秦应是在始皇二十一年（前226年）夺取燕渔阳郡，并置郡。

---

① 吕祖谦：《大事记解题》，收入《吕祖谦全集》第八册，浙江古籍出版社2018年，第390—391页。
② 杨宽：《战国史》（增订本），第400页。
③ 全祖望：《汉书地理志稽疑》卷1，《全祖望集汇校集注》，第2489页；谭其骧：《长水集》（上），第3页；马非百：《秦集史》，第654页；李晓杰：《中国行政区划通史·先秦卷》，第423—457页。
④ 钱穆：《秦三十六郡考》，《古史地理论丛》，第207页；杨宽：《战国史》（增订本），第682页；前揭《秦史》，第117页。
⑤ 杨宽：《战国史》（增订本），第682页。

4. 右北平郡

右北平郡据《汉志》班固所云为"秦置"。然《史记·匈奴列传》载:"燕有贤将秦开,为质于胡,胡甚信之。归而袭破走东胡,东胡却千余里。……燕亦筑长城,自造阳至襄平。置上谷、渔阳、右北平、辽西、辽东郡以拒胡。"可知右北平原为燕郡。燕置右北平郡的时间参上文上谷郡部分的考证。然秦置右北平郡的时间学者存在不同意见。

第一说认为置于秦始皇二十一年(前226年),依据是《秦本纪》《燕世家》所载秦定燕蓟、王喜徙辽东在始皇二十一年。持此说者有谭其骧、李晓杰等人。①

第二说认为置于秦始皇二十二年(前225年),依据是《水经·鲍丘水注》曰:"(指灅水)迳无终县故城东,……秦始皇二十二年灭燕,置右北平郡,治此。"持此说者有钱穆、杨宽、王蘧常等人。②

第三说认为置于秦始皇二十五年(前222年),大致是据秦荡平辽东在秦二十五年立论,持此说者有全祖望氏。③

今按,《水经注》关于秦灭燕的时间记载多有错漏,前已辨之,因此第二说不可从。第三说据秦平辽东时间立论,失之过晚,当以第一说为是。

5. 辽西郡

《汉志》辽西郡下班固云:"秦置。"然《史记·匈奴列传》载:"燕有贤将秦开,为质于胡,胡甚信之。归而袭破走东胡,东胡却千余里。……燕亦筑长城,自造阳至襄平。置上谷、渔阳、右北平、辽西、辽东郡以拒胡。"可知辽西原为燕郡。出土文献有辽东郡(参表2-2),《山海经·海内东经》:"潦水出卫皋东,东南注渤海,入辽阳。"辽西当因位居该水之西而得名,由此可见,秦时郡名本应为潦西,作"遼(辽)"乃是因为二字均从"尞"得声,例可通假。燕置辽西郡的时间参上文上谷郡部分的考证。然秦置辽西郡的时间学者存在不同意见。

第一说认为置于秦始皇二十一年(前226年),依据是《秦本纪》《燕世家》所载秦定燕蓟、王喜徙辽东在始皇二十一年。持此说者有谭其骧、李晓杰等人。④

第二说认为置于秦始皇二十二年(前225年),依据是《水经·濡水注》

---

① 谭其骧:《长水集》(上),第3页;李晓杰:《中国行政区划通史·先秦卷》,第459页。
② 钱穆:《秦三十六郡考》,《古史地理论丛》,第207页;杨宽:《战国史》(增订本),第682页;王蘧常:《秦史》,第117页。
③ 全祖望:《汉书地理志稽疑》卷1,《全祖望集汇校集注》,第2485页。
④ 谭其骧:《长水集》(上),第3页;李晓杰:《中国行政区划通史·先秦卷》,第459页。

曰:"(濡水)又东南流迳令支县故城东,王莽之令氏亭也。秦始皇二十二年分燕置辽西郡,令支隶焉。……(阳乐)水出东北阳乐县溪,《地理风俗记》曰:'阳乐,故燕地,辽西郡治,秦始皇二十二年置。'"持此说者有钱穆、杨宽、王蘧常等人。①

第三说认为置于秦始皇二十五年(前222年),大致是据秦荡平辽东在秦二十五年立论,持此说者有全祖望氏。②

今按,《水经注》关于灭燕的时间记载多有错漏,前已辨之,因此第二说不可从。第三说据秦平辽东时间立论,失之过晚,当以第一说为是。

6. 辽东郡

辽东守印
《秦封泥集存》P828

《汉志》辽东郡下班固云:"秦置。"然《史记·匈奴列传》载:"燕有贤将秦开,为质于胡,胡甚信之。归而袭破走东胡,东胡却千余里。……燕亦筑长城,自造阳至襄平。置上谷、渔阳、右北平、辽西、辽东郡以拒胡。"可知辽东原为燕郡。据出土文献郡名本应为潦东(参表2-2)。岳麓秦简1871记:"未备而有耆(迁)罪,因处之潦(辽)东。其有耐皋,亦徙之潦(辽)东。而皆令其父母妻子与同居数者从之,以罚其……"可见秦置辽东郡确凿无疑。

至于秦置辽东的时间,《水经·大辽水注》载:"(辽水)屈而西南流迳襄平县故城西,秦始皇二十二年灭燕,置辽东郡,治此。"据《史记·秦始皇本纪》载:"二十五年,大兴兵,使王贲将,攻燕辽东,得燕王喜。"《燕召公世家》载:"(今王喜)三十三年,秦拔辽东,虏燕王喜,卒灭燕。"《六国年表》秦始皇二十五年栏:"王贲击燕,虏王喜。"燕王喜三十三年栏:"秦虏王喜,拔辽东,秦灭燕。"可见《水经注》"二十二年"当作"二十五年"。谭其骧等人已经明示此点,因此秦置辽东郡的时间在始皇二十五年(前222年)。

---

① 钱穆:《秦三十六郡考》,《古史地理论丛》,第207页;杨宽:《战国史》(增订本),第682页;王蘧常:《秦史》,第117页。
② 全祖望:《汉书地理志稽疑》卷1,《全祖望集汇校集注》,第2485页。

第三节　故齐地置郡考

1. 临菑郡（齐郡）

临菑司马	齐中尉印
《秦封泥集存》P906	《秦封泥集存》P1416
齐左尉印	齐□尉印
《秦封泥集存》P1416	《秦封泥集存》P1417

《汉志》"齐郡"下班固自注曰："秦置。"历来学者对这条记载并无怀疑，故均将齐郡置年定在秦始皇二十六年"灭齐为郡"之时。20 世纪初王国维氏就齐鲁出土封泥中的"临菑守印"发表了如下看法："临菑二字，犹当为秦郡之名也。夫始皇既灭六国，所置诸郡，无即以其国名之者。东郡不云卫郡，颍川不云韩郡，邯郸不云赵郡，何独临淄乃称齐郡？然则，汉之初郡，必袭秦名，则班固以齐郡为秦郡而不云故秦临淄郡者，非也。"①是依王氏之见该秦郡的正式名称应当叫作临菑郡。王氏这一见解信从者似乎不多。王伟先生提出从"临菑丞印""临菑司马"等封泥看，"临菑"更像县名，但徐世权先生从秦封泥内部材料对比看"地名+司马"的品类，其中地名皆为郡名，目前未见反例，所以"临菑"为秦郡名的可能性更大。②

---

① 王国维：《观堂集林》卷 18《齐鲁封泥集存序》，第 923 页。
② 参王伟：《秦玺印封泥职官地理研究》，第 346 页注 1；徐世权：《学术史视野下的秦郡研究》。

这里需要辨析临淄郡与所谓齐郡的关系。因为出土封泥有"齐中尉印""齐左尉印""齐□尉印",自周晓陆、刘瑞定其为秦封泥后,①不少学者一般认为都是齐郡的封泥,并将其作为秦置齐郡的证据。"临淄"与"齐"皆有封泥为依据,问题似乎有越来越复杂的趋势。

今按,根据目前对封泥年代的认识,秦汉封泥之间进行准确区分的难度比较大,目前通行的办法是考察其边栏和界格。而根据王人聪先生的研究,田字格官印的时代下限据可延至汉武帝太初元年以前,②因此我们目前所定的秦封泥其实部分年代可能会到西汉初年。再者从职官制度方面考虑,何慕博士指出,从传世文献和出土文献来看,只有大县的县尉才分左右,郡尉不分左右尉。徐世权先生也指出目前已确定的"郡尉"秦封泥资料有"河间尉印""叁川尉印""四川尉印""南阳邦尉""东郡尉印",里耶秦简还有"苍梧尉""琅邪尉"等,从上述秦封泥、简牍资料看秦郡尉未见有称"左、中、右"者,"齐左尉印""齐中尉印"为秦郡尉印的可能性较小,而极有可能汉初之物。

关于临淄郡的设置年代。辛德勇先生认为秦灭齐国之时设立临菑郡,二十六年分天下为三十六郡时与济北郡合并称作"齐郡"。秦灭齐为郡就在分天下为三十六郡的当年年初,因此辛氏的意见实际上是认为临淄郡仅仅存在不到一年的时间,近乎旋置旋废。我们认为辛氏意见不确,临淄在秦灭齐置郡后,当延续至秦末。

2. 琅邪郡

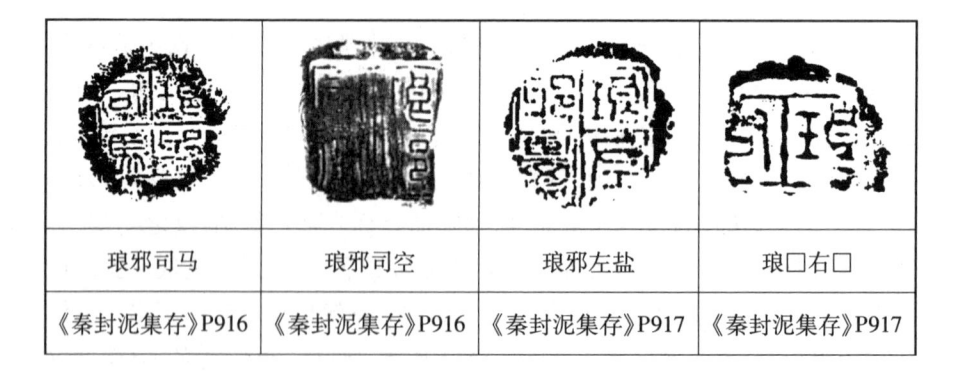

琅邪司马	琅邪司空	琅邪左盐	琅□右□
《秦封泥集存》P916	《秦封泥集存》P916	《秦封泥集存》P917	《秦封泥集存》P917

---

① 周晓陆、刘瑞:《90年代之前所获秦式封泥》,《西北大学学报(哲学社会科学版)》1998年第1期,第75—82页。
② 王人聪:《论西汉田字格官印及其年代下限》,原载《秦汉魏晋南北朝官印研究》,香港中文大学文物馆1990年,后收入作者文集《古玺印与古文字论集》,香港中文大学文物馆2000年,第79—85页。

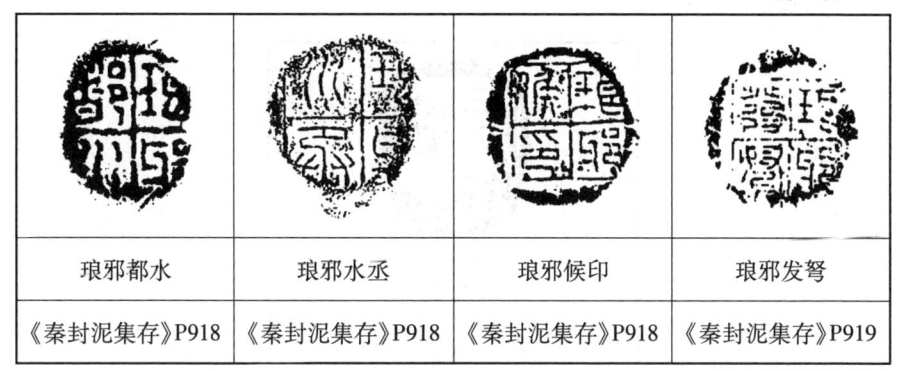

琅邪都水	琅邪水丞	琅邪候印	琅邪发弩
《秦封泥集存》P918	《秦封泥集存》P918	《秦封泥集存》P918	《秦封泥集存》P919

《汉志》"琅邪郡"下班固自注:"秦置。"出土文献多见秦置琅邪郡的信息(参表 2-2),可见《汉志》的记载可信。

琅邪郡的设置时间,《水经·潍水注》:"琅邪,山名也。越王句践之故国也。句践并吴,欲霸中国,徙都琅邪。秦始皇二十六年,灭齐以为郡。城即秦皇之所筑也。"是琅邪郡置于秦始皇二十六年(前 221 年)。

3. 济北郡

济北太守
《秦封泥集存》P911

济北郡经过王国维、谭其骧先生先后论证,加之秦封泥有"济北太守",①因此该郡作为秦郡的可能性很大。关于该郡的设置年代,王、谭二氏均主张秦统一后由齐郡(临淄郡)分出,似可从。

关于济北郡的设置时间,文献没有明确的记载,不过根据下文我们对泰山郡(博阳郡)设置时间的推算,济北郡的设置时间也不应晚于始皇二十八年(前 219 年)。

---

① 孙慰祖认为此封泥是伪品,参孙慰祖:《封泥的断代与辨伪》,收入氏著《可斋论印新稿》,上海辞书出版社 2003 年,第 113 页。

4. 泰山郡（博阳郡）

泰山司空

《秦封泥集存》P941

秦置博阳郡乃王国维首倡，"泰山司空"封泥可为明证，岳麓秦简1114记载"泰山守言，新黔首不更昌等夫妻盗，耐为鬼薪白粲……"，可见而泰山郡为秦置郡并无疑问。检全祖望《汉书地理志稽疑》卷1和卷2对博阳郡、泰山郡以济北郡三者的关系有两段颇为精彩的议论，现具引如下：

> 博阳，楚汉之间分济北置。汉之泰山。见《高纪》，以封齐王。案《月表》，济北国都博阳，则本属济北，及封齐王，已分置矣。盖即汉之泰山。而后并济北入之者也。东晋又分泰山、济北为二，则泰山仍得博县，是其证也。①

> （泰山郡）当云故属秦齐郡。楚汉之际属齐国，寻为济北国，五月复为齐国，分置济北、博阳二郡。高帝四年属汉，改博阳曰泰山，仍属齐国。文帝二年别济北国，四年复故；十六年复属济北国。景帝四年复故，五年复属济北国。武帝元鼎元年献泰山及其旁邑，其国如故。后元二年，并济北入泰山。②

今按，《汉志》"泰山郡"下班固自注："高帝置。"《史记·孝武本纪》又载："于是济北王以为天子且封禅，乃上书献泰山及其旁邑。……然后五岳皆在天子之郡。"全氏上述两段论述的初衷很可能是针对以上两条存在歧义的文献记载所作的辨析。在这一问题上，王国维氏、周振鹤先生都倾向于相信《史记·孝武本纪》，而否认班固所谓泰山郡置于高帝的说法。③ 现在我们借助出土秦封泥与简牍可知秦时已置有泰山郡，那么高帝置泰山郡很可

---

① 全祖望：《汉书地理志稽疑》卷1，《全祖望集汇校集注》，第2492—2493页。
② 全祖望：《汉书地理志稽疑》卷1，《全祖望集汇校集注》，第2508页。
③ 周振鹤：《汉书地理志汇释》，安徽教育出版社2006年，第215—216页。

能是承袭了秦的前例。因此班固说泰山郡为"高帝置"还不能说完全错误。至于全氏的两段分析,虽然没有认识到泰山、博阳为秦郡,但是其对泰山、博阳与济北,以及与齐郡(临淄郡)分合演变的分析都极有见地。

那么秦何时设置泰山郡(博阳郡)呢? 根据上文对恒山郡设置时间的判断,泰山郡的设置可能与秦始皇泰山封禅有关。据《史记·秦始皇本纪》《史记·封禅书》,秦始皇二十八年(前219年)登泰山,禅梁父。颇疑泰山郡之设置或在此年前后。巧合的是,下文所引里耶秦简关于即墨郡的记载,始皇二十八年,琅邪郡尉治所迁徙到即墨,则泰山郡和即墨郡设置在同一年,应该是对故齐国政区有计划的调整。又,《里耶秦简(壹)》有如下记载:

> 丞主移捕罪人及徙故囚符左四。符到为报,署主符、令若丞Ⅰ发。它如律令,敢告主。内官丞印行事。☐Ⅱ
> 卅五年三月庚子,泰山木功右☐守丞勉追。/☐Ⅲ 8-462+8-685
> ……/☐发 8-462背+8-685背

结合这段记载可知,秦始皇三十五年泰山郡已经存在,并且可能延续到秦末。

5. 即墨郡(胶东郡)

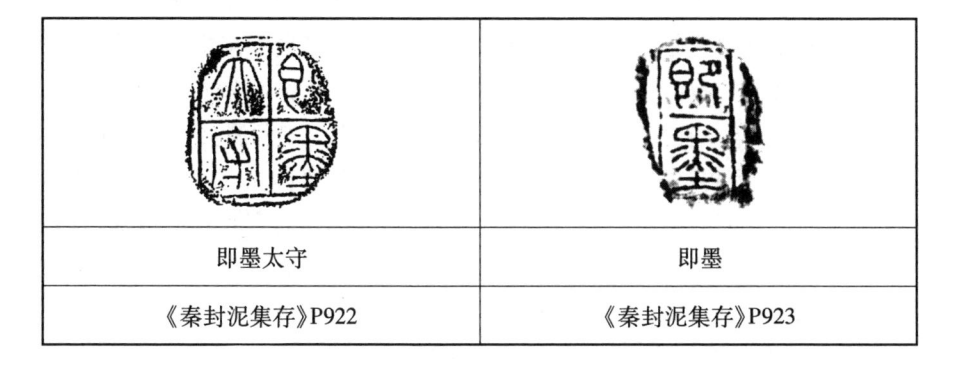

即墨太守	即墨
《秦封泥集存》P922	《秦封泥集存》P923

王国维氏以汉初齐国七郡中有胶东郡的缘故,认为秦有胶东郡。谭其骧先生举《史记·项羽本纪》和《史记·田儋列传》为例,论定秦有胶东郡。20世纪初齐鲁出土封泥有"即墨太守",王国维先生原定为汉初之物,以为是汉初齐国之"即墨郡"。① 不过根据秦封泥断代的最新成果,这枚封泥可

---

① 王国维:《观堂集林》卷18《书〈齐鲁封泥集存〉后》,第927页。

重新认定为秦封泥。因此后晓荣先生认为即墨应替代胶东成为郡名。又，《里耶秦简（壹）》有如下记载：

☐亥朔辛丑，琅邪叚（假）【守】☐敢告内史、属邦、郡守主：琅邪尉徙治即【默】☐Ⅰ

琅邪守四百卅四里，卒可令县官有辟、吏卒衣用及卒有物故当辟征逯☐Ⅱ

告琅邪尉，毋告琅邪守。告琅邪守固留费，且辄却论吏当坐者。它如律令。敢☐☐Ⅲ

☐一书。·以苍梧尉印行事。/六月乙未，洞庭守礼谓县啬夫听书从事☐Ⅳ

☐军吏在县界中者各告之。新武陵别四道，以次传。别书写上洞庭Ⅴ 8-657 尉。皆勿留。/葆手。Ⅰ

/骄手。/八月甲戌，迁陵守丞膻之敢告尉官主：以律令从事。传别【书】Ⅱ 贰春，下卒长奢官。/☐手。/丙子旦食走印行。☐Ⅲ

☐【月庚】午水下五刻，士五（伍）宕渠道平邑疵以来。/朝半。

洞☐Ⅳ 8-657 背

据简文"琅邪尉徙治即【默】"，"即默"即"即墨"。《中国历史地图集》以琅邪（治琅邪）、胶东（治即墨）为二郡。① 周振鹤先生指出：秦始皇二十六年灭齐，以其地置临淄、琅邪二郡，嗣后，又分琅邪置胶东郡。② 周晓陆、路东之先生则据封泥径谓秦置即墨郡。③ 陈伟先生在《校释》《前言》云："看这条简文，至少在秦灭齐之后的一段时间，即墨为琅邪属县，并曾为郡尉治所。"顺此推测可知即墨郡极有可能由琅邪郡分置而来。至于其析置时间，由于简文前面的年份残断，这里无法确切知晓，不过我们可以从简文中出现的人物活动的年代大致作一推测。在已经发表的里耶秦简中"洞庭守礼"出现两次，一次是简16-5所载的"廿七年"，一次是8-759所载的"卅四年"；而"迁陵守丞膻之"出现的年份集中出现在"廿八年"（分别见于8-1563和8-75+8-166+8-485）；在这份文书中扮演打开文书角色的"朝"分别见于8-1564（在这里作为书手）和8-1490背+8-1518背，所载

---

① 谭其骧：《中国历史地图集》第二册"秦·山东南部诸郡"，第7—8页。
② 周振鹤：《西汉政区地理》，人民出版社1987年，第117页。
③ 周晓陆、路东之：《秦封泥集》，第267—268页。

的年份也是"廿八年"。① 据 8 - 170 记载秦始皇廿八年五月朔日为"己亥",若将简文第一列补足为"【廿八年己】亥朔辛丑",与下文的六月、八月并无妨碍,由此可见上引 8 - 657 所记载的文书应出自秦始皇廿八年。这样即墨郡析置的年代应在秦始皇二十八年之后。②

6. 薛郡

《汉志》鲁国下班固自注:"故秦薛郡。"关于薛郡的设置年代,《水经·泗水注》曰:"(鲁)县,即曲阜之地,……周成王封姬旦于曲阜,曰鲁。秦始皇二十三年,以为薛郡。"王先谦《汉书补注》曰:"《济水注》,始皇二十四年置。《泗水注》云二十三年。"钱穆《秦三十六郡考》亦引《水经·济水注》谓"秦始皇二十四年置",然遍检《济水注》,不见此文,或是王、钱所引有误。其他学者均据《泗水注》将其设置年代定为始皇二十三年(前 224 年),今从此说。

---

① "半"字参看陈剑:《读秦汉简札记三篇》,复旦大学出土文献与古文字研究中心网站 2011 年 6 月 4 日。陈剑先生认为:半应该是一个表示打开文书、跟"发"义近之词。邢义田先生指出,以目前已刊布的来说,凡文书在约略相似的位置出现"半"字,当"分判"或"打开文书"解的,即不见用"发"字;又用"半"当"发"的文书,凡有纪年的,全属始皇卅六至卅一年;出现"发"字的又全属卅一年(卅一年有 8 - 173、8 - 196+8 - 1521、8 - 2011、8 - 2034 四例)及卅一年以后。"半""发"二字绝大部分不同时出现,这是否意味着像里耶更名木方一样,在卅一年左右曾另有某些文书用语的改变? 值得注意(邢义田:《"手、半"、"曰忤曰荆"与"迁陵公"》,简帛网 2012 年 5 月 7 日)。

② 郑威先生也曾撰文推定即墨郡的设置时间为秦始皇二十八年,其推算方法与本文不同,可以参考。参郑威:《里耶简牍所见秦即墨考》,《江汉考古》2015 年第 5 期,收入氏著《出土文献与楚秦汉历史地理研究》,科学出版社 2017 年,第 111 页;李勉、俞方洁:《秦即墨郡的设置和变迁——以里耶 8 - 657 号秦简为据》,《中国历史地理论丛》2017 年第 3 期。

第五章 秦郡设置考(下)

第一节 故吴越、闽越地置郡考

1. 江胡郡(会稽郡)

江胡榦官

施谢捷:《新见秦汉官印二十例》,《古文字研究》第 28 辑

江胡郡不见于传世文献记载,目前所知仅见于岳麓秦简。

绾请许而令郡有罪罚当戍者,泰原署四川郡;东郡、叁川、颖川署江胡郡;南阳、河内署九江郡……0706

泰原署四川郡;东郡、叁川、颖川署江胡郡,南阳、河内署九江郡;南郡、上党□邦道当戍东故徼者,署衡山郡。0194+0383

关于该郡县的具体位置,目前有如下几种推测。陈松长先生认为:"'江胡(湖)郡'乃是秦代为了加强吴楚地区江河湖泊之地的统治而特设的郡治。其地望也应该在江河湖泊众多的吴楚地区。"①陈伟先生认为江胡的范

---

① 陈松长:《岳麓书院藏秦简中的郡名考略》,《湖南大学学报(社会科学版)》2009 年第 2 期,第 5—10 页;原以《岳麓书院新获秦简中的郡名考略》为题,发表于"东亚资料学可能性的探索——以出土资料为中心"国际学术研讨会,成均馆大学 2008 年 8 月 28、29 日。

围"属于楚国故地,位置很可能在九江郡以东。由于在四川郡与九江郡北部之东,尚有东海郡的存在,江胡郡又应在东海郡之南。符合这些条件的,乃是我们熟悉的会稽郡"。因此他指出江胡郡可能是会稽郡的前身。① 于薇先生认为"江胡郡"为"淮阳郡"的前身,认为"江胡郡在淮河上游北岸古江、胡国所在的区域,初为楚郡,楚灭后入秦,并入颍川郡,秦开发淮河流域,将颍川郡析为二郡,其中后世文献中的'淮阳郡'部分,一度仍被称为'江胡郡'"。② 周运中先生曾提出江胡郡即江夏郡,旋又更正其说,他认为"江胡郡(江湖郡)即秦改楚江东郡之名,治吴县,原为楚国灭越后所置,秦始皇二十六年同前一年新置的会稽郡合并,名会稽郡,治吴县"。③ 何慕博士分析了传统文献中所记载的分野学说,认为江胡是吴国故地的别称,在此基础上她指出江胡郡的范围包括"今钱塘江以北的太湖流域",即传统认识中会稽郡的范围。其意见大致与陈伟先生相同,但她认为秦会稽郡仅限于浙江以南,浙江以北为江胡郡。④ 晏昌贵先生根据岳麓秦简罚戍对象的不同,认定四川、九江、衡山、江胡为秦始皇二十四年秦将王翦、蒙武破楚所置的四郡,根据秦人推进的方向,认为江胡郡为淮阳郡的前身,其下一步作战方向才是会稽郡。⑤

陈伟先生与何慕博士的研究途径有很大的不同,但是二者的结论都不约而同地将江胡郡的地望指向会稽郡一带,这说明该说有其合理性。就简文中罚戍的郡名而言,被戍守的郡有四川、江胡、九江、衡山。陈伟、晏昌贵二位先生均揭示简文对这些屯戍秦郡的序列有其规律,即大致由北而南,由东而西。但是得出的结论不同。推测其原因,大致是因为对秦灭楚置郡的过程有不同理解。晏昌贵先生囿于江胡为二十四年灭楚所置,故将其定为淮阳郡的前身。其实他自己也意识到这一看法存在一个明显的短板,因睡虎地M4木牍家书有"值佐淮阳攻反城久"语,现在多数研究者认为此处的"淮阳"为秦郡名,所云即《秦始皇本纪》项燕立昌平君"反秦于淮南"事,若二十四年淮阳已经置郡的话,就没有江胡郡的位置。⑥

---

① 陈伟先生:《"江胡"与"州陵"——岳麓书院藏秦简中的两个地名初考》,《中国历史地理论丛》2010年第1期,第116—119页;原以《"州陵"与"江胡"——岳麓书院藏秦简中的两个地名小考》为题提交,"荆楚历史地理与长江中游开发——2008年中国历史地理国际学术研讨会",武汉大学2008年10月。
② 于薇:《试论岳麓秦简中"江胡郡"即"淮阳郡"》,简帛网2009年6月18日。
③ 周运中:《江胡郡即江夏郡考》《岳麓秦简江胡郡新考》,简帛网2009年8月8日、2009年9月12日。
④ 何慕:《秦代政区研究》,第64—66页。
⑤ 晏昌贵:《秦简牍地理研究》,第111页。
⑥ 晏昌贵:《秦简牍地理研究》,第112页。

今按，我们赞成陈伟先生的看法，江胡郡应该是会稽郡的前身，而其前身则为楚之江东郡。《战国策·楚策一》载"楚南察濑胡而野江东"，《史记·甘茂列传》亦云"楚南塞厉门而郡江东"，学界多据此认为楚置有江东郡。① 又，《史记·春申君列传》载黄歇"请封于江东"，"城故吴墟，以自为都邑"，可见吴又称江东，这与何慕博士所考吴可称江胡属于同类的情形。可见楚之江东郡可能即为秦江胡郡之前身。只是楚人名之曰江东，秦人名之曰江胡。至于吴郡之名或在秦楚之际才出现。

《汉志》会稽郡下班固自注："秦置。"《史记·秦始皇本纪》："（二十五年）王翦遂定荆江南地；降越君，置会稽郡。"王翦所平定的"荆江南地"即楚国所辖"江南"属地。这一区域本与越君辖地无涉，故王翦"定荆江南地"为一事，"降越君，置会稽郡"则为另一事。而传统观点对于这段话的理解是将"定荆江南地"和"降越君"二事作为因，"置会稽郡"作为果。这样一来自然就是把荆江南地和越君之地都纳入会稽郡的范围了。《秦始皇本纪》没有记载王翦"定荆江南地"后置有何郡，据上文所考，这里的"荆江南地"只能是秦始皇二十五年所置的洞庭郡、苍梧郡及九江郡。而江胡郡更在九江郡以东，其置郡当更晚于九江。

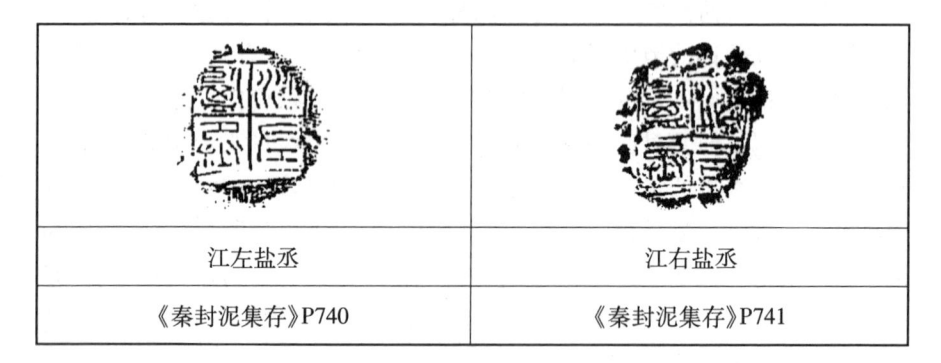

江左盐丞	江右盐丞
《秦封泥集存》P740	《秦封泥集存》P741

顺带谈一下秦封泥中的"江左盐丞""江右盐丞"。一般学者均将其连读，视作一较大区域，施谢捷先生指出："'左''右'不应与'江'连读，可参'琅邪左盐'封泥（孙慰祖《古封泥集成》2043，上海书店出版社1994年；《二十》三－GP－0374等著录）、'琅左盐丞'印（罗福颐主编《秦汉南北朝官印征存》10·52，文物出版社1987年）等。"②江左、江右不连读是一个重要的看法，陈伟先生在此基础上指出：

---

① 杨宽：《战国史》（增订本），第679页；陈伟：《楚东国地理研究》，第135、200页；李晓杰：《中国行政区划通史·先秦卷》，第423—457页；路伟东：《战国郡考》，第21页。

② 施谢捷：《新见秦汉官印二十例》。

施先生之意，当是说如同"琅邪"省称"琅"，"江"亦为省称，而不是与左、右连言以"江左""江右"为地域名。这个问题，王人聪先生曾有讨论。他针对"西眩都丞"印说："西"系西河郡的省文，"眩"系眩雷塞的省文。西汉官印于所署地名有省文之例，如"琅西盐丞"印，琅系琅邪郡的省称；《封泥考略》卷四有"楗左盐丞"，楗即犍为郡的省称。又赵宽碑："子字游都，朔农都尉。"朔为朔方郡的省称。比照之下，这里的"江"盖是"江胡郡"的省称。①

今按，刘瑞《秦封泥集存》录于巴郡江州县下，应该是将其作为江州所置的机构名称。我们注意到张家山汉简和岳麓秦简中确有"巴县盐"的记载，指巴郡属县所产的盐。据考巴郡产盐之地，除《汉书·地理志》所载"朐忍"设有盐官外，还有临江、涪陵二县。② 从未见江州有产盐的记载。而据《汉书·地理志》会稽郡却是海盐的重要产地，由此可见，"江"的确有可能为"江胡"之省，同时也为我们将江胡郡视为会稽郡前身增加了一个旁证。

2. 鄣郡

采自辛德勇《建元与改元——西汉新莽年号研究》P245

《汉志》"丹扬郡"下班固自注："故鄣郡。"《续汉志》丹阳郡本注："秦鄣郡。"《汉书·高帝纪》："以故东阳郡、鄣郡、吴郡五十三县立刘贾为荆王。"陈直先生结合所见"天凤三年鄣郡都尉钱君"墓砖，认为"鄣郡本为秦郡，汉武帝时改为丹杨郡，王莽未改名，中间可能有改名，而还复其旧，此砖仍用秦

---

① 陈伟：《关于秦封泥"河外"的讨论》，《出土文献研究》第10辑。
② 庄小霞：《秦汉简牍所见"巴县盐"新解及相关问题考述》，《四川文物》2019年第6期。

郡名"。① 辛德勇先生通过仔细梳理关于新莽时期的传世文献与出土文献相关记载后，从"年号"的记录方式（不省略"始建国"）、新改郡名的命名习惯（都是两个字组成双名）、字体风格及职官称谓等方面指出此砖文是伪刻，不能作为秦置有"鄣郡"的直接考古证据。② 并据《越绝书》有"汉文帝前九年，会稽并故鄣郡"，以及《景定建康志》"故鄣郡秦置，汉元封二年更名为丹阳郡，吴永安中以芜湖以南十三县复为故鄣，治宛陵"的记载力主"鄣郡"应作"故鄣郡"。③ 李昊林先生通过细致分析《越绝书》《景定建康志》的史料来源，发现首次将吴国故鄣郡联想到秦代"故鄣郡"的是周应合《景定建康志》中"复为故鄣，治宛陵"一语，但很明显这是他对两汉书和吴国史料一知半解的自我阐发，韦昭、张勃作为同时代人，却未将吴国的故鄣郡和秦汉的"故鄣郡"联系到一起。因此从目前史料来看，论证秦代的鄣郡名为"故鄣郡"是没有充分根据的。④ 徐世权先生同样分析了鄣郡与故鄣郡产生错误联系的原因，认为《汉书·高帝本纪》中的"鄣郡"以及《越绝书》中的"故鄣"郡究竟是汉初（抑或楚汉之际）新置，还是因承于秦代置郡仍需存疑。⑤

今按，如李昊林先生所云，辛德勇先生立论依据不坚实，将"鄣郡"认作"故鄣郡"是不正确的。前揭毛岳生所谓"故"字的书法用意也容易明其沿革。就汉末而言，汉初为"故"，秦更在之前，言"故"未尝不可，因此所谓"故鄣郡"应与"故东海郡"同例，乃故秦某郡之省。再者，班固《汉志》某郡下自注的用意在于明其沿革。若迳直书一郡名，似更不合于《汉志》体例。

另，全祖望、梁玉绳、周振鹤考《史记》《汉书》多处"豫章"实际为"鄣郡"之讹。⑥ 至于鄣郡是否为秦郡之一，一直是有争议的。裴骃《史记集解》正式把鄣郡列为秦统一初年的三十六郡之一，《晋书·地理志》因之。清人钱大昕以为"楚汉之际增置"，⑦ 洪亮吉和刘师培均把鄣郡列为秦三十六郡之一。⑧

---

① 陈直：《汉书新证》，中华书局2008年，第457页。
② 辛德勇怀疑此墓葬伪造的依据并不坚实，徐世权相信其说，将鄣郡排除秦郡之外，窃以为是不必要的。参徐世权：《学术史视野下的秦郡研究》。
③ 辛德勇：《所谓"天凤三年鄣郡都尉"砖铭文与秦"故鄣郡"的名称以及莽汉之际的年号问题》，原刊《文史》2011年第1、2辑，收入氏著《建元与改元：西汉新莽年号研究》，中华书局2013年，第241—390页。
④ 李昊林：《秦鄣郡非"故鄣郡"辨正》，《中国历史地理论丛》2019年第3期。
⑤ 徐世权：《学术史视野下的秦郡研究》附录二。
⑥ 辛德勇：《秦始皇三十六郡新考》，《秦汉政区与边界地理研究》，第37—40页。
⑦ 钱大昕：《答洪稚存书》，《潜研堂文集》卷35，钱大昕撰，吕友仁校点：《潜研堂集》，第637—639页。
⑧ 洪亮吉：《与钱少詹论地理书一》，《卷施阁文甲集》卷十，收入谭其骧主编：《清人文集地理类汇编》第1册，第66、67页；刘师培：《秦四十郡考》，《刘申叔遗书》，第1256页。

谭其骧先生认为鄣郡虽然不能说"必非秦郡",其或有或无自可阙疑,但必定不在始皇初并天下之三十六郡数内。周振鹤先生则认为在秦三十六郡之外增设的秦郡中应包括鄣郡,并论述说"鄣郡乃分会稽郡西部置",后并入丹扬郡①。若然,则鄣郡之设必在统一之后。

3. 闽中郡

《汉志》没有将闽中郡列为秦郡,但闽中郡之名始见于《史记·东越列传》,其云:"闽越王无诸及越东海王摇者,其先皆越王勾践之后也,姓驺氏。秦已并天下,皆废为君长,以其地为闽中郡。"关于该郡的设置时间,《晋书·地理志》记在秦始皇划定三十六郡之后,"于是兴师,逾江,平取百越,又置闽中、南海、桂林、象郡"。不过学者对这一问题仍有两种不同意见。

一种意见是据《史记·秦始皇本纪》二十五年,王翦降越君置会稽郡事,认为闽中郡置于秦始皇二十五年。持此说者有王国维、谭其骧等人。②

另一说是认为闽中郡置于秦统一之后,持此说者有金榜、刘师培、辛德勇等。金榜论闽中置郡与南海三郡并列,大致是认为同时置于始皇三十三年。③刘师培以为"王翦南征百越,置会稽郡,是斯时只得会稽,未尝南得闽中诸郡"④。辛德勇先生指出"秦已并天下"已经明确了置闽中的时间在始皇二十六年之后,同时据《越绝书》中的记载认为:"秦朝初并天下时,越人尚与之处在军事对峙状态下,所以根本不可能在那里设郡,闽中郡一定是后来所设。"

今按,刘、辛二氏所云有理,闽中郡应当置于秦统一之后,具体设置时间据《晋书·地理志》可能是与南海三郡同时,即设置于秦始皇三十三年(前214年)。

4. 象郡、桂林郡、南海郡

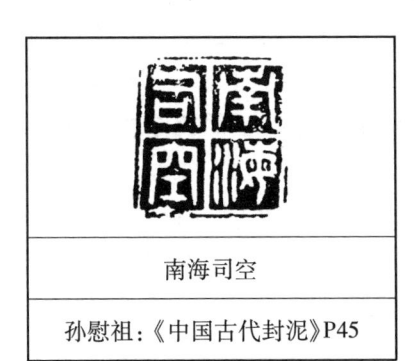

南海司空

孙慰祖:《中国古代封泥》P45

---

① 周振鹤:《汉郡再考》附《秦一代郡数为四十八说》,《学腊一十九》,第71—72页。
② 王国维:《观堂集林》卷12《秦郡考》,第534—542页;谭其骧:《长水集》(上),第5页。
③ 金榜:《礼笺》卷一《地理志分置郡国考》,《续修四库全书》第109册,第23、24页。
④ 前揭《秦四十郡考》,第1256页。

关于南海、桂林、象三郡的设置年代,《史记·秦始皇本纪》:"三十三年,发诸尝逋亡人、赘婿、贾人略取陆梁地,为桂林、象郡、南海,以适(谪)遣戍。"据此,三郡均置于始皇三十三年(前214年)。

第二节 存疑郡考

1. 菑川郡、城阳郡、胶西郡

菑川丞相	菑川府丞	城阳候印
《秦封泥集存》P1417	《秦封泥集存》P1417	《秦封泥集存》P802

"菑川府丞"原著录于《齐鲁封泥集存》,后收入孙慰祖先生《古封泥集成》335号,亦释为"菑川府丞"。又见傅嘉仪先生《秦封泥汇考》附录1590号,释为"甾川府丞"。赵平安先生《秦西汉印章研究》亦释为"菑川府丞"。王伟先生《秦玺印封泥职官地理研究》将其收入作为待考秦郡名。徐世权先生指出,诸家将其释为"菑川"许是受汉代有"菑川府丞"封泥(今按,或为"菑川丞相"之误)的影响。该字右上第一字有残损,释为"菑"可疑,且从容字的空间上看,也很难容下"菑"字的三个构形部件,其下部也与常见的"田"形不类。①

菑川之名初见于《汉书》卷38《高五王传》,"文帝怜悼惠王适嗣之绝,于是乃分齐为六国,尽立前所封悼惠王子列侯见在者六人为王。齐孝王将闾以杨虚侯立,济北王志以安都侯立,菑川王贤以武成侯立,胶东王雄渠以白石侯立,胶西王印以平昌侯立,济南王辟光以扐侯立。孝文十六年,六王同日俱立。"六国之名皆承袭故国旧郡,唯菑川之名旧史不见,高帝六年封齐王刘肥之七郡亦不见,因此周振鹤先生认为此菑川国乃分临淄西部数县分置

---

① 徐世权:《学术史视野下的秦郡研究》。

而来。①

城阳、胶西的情况与菑川类似。王国维氏据《汉书·高帝纪》所载高帝六年刘肥所封齐国六郡中有城阳、胶西,首倡其郡为秦郡。谭其骧先生持论谨慎,采取存疑的态度。秦封泥中有"城阳候印",周晓陆先生认为"城阳"为县名,②傅嘉仪先生认为城阳是"秦时郡名"。③ 周振鹤先生指出刘肥所封的齐国七郡,乃故有的秦国四郡(临淄、琅邪、胶东、济北)析分而来,其中城阳、胶西、博阳乃高帝六年新置之郡,其中胶西分自胶东,城阳取自济北,城阳析自琅邪。④

今按,菑川、胶西、城阳是否为秦郡不敢遽定。以故齐地置郡而言,泰山郡若据传世文献皆不足以论定为秦郡,然秦简的出土很容易就颠覆了既往的认知。因此传统上我们认为那些从某郡析分的汉初的封国,极可能在秦时正是一郡之地,所谓渊源有自云尔。从这个角度看,上述三郡在秦时都存在置郡的可能,姑存疑待考。

2. 东阳郡

姚鼐考项羽所王九郡有"东阳",⑤但是否为秦置郡则存疑,谭其骧说略同。按,据《史记·项羽本纪》:"陈婴者,故东阳令史。"则东阳在项羽起兵之初尚为县,置郡显然在楚汉之交。《汉书·高帝纪》:"以故东阳郡、鄣郡、吴郡五十三县立刘贾为荆王。"周振鹤先生指出此东阳郡非楚汉之际所置,而是高帝六年废楚王韩信后所置。并推测东阳郡地域范围必定在淮水以东,江淮间的区域,即东海郡之淮河以南地。⑥ 由上述记载来看,论定秦置有东阳郡仍然证据不足。姑存疑。

3. 豫章郡

豫章郡,全祖望、梁玉绳、周振鹤考《史记》《汉书》多处"豫章"实际为"鄣郡"之讹。⑦ 全祖望以为楚汉之间分庐江置。《水经·淮水注》:"(淮水)又东北流迳寿春县故城西。县,即楚考烈王自陈徙此,秦始皇立九江郡,治此,兼得庐江豫章之地,故以九江名郡。"九江郡既然"兼得庐江豫章之地",其中与豫章并列的庐江已经明确为秦郡,则全祖望所谓九江分置说似

---

① 周振鹤主编:《中国行政区划通史·秦汉卷》,第148页。
② 周晓陆、路东之:《秦封泥集》,第300页。
③ 傅嘉仪:《秦封泥汇考》,第259页。
④ 周振鹤主编:《中国行政区划通史·秦汉卷》,第128页。
⑤ 姚鼐:《惜抱轩文集》卷2《项羽王九郡考》,收入姚鼐撰、刘季高标点:《惜抱轩诗文集》,第26—28页。
⑥ 周振鹤主编:《中国行政区划通史·秦汉卷》,第148页。
⑦ 辛德勇:《秦始皇三十六郡新考》,《秦汉政区与边界地理研究》,第37—40页。

乎有一定的道理，只是传世文献对此记载简略，出土文献又未得一见，因此其分置时间仍不可考，是否为秦郡仍只能存疑。

4. 武陵郡

《里耶发掘报告》指出在未发表的里耶秦简中有"武陵泰守"记载。① 从其职官的称呼形式来看，"武陵"极有可能是秦郡名。郑威先生根据里耶秦简研究洞庭郡时候发现洞庭郡的治所从"新武陵"迁往"沅阳"，并联系到"武陵泰守"封泥作出了一个非常具有启发性的论述，我们引述如下，以供参考：

> 上引"沅阳印"简文集中出现在秦始皇三十四年（前213年），说明至少在这一年，洞庭郡守或代理郡守官署可能在沅阳，"沅阳印"曾为郡守府用印。这与前揭简文所揭示的秦始皇二十七年（前220年）郡守府以"新武陵印"封缄（简9-23），以及二十八年洞庭守礼下令"新武陵别四道，以次传"来传达琅邪郡尉迁治即墨事（简8-657）形成了十分鲜明的对比。联想到《里耶发掘报告》曾透露在未公布的简文中有"武陵泰守"，说明在秦始皇二十八年至三十四年之间，洞庭郡治可能从新武陵迁到了沅阳，治所迁徙的原因或与武陵郡的设置有关。在此期间，秦政府割洞庭郡的一部分，或由洞庭郡及其他郡共同析置武陵郡，郡治新武陵，而洞庭郡治迁往沅阳，迁陵县仍归洞庭郡管辖。由于析置的武陵郡之名在西汉以降长期沿用，而洞庭郡存在时间颇为短促，以至在简牍公布之前的数千年，洞庭郡一直湮灭无声。②

这一分析对洞庭郡如何析分武陵郡作了较为合理的阐释，并将此变化与秦始皇三十三年攻取岭南的战争联系起来，具有相当的说法力。至于具体如何看待武陵郡的性质，我们且待里耶简中是否有更多的信息可以揭示出来。

5. 榆中、新秦中

榆中为郡由陈芳绩提出。其立论的依据为《史记·秦始皇本纪》："（三十三年）西北斥逐匈奴。自榆中并河以东属之阴山，以为三十四县，城河上

---

① 湖南省文物考古研究所：《里耶发掘报告》，岳麓书社2006年，第181页。
② 郑威：《出土文献所见秦洞庭郡新识》，《考古》2016年第11期，收入氏著：《出土文献与楚秦汉历史地理研究》。

为塞。"《史记·项羽本纪》:"蒙恬为秦将,北逐戎人,开榆中地数千里。"其具体论述如下:

> 西北逐匈奴自榆中并河以东属之阴山以为三十四县,榆中必是一郡,领三十四县者,不然县何所属。今史志俱不言有榆中郡。《晋志》第三十七郡曰闽中。按闽中在秦未见有县,安得有郡。况本纪极言始皇好大喜功,岂遗开闽一段。疑《晋志》闽中乃榆中之讹也。

辛德勇对陈氏的观点已有驳正。其说如下:

> 陈氏所谓"榆中郡",没有任何文献依据。秦汉时期在秦始皇新拓西北边地有两处称作"榆中"地区域,一在两汉金城郡榆中县(今甘肃兰州附近)周围,一在秦汉九原、云中两郡区域,秦新设三十四县所在的"自榆中并河以东,属之阴山"这一区域,正处于这两处榆中之间。这一区域,又称"新秦中"。西汉初年,武帝曾经"北出萧关,从数万骑,猎新秦中,以勒边兵而归"。当时,"新秦中"边防松弛,"或千里无亭徼",汉武帝一怒诛杀北地太守等多人。这一事实说明,西汉时期这一地区有很大一部分是归北地郡所属,而由此逆推,则可以推断,秦朝在西北新开拓的边地,应是分别划入沿边的北地等郡,并没有设置新郡。

新秦中是后晓荣考订的秦郡名称,其立论依据为《史记·匈奴列传》:"徙关东贫民处所夺匈奴河南、新秦中以实之。"《史记·平准书》:"乃徙贫民于关以西,及充朔方以南新秦中。"今按,后氏所说的"新秦中"与陈氏所说的"榆中"其实是一回事。因此上引辛氏的驳正也适用于后氏。

6. 浙江郡

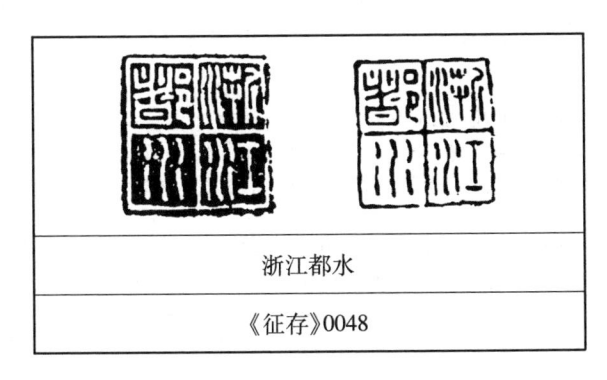

浙江都水
《征存》0048

《征存》0048著录一枚"浙江都水"官印,①此物原以为是汉初之物,随着学界对于秦封泥断代认识的提高,有学者指出此印为秦印。② 王伟先生则据"东海都水""琅邪都水"推测秦时郡也置有都水,因此他主张浙江是文献失载的秦郡名。③ 章宏伟认为《史记·高祖功臣侯者年表》陈婴"定豫章、浙江,都浙,自立为王壮息",陈贺"定会稽、浙江、湖阳,侯"中的两处"浙江"不能作为水名,而应该是行政区域,而秦封泥玺印所见的"东海都水""齐都水印""琅邪都水""长沙都水"均为郡一级行政官员印玺,"浙江都水"也不能例外,他认为秦时会稽郡的南界以浙江为限,浙江以南为浙江郡,西临九江郡和鄣郡,南临闽中郡,东临大海。④

后晓荣先生的看法与此不同,他认为浙江为地名,并且不是一般意义上的大地区名。《史记·秦始皇本纪》载始皇三十七年"至钱唐,临浙江",于是后氏根据"钱塘""浙江"并列这一现象推定浙江为秦县名,属会稽郡。⑤

关于"浙江",较为普遍的看法是将其看作江河名,即今钱塘江。如《秦始皇本纪》:"三十七年十月癸丑,始皇出游。……至钱唐。临浙江,水波恶,乃西百二十里从狭中渡。"《项羽本纪》:"秦始皇帝游会稽,渡浙江,梁与籍俱观。"沙孟海先生认为"浙江都水"专为钱塘江水利而设。⑥ 今按,据《汉书·百官公卿表》奉常、少府、治粟内史、水衡都尉、内史、主爵中尉属官中都有"都水"。又《续汉书·百官志五》载:"其郡有盐官、铁官、工官、都水官者,随事广狭置令、长及丞。"自注云:"有水池及鱼利多者置水官,主平水收渔税。"据此可知各郡根据各地实际情况也有都水之设置。但是都水官的设置也存在跨地区的情况,如《汉书·刘向传》载:"向以故九卿召拜为中郎,使领护三辅都水。"颜师古注引苏林曰:"三辅多溉灌渠,悉主之,故言都水。"这里的三辅显然非郡,考封泥所见置都水之地,有琅邪、东海,又清河、四川置有"水丞",初看似乎都是郡名,实则清河、四川本为水名,而琅邪、东海二郡皆河网密布之区,从这一角度来看,浙江作水名的可能性

---

① 罗福颐:《秦汉南北朝官印征存》,文物出版社1987年。
② 周晓陆:《秦封泥集》,第112页。
③ 王伟:《秦置郡补考》,纪念徐中舒先生诞辰110周年国际学术研讨会论文集,2009年4月。
④ 章宏伟:《秦浙江郡考》,《学术月刊》2012年第2期。
⑤ 后晓荣:《秦代政区地理》,第415—416页。
⑥ 沙孟海:《浙江都水官印考》,《沙孟海论书文集》,上海书画出版社1997年,第389—392页。

似乎更大。由于目前没有更多的证据,因此浙江到底该如何理解,还可以存疑。

7. 汾□郡

```
           [封泥图]
           汾□府□
     《秦封泥集存》P802
```

《新见》著录有"汾□府□"封泥,王伟先生提出"汾□"乃一未知秦郡名。他在其博士论文中写道:

> 《史记·秦始皇本纪》:"事无小大皆决于毐。又以河西、太原郡更为毐国。"《集解》引徐广曰:"河,一作'汾'。"嫪毐的封国是河西和太原,太原既为郡,则河西亦必为郡;徐广说"河西"或作"汾西",可见此处有异文。此处异文至关重要,现对照"汾□府□"封泥,可知此封泥极可能是"汾西府□(印、丞)"。如此可知始皇即位初年时秦有"汾西郡",而《史记》的这个异文也得以落实。①

今按,中华本在"河西"与"太原"之间不断读。王氏在此处点开大致是将河西与太原分别视作秦郡,此说虽有成立之可能,但并无其他证据。按照中华本的断读,"河西"(或汾西)应是对太原郡的限定语。从这个角度来看,作"汾"似更胜。秦之太原郡地跨汾水两岸,所谓"以汾西太原郡更为毐国",意谓将太原郡之汾水以西部分给予嫪毐作为封地。②

再者,上文在讨论"河外府丞"时已经就"府"与郡的关系作了讨论,此处因"汾□府□"封泥而将"汾□"视作秦郡同样证据不足。

---

① 王伟:《秦玺印封泥职官地理研究》,陕西师范大学博士学位论文 2008 年,第 185—186 页。
② 韩兆琦编著:《史记笺证》,第 421 页。

第三节　类郡政区(内史)

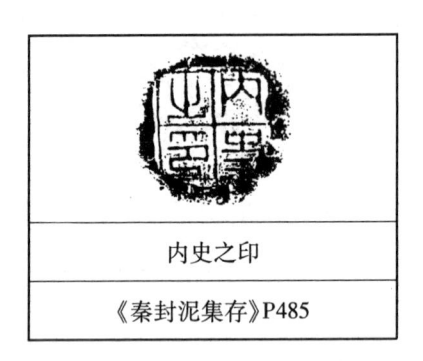

内史之印

《秦封泥集存》P485

内史是否可计入秦郡,历来有两种不同的意见。裴骃《集解》最早提出将内史记入秦三十六郡,《晋志》、王应麟《通鉴地理通释》及胡三省《注》均把内史列为秦三十六郡之一。乾嘉以降,除了梁玉绳、杨守敬等极个别学者之外,多数学者主张内史非郡。当代学者主张将内史计入秦郡的以辛德勇氏最为有力。他从分析古人"天下"观念入手,指出:

> 《诗》云:"溥天之下,莫非王土;率土之滨,莫非王臣。"秦始皇划分的所谓"天下",无疑意味着国家的全部疆土(实际上还往往要包括周边四夷)。可是,若依照班固的理解,秦始皇乃是先将秦朝京师所在的核心区域内史,摒除于"天下"之外,然后再把其他各地划作三十六郡。这与古时的"天下"观念,根本无法吻合。①

辛氏在这段话下的脚注中引到毛岳生这样一段话:

> 太史公所言分天下者,是分其所得诸侯地,非分其故有秦也。②

辛氏在文中斥毛说为"乖谬",其实毛说自有其合理之处。《三辅黄图》卷1载十二金人背铭曰:"皇帝二十六年,初兼天下,改诸侯为郡县,一法律,

---

① 辛德勇:《秦始皇三十六郡新考》,《文史》2006年第1、2辑,收入氏著《秦汉政区与边界地理研究》,第52页。
② 毛岳生:《秦三十六郡说》,《休复居文集》卷一,收入谭其骧主编:《清人文集地理类汇编》第1册,第78—81页。

同度量。"①毛说实际上与金人铭文相合。又,古人天下观念之核心内容在于以自身所处的位置为天下之中心,并由此衍生出一套以自己为中心的畿服制度,《尚书·禹贡》与《周礼·职方氏》中所载的畿服制度都是以都畿为中心呈"回"形的同心方结构,②内史在这个体系中好比处于中心的都畿,即所谓天下之中心。从这个意义上讲,天下并不包含都畿在内。亦即秦内史不属秦郡。

陈芳绩《历代地理沿革表》提出:"愚意始皇并诸侯国而置郡,二十六年有三十六郡,皆指所得者而言,其关中本国之地,仍属内史。内史不在三十六郡之内也。"这是第一次对内史非郡进行系统解释。张金光先生也很早指出秦简所见内史与郡不同,③何慕博士明确提出内史非郡,她立论的角度在于郡与内史本身性质的差异,并指出"称内史为郡,显然是西汉以后人们的视角"。④ 徐世权先生根据岳麓秦简"内史、郡二千石官共令"的记载指出,表明"内史"与"郡"并称为同一级别的单位,但显然"内史"与"郡"的有别,不应列入秦郡名之中,这就为解决自清代以来对"内史"是否为郡的争议提供有力的证据材料。⑤

关于秦内史的设置时间,《史记·秦始皇本纪》二十六年"分天下以为三十六郡"句下裴骃《集解》仅列有内史一名,至于其置郡时间则未言及。但从文意看,裴骃认为内史置郡至少不应晚于秦始皇二十六年。不过近世以来学者多主张内史非郡,多不取裴骃之说,故而对秦内史的设置时间也多以置年不详述之。而《三辅黄图》则云:"秦并天下,置内史以领关中。"⑥照此说则秦内史置于秦始皇二十六年。但《三辅黄图》的记载并没有其他材料作为旁证,因此这条记载是否可信就颇值得怀疑。譬如黄盛璋先生在考察睡虎地秦简《置吏律》所谓"县、都官十二郡"设立年代的时候就指出,"《战国策·秦策》范雎说昭王已有内史",⑦不过黄氏在内史置郡年代一栏仍然空出,想必又有存疑之意。王蘧常氏也有类似的看法,他指出:"穆公时已有王子廖官内史,始皇时,其官尤众:内史肆、内史腾、内史蒙恬等,其名郡或在此时。"但是该卷末所附《郡县考索引》中又写道:"内史郡:始置年不

---

① 陈直:《三辅黄图校证》,陕西人民出版社1980年,第12页。
② 顾颉刚:《畿服》,《史林杂识初编》,中华书局1963年,第1—19页。
③ 参张金光:《秦简牍所见内史非郡辨》,《史学集刊》1992年第4期,第10—12页。
④ 何慕:《秦代政区研究》,第24—26页。
⑤ 徐世权:《学术史视野下的秦郡研究》。
⑥ 陈直:《三辅黄图校证》,第1页。
⑦ 黄盛璋:《云梦秦简辨正》,《历史地理与考古论丛》,第4页。

详。"①再如陈直先生在《三辅黄图校证》的按语中指出："始皇九年纪有'内史肆'之名。"②黄、王、陈三氏虽然均未进一步讨论秦内史的置设年代，但从其举出的材料看，三氏均对《三辅黄图》等传世文献中关于秦内史置年的记载有所怀疑。因此史党社等人在考述秦封泥"内史之印"时候就承用陈氏的意见，对秦内史的年代作出推断，即认为秦内史之设"在秦始皇九年（前237年）前至项籍入关（前206年）这一时期内"。③

今按，黄、陈二氏所列秦"内史"实际上并非文献中所见最早的秦内史，王氏已据《秦本纪》列出穆公三十四年有"内史廖"。此外，据八年内史操戈惠文王更元八年有"内史操"（图一），④据青川木牍武王二年有"内史郾"，⑤这些内史都比黄、陈二氏所列"内史"要早。另外，在"内史肆"之后，《史记·秦始皇本纪》十七年记有"内史腾"（《六国年表》作"胜"），《蒙恬列传》有内史"蒙恬"，《周勃世家》有"内史保"。如果这些见诸记载的内史性质都属于掌治京畿的地方行政长官的话，那么内史的始置年代势必要上溯至穆公时期，但这种情况又是难以想象的。

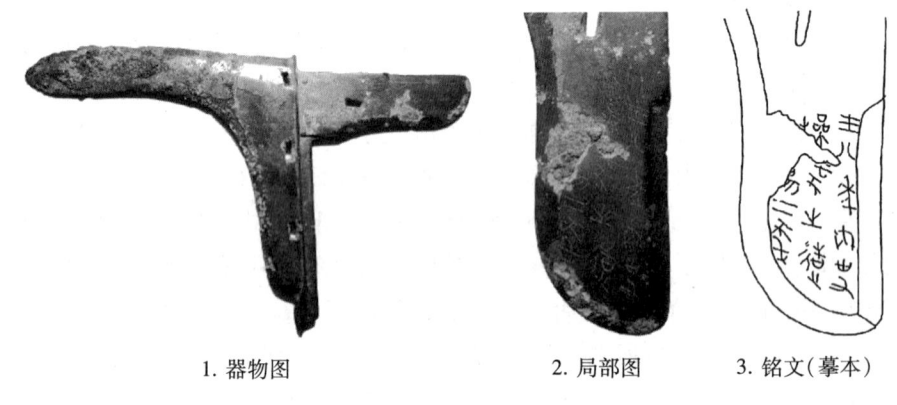

1. 器物图　　2. 局部图　　3. 铭文（摹本）

图一　王八年内史操戈

近年来关注秦内史领域的研究者都倾向于认为内史在发展过程中存在一个职能转变的过程。因为见之于《周礼·春官》的"内史"和西周、春秋金

---

① 王蘧常：《秦史》，第103、115页。
② 陈直：《三辅黄图校证》，第2页。
③ 史党社、田静：《新发现秦封泥丛考》，《秦文化论丛》第六辑，西北大学出版社1998年，第231—249页。
④ 王辉、萧春源：《珍秦斋藏王八年内史操戈考》，《故宫博物院院刊》2005年第3期，收入王辉：《高山鼓乘集——王辉学术文存二》，中华书局2008年，第85—90页。
⑤ 四川省博物馆等：《青川县出土秦更修田律木牍——四川青川县战国墓发掘简报》，《文物》1982年第1期。

文出现的"作册内史""作命内史"性质大致吻合,可以视作一种掌文书、宣策命的史官。而秦汉以后的内史又是"掌治京师"的地方行政长官。正因为如此,所以研究者都倾向于认为早期内史的性质与后来掌治京师的内史性质有所不同。那么这一转变发生在何时呢?工藤元男先生认为商鞅变法所推行的耕战体制是促使秦内史职能转变的契机和关键所在,此后秦内史职权相较以前已然大幅扩张,不仅负责管理京师地区,还通过太仓和大内实现对全国县仓和公器的管理,似乎是认为此时内史兼有中央及地方官双重属性。① 赵志强先生也认为至迟到战国年间,内史已演变为主管全国财政经济并同时负责监管京师的官员,此时内史有了职官与地理的双重内涵。② 杨振红先生则系统论述了秦内史系统之运作,指出内史本为周官,西周时的内史主要负责册命诸侯、卿大夫。至晚在春秋时期,各诸侯国已仿王制设内史。内史由于熟悉典章制度故事,因此常备顾问,参与决策,地位显要。公元五世纪以前,内史已经成为王畿(或诸侯国)的行政长官。但在商鞅变法前,内史统治采取的仍是西周体制,即管辖都、乡、邑、聚等聚落。商鞅变法时,始在内史(首都咸阳)下设三十一县,将新的县制与旧的内史制结合。秦始皇统一中国后,为了建立与之相适应的统一的中央集权的郡县制国家,废除分封制的基础内容王畿之制,将"邦"改为"都",与"郡"相当,内史从此成为郡县制的一环。③

---

① 参阅工藤元男:《秦内史》,《史学杂志》第90编第3号,收入刘俊文主编:《日本中青年学者论中国史》(上古秦汉卷),上海古籍出版社1995年,第296—327页,又收入工藤元男:《睡虎地秦简所见秦代国家与社会》,(东京)创文社1998年,第21—56页。
② 赵志强:《关于秦汉内史的几个问题》,《出土文献》第8辑,中西书局2016年,第252页。
③ 杨振红:《从秦"邦""内史"的演变看战国秦汉时期郡县制的发展》,《中国史研究》2013年第4期,后收入氏著:《出土简牍与秦汉社会(续编)》,广西师范大学出版社2015年。

上 编 小 结

在本编中我们主要讨论秦郡设置问题。其中第一章是对秦郡设置研究的学术史回顾。全章按照这一课题的研究历程分三阶段总结了前辈学者在秦郡设置研究方面的方法、成果；对有关结论和研究成果作了较为细致地评述。第二章主要是在方法论方面的思考，为了厘清前人对郡目的争论，我们将历代曾被作为秦郡名谈及的所有郡名纳入秦郡存目的研究范围之内，在此基础上对各秦置郡所依托的文献依据进行可靠性分析。进而从中筛选出确实为秦所置的可靠郡目。

第三、四、五章是本编的主体部分，主要考察了秦郡设置的年代问题。其中故秦地共有六郡；故韩、魏地共置七郡，其中河外郡为叁川郡前身，陶郡后来并入东郡；故赵地共置十郡，其中邯郸郡析分出恒山郡；故楚地共置十郡，其中巫黔郡改名为洞庭郡，后又析分出苍梧郡，庐江郡析自九江郡，东海郡析自薛郡；故燕地置有六郡；故齐地置有六郡，其中临淄郡分出济北和泰山二郡，琅邪郡分出即墨郡。故吴越、闽粤地置有七郡，其中江胡郡分出会稽和鄣郡。

现按照置郡年代先后将所考各郡的设置年代列举如下：

1. 上　郡：秦惠文王十年（前 328 年）—秦惠文王更元元年（前 324 年）
2. 巴　郡：秦惠文王更元九年（前 316 年）—秦惠文王更元十一年（前 314 年）
3. 蜀　郡：秦惠文王更元九年（前 316 年）—秦惠文王更元十一年（前 314 年）
4. 汉中郡：秦惠文王更元十三年（前 312 年）
5. 河外郡：前 308 年——更名为叁川郡：庄襄王元年（前 249 年）
6. 河东郡：秦昭襄王十四年（前 293 年）
7. 河内郡：秦昭襄王二十一（前 286 年）
8. 陇西郡：秦昭襄王二十七年（前 280 年）
9. 南　郡：秦昭襄王二十九年（前 278 年）

10. 巫黔郡：秦昭襄王三十年(前 277 年)——→改名洞庭郡：秦始皇二十五年(前 222 年)——→析分出苍梧郡：秦始皇二十六年(前 221 年)

11. 北地郡：秦昭襄王三十五年(前 272 年)

12. 南阳郡：秦昭襄王三十五年(前 272 年)

13. 陶　郡：秦昭襄王四十二年(前 265 年)—秦昭襄王五十三年(前 254 年)——→并入东　郡：秦始皇五年(前 242 年)

14. 上党郡：秦昭襄王四十八年(前 259 年)—秦庄襄王三年(前 247 年)

15. 太原郡：秦庄襄王三年(前 247 年)

16. 河间郡：秦始皇十二年(前 235 年)

17. 云中郡：秦始皇十三年(前 234 年)

18. 雁门郡：秦始皇十三年(前 234 年)

19. 清河郡：秦始皇十四年(前 233 年)

20. 颍川郡：秦始皇十七年(前 230 年)

21. 邯郸郡：秦始皇十九年(前 228 年)——→析分恒山郡：秦始皇二十八年(前 219 年)

22. 钜鹿郡：秦始皇十九年(前 228 年)

23. 广阳郡：秦始皇二十一年(前 226 年)

24. 上谷郡：秦始皇二十一年(前 226 年)

25. 渔阳郡：秦始皇二十一年(前 226 年)

26. 右北平郡：秦始皇二十一年(前 226 年)

27. 辽西郡：秦始皇二十一年(前 226 年)

28. 砀　郡：秦始皇二十二年(前 225 年)

29. 四川郡：秦始皇二十三年(前 224 年)

30. 薛　郡：秦始皇二十三年(前 224 年)——→析分东海郡：秦始皇二十八年(前 219 年)

31. 淮阳郡：秦始皇二十四年(前 223 年)

32. 衡山郡：秦始皇二十四年(前 223 年)

33. 九江郡：秦始皇二十五年(前 222 年)——→析分庐江郡：秦始皇二十八年(前 219 年)

34. 江胡郡：秦始皇二十五年(前 222 年)——→析分出会稽郡+鄣郡：秦始皇二十六年之后

35. 辽东郡：秦始皇二十五年(前 222 年)

36. 代　郡：秦始皇二十五年(前 222 年)

37. 临淄郡：秦始皇二十六年(前 221 年)——→析分济北郡：秦始皇二十

八年(前219年)+泰山:秦始皇二十八年(前219年)

38. 琅邪郡:秦始皇二十六年(前221年)——→析分出即墨郡:秦始皇二十八年(前219年)

39. 闽中郡:秦始皇三十三年(前214年)

40. 象　郡:秦始皇三十三年(前214年)

41. 桂林郡:秦始皇三十三年(前214年)

42. 南海郡:秦始皇三十三年(前214年)

43. 九原郡:秦始皇三十三年(前214年)

上述考证结果显示秦最早设置的十二郡分别是:

1. 上　郡:(前328年);2. 蜀　郡:(前316年);3. 巴　郡:(前316年);4. 汉中郡:(前312年);5. 河外郡(前308年);6. 河东郡(前293年);7. 河内郡(前286年);8. 陇西郡(前280年);9. 南　郡(前278年);10. 巫黔郡(前277年);11. 北地郡:(前272年);12. 南阳郡(前272年)。

这一结果与晏昌贵先生考证的结果相同,只是对河内郡的设置时间认识有所不同。如此睡虎地秦简《置吏律》所谓"县都官十二郡"的形成年代当在秦昭王三十五年之后。

睡虎地出土《秦律十八种·置吏律》云:

县、都官、十二郡免除吏及佐、群官属,以十二月朔日免除,尽三月而止之。其有死亡及故有央(缺)者,为补之,毋须时。

(睡虎地秦简·秦律十八种·置吏律157-158)①

同样的内容,在岳麓秦简中记为:

·置吏律曰:县、都官、郡免除吏及佐、群官属,以十二月朔日免除,尽三月而止之。其有死亡及故有缺者,为补之,毋须时。

(岳麓肆220-221)②

二者相差不大,仅起首由"县、都官、十二郡"变为"县、都官、郡",可见"十二"郡没有维持多久,就因为秦郡数量的增加而修订了法律条文的内容。

---

① 陈伟主编:《秦简牍合集(壹)》,第135页。
② 陈松长主编:《岳麓书院藏秦简(肆)》,第141页。

接下来讨论所谓秦三十六郡问题。观上列清单,秦始皇二十六年灭齐地之前所置之郡恰为三十六郡之数。

据《秦始皇本纪》:"二十六年,齐王建与其相后胜发兵守其西界,不通秦。秦使将军王贲从燕南攻齐,得齐王建。"又《史记·蒙恬列传》:"始皇二十六年,蒙恬因家世得为秦将,攻齐,大破之,拜为内史。"秦将王贲得齐王,而未记载置郡之事,蒙恬大破齐军,拜为内史,许是时间窘迫,在廷议前未及置郡,暂归秦内史统辖,因此颇疑故齐地所置临菑郡、琅邪郡在封建与郡县之争的廷议之后,因此不与三十六郡之数。千载而下言三十六郡者不知凡几,诸说分合调整、眼花缭乱,殊不知大道至简,三十六郡之数正是秦初并天下,在齐地置郡之前的三十六郡,它们分别是:

上郡、蜀郡、巴郡、汉中郡、三川郡、河东郡、河内郡、陇西郡、南郡、洞庭郡、北地郡、南阳郡、东郡、上党郡、太原郡、河间郡、云中郡、雁门郡、清河郡、颖川郡、邯郸郡、钜鹿郡、广阳郡、上谷郡、渔阳郡、右北平、辽西郡、砀郡、四川郡、薛郡、淮阳郡、衡山郡、九江郡、江胡郡、辽东郡、代郡。

大概在廷议之后不久,齐地开始置临淄、琅邪二郡,同年洞庭郡也析分出苍梧郡,秦郡总数达到 39 个。二十八年,薛郡分出东海郡;临淄郡分出济北郡和泰山郡,琅邪郡分出即墨郡,邯郸郡析分出恒山郡,江胡郡析分会稽和鄣郡可能也在此年,秦郡总数达到 46 个;三十三年,拓地新置闽中郡、南海、桂林郡、象郡、九原郡等五郡,秦郡总数达到 51 个,加上类郡的内史,秦总计有 52 个郡级政区。

最后,对古人术数观念与秦代置郡数目之关系略作一点说明。《史记·秦始皇本纪》载秦初并天下即规定:"数以六为纪,符、法冠皆六寸,而舆六尺,六尺为步,乘六马。"由此出发,前人多认为始皇二十六年所分三十六郡数目大有讲究,与秦人尚六有关,只是在具体的讲法上多有差别。譬如钱大昕固持三十六郡为始皇一朝成数的看法,以为凡后所增置者,"皆二世改元以后豪杰并起"所分设,全然不顾南海三郡的设置年代。王国维亦对秦以水德王,数以六为纪的看法说法深信不疑。于是他这样解释秦郡数目与"六"的关系:

> 秦以水德王,故数以六为纪。二十六年,始分天下为三十六郡,三十六者,六之自乘数也。次当增置燕、齐六郡为四十二郡。四十二者,六之七倍也。至三十三年,南置南海、桂林、象郡,北置九原,其于六数不足者二,则又于内地分置陈、东海二郡,共为四十八郡。四十八者,六

之八倍也。秦制然也。①

辛德勇先生在《秦始皇三十六郡新考》一文提出不同意见,他引据杨希牧、粟原朋信等人的研究指出秦始皇本人笃信的数字乃"十二",而非通常所认为的"六"。因此他考证秦郡演变从四十二郡到三十六郡,再到四十八郡,其中三十六与四十八均为十二的倍数。不过辛氏所考的统一前四十二郡则无法在这一说法下得到合理解释。这个四十二其实仍然摆脱不开"六"的影子,难道秦始皇二十六年以前信"六",统一之后又改信"十二",这一点颇难解释,在文献中也得不到证明。那么为什么一定要将置郡数目与术数扯上关系呢? 这里其实有说不出的苦衷,正如谭其骧先生指出的那样,始皇二十六年以后新增秦郡,设置时间明确者有岭南三郡及九原郡,其余尚有东海、常山、济北、胶东、河内、衡山六郡,虽为始皇二十六年以后析内郡所置,但具体时间不详。正因为统一后置郡时间难以确认,故秦郡数目在增加的过程中如何与神秘数字"六"保持一种动态的关联性,始终无法得到确认。虽然谭氏所论秦郡数目以到秦末时的总数计仍然为四十八个,但其出发点与钱、王等氏还是有着显著的差别。

在本编论述中,虽然我们仍然没有解决秦统一后所置诸郡的具体设置时间问题,但从现有的结论看,我们很难看出秦存在一种为了维持郡数与"六"或"十二"的关系而同时增、析六郡或十二的现象。更重要的一点是,从我们考察的结果来看,所谓秦始皇二十六年分置三十六郡这个数目似乎也与数字"六"或"十二"无关,"三十六"不过是秦在统一初年正好存在三十六个郡,并不存在辛德勇所谓统一前有四十二郡,到二十六年又特意分置三十六郡那种带有明显术数意识的行为。

---

① 王国维:《观堂集林》卷12《秦郡考》。

下编
秦郡界域新考

本编主要讨论秦郡界域问题。首先是对秦郡界以及秦郡领县研究的学术史作系统梳理，在系统评述前贤研究成果的基础上，力图找到解决秦郡界域问题的钥匙。界域与领县是一个问题的两个方面。领县定则界域可知，反之亦然。鉴于一些研究者在秦县认定标准上存在的若干问题，本文从职官制度、籍贯书法、题铭制度等方面就出土文献所见秦县的认定标准问题作有初步的探讨，并在此基础上分析各秦郡的领县情况，由此推断其界域。在秦郡界域的研究中，由于出土秦简、封泥等资料的广泛使用，本文在某些秦郡界域的认识上与谭其骧《中国历史地图集》"秦图部分"的处理有所不同。

第六章　秦郡界域研究的学术史回顾

第一节　秦郡界域的研究

与秦郡郡目的研究有较多的讨论相比，秦郡界域问题的研究显得有些冷清。清代学者治秦郡多讨论"秦始皇三十六郡名"，只有清初学者如陈芳绩、顾祖禹、戴震，道光初年的杨丕复等几人对秦郡境有所述及。① 譬如对"南郡"郡域的描述，杜佑《通典》云："荆州之域，今江陵、清江、巴东、竟陵、富水、安陆、齐安、汉阳、江夏，及荆河之域襄阳郡地皆是。"陈芳绩云："汉南郡、江夏郡。今荆州府、荆门州、襄阳府、夷陵州、归州、施州卫、武昌府、德安府、承天府、沔阳州、汉阳府、蕲州、黄州府、兴国州。"②顾祖禹《读史方舆纪要》："今湖广荆州、承天、汉阳、武昌、黄州、德安诸府及襄阳府之南境，又施州卫，亦是其地。郡治郢，故楚都也。"戴震《水地记初稿》："沮、漳、云梦已东踰江，为南郡。今荆州府、安陆府、德安府、汉阳府、黄州府、武昌府及襄阳府之南境，皆其地。治郢，即今江陵县。"③杨丕复《舆地沿革表》："今湖北荆州、安陆、汉阳、武昌、黄州、德安、施南、宜昌等府皆是。"④诸家实际上是以领县情况来表示郡的辖域。

民国时期，在一些历史地理通论性著作对秦郡领域有简单述及。⑤ 如虞嘉苏《历代疆域建置考略》中的秦代部分，张相文《中国地理沿革史》第四章"秦之疆域"，刘麟生《中国地理沿革浅说》第四章的"秦四十郡表"等，皆依《晋书·地理志》所列的秦四十郡分别叙述其郡境与民国时期的区划相联系，其内容并未超过清人顾祖禹的叙述范围。这一时期出现了两篇对秦疆

---

① 此处据徐世权先生梳理，参徐世权：《学术史视野下的秦郡研究》。
② 陈芳绩：《历代地理沿革表》。
③ 戴震：《水地记初稿》"秦四十郡"，参《戴震全书》。
④ 杨丕复：《舆地沿革表》。
⑤ 此处据徐世权先生梳理，参徐世权。

域问题进行研究的重要论文,从整体、全局的角度对秦疆域做了一个详细的研究。陈恭禄《论秦疆域》详细分析了秦代东西南北四至的问题,提出秦始皇二十六年时其南界仅至今湖南一带,对于闽中、长沙是否设郡提出了质疑,提出司马迁《史记》中记叙秦郡部分存在用汉郡追述的情况,《史记》记述秦郡的内容为后世研究带来更为复杂的局面。① 钟凤年《战国时代秦疆域考辨》为题重新发表,钟文分别从秦当时人如张仪、范雎、荀子,以及汉代人司马迁、班固追述等视角对秦疆域总体概括的记载详加考辨,提出许多值得重视的见解。②

前辈学者中对秦郡界域问题作有系统研究的基本上只有两家。其一是杨守敬所绘《嬴秦郡县图》,该图依照杜佑《通典》的记载对秦郡的边界有一番考订,并据此绘制成图。③ 其二是谭其骧先生的《秦郡界址考》一文(以下简称《界址考》),该文突破由领县情况考察郡的界域这一方法,将史籍记载与山川地理形势结合起来,综合分析考定各郡界域,至此秦郡界域问题始才取得重大突破。④ 然而由于资料的局限,文中不得不利用《汉志》这一反映西汉末年的郡界的资料来逆推秦郡的方位和范围。不过较之以前已是一个了不起的突破。⑤ 该文和上文讲到的《秦郡新考》共同成为谭其骧主编《中国历史地图集》第二册秦代诸图(下文迳以"谭图"称之)画定的重要依据。⑥

在谭氏之后,渐渐有学者开始讨论秦郡界域问题。其中有一组文章集

---

① 陈恭禄:《论秦疆域》,《斯文(半月刊)》第1卷第9、10期,1941年,第2—6页。
② 钟凤年:《战国疆域沿革考(秦)》,《禹贡(半月刊)》第2卷第8期,1934年,第2—10页。
钟凤年:《战国时代秦疆域考辨》,《燕京学报》1946年第31期,第1—34页。
③ 杨守敬:《历代舆地沿革图》第一册,光绪丙午九月重校订本,(台北)联经出版事业公司1981年影印。
④ 谭其骧《秦郡新考》一文考证秦末46郡,连同内史共47个郡级政区,而《秦郡界址考》一文只论及其中25个郡和内史的边界。至于另外21个郡的边界,或是认同杨氏的意见。参阅氏著《长水集》(上),第13—21页。
⑤ 张家山汉简《秩律》提供了一个较《汉志》更靠近秦代的坐标,为进一步研究秦郡的领域提供了更为丰富的材料。《秩律》记载有二百多个中央直辖县县名,其断限基本上可定在吕后二年。陈苏镇(《汉初王国制度考述》,《中国史研究》2004年第3期)指出:"武泉、原阳、云中、南舆、圜阴、圜阳、中阳、平周、涅、襄垣、涉、武安、隆虑、荡阴、内黄、繁阳、顿丘、观、东武阳、阳平、聊城、茌平、东阿、鄄城、濮阳、白马、燕、酸枣、阳武、中牟、启封(开封)、陈留、圉、傿陵、许、颍阴、襄城、定陵、偃(郾)、阳城、西平、阳安、朗陵、比阳、平氏、胡(湖)阳、春陵、隋(随)、西陵、沙羡、州陵、下隽、索、屠陵、夷道、夷陵、秭归、巫、胸忍、临江、涪陵等县,自北而南构成该地区的东界。"当然这条分界线也是邻近诸秦郡之间的边界。因此根据《秩律》记录县名来复原的秦郡领域较之由《汉志》逆推出的秦郡领域应更加接近秦代的本来面貌。
⑥ 谭其骧主编:《中国历史地图集》第二册,第3—12页。

中讨论了东北边郡的问题,如王钟翰、陈连开先生曾考察了战国秦汉时期辽东、辽西二郡的设置及其属县情况,①李址麟先生考察了秦汉时期辽东郡的位置。② 刘子敏先生更进一步考察了战国秦汉时期辽东郡的东部边界,认为辽东郡最初的边界线就应该是燕国的长城线,秦时辽东郡的东部疆域曾有过短时间的变动,即上下障之间沿海狭长地带曾是秦辽东郡的一部分,但后来舍弃了这块土地。③ 何瑞云先生撰文讨论了秦颍川郡的沿革,他认为颍川郡为秦灭韩所置,初治阳翟,但秦灭楚后,郡治迁往沈丘,辖境相当于汉颍川、汝南两郡及淮阳国。④ 曹尔琴先生在谭其骧四十六郡的基础上论述了秦郡设置的过程、设郡原因及其分布规律,文章指出秦郡设立,既有政治目的,更有经济原因,北方的这两种条件都较优越。太行山东等地的广大平原所具备的这两种条件尤为突出。而秦郡分布疏密不同,以秦岭淮河划分南北,南北郡数悬殊,北方多至三十四个。北方各地,太行山以东与河济之间及其附近又最为稠密。⑤ 周曰琏、胡开祥二位先生先后撰文讨论了秦汉蜀郡芦山县的设置情况,后者认为芦山县应当始置于秦。⑥ 此外,桑秀云、赵炳清等先生还就楚秦黔中郡的相关情况作了考察。⑦ 李祖弼先生也考察了闽中郡的疆域问题。⑧

近年来,由于出土简牍与秦封泥日渐增多,在此基础上讨论有关秦郡界域开始成为可能。以苍梧、洞庭二郡为例,由于资料相对较为充分,二郡的界域问题可以理出一定的眉目。陈伟先生据甄烈《湘州记》等文献指出洞庭、苍梧大致是一北一南,并推测说"秦始皇二十五年将原黔中郡一分为二后,西北一部没有沿用黔中旧名,而是改称'洞庭郡',东南一部则称作'苍梧郡',后世以'长沙郡'称之,大概是采用汉人的习惯"。因此陈伟先生实

---

① 王钟翰、陈连开:《战国秦汉辽东辽西郡县考略》,《社会科学辑刊》1979年第4期,第81—95页。
② 李址麟:《秦汉两代辽东郡的位置》,《朝鲜历史译丛》1980年第1期。
③ 刘子敏:《战国秦汉时期辽东郡东部边界考》,《社会科学战线》1996年第5期,第132—139页。
④ 何瑞云:《秦颍川郡沿革考——并与谭其骧先生商榷陈郡问题》,《青海民族学院学报(社会科学版)》1991年第1期,第52—56页。
⑤ 曹尔琴:《论秦郡及其分布》,《中国历史地理论丛》1990年第4期,第97—113页。
⑥ 周曰琏:《古代青衣江上游的郡县建置与西南丝绸之路》,《四川文物》1991年第6期,第3—9页;胡开祥:《秦汉芦山郡县建置与文化发展之关系》,《四川文物》2005年第1期,第40—44页。
⑦ 桑秀云:《黔中、黔中郡和武陵郡的关系》,《历史语言研究所集刊》五十二本第三分,1981年;赵炳清:《楚、秦黔中郡略论——兼论屈原之卒年》,《中国历史地理论丛》2006年第3期,第107—115页。
⑧ 李祖弼:《闽中疆域考》,《厦门大学学报(哲学社会科学版)》1980年第1期。

际上认为洞庭在西北而苍梧在东南。赵炳清先生在考察见于里耶秦简大量地名地望的基础上提出:"洞庭郡郡域的范围可以大致推定为湘江中下游区、湘东北地区、沅水流域和澧水流域区及重庆乌江流域部分地区。"其实赵氏所论在方法上存在问题,因为我们不能确认所有见于里耶秦简的地名都属于洞庭郡,那么在此基础上讨论洞庭郡界域也就不可信了。周振鹤先生在文中已经指出了这一问题,他结合地理形势和交通形势认为苍梧与洞庭应东西分处湘资与沅澧两个流域,即洞庭郡不应当跨越雪峰山至湘资流域。周氏还指出,"从汉代开始直到南宋,湘、资二水流域与沅、澧二水流域始终分处不同的郡级政区,而且往往也不在同一个高层政区中"。① 另外有部分学者还讨论了洞庭郡的治所,但是意见并不统一。王焕林先生认为洞庭郡治在临沅(今常德),赵炳清、陈蒲清二位先生认为在临湘(今长沙),钟炜先生认为洞庭郡治可能为临沅或索,而徐少华老师和李海勇先生则认为洞庭郡治可能在今沅陵县西约20里处。

《里耶秦简(壹)》的发表使洞庭郡辖域的讨论成为可能。郑威先生根据简文揭示出洞庭郡的治所从"新武陵"迁往"沅阳"的变化过程,并联系到"武陵泰守"封泥作出洞庭郡析分武陵郡的猜想。② 晏昌贵先生则认为洞庭郡先治新武陵,后迁临沅,迁徙的时间在秦始皇二十九、三十年间。③ 杨智宇先生与上述均不同,他认为新武陵为临沅的前身,是改名而不是迁徙,改名的时间在秦始皇二十八、二十九年间。④ 郭涛先生也从文书行政的角度分析了洞庭郡属县的情况。⑤ 陈伟先生最近撰文将洞庭郡属县分四种情形来看:

(一)有直接隶属关系证据者。除先前已有讨论的迁陵、酉阳、临沅、零阳、索外,据6-4、9-26、9-713、9-1861等简所记,还有镡成、充、新武陵、篷、上衍、门浅、沅陵等县。(二)益阳。8-151记迁陵出三十四年"余见"弩臂输给益阳、临沅。对这条资料先前有不同理解。除前揭周振鹤、钟炜、晏昌贵诸氏比较保留的意见外,罗仕杰认为,在居延汉简、敦煌汉简中,各鄣燧的军需物资若转输他处,极少有跨郡传送者。因而益阳可能隶属于洞庭(《里耶秦简地理问题初探》)。9-42、9-724+9-1465记称:"迁陵余完可

---

① 周振鹤:《秦代洞庭、苍梧两郡悬想》,《复旦学报(社会科学版)》2005年第5期。
② 郑威:《出土文献所见秦洞庭郡新识》,《考古》2016年第11期,收入氏著:《出土文献与楚秦汉历史地理研究》。
③ 晏昌贵:《里耶秦简牍所见郡县订补》,《历史地理研究》2019年第1期。
④ 杨智宇:《里耶秦简牍所见洞庭郡交通路线相关问题补正》,《简帛研究二〇一九(秋冬卷)》,广西师范大学出版社2020年。
⑤ 郭涛:《文书行政与秦代洞庭郡的县际网络》,《社会科学》2017年第10期。

用当予洞庭县、不当输内史者……"由此推测,8-151是将迁陵"余完可用"的弩臂输送给洞庭属县的记录,益阳与临沅一样,属于洞庭郡,由此可以推定。(三)缺乏隶属的相关记载,而县名见载于《汉志》武陵郡下。这有辰阳(8-373、9-1442)、孱陵(8-467)、义陵(9-670、9-1685等)、无阳(8-1555、9-1154)。这几地为洞庭属县的可能性比较大,但需要进一步验证。(四)安阳,在9-2086+9-2115中与沅陵、上衍等洞庭属县并列,大概也辖于洞庭。①

关于苍梧郡域,陈伟先生根据岳麓秦简伍56-58"廿六年四月己卯丞相臣状、臣绾受制湘山上:自吾以天下已并,亲抚海内,南至苍梧,凌涉洞庭之水,登湘山、屏山,其树木野美,望骆翠山以南树木□见亦美,其皆禁勿伐。臣状、臣绾请:其禁树木尽如禁苑树木,而令苍梧谨明为骆翠山以南所封刊",指出秦君臣在湘山远看的南方诸山,以及他们渡越洞庭之水前路经的洞庭湖东岸一带,应该都属于苍梧郡境。②

第二节　秦郡领县的研究

与秦郡界域问题密切相关的是关于秦县的研究,由于史料缺乏,历来很少有人涉猎。班固虽去秦未远,但《汉志》中明确指为秦县者也只有十余个。迨至清末始有杨守敬绘制《历代舆地沿革图》,其中《嬴秦郡县图》可谓在秦县研究领域具有拓荒性质的研究。然而限于体例,杨图附文极为简略,缺乏详细的考释文字。③ 大约三十年后,史念海发表了《秦县考》一文,对约321个秦县首次作出了详细的考证。④ 20世纪七八十年代,王蘧常、马非百二位先生先后分别撰著旨在"补正史之缺"的秦史著作各一部问世。其中王氏《秦史》有《郡县考》一卷,采纳王国维氏四十八郡说,以郡统县,各郡之下列其领县之信而有征者,可谓条理分明。可惜的是这部书出版时已非完帙,不少篇章已散失,而残卷则只余24个郡及其下辖的127个县。⑤ 马氏《秦集史》有《郡县志》两卷,在参考众说的基础上以谭其骧说为本,仿《汉志》体

---

① 陈伟:《秦洞庭和苍梧郡新识》,《中国社会科学报》2019年3月6日。
② 陈伟:《秦洞庭和苍梧郡新识》。
③ 杨守敬:《历代舆地沿革图》第一册。
④ 史念海:《秦县考》,《禹贡(半月刊)》第7卷第6、7合期,1937年,收入氏著《河山集》第5集,山西人民出版社1991年。
⑤ 王蘧常:《秦史》,第100—120页。

例，共考列秦县 424 个，并首次对这些秦县的上属郡做了专门研究。① 作为利用传世文献考订秦县问题的一个总结，由谭其骧先生领衔编著的《中国历史地图集》在第二册中绘有秦图五幅，共标示三百多个县和聚邑，图中不但反映出见诸文献记载的秦县的大致数目及各县的上属郡情况，而且每个县对应的今地也大致明确。因此谭图代表了利用传世文献探讨秦郡县问题的最高水平。

近年由于出土简牍和封泥的缘故，关于秦县的论述日渐增多。如洞庭郡的属县问题，已有不少学者借助里耶秦简进行了有限的讨论。李学勤先生所提"里耶城址就是秦迁陵县"的观点就得到一致的认同。而对于里耶秦简中所见的其他地名，如酉阳、临沅、益阳、索、孱陵、沅陵、阳陵等，有些学者主张它们都是洞庭郡属县，而有的学者则持谨慎态度。如周振鹤先生认为，"益阳之名虽在里耶秦简中，但并不一定非为洞庭郡属县不可"。其中"阳陵"的领属问题分歧最大，整理者认为是洞庭郡属县，李学勤先生认为"阳陵无疑是秦人故地，……其地是否是汉景帝改名的汉阳陵县（今陕西咸阳东北），尚待考虑"。晏昌贵先生与钟炜先生则认为包山楚简所见的"阳陵"是里耶简"阳陵"县的前身，位于中原郑国故地或淮北楚东国之地，以郑地阳陵说可能性较大。② 至于苍梧郡的属县，陈伟先生从《奏谳书》中勾稽出一个攸县。

在秦县研究上，相家巷秦封泥的出土具有重要的意义。这批秦封泥的早期收藏、著录与研究者都对其中的地理信息较为关注。如周晓陆、路东之等先生在最早公布其收藏封泥的文章中就整理出一批郡、县级地方官署封泥，并作有简单考释。文章指出，"在秦地理研究上，云梦秦简提供可郡县地名三十余个，而这批封泥提供了（包括苑囿等）五十余个。其中有一些是旧以为汉置或失载者"。③ 另外，周伟洲先生也有《新发现的秦封泥与秦代郡县制》一文专门探讨秦封泥的地理意义，文章考证作者当时所见有关秦郡封泥 11 枚、有关秦县封泥 42 枚。另外该文还将其所考秦县与谭图对比，补正秦县 9 个。④ 而稍后成书，由周晓陆、路东之二位先生编著《秦封泥集》一书不仅仅是一部封泥的著录集，在封泥研究上也可算是一部集大成之作。其

---

① 马非百：《秦集史》，第 564—677 页。
② 晏昌贵、钟炜：《里耶秦简所见的阳陵与迁陵》，《中国历史地理论丛》2006 年第 4 期，第 85—91 页。
③ 周晓陆、路东之：《空前的收获重大的课题——古陶文明博物馆藏秦封泥综述》，《西北大学学报（哲学社会科学版）》1997 年第 1 期，第 3—14 页。
④ 周伟洲：《新发现的秦封泥与秦代郡县制》，《西北大学学报（哲学社会科学版）》1997 第 1 期，第 30—37 页。

中有专门讨论秦代政区地理的内容,对该书所收封泥的秦郡县体系有系统的整理,多有创获。① 此外,刘庆柱和李毓芳对中国社会科学院考古研究所汉长安城考古队于 2000 年科学发掘的部分秦封泥作了简要考释,其中有不少新见秦县。周晓陆等人 2005 年在《于京新见秦封泥中的地理内容》一文中又将其新见部分封泥作了著录,其中新见秦县亦为数不少。②

由于出土文献的相对丰富,秦郡领县的研究在一定程度上开始成为可能。譬如徐卫民先生对秦内史的置县情况进行了考察。③ 后晓荣先生率先将传世文献与出土封泥、玺印等文献结合起来对秦郡领县进行了系统考察。后氏《秦代政区地理》全书中秦县部分占有相当的比重,全书考证秦置县共计 732 县,加上地望不详县一级单位 24 个,共 756 县,这一数目远远超出上文所述史念海、谭其骧、马非百等人认定的秦县数目。④ 何慕博士的博士学位论文《秦代政区研究》对秦代置县也作了专题研究,全文共考证落实秦县 440 多个。⑤

晏昌贵先生以里耶秦简为资料来源,辑录见于里耶秦简的秦县 129 个及若干待考秦县。并就期复原了秦洞庭郡的全部属县,据《汉志》所载武陵十三县,除佷山外,均已见于里耶秦简。其中索、临沅、沅陵、镡成、迁陵、酉阳、零阳、充八县,明确属于洞庭郡;孱陵、无阳、辰阳、义陵四县,也可能具有相同属性。益阳于《汉书·地理志》属长沙国,此时属洞庭。新武陵、蓬、上衍、门浅、安阳,未见于《汉志》。此外,9-26 说"镡成以便近道次尽下新县",意味着在镡成以远,至少一度还有洞庭属县的存在。⑥

南郡是秦帝国南部边疆的核心区和南部治理的桥头堡。有学者据张家山汉简《二年律令·秩律》、江陵松柏木牍户口登记簿册以及《汉书·地理志》相关部分,辑录了其中的南郡属县,如庄小霞得 13 县、晏昌贵得 12 县,《中国行政区划通史·秦汉卷》"秦代政区"得 19 县。郭涛重新梳理学界成果,提出明确的秦南郡属县约有 16 个,分别是:江陵、当阳、销、临沮、鄢、竟陵、安陆、州陵、沙羡、下隽、夷道、夷陵、秭归、巫、孱陵、醴阳。这 16 个县大抵是秦南郡稳定时期的属县名目,和《二年律令·秩律》所载南郡政区相比

---

① 周晓陆、路东之:《秦封泥集》。
② 周晓陆等:《于京新见秦封泥中的地理内容》,《西北大学学报(哲学社会科学版)》2005 年第 4 期。
③ 徐卫民:《秦内史置县研究》,《中国历史地理论丛》2005 年第 1 期,第 42—48 页。
④ 后晓荣:《秦代政区地理》。
⑤ 何慕:《秦代政区研究》。
⑥ 晏昌贵:《里耶秦简牍所见郡县名录》,《历史地理》第 30 辑;《里耶秦简牍所见郡县订补》,《历史地理研究》2019 年第 1 期。

仅存在当阳与西陵的差别。①

吴良宝、秦风鹤对战国、秦内史所辖的秦县目进行梳理,认为有出土资料能够证明的秦代内史辖县有 35 个：丽邑、蓝田、宁秦、咸阳、下邽、杜、高陵、茝阳、栎阳、翟道、夏阳、好畤、杜阳、频阳、临晋、重泉、郃阳、武城、戏、怀德、云阳、槐里、废丘、美阳、上洛、胡、櫟、郿、雍、漆、商、汧、虢、郑、衙。另有 11 县级资料尚有争议;同时指出这些县设置时间早晚不一,内史县的数目存在一个不断变化的动态过程。②

晏昌贵先生在研究洞庭属县变化的时候还揭示出一个秦县演变的重要现象。他说,过去我们估计秦县的数量,一是根据《汉志》所载西汉末年的 1587(或 1578)县往前逆推,二是根据春秋战国县邑向后顺数,得出的秦县数目大致在 1 000 个左右。这里面有个思维定式,总以为历史的发展越往后越发达,譬如积薪,后来居上,相应地,县的数量也是越到后来数量越多。但假如我们拿秦洞庭郡和汉末武陵郡比较,就会发现秦县的数量远多于汉县,这就提醒我们注意：第一,秦县的数量并不像我们以前估计的那样少,尤其是在南方山地;第二,秦县多来自战国,多为军事防御性的城邑,军事功能强而经济功能弱,待天下大势已定,经济愈加发达,有些军事性质的县邑往往就被裁省归并,县的数量反而减少了。③

---

① 郭涛：《秦代南郡属县订补》,《江汉考古》2020 年第 5 期。
② 吴良宝、秦风鹤：《战国至秦代内史辖县新考》,《社会科学战线》2016 年第 2 期。
③ 晏昌贵：《里耶秦简牍所见郡县订补》,《历史地理研究》2019 年第 1 期。

第七章 解决秦郡界域问题的取径

第一节 关于秦县认定标准的几点思考

班固在《汉志》中所标举的秦县在十个上下，其方式是在自注中注明"秦曰某"或直接注明为"秦某公置"。① 但是秦置县数目远不止此数，据《史记·秦本纪》记载孝公十二年"并诸小乡聚，集为大县"时就有"四十一县"（《商君列传》作三十一县）。

关于秦县的数目，杨守敬估计在八九百左右，严耕望、周振鹤先生估数在一千左右。② 不过这些都是在《汉志》所载汉县数目基础上的估测，并未经过细致地考证。至史念海先生作《秦县考》一文，方才开创了秦县研究的新局面，史氏文中共考得秦县321个，远远超出了班固《汉志》、郦道元《水经注》中注记的数量。谭其骧先生《中国历史地图集》秦图部分对县、邑进行了区分，县、邑两类政区的总数共有323个，大致与史氏持平，但是实际上所考县目并不一致。马非百先生所著《秦集史》在《郡县志》部分共考得秦县424个，较之史、谭二氏，数目增加一百余。值得注意的是，后晓荣先生新著《秦代政区地理》利用出土文献的材料共考得秦县732个，较之史、谭二氏，数量几乎翻了一番。

那么秦县的数目为什么会出现这么大的突破呢？一方面原因在于大量出土文献改变了先前单纯利用传世文献来考证秦县的不足。另一方面则在于研究者对秦置县的认定标准上存在偏差。我们注意到，史念海先生当年考证秦县的时候并未在文中交代其认定秦县的标准，直到谭其骧先生在"秦时期图组编例"中明确才明确提出认定秦县的三条原则，即：

---

① 譬如《汉志》京兆尹新丰县下班固自注云："骊山在南，故骊戎国。秦曰骊邑。高祖七年置。"又如《汉志》京兆尹蓝田县下班固自注云："山出美玉，有虎候山祠，秦孝公置也。"

② 杨守敬：《历代舆地沿革图》第一册；严耕望：《中国地方行政制度史——秦汉地方行政制度》；周振鹤：《西汉政区地理》。

一部分是见于唐宋以前史籍中的"秦置"县;一部分是见于战国记载而在西汉时尚存在的县;此外,凡见于秦灭六国至西汉统一以前的地名西汉时是县的,也作为秦县画出。①

谭其骧先生利用这一原则区分秦县,并在图上标注出一部分聚邑,但由于体例的限制,各县的详细考释文字未能随图集一起发表。因此其确定聚邑的标准我们不得而知。不过我们也应该注意到,谭其骧先生提出的原则是针对传世文献而言的,在出土文献中是否同样适用尚有待进一步考察。后晓荣先生在著作中也提及这三条原则,并结合出土文献的情况另提出一条原则,即:

考古资料所见能确证西汉初年已置县者,基本上都可以确认沿袭秦置县。②

其实这一原则基本上只是针对张家山汉简《秩律》而言。推而广之,固然也能适用于新出的松柏 1 号墓汉代木牍,但是出土文献并不仅仅只有汉代简牍。就时代而言,有战国的、秦汉的;就门类而言,有兵器铭文、货币铭文、陶文、封泥、玺印、简牍等多种。在利用不同时代、门类的出土材料确认秦县时候该遵循什么样的原则,这不是后氏所提出的一条原则能够包举的。特别是战国时期的兵器铭文、货币铭文、陶文等题铭类资料中往往除了地名外,没有可以与之关联的信息,这些地名是否都为县名就值得怀疑,而后氏在《秦代政区地理》一书中大致是将见诸出土资料上的地名一律视为县名,在考证过程中也未作出更多的说明,这种做法难免会将一些本未置县的居民点(乡邑)也视作秦县,似有将秦置县扩大化的倾向。有鉴于此,如何利用出土文献来确认秦县就成为一个迫切需要解决的课题。

李家浩先生早在 20 世纪 80 年代就对燕、齐、三晋等系文字中"县"字的写法作了系统考释,这对于辨别出土资料中的六国置县具有重要的指导意义。③ 此外,战国出土文字资料中常见有一个通常隶定作"邑"字,目前主要

---

① 谭其骧主编:《中国历史地图集》第二册,第 3—12 页。
② 后晓荣:《秦代政区地理》,第 121—122 页。
③ 李家浩:《先秦文字中的"县"》,原载《文史》第 28 辑,收入《著名中年语言学家自选集——李家浩卷》,安徽教育出版社 2002 年,第 15—34 页。

有释宫、释邑、释序、释宛、释宫等说。① 赵平安先生的意见是释为"宛"读为"县"。② 这一意见对于战国时期各国置县的辨识亦有重要意义。不过文献中直接称县的记载毕竟属于少数。更多的县需要通过其他途径来认识。在这一方面，陈伟先生对包山楚简所载楚县的研究极具启发性。陈师从"司法职权""名籍管理"和"职官设置"三个方面提出判断楚县的具体标准，③这对于我们研究出土文献中秦县判断标准问题具有重要的指导意义。颜世铉先生在陈师研究的基础上进而提出判断包山楚简秦县的八条标准。④ 吴良宝先生在研究战国秦汉地理问题时就秦置县认定标准问题持续关注，作了深入的辨析，提出了一些新的见解，颇有参考价值。⑤

在此基础上，我们试从下述三个方面就秦县的认定的标准问题作一初步的分析。

一、职官制度与秦县确认

陈伟先生在研究春秋楚县的认定标时曾提出四条原则，其中有两条是这样说的，"有'县公'或'某（指地名）公'之称者，有'某（指地名）尹'之称或类似记载者"。⑥ 县公、县尹是具有楚国特色的县级主官称谓，因此称某公、某尹者可视作县名。这是利用楚国职官制度来判断春秋楚县的显著例子。

就秦代县级职官而言。《史记·秦本纪》谓孝公十二年"并诸小乡聚，集为大县，县一令"，又《商君列传》载同事云："集小都乡邑聚为县，置令、丞。"又，《六国年表》孝公十三年栏记"初为县有秩吏"。这里所见秦县的官吏有令、丞、有秩三类。《汉书·百官公卿表》又载："县令、长，皆秦官，掌治其县。万户以上为令，秩千石至六百石。减万户为长，秩五百石至三百石。皆有丞、尉，秩四百石至二百石，是为长吏。百石以下有斗食、佐史之秩，是

---

① 叶其峰：《战国官玺的国别及有关问题》，《古玺印与古玺印鉴定》，文物出版社1997年，第222—230页；李学勤：《楚国夫人玺与战国时的江陵》，《江汉论坛》1982年第7期；高明：《古陶文汇编》，中华书局1990年；湖北省荆沙铁路考古队：《包山楚简》，文物出版社1991年；何琳仪：《战国古文字典》，中华书局1998年，第1371页；罗运环：《宫字考辨》，《古文字研究》第24辑，中华书局2002年，第345—346页。
② 赵平安：《战国文字中的"宛"及其相关问题研究——以与县有关的资料为中心》，《第四届国际中国古文字学研讨会论文集——新世纪的古文字学与经典诠释》，香港中文大学中国语言及文学系2003年10月；赵平安：《战国文字中的"宛"及其相关问题研究（附补记）》，简帛网2006年4月10日。
③ 陈伟：《包山楚简初探》，武汉大学出版社1996年，第94—107页。
④ 颜世铉：《包山楚简地名研究》，台湾大学中国文学研究所硕士学位论文1997年，第114—115页。
⑤ 吴良宝：《战国楚简地名辑证》，武汉大学出版社2010年，第145—165页。
⑥ 陈伟：《楚"东国"地理研究》，武汉大学出版社1992年，第182—194页。

为少吏。"这是传世文献中所见秦代县级职官。证之以出土秦简,秦有"令"而无"长",但是县令又可称为"县啬夫"或"大啬夫",①此外还设置有守丞、司马、司空、少内、令史等职。

"守丞"一职曾引起较多争议,最显著的例子就是《史记·陈涉世家》中"陈守令皆不在,独守丞与战谯门中"这句话曾引起陈郡有无的大论战。而在出土秦简牍中"守""丞""守丞"又比较多见,这极易引起误会。特别是里耶秦简出土之后,学术界围绕这个问题重新展开讨论。有学者认为里耶秦简之"守""丞""守丞"含义相同,都是指长官。②另有学者则认为"守"是"官长"的泛称。③ 其实这些看法都值得商榷。《集成》11331著录有一件1976年在江西遂川东垴头发现的"廿二年临汾守嚊"戈,有学者认为秦时临汾为河东郡治所。但据史书记载河东郡治安邑不是临汾。于是又出现先治安邑,后迁临汾之说。④ 甚至有学者怀疑临汾可能是文献失载的郡名,⑤而这些看法都没有文献依据。同样的例子还有岳麓秦简中出现的"州陵守",曾经有学者认为是州陵是郡名,经过陈伟先生的考证,可知州陵其实是南郡属县。⑥ 上文苍梧郡提及的"廿六年临湘守戈"也是同样的例子。明白了这些问题,那么"守"应该如李学勤先生等先生指出的那样理解为"守令"的省称。⑦

---

① 关于"大啬夫""县啬夫"的性质。学界存在不同看法,一般看法是主张"县啬夫""大啬夫"均指县令,这一观点以睡虎地秦简整理小组为代表。另一派学者主张不能在三种之间画等号,但各家的解释又有所区别。钱剑夫先生认为由小邑并成的小县置"啬夫"而不置"令"。高敏先生认为"县啬夫"是"县令"的助手。所以"县啬夫"的地位几乎与令、丞相当。工藤元男先生认为《语书》中的县啬夫是在南郡设置后吸收了故国的县啬夫。它是从原来的大夫阶层中分解出来的,故而是地方性很强的势力。以后,这种旧县逐渐被纳入令丞体制,中央向当地派遣令丞,与他们实行一种共同统治。苏卫国先生提出县啬夫是郡府分部下派监理县政之吏。参钱剑夫:《秦汉啬夫考》,《中国史研究》1980年第1期;高敏:《论秦律中的"啬夫"一官》,《云梦秦简初探》,河南人民出版社1979年;工藤元男:《云梦睡虎地秦简所见县、道啬夫和大啬夫》,《简帛研究译丛》(第1辑),湖南出版社1996年;苏卫国:《重新定位"县啬夫"的思考》,《史学月刊》2006年第4期。
② 杨宗兵:《里耶秦简县"守"、"丞"、"守丞"同义说》,《北方论丛》2004年第6期,第11—14页。
③ 于振波:《说"县令"确为秦制》,简帛研究网2005年7月30日。
④ 杨宽:《战国史》(增订本),第684页。
⑤ 王辉:《秦铜器铭文编年集释》;王伟:《秦置郡补考》,纪念徐中舒先生诞辰110周年国际学术研讨会论文集,2009年4月。
⑥ 陈伟:《"江胡"与"州陵"——岳麓书院藏秦简中的两个地名初考》,《中国历史地理论丛》2010年第1期,第116—119页。
⑦ 李学勤:《〈秦谳书〉与秦汉铭文中的职官省称》,见于中国政法大学法律古籍整理研究所编:《中国古代法律文献研究》第1辑。关于职官省称的研究另参裘锡圭:《啬夫初探》,《古代文史研究新探》,江苏古籍出版社1992年,第430—523页;张金光:《秦制研究》,第571—572页;刘乐贤:《里耶秦简和孔家坡汉简中的职官名称》,《文物》2007年第9期。

不过仅仅了解秦代县级政区设有哪些职官还不够,因为同样的职官名可能在不同级别政权的官署中使用。譬如陈伟先生曾指出秦代郡、县两级政权都有守、尉之名。① 里耶秦简载有"乡守",可见不能因为出现以"守"为后缀的地名就径直判断其为郡或者为县。再譬如说,"丞"这一职名,不仅见于县级职官,在中央官署亦多有以丞为名者,如秦封泥多见奉常丞、都水丞、太医丞、郎中丞、泰(大)内丞、泰仓丞等。另外如司空、候丞等官职,郡县乃至中央官署都可以设置。这样秦封泥所见"恒山候丞""泰山司空"之类封泥的性质就较为复杂,这也造成学界对其性质的认识产生分歧。再譬如仓曹、户曹等列曹职名不仅见于县级政区,郡级政区亦对应有相同的各曹署。对于此类问题,不能简单地将其所附地名定为秦县,而是要作具体的分析。

二、籍贯书法与秦县确认

在居延汉简中有所谓"名县爵里"的记载,如:②

  ☑寿王敢言之。戍卒巨鹿郡广阿临利里潘甲疾温不幸死,谨与
  ☑□楮椟,参絜坚约,刻书<u>名县爵里</u>楮敦,参辨券书其衣器所以收
                     7.31
  鞫毄书到,定<u>名县爵里年</u>☑。   239.46
  ☑史商敢言之。爰书:鄣卒魏郡内安定里霍不职等五人□□□□
  □□敞剑庭刺伤状。先以证不言请出入罪人辞
  ☑乃爰书。不职等辞<u>县爵里年姓</u>各如牒。不职等辞曰:敞实□剑
  庭自刺伤,皆证。所置辞审,它如□□(觚)
                     3.35
  ☑<u>县爵里年姓官秩</u>它   214.127

所谓"名县爵里"亦见《汉书·宣帝纪》:

  令郡国岁上系囚以掠笞若瘐死者所坐名县爵里。

颜师古注曰:"名,其人名也。县,所属县也。爵,其身之官爵也。里,所居邑里也。"这里所谓县就是指事主的籍贯。胡宝国先生曾对《史记》《汉

---

① 陈伟:《秦苍梧、洞庭二郡刍论》,《历史研究》2003年第5期。
② 谢桂华等:《居延汉简释文合校》,文物出版社1987年。

书》籍贯书法差异进行专门的研究,他指出秦乃至西汉中期以前在籍贯地的书法上一直继承和保持着战国以来以县为人物籍贯的特点;而西汉中期以后,以郡为籍贯才渐成主流。① 证之以秦简材料,大致不差,如里耶 8-134 有"竟陵荡阴狼",竟陵为县名。再如里耶 9-1 有"阳陵宜居士伍毋死",阳陵亦为县名。睡虎地《秦律十八种·仓律》云:"边县者,复数其县。"这是有关赎隶臣的规定,意思是说,原籍在边远县的,被赎后应将户籍迁回原县。如此看来,秦时的确是以县为籍贯的。明确了这一原则,那么战国至秦以前文献(至晚不过西汉中期)中在人物籍贯地中县名位置出现的地名大致都可以作为秦县来对待。

不过,也有比较特殊的情形。据张家山汉简《二年律令·户律》328—330 的记载,秦汉时乡级政府担负着户口登记、变更、管理的职责,在这种情况下,登记户籍的簿籍中人物籍贯的县、乡两级的信息已经默认为户口所在地的县、乡,所以在户口登记时便直接登记人物的里籍即可。张春龙先生曾著文公布了里耶秦简所见的部分户籍简牍,我们略引几条如下:②

南里户人大女子分。☐Ⅰ
子小男子 施 ☐Ⅱ 8-237
成里户人司寇宜。☐Ⅰ
下妻齿。☐Ⅱ 8-1028
东成户人大夫寡晏☐
子小女子女已☐
子小女子不唯☐ 9-566

张文所引此类户籍简有 26 条,其中户主籍贯信息都是只注明里籍,无一例外。在此之前,张氏曾公布了一组出土于里耶古城北护城壕中段底部一凹坑(K11)中的户籍简牍,③这批户籍简牍共 24 枚,其中 10 枚完整,另外有 14 枚为残简。现略引一则如下:

---

① 胡宝国:《汉唐间史学的发展》,商务印书馆 2003 年,第 1—9 页。
② 张春龙:《里耶秦简所见户籍和人口管理》,中国社会科学院考古研究所等:《里耶古城·秦简与秦文化研究——中国里耶古城·秦简与秦文化国际学术研讨会论文集》,科学出版社 2009 年,第 188—195 页。
③ 这部分户籍简最初是张春龙氏在出席武汉大学简帛研究中心主办的"中国简帛学国际论坛 2006"时提交《里耶秦简校券和户籍简》一文中公布的。本文引用时以《里耶发掘报告》(岳麓书社 2007 年 1 月)为准。

(K1/25/50)

第一栏：南阳户人荆不更黄得

第二栏：妻曰嗛

第三栏：子小上造台

　　　　子小上造

　　　　子小上造 定

第四栏：子小女虑

　　　　子小女移

　　　　子小女 平

第五栏：五（伍）长

简文所记户主籍贯这一项为"南阳"，其他数例也无例外。关于"南阳"的性质这一问题曾引起较大的争议。《里耶发掘报告》指出：

"南阳"在此处可能是里名，也可能是郡名，联系到"荆"字，"南阳"表示郡名的可能性似乎更大。然而，南阳郡人的户籍为什么出现在这里？却是一个值得探讨的问题。①

邢义田先生对此有不同看法，他指出：

如果参读其他汉代"户人"一词出现的脉络，可以确言此处之南阳应是里名，不会是郡名。第一，依秦汉公文书书写爵里的惯例，写在爵名之前的一律为郡、县、里名，偶尔有书乡名的，从不曾见郡名之后直接书写户人某某之例。第二，南阳作为乡里名称，在秦汉之时十分常见。孙慰祖《古封泥集成》收录"南阳乡印"多达六例。而居延新旧简中都有南阳里之例（《居延汉简合校》15.2："济阴郡成阳县南阳里狄奉"、《居延新简》EPT56∶68："南阳里"）。第三，"户人"之前书里名的直接证据见于湖北江陵凤凰山十号文景时代墓出土的郑里户人廪簿和一六八号墓衡杆文字中有"市阳户人婴家"，市阳与它简参证，明确指市阳里无误。又敦煌悬泉简中有"骊靬武都里户人大女高者君"云云（《敦煌悬泉汉简释粹》简六三，上海古籍出版社，2001，页61）。此简时代虽较

---

① 湖南省文物考古研究所：《里耶发掘报告》，第208页。

晚,无疑是沿袭渊源甚早的文书格式。①

此外张荣强、李成珪、田旭东、黎明钊、陈絜等人对"南阳里户版"都有专门的讨论,各家的研究结论大致接近。② 结合张文所引 26 条户籍简的例子以及上文的分析,我们认为将"南阳"视作里名是正确妥当的。

不过由于这类乡里名有时候与郡、县名相同,很多时候容易导致误判。南阳之所以会被误认作郡名是因为秦汉都有南阳郡的缘故。现在我们既然知道秦代不称郡籍,自然就不再会将上述户籍简中的南阳视作郡了。不过县、乡名相同的情况就比较难辨了。如"栎阳乡印"与《汉志》左冯翊下栎阳县同名。"安平乡印"与见于《汉志》涿郡和豫章郡之安平县同名。"高陵乡印"与见于《汉志》左冯翊和琅邪郡之高陵县同名。③《秦封泥集》著录的"𨽍乡""安乡""安国乡""台乡""朝阳乡印""新息乡印""白水乡印""西平乡印""阳夏乡印""南成乡印""南阳乡印"等均属于此类情形。④ 其中"安国乡""新息乡印""白水乡印""西平乡印""阳夏乡印""南成乡印""南阳乡印"等原著录于《续封泥考略》,此前均以汉封泥视之。陈直先生认为西汉初中期最重都乡制度,都乡为各乡之首,而这种冠以县名的乡印属于都乡。⑤ 而王辉先生的看法是将此类乡名看作与之同名某县之属乡,譬如说栎阳乡为栎阳县之属乡等。⑥《秦封泥集》的看法比较谨慎,大致是将其看作与同名某县无关之乡名。⑦ 王伟先生则结合"集小乡邑聚为县"的过程提出这些乡名可能开始时仅为"乡"的建制,后来发展到"县"。鉴于"𨽍乡""阳夏乡印"与"𨽍丞之印""阳夏丞印"并见,王伟氏又提出"存世的秦乡印不是一个历史时期的遗存"的看法。⑧

---

① 邢义田:《龙山里耶秦迁陵县城遗址出土某乡南阳里户籍简试探》,简帛网 2007 年 11 月 3 日。
② 张荣强:《湖南里耶所出"秦代迁陵县南阳里户版"研究》,《北京师范大学学报(社会科学版)》2008 年第 4 期;李成珪:《里耶秦简南阳户人户籍与秦迁徙政策》,《中国学报》第 57 辑,2008 年(按此文未见,转引自尹在硕:《韩国的秦简研究(1979—2008)》,《简帛》第 4 辑,上海古籍出版社 2009 年,第 71 页);田旭东:《里耶秦简所见的秦代户籍格式和相关问题》,《四川文物》2009 年第 1 期;黎明钊:《里耶秦简:户籍档案的探讨》,《中国史研究》2009 年第 2 期;陈絜:《里耶"户籍简"与战国末期的基层社会》,《历史研究》2009 年第 5 期。
③ "栎阳乡印""安平乡印""高陵乡印",参阅王辉:《秦文字集证》,艺文印书馆 1999 年,第 243—244 页。
④ 周晓陆、路东之编著:《秦封泥集》,第 340—360 页。
⑤ 陈直:《汉书新证》,第 136—137 页。
⑥ 王辉:《秦文字集证》,第 243—244 页。
⑦ 周晓陆、路东之:《秦封泥集》,第 352—363 页。
⑧ 王伟:《秦玺印封泥职官地理研究》,第 155 页。

今按,上引例子数量较多,可见此类现象较为普遍,基本上可以排除偶然巧合的可能性。陈氏直先生"都乡说"看似合理,不过此说是在文献中未发现"都乡"直接记载的情况下提出来的。而在里耶秦简中都乡与启陵乡、贰春乡等乡名并存,可见"都乡说"并不可靠。"属乡说"与"都乡说"大致类似,亦无根据。王伟氏的"乡、县演变说"初看之下有一定的道理,不过由于封泥的时代难以明确判断,所以他用不同时期遗存来解释县乡同名封泥并见的说法无法得到证实。关于这个问题,学界对南阳里户籍的研究颇具启发意义。从上文的讨论可知"南阳"为里名这一点应该被肯定下来。问题的关键是南阳里人的户籍为什么出现在里耶古城北护城壕中段底部一凹坑(K11)中?对此,黎明钊先生给出的解释是:

> 里耶户籍简牍二十余户南阳里编户的家庭很可能是来自南阳郡的新移民,著籍于里耶,并命名其居住地为南阳里,因此在户籍册上登录名事邑里的地方写上"南阳"。①

李成珪先生也有类似的看法。② 我们都知道,秦在兼并六国过程中以及秦王朝建立之后很长一段时间之内,为了巩固其统治,一直采取迁徙人民的策略。结合这一背景来看我们上文所提出的疑问,不难发现地名随人迁徙是解释乡县同名现象的一种较为合理的途径。由此可见,与县同名的乡名极有可能是某县居民在迁徙到新地后以原籍贯来命名其所居之乡里而产生的,因此才会出现大量县、乡同名的现象,这一情形符合历史上地名随人搬家的一般规律。③

三、题铭制度与秦县确认

题铭类出土材料包含的种类较多,但就刻铭内容来讲,以兵器铭文、货币铭文中包含的地名信息最为丰富。以往研究者关注较多的往往是其中地名的文字考释与地望确认。就目前的研究进展来看,在文字释读的基础上,多数刻铭都可以在传世文献中找到有明确对应关系的地名。以前的研究工作一般就到此为止,而忽略了进一步分析地名之间的差异。其实不同地名的性质也是有差别的。譬如说有的属于郡名、有的属于县名、有的是封邑

---

① 黎明钊:《里耶秦简:户籍档案的探讨》,《中国史研究》2009年第2期。
② 李成珪:《里耶秦简南阳户人户籍与秦迁徙政策》,《中国学报》第57辑,2008年(按此文未见,转引自尹在硕:《韩国的秦简研究(1979—2008)》,《简帛》第4辑,第71页)。
③ 参阅鲁西奇、罗杜芳:《地名迁置漫谈》,《寻根》2002年第2期。

名,另有一些则属于基层乡里名。如果能在考释地望的基础上进一步就地名自身所反映的行政层级属性加以探讨,这无疑对地方行政制度的研究有着更为重要的意义。

那么这些地名的行政层级又如何能通过题铭自身判断出来呢？这就涉及与题铭制度相辅而行的工官制度。工官一词始见于汉代文献,但是从睡虎地秦简中有关工的律令来看,战国时期官营手工业已经十分发达,并有一套完整的题铭刻久制度。① 其刻久的内容虽有繁简之别,但大致都包括造者、主者、督造者、产地等内容。因此分析地名自身的层级属性应从工官制度自身来加以考察。

春秋战国之交是郡县制度逐步发展确立的时期,特别是战国中期以后,各诸侯国已经开始普遍置设郡县。秦孝公更是在商鞅的推动下开展了"并诸小乡聚,集为大县"的运动。而这一时期也正是题铭制度由"物勒主名"过渡到"物勒工名"的时期。这一变革反映在题铭刻久的内容上,突出地表现为铭刻地名具有不同的属性。下面分别就兵器铭文、货币铭文等文献中所见地名的行政层级属性如何确定这一问题做一点初步的探讨。

兵器铭文中记载的地名性质比较复杂,要弄清楚不同地名之间的差别有一定的难度。而且由于各诸侯国兵器铭文的刻久制度不尽相同,限于篇幅,我们只拟就秦国兵器铭文为例来作一点简单的说明。秦系兵器铭文分国断代的研究工作前后有多位学者做过系统的研究,②其中有一些比较成熟的意见可以作为我们研究的前提。秦兵器制造分属中央、地方两个系统,地方制造单位主要在边郡,督造者为郡守,加刻的地名为使用地；此外短铭兵器只刻地名,表示兵器的使用地。另外还有少量兵器六国地名与秦地名同现,乃是战争俘获六国兵器后加刻的地名,表示其使用地。黄盛璋先生在《秦兵器分国、断代与有关制度研究》一文中列表说明了秦兵所见地名,从这部分内容来看,所有表示兵器使用地的地名都为秦县。

货币铭文所见的地名大约有 400 个,③那么这些地名是否都为县名呢？这一问题主要取决于两个方面。其一,战国时各国货币的铸造权限在哪一

---

① 睡虎地秦简《秦律十八种》有《工律》《均工律》和《工人程》,《工律》103 号简载"公甲兵各以其官名刻久之,其不可刻久者,以丹若髹书之",这是关于甲兵刻久的规定。

② 袁仲一:《秦中央督造的兵器刻辞综述》,《考古与文物》1984 年第 5 期;陈平:《试论战国型秦兵的年代及有关问题》,收入《中国考古学研究论集——纪念夏鼐先生考古五十周年》,第 310—335 页;黄盛璋:《秦兵器分国、断代与有关制度研究》:《古文字研究》第 21 辑,第 227—285 页;董珊:《战国题铭与工官制度》,北京大学博士学位论文 2002 年。

③ 黄锡全:《先秦货币中的地名》,《先秦货币研究》,中华书局 2001 年,第 368 页。

级政府;其二,货币铭文所见地名是否一定为铸造地。就第一点来讲,战国时国家专营的铸钱业有三种类型,第一类是以秦、齐为代表的中央专营型;第二类是以三晋为代表的中央、地方并营型;第三类为燕、楚,其特点是主币由中央铸造,辅币由地方铸造。就第二点来讲,货币铭文所载400余地名中只有28处可判定为铸造地。① 由于货币铸造地一般为各国商业经济中心,属于都会城市,这些地名作为县名看待问题不大。而那些无法判断为货币铸造地的地名是否置县则颇为困难。吴良宝先生曾提出三晋货币铭文中所见地名均为县名。其立论的依据是货币铭文中一些地名也见于县令监造的兵器铭文中,因此他认为战国中晚期三晋各国的货币铸造还是由县邑来执行。在此基础上他指出其他三晋货币铭文上的地名也属于县名。②

今按,吴氏的第一层论述可信,即见于县令监造的兵器铭文中的地名,如果在货币铭文中出现,可以作为县名来看待。不过吴氏在此基础上进而推定三晋各国的货币铸造一定都是由县邑来执行,这一论述可似有商。县与邑在地方行政系统中是级别不同的两种政区概念。邑(乡邑之邑)是不能与县等同的,秦汉时期另有与县、道同大致等同的公主、列侯的食邑,乡邑之邑与食邑之邑是两种性质不同的概念。如果吴氏所指的"县邑"为前者,那么在此基础上推定三晋货币铭文上的地名都属于县名则有不妥。如果是后者,那么这个前提本身就存在疑问。如前所述,三晋国货币的铸造由哪一级政区来完成尚不明晰,更重要的是,是否所有铭刻在货币上的地名都为铸造地仍是较大的问题。因此判断货币铭文所载地名是否置县还需要继续探讨。

第二节 领县与界域

我们在上文曾经指出,谭其骧先生的《界址考》一文在无法确定各郡领县的情况下,采取将史籍记载与山川地理形势结合起来的办法,综合分析考定各郡界域。由于资料的限制,文中不得不利用《汉志》这一反映西汉末年郡界的资料来逆推秦郡的界址。③ 当然这是在受制于材料的情况下所采取的一种非常聪明的变通式的研究途径,在那时固然能取得一定的成果,但我

---

① 陈隆文:《春秋战国货币地理研究》,人民出版社2006年,第200—201页。
② 吴良宝:《战国文字所见三晋置县辑考》,《中国史研究》2002年第4期。
③ 谭其骧《秦郡新考》一文考证秦末46郡,连同内史共47个郡级政区,而《秦郡界址考》一文只论及其中25个郡和内史的边界。至于另外21个郡的边界,或是认同杨氏的意见。参阅氏著《长水集》(上),第13—21页。

们也应该看到这种研究并不能真正解决秦郡的界域问题，因此一旦条件成熟，最终还是需要采取领县分析的方式来进一步更精确地确定各郡的界域。

就目前的资料积累来看，两方面的条件都比当年丰富许多。一方面，在出土简牍与秦封泥中有关秦代置县的材料日益丰富的背景下，领县分析的方法开始成为可能。另一方面，张家山汉简《秩律》也提供了一个较《汉志》更靠近秦代的坐标，为进一步研究秦郡的界域提供了更接近秦代区划面貌的第一手材料。因此根据《秩律》记录县名来复原的秦郡界域较之《汉志》逆推出的秦郡界域应更加接近秦代的本来面貌。

不过目前掌握的秦县资料仍然有限。单纯地采取一种方法仍然不能解决问题，因此，在秦郡界域的考述中我们尽量将界址分析与领县分析两种方法结合起来，力求能有所推进。

考虑到郡区边界往往与自然山川形势相合，我们采取《中国历史地图集》秦图部分的办法将秦之界域分为四个大的区域：一、关中诸郡，二、山东南部诸郡，三、山东北部诸郡，四、淮汉以南诸郡。

在每个郡下面我们首先考察其领县情况，为了直观地反映各家观点的差异，我们用表格的形式将各家的意见录列出来，主要的几家包括：马非百（《秦集史》，第 564—677 页）、王蘧常（《秦史》）、谭其骧（《中国历史地图集》第 2 册，第 3—12 页）、后晓荣（《秦代政区地理》）、何慕（《秦代政区研究》）、张莉（《中国行政区划通史·秦汉卷》，第 61—97 页）。① 在某些具体的秦郡方面，有学者撰写了论文进行研究，我们在相关部分也收入其意见，以供比较研究。

图表的好处是可以方便地查考不同学者在某郡领县认识上的不同，从而可将不同学者在郡界认识上的差异反映出来。在各家意见，我们也提出了自己的看法，具体而言，是用"■"表示秦的县道，用"●"表示秦的聚邑。但是图表不太方便阐述我们自己所提出具体结论的依据，作为一种补救的方式，我们在表中专列一栏，反映某县在出土文献中的置县证据，并在脚注中就一些与其他学者意见存在分歧的县作有简单的说明。

在秦郡界域讨论之后，本来应有相应的章节来讨论各县的认定及其沿革情况，并结合考古出土资料，对其地理位置作更具体的论述。由于时间关系，这部分内容未能全部完成，只能暂时付诸阙如，留待下一步研究来完成。

---

① 《中国行政区划通史·秦汉卷》秦代部分的执笔者为张莉，其相关意见是在吸收包括我的博士论文意见在内的各家意见的基础上提出的。此次博士论文修订，我将其意见一并纳入进来，方便学界比较参考。另外，张莉在文用■表示基本可确定为秦置县的，●表示为秦县的可能性较大，△表示为秦县的可能性较小，我们这里只择其用■表示的确置秦县。

正是这一原因,本文对各秦郡领县的判定可能会显得有些突兀,从而对秦郡领域的厘定也就缺少足够的学理分析。

另需说明的是,由于出土文献在不同秦郡上所反映的信息量并不均等,有些郡的界域可以借助出土文献作较为深入地讨论,这时候我们的论述尽量详细。而对于那些资料仍不丰富的秦郡,我们的认识无法取得突破,故在郡的界域问题上只能维持旧说或付之阙如。

第八章 秦郡界域新考(上)

第一节 关中诸郡(含内史)

1. 内史

除了马非百、王蘧常、谭其骧、后晓荣、何慕、张莉先生之外，徐卫民、①吴良宝和秦风鹤先生②也先后对内史置县进行了专门的研究。现将诸家意见列表如下。

内史置县道异同表

	马非百 42县	王蘧常 34县	谭其骧 27县	徐卫民 44县	后晓荣 41县	何慕 36县	吴良宝 35县	张莉 34县	本文认定 39县	《汉志》上属	出 土 资 料
1. 咸阳③	■		■	■	■	■	■	■	■	右扶风	《睡虎地》简 26 等，《奏谳书》简 103 等，《征存》0043"咸阳右乡"，《集》二·一·1"咸阳"半通印，《集》二·一·2"咸阳丞印"《集》二·一·2"咸阳工室丞"，《汇考》1163—1184"咸阳丞印""咸阳工室丞"，《汇考》1185—1188"咸阳工室丞"，《发掘》"咸阳丞印""咸阳工室"等，《集存》P574－584,《秦陶》110,《续补》33、34、37、40、41、42

---

① 徐卫民：《秦内史置县研究》，《中国历史地理论丛》2005 年第 1 期。
② 吴良宝、秦风鹤：《战国至秦代内史辖县新考》，《社会科学战线》2016 年第 2 期。
③ 《汉志》"渭城"县下班固自注："故咸阳，高帝元年更名新城，七年罢，属长安。"

续　表

	马非百 42县	王蘧常 34县	谭其骧 27县	徐卫民 44县	后晓荣 41县	何慕 36县	吴良宝 35县	张莉 34县	本文认定 39县	《汉志》上属	出土资料
2. 长安	■	■								京兆尹	
3. 频阳	■	■		■	■	■	■	■	■	左冯翊	《集》二·三·1"频阳丞印",《秦陶》"频阳工处",《秩律》简443,《集存》P591－594,《秦陶》930,《续补》245
4. 白水	■			■					归入汉中郡	广汉郡	
5. 夏阳	■	■	■	■	■	■	■	■	■	左冯翊	《秩律》简447,《集存》P669－670,《续补》746
6. 重泉	■	■	■	■	■	■	■	■	■	左冯翊	《集》二·三·2"重泉丞印",《秩律》简448,《集存》594－595
7. 宁秦①	■	■	■	■	■	■	■	■	■	京兆尹	《集》二·三·3"宁秦丞印",《集存》596,《秦陶》3252
8. 郑	■	■	■	■	■	■	■	■	■	京兆尹	《秩律》简448,《集存》P667－669
9. 下邽	■	■	■	■	■	■	■	■	■	京兆尹	《集》二·三·4"下邽丞印",《新见》"下邽",《秩律》简448,《集存》P597－599,《秦陶》931,1297
10. 栎阳	■	■	■	■	■	■	■	■	■	左冯翊	《新见》"栎阳丞印""栎阳左工室""栎阳左工室丞",《秩律》简443,《集存》P599－606,《秦陶》110,《续补》36、260、261、262、293

① 《汉志》"华阴"县下班固自注:"故阴晋,秦惠文王五年更名宁秦,高帝八年更名华阴。"

续 表

	马非百 42县	王蘧常 34县	谭其骧 27县	徐卫民 44县	后晓荣 41县	何慕 36县	吴良宝 35县	张莉 34县	本文认定 39县	《汉志》上属	出土资料
11. 高陵	■	■	■	■	■				■	左冯翊	《秦陶》2994"高市",《征存》39"高陵右尉",《集》二·三·5"高陵丞印",《集存》P606－615
12. 杜①	■	■	■	■	■				■	京兆尹	《集》二·三·7"杜丞之印",《集存》P616－619,《秦陶》2873
13. 芷阳	■	■	■	■	■	■	■		■	京兆尹	《征存》0004"芷阳少内",《集》二·三·8"芷阳丞印",《汇考》1269—1273"芷阳丞印",《汇考》1274"芷丞之印",《发掘》"芷阳□□",《集存》P620－622,《秦陶》1217,《续补》344
14. 云阳	■	■	■	■	■		■		■	左冯翊	《集》二·三·9"云阳丞印",《五十例》"云阳工丞",《秩律》简448,《集存》P622－624,《秦陶》3204
15. 泾阳	■			■					归入北地郡	安定郡	
16. 废丘	■	■	■	■	■	■	■		■	右扶风	《征存》0036"瀍丘左尉",《集》二·三·10、11"废丘""瀍丘丞印",《发掘》"瀍丘丞印",《集存》P624－630,《秦陶》1344,《续补》864

① 《汉志》"杜陵"县下班固自注:"故杜伯国,宣帝更名。"

续　表

	马非百 42县	王蘧常 34县	谭其骧 27县	徐卫民 44县	后晓荣 41县	何慕 36县	吴良宝 35县	张莉 34县	本文认定 39县	《汉志》上属	出　土　资　料
17. 斄	■		■	■	■	■	■	■	■	右扶风	《集》二·三·12"斄丞之印",《新见》"斄印",《秩律》简448,《集存》P630-634,《秦陶》3313,《续补》133、868
18. 美阳	■	■	■	■	■	■	■	■	■	右扶风	《集》二·三·13"美阳丞印",《秩律》简459,《集存》P634-635,《秦陶》1175
19. 武功	■		■	■		■				右扶风	
20. 临晋	■	■	■	■	■	■	■	■	■	左冯翊	《集》二·三·14"临晋丞印",《秩律》简443,《集存》P635-637,《秦陶》110、1199
21. 怀德	■		■	■	■	■	■	■	■	左冯翊	《集》二·三·15"裛德丞印",《汇考》1280"怀德丞印",《集存》P667,《续补》263
22. 弋阳①	阳陵	阳陵		■	■					左冯翊	
23. 郿	■	■	■	■	■	■	■	■	■	右扶风	《集》二·三·16"郿丞之印"②
24. 平阳	■		■		■				归入河东郡	河东郡	
25. 陈仓	■	■	■	■		■				右扶风	
26. 虢	■		■	■	■	■	■	■	■	右扶风	《汇考》1463"郭(虢)丞□□",《集存》P666-667

---

① 《汉志》"阳陵"下班固自注:"故弋阳,景帝更名。"
② 周晓陆先生注:"该品第一字残,当为郿字,秦县名。"

续表

	马非百 42县	王蘧常 34县	谭其骧 27县	徐卫民 44县	后晓荣 41县	何慕 36县	吴良宝 35县	张莉 34县	本文认定 39县	《汉志》上属	出土资料
27. 雍	■	■	■	■	■	■	■	■	■	右扶风	《征存》0054"雝丞之印",《发掘》"雝丞之印",《新见》"雍工室丞",《秩律》简443,《集存》P662-666,《续补》50、52
28. 好畤	■	■	■	■	■	■	■	■	■	右扶风	《汇考》1329"好畤丞印",《奏谳书》137,《秩律》简443,《集存》P637-639,《秦陶》1215
29. 漆	■	■		■	■	■			■	右扶风	《汇考》1316"漆丞□□",《秩律》简451"沭〈漆〉",《集存》P640
30. 栒邑	■		■	■	旬邑			■	归入北地郡	右扶风	《征存》34"栒邑尉印",《秩律》简451"楬〈栒〉邑",《集存》P640-642,《秦陶》1138,《续补》744、745
31. 杜阳	■	■	●	■	■	■	■	■	■	右扶风	《征存》0035"杜阳左尉",《新见》"杜阳丞印",《秩律》简451,《集存》P644-645,《续补》308
32. 丽邑①	■	■							■	京兆尹	《新见》"丽邑丞印",《奏谳书》简74"酈邑",《集存》P642-644,《秦陶》629
33. 胡②	■		●	■	湖县	■			■	京兆尹	《五十例》"胡印",《奏谳书》简17、27、28,《秩律》简447,《集存》P645-646
34. 武城	■		●	■	■	■	■		■	左冯翊	《秩律》简451,《集存》P656

① 《汉志》"新丰"县下班固自注:"秦曰骊邑。高祖七年置。"
② 《汉志》"胡"条下班固自注:"故曰胡,武帝建元年更名湖。"

续 表

	马非百 42县	王蘧常 34县	谭其骧 27县	徐卫民 44县	后晓荣 41县	何慕 36县	吴良宝 35县	张莉 34县	本文认定 39县	《汉志》上属	出 土 资 料
35. 鄂	■	■	●	■						右扶风	
36. 汧	■	■	■	■	■	■	■	■	■	右扶风	《奏谳书》简101、121,《秩律》简451,《秦陶》1206,《续补》886
37. 鄜	■	廘		■					■	左冯翊	《秩律》简459"酈",《续补》871
38. 衙	■	■	●	■	■	■	■	■	■	左冯翊	《集》二·三·17"衙丞之印",《秩律》简448,《集存》P654-655
39. 徵	■	■	●	■						左冯翊	
40. 郃阳	■		●	合阳	■	■			■	左冯翊	《秩律》简443,《集存》P657-658
41. 商	■		●	■	■	■	■	■	■	弘农郡	《货系》153,《秦陶》1293、3302等"商昌""商□",《集》二·三·20"商丞之印",《新见》"商印"《汇考》"商丞之印""商库",《发掘》"商丞之印",《秩律》简451,《集存》P651-653
42. 蓝田	■	■	■	■	■	■	■	■	■	京兆尹	《集》二·三·6"蓝田丞印",《秩律》简448,《集存》P648-651,《秦陶》1189,《续补》292
43. 谷口				■						左冯翊	
44. 杜平				■						无	
45. 华阳				■						无	《发掘》"华阳丞印",《汇考》884"华阳丞印",《汇考》889"华阳禁印",《集存》P671-675

续 表

	马非百42县	王蘧常34县	谭其骧27县	徐卫民44县	后晓荣41县	何慕36县	吴良宝35县	张莉34县	本文认定39县	《汉志》上属	出土资料
46. 戏			●		■	■	■		■	无	《集》二·三·19"戏丞之印",《集存》P658-660,《秦陶》1214
47. 翟道					■	■	■		■	左冯翊	《集》二·三·24"翟导丞印",《秩律》简451,《集存》P724-728
48. 槐里					■	■	■		■	右扶风	《秦陶》"槐里市久",《秩律》简443
49. 上雒					■	■	■		■	弘农郡	《汇考》1333"上雒丞印",《秩律》简451,《集存》P646-648,《续补》246
50. 酅					■				■	无	《集》二·三·18"酅丞",《集存》P660-661
51. 船司空					■					京兆尹	《新见》"船司空丞"
52. 鏊屋		■								右扶风	
53. 陕		■							归入三川郡	弘农郡	
54. 宜阳		■							归入三川郡	弘农郡	
55. 黾池		■							归入三川郡	弘农郡	
56. 丹水		■							归入南阳郡	弘农郡	
57. 新安		■							归入三川郡	弘农郡	

续　表

	马非百 42县	王蘧常 34县	谭其骧 27县	徐卫民 44县	后晓荣 41县	何慕 36县	吴良宝 35县	张莉 34县	本文认定 39县	《汉志》上属	出　土　资　料
58. 汾阴									■	河东郡	"汾阴丞印"①《秩律》451
59. 漆垣									归入上郡	上郡	《集存》P670

图例：■——县道　●——聚邑

《汉志》三辅地区共载有 57 县，据班固本注记载其中大概有 10 县属汉代新置，②其余 47 县都存在为秦置县的可能性。张家山汉简《秩律》所载内史属县据晏昌贵先生所考，共有 34 个。③ 这一数目与秦内史实际置县数应该不会相差太远，因此秦内史置县数目约在 30 至 40 之间。

关于内史的界域。谭其骧先生指出：

> 杨图东尽今豫陕省界，关中之地为秦王业所基，断不能割以隶外郡，秦函谷关在今灵宝县西南里许，是则豫境自灵宝以西，亦当在内史界内。杨图东南抵今陕、鄂省界，按《秦本纪》《楚世家》，秦败楚丹阳，遂取汉中之郡。武关，应劭以为秦之南关，京相璠以为楚通上洛陑道。是自关以南，丹阳之地，亦当属汉中。④

对于谭氏的这一判断，结合上面置县情况的考察，我们认为南、西两边界可维持谭图目前的处理，而北界则需要作两处修正。其一，关于内史与北地郡的边界，谭图将"枸邑"画入内史界内。今按，《汉书·郦商传》："别定北地郡，破章邯别将于乌氏、枸邑、泥阳。"据此而言秦楚之际"枸邑"属北地郡。而《秩

---

① 周伟洲：《新发现的秦封泥与秦代郡县制》，《西北大学学报（哲学社会科学版）》1997 年第 1 期。
② 这 10 县分别为：长安、新丰、南陵、奉祤、云陵、万年、长陵、安陵、茂陵、平陵。
③ 晏昌贵先生：《〈二年律令·秩律〉与汉初政区地理》，《历史地理》第 21 辑。
④ 谭其骧：《秦郡界址考》，收入氏著《长水集》（上），第 13—21 页。

律》简451所载"楬〈栒〉邑"依照《秩律》通篇的行文规律也应属北地。① 可见秦代栒邑应入北地郡。其二,关于内史与上郡的边界,谭图将"鄜"画入上郡界内。据考《秩律》简459之"鄜"县汉初属内史,②如果汉初这一隶属情况为沿袭秦制而来,那么秦时鄜亦应划入内史界。又,据秦封泥"翟導（道）丞印"可知翟道属秦置县,而据考《秩律》简451之"翟道"汉初属内史,治今陕西黄陵县西北。可见秦代内史与上郡的界限应向北推进到在今黄陵、洛川北部一线。

至于东界,传统看法以大河为界,而晏昌贵先生根据张家山汉简《秩律》所载各县的排列规律提出汉初"汾阴"属内史的观点。他认为汾阴与内史的夏阳县仅一河之隔。且汾阴在汉代地位特殊,为后土祠所在地,汉初属内史是很可能的。③ 此后晏昌贵先生在一篇文章中通过研究秦河东战场分析河东郡形成的时候发现,秦在攻取河东的战争中,多次渡河攻取汾阴、皮氏、蒲反、封陵等地,皮氏、蒲反、封陵屡次攻占后返还,唯有汾阴不见归还,可能是作为秦人攻取河东的桥头堡,因为攻占时间早,地位特殊,自经攻取,未见归还。④ 因当时河东郡尚未设置,权归内史管辖,因此相沿成例,成为内史属县。

今按,郡界跨越自然山川比较常见,如上郡亦越河领有黄河以东的离石周边地区（参下文）。再者,从军事地理的角度来看,离石、汾阴分别为上郡、内史东渡黄河的重要口岸。将河东的口岸地带纳入黄河以西的郡管理,这样或攻或守,都比较便利。从这个角度讲,内史越河而领有汾阴是可能的。

据《秦本纪》秦设县制,早已有之,武公十年,就"伐邽、冀戎,初县之"。十一年,又"初县杜、郑"。邽、冀两地在陇西一带,秦献公时期也先后设置栎县、蓝田、栎阳等县,皆在关中,至商鞅推行县制,孝公十二年（前350年）,在全国设41（或作31）县,因为当时尚未开始设郡,皆归内史统辖,后来因在关中外围陆续设置上郡、陇西、北地三边郡,所以将西、邽、冀等秦人故地的秦县划归陇西郡。在东面,北洛河与黄河之间区域原属魏地,秦人逐步蚕食其地,陆续设置了郃阳、夏阳、宁秦、上洛、临晋、胡等县。

在秦汉简牍中,内史所辖的县道也被称为"中县道"。如岳麓秦简《毋夺田时令》记载:

---

① 张家山汉简红外线整理小组指出"楬"疑为"栒"字之讹。两字形体较为接近,抄写者很可能因此致误。参彭浩、陈伟、工藤元男:《二年律令与奏谳书》,上海古籍出版社2007年,第271—272页;晏昌贵先生亦认为栒邑属内史,参晏昌贵先生:《〈二年律令·秩律〉与汉初政区地理》。
② 晏昌贵先生:《〈二年律令·秩律〉与汉初政区地理》。
③ 晏昌贵先生:《〈二年律令·秩律〉与汉初政区地理》。
④ 晏昌贵:《秦简牍地理研究》,第69页。

郡及关外黔首有欲入见亲、市中县【道】,【毋】禁锢者殹(也),许之。入之,十二月复,到其县,毋后田。田时,县毋□入殹(也)。而湔不同,是吏不以田为事殹(也)。　　　　　　　(岳麓肆366－367)①

岳麓秦简《亡律》记载甚至还明确其地理范围:

郡及襄武、上雒、商、函谷关外人及䙴(迁)郡、襄武、上雒、商、函谷关外男女去,阑亡、将阳,来入之中县、道,无少长,舍人室,室主舍者,智(知)其请(情),以律䙴(迁)之。典、伍不告,赀典一甲,伍一盾。不智(知)其请(情),主舍,赀二甲,典、伍不告,赀一盾。舍之过旬乃论之,舍,其乡部课之,卒岁,乡部吏弗能得,它人捕之,男女无少长,伍(五)人,谇乡部啬夫;廿人,赀乡部啬夫一盾;卅人以上,赀乡部啬夫一甲,令丞谇,乡部吏主者,与乡部啬夫同罪。其亡日居都官、执法属官、禁苑、园、邑、作务、官道畍(界)中,其啬夫吏、典、伍及舍者坐之,如此律。
　　　　　　　　　　　　　　　　(岳麓肆053－057)②

以襄武、上雒、商三县以及函谷关作为中县道与外郡的分界线,可见此《亡律》颁行的年代襄武还是内史的属县。考襄武县地望大约在秦陇西郡的中段,狄道以东,上邽、冀县以西,此地原本即为秦旧土,是秦人兴起之地,因此《亡律》所反映的年代应该是秦人初取得魏国河西之地后,置陇西郡之前这一段时间的政治形势。

2. 陇西郡

陇西郡置县道异同表

马非百 12县	王蘧常 4县	谭其骧 7县	后晓荣 21县	何慕 17县	张莉 12县	本文认定 22县	《汉志》上属	出　土　资　料
■	■	■	■	■	■	■	陇西郡	《秩律》简453
■		■	■	■	■	■	陇西郡	《新见》"临洮丞印",《集存》P680,《续补》341

（表首行：1. 狄道；第二行：2. 临洮）

---

① 陈松长主编:《岳麓书院藏秦简(肆)》,第216页。
② 陈松长主编:《岳麓书院藏秦简(肆)》,第56—57页。

续 表

	马非百 12县	王蘧常 4县	谭其骧 7县	后晓荣 21县	何慕 17县	张莉 12县	本文认定 22县	《汉志》上属	出土资料
3. 西	■	■	■	■	■	■	■	陇西郡	《集》二·一·4"西共丞印",《发掘》"西丞之印",《里耶》8-34,《集存》P681-685,《续补》22、32、45
4. 冀		■		■	■	■	■	天水郡	《集》409"冀丞之印",《集存》P686-687,《续补》314
5. 枹罕	抱罕			■			■	金城郡	
6. 上邽	■		■	邽	■		■	陇西郡	放马滩地图、《墓主记》,《秩律》简449,《集存》P687
7. 故道	■			■			■	武都郡	《新见》"故道丞印",《行书律》简268,《集存》P764-765,《续补》159
8. 下辨	■			■			■	武都郡	《新见》"下辨丞印",《秩律》简459,《集存》P686-691
9. 榆中	■						■	金城郡	
10. 绵诸道	绵诸			绵诸			■	天水郡	《新见》"绵诸",《秩律》简459县〈绵〉诸,《集存》P688
11. 成纪	■			■	■		■	天水郡	《里耶》8-1119,《集存》P685
12. 獂道	■			獂道	獂道		■	天水郡	《新见》"獂道丞印",《集存》P687-688
13. 兰干				■	■		■	天水郡	《集》二·三·25"兰干丞印",《集存》P692
14. 略阳道				略阳	■		■	天水郡	《汇考》1389"略阳丞印",《秩律》简459,《集存》P692-693
15. 邸道				■	氐道		■	陇西郡	放马滩地图、《秩律》简459,《集存》P695-696
16. 襄武				■	■		■	陇西郡	《新见》"襄武",《集存》P693
17. 阿阳				■			●	天水郡	《在京》"阿阳禁印",《集存》P526

续 表

	马非百 12县	王蘧常 4县	谭其骧 7县	后晓荣 21县	何慕 17县	张莉 12县	本文认定 22县	《汉志》上属	出 土 资 料
18. 辨道				■			■	无	《秩律》简459
19. 戎邑道				戎邑	■		■	天水郡	《秩律》简453
20. 武都道				■	■		■	武都郡	《秩律》简459
21. 予道				■	■		■	陇西郡	"卅三年诏事"戈,①《秩律》简459
22. 薄道				■	■	■	■	无	《汇考》1413"溥尊(道)"、1414"溥尊(道)丞印",《秩律》简459,《集存》P693-695
23. 平乐					■		■	武都郡	《秩律》简453
24. 羌道						■		武都郡	

图例：■——县道　●——聚邑

这里探讨一下故道及邻近诸县道的归属问题。从地理位置来看,故道正处于内史、陇西、汉中三地的交界处,谭图将其纳入汉中郡,周振鹤先生从地理形势分析,因故道在秦岭分水岭之北坡,故而认为故道属中。② 今按,张家山汉简《行书律》第268简云："复蜀、巴、汉中、下辨、故道及鸡劊中五邮,邮人勿令繇戍。"简文中故道、下辨与蜀、巴、汉中三郡并列,可见故道、下辨似不应属于其中某郡。而与故道同见的"下辨"据《秩律》记载来看汉初属于陇西郡,这样故道属陇西郡的可能性似乎更大。由此可见,《汉志》武都郡西部以故道为界,其西边的武都道、平乐道、下辨道秦时均为陇西郡范围。

关于陇西郡的界域,谭其骧先生在《界址考》一文中未作说明。通过置县情况的考察可知,秦陇西郡界域大致相当于今甘肃省南部陇中高原的大部地区。包括汉陇西、天水两郡,此外还有金城郡黄河以东以及武都郡故道以西地区。其西北以黄河为界,东北大致以六盘山为界与北地郡相邻。南部大致延伸到今武都以北地区,东南以故道(大致沿今宝成铁路)与汉中郡分界。

---

① 施谢捷：《秦兵器刻铭零释》,《安徽大学学报（哲学社会科学版）》2008年第4期,亦见复旦大学出土文献与古文字研究中心网站2008年4月18日。
② 周振鹤：《西汉政区地理》,第141页。

3. 北地郡

北地郡置县道异同表

县名	马非百 12县	王蘧常 7县	谭其骧 5县	后晓荣 15县	何慕 18县	张莉 13县	本文认定 16县	《汉志》上属	出 土 资 料
1. 义渠	■	■	■	■	■	■	■	北地郡	《秦陶》"义渠新城",《秩律》简451,《集存》P696－697
2. 乌氏	■			■	■		■	安定郡	《货系》1951,《秦陶》1237"乌氏工昌"等,《新见》"乌氏丞印",《秩律》简451,《集存》P697－698,《续补》43、242、243
3. 朝那	■			■	■	■	■	安定郡	《秩律》简451
4. 阴密	■		●	■	■		■	安定郡	《汇考》1435"阴密丞印",《里耶》8－1533,《岳麓》简0480,《秩律》简451,《集存》P698－699,《续补》236、237
5. 富平	■	■	■		■			北地郡	
6. 泥阳	■		■	■	■	■	■	北地郡	《集成》11460"泥阳"矛,①《里耶》8－1466,《秦陶》1313"泥阳",《集存》P700
7. 鹑觚	■							北地郡	
8. 朐衍	■	■			朐衍		■	北地郡	《秩律》简451,《集存》P700－702
9. 泾阳	■		■	■	■	■	■	安定郡	《集》二·二·37"泾下家马",《集存》P704－706
10. 除道	■							北地郡	
11. 直路	■	■						北地郡	
12. 郁郅	■	■		■	■		■	北地郡	"郁郅"戟,②"郁郅"戈,③封泥"郁郅"半通印,④《里耶》8－1277,《集存》P709

---

① 参阅何琳仪:《古兵地名杂识》,《考古与文物》1996年第6期。
② 黄盛璋:《秦兵器分国、断代与有关制度研究》,《古文字研究》第21辑,第256—257页。
③ 陕西省博物馆、文管会勘查小组:《秦咸阳故城遗址发现的窑址和铜器》,《考古》1974年第1期,第22页;施谢捷:《秦兵器刻铭零释》,《安徽大学学报(哲学社会科学版)》2008年第4期,亦见复旦大学出土文献与古文字研究中心网站2008年4月18日。
④ 马骥:《西安新见秦封泥及其断代探讨》,《碑林集刊》第11辑,第322—327页。

续　表

马非百 12县	王蘧常 7县	谭其骧 5县	后晓荣 15县	何慕 18县	张莉 13县	本文认定 16县	《汉志》上属	出土资料
13. 安武				■	■	■	■	安定郡	《汇考》1390"安武丞印",《集存》P709
14. 彭阳				■	■	■	■	安定郡	《汇考》1459"彭阳丞印",《里耶》8-105,《秩律》简447,《集存》P710-711
15. 卤县				■	■	■	■	安定郡	《秦陶》3327、3328等,《秩律》简451"菌〈蒚（卤）〉",《集存》P710,《续补》407-416
16. 长武				■				无	《集存》P713
17. 方渠				■	■	■	■ 方渠除道	北地郡	《秩律》简459"方渠除道",《汇考》1436"方□（渠）除丞",①《集存》P706-708
18. 归德				■	■	■	■	北地郡	《新见》"归德丞印",《秩律》简451,《集存》P709
19. 略畔				■	略畔道		■	北地郡	《秩律》简451,《集存》P712
20. 朐衍道					■	■	■	无	《汇考》1432"朐衍道丞",《秩律》简451、452"朐衍道",《集存》P702-704
21. 栒邑					■		■	右扶风	《征存》34"栒邑尉印",《秩律》简451"楬〈栒〉邑",《集存》P640-642

图例：■——县道　●——聚邑

---

① 王辉（《西安中国书法艺术博物馆藏秦封泥选释续》,《陕西历史博物馆馆刊》第8辑,三秦出版社2001年）认为,《汉书·地理志》北地郡有方渠、除道二县。"方□除"若是"方渠除",则"除"殆"除道"之省。或秦时二者为一县,或除秦时仅为方渠一乡,疑不能决；周天游、刘瑞（《西安相家巷出土秦封泥简读》,《文史》2002年第3辑）径作为"方渠除丞","秦县,《汉志》北地郡旧点读有方渠、除道两县,由封泥知'方渠除道'应为一名"；红外线整理小组（彭浩、陈伟、工藤元男：《二年律令与奏谳书》,第271—272页）"方渠除道",道名。《秦汉南北朝官印征存》卷三有西汉"方除长印"。此为县道长印,"方除"或即"方渠除道"之省。今按,当以后说为是,"方渠除道"不应断开,当作一县道名,《汉志》误分为二县。吴良宝先生也是这种意见。参吴良宝：《战国秦汉传世文献中的地名讹误问题》,《出土文献史地论集》,第234页。

关于北地郡的界域，谭其骧先生在《界址考》一文中未作说明。其南界参陇西、内史部分。至于其西北界，大致有两种不同的看法。一是将其北界定在昭襄王长城一线，持此说的学者先后有陈芳绩、后晓荣二氏。他们二人大致都认为始皇三十三年取昭襄王长城外的"河南地"应置一郡，只是名称不同而已，陈氏名为榆中郡，后氏名为新秦中。另一种是谭图的处理，从所绘界线可知，谭氏是将三十三年所取河南地分别划入邻近的北地、上郡、九原三郡。因此北地郡的西北界限越过黄河，大致以贺兰山为界。辛德勇先生在《秦始皇三十六郡新考》一文中对陈氏的"榆中郡"说已有驳议（见上文第四章），另外后氏所说的"新秦中"除了名称与陈氏有别外，本质上没有区别。因此辛氏的这一评述同样也适用于后氏的"新秦中"说。不过辛氏并非完全采纳谭图的这一说法。他认为"河南地"并不是传统看法里所谓河套及其南侧相邻近的区域，而是采取史念海先生的看法，即认为"河南地"指昭襄王长城以北的整个"大河套"区域。在此基础上，他修正了前人对《史记·秦始皇本纪》中"城河上为塞"的理解，认为秦朝在这一地段并没有修长城，而是以黄河河道作为屏障。① 这实际上就是将北地郡的西北边界缩回到黄河一线。晏昌贵先生借助《秩律》考察汉初北地郡的边界也有相同的结论。他说："汉初北地约当《志》北地、安定二郡，最北边为灵州，在黄河南岸，而无黄河以北的灵武、廉县，所以汉初北地郡当止于黄河。"辛氏和晏师的研究说明秦代北地郡西北边界应以黄河为限，不得越黄河以贺兰山为界。

4. 上郡

上郡置县道异同表

	马非百 8县	王蘧常 4县	谭其骧 3县	后晓荣 21县	何慕 20县	张莉 19县	本文认定 27县	《汉志》上属	出 土 资 料
1. 肤施	■	■	■	■	■	■	■	上郡	
2. 高奴	■	■		■	■	■	■	上郡	高奴禾石权，②《集成》11296"五年上郡疾"戈，《集成》11406"廿五年上郡守厝"戈，《秩律》简449，《集存》P715，《货系》1719，《续补》46、47、76、340

---

① 辛德勇：《阴山高阙与阳山高阙辨析》，原载《文史》2005年第3辑，收入氏著《秦汉政区与边界地理研究》，第181—255页；另参氏著《张家山汉简所示汉初西北隅边境解析》，原载《历史研究》2006年第1期，收入氏著《秦汉政区与边界地理研究》，第256—284页。
② 陕西省博物馆：《西安市西郊高窑村出土秦高奴铜石权》，《文物》1964年第9期。

续 表

马非百8县	王蘧常4县	谭其骧3县	后晓荣21县	何慕20县	张莉19县	本文认定27县	《汉志》上属	出土资料
3. 漆垣	■		■				■	上郡	《集成》11404"十二年上郡守寿"戈,《货系》4055,《秩律》简452,《集存》P335、670,《续补》71、72、73、82、307
4. 广衍	■		■	■	■		■	西河郡	《集成》11404"十二年上郡守寿"戈,《秩律》简452,《秦陶》3306,《续补》75
5. 洛都	■		■	■	■		■	上郡	《集成》11404"十二年上郡守寿"戈,《集》二·三·21"洛都"、二·三·22"洛都丞印",《秩律》简452,《集存》P722－723,《续补》307
6. 北河	■							无	
7. 阳周	■	■	■	■	■		■	上郡	《集成》11463,《秩律》简452,《集存》P670,《续补》304
8. 雕阴	■		■	■	■		■	无	《秩律》简452,《集存》P720,《秦陶》3307,《续补》330、332、234、270
9. 榆中		■						金城郡	
10. 圜阳				■	■		■	西河郡	"□□年上郡守□"戈,①《秩律》简448,《集存》P724
11. 定阳			●	■		■	■	上郡	《集成》11363"□□年上郡守□"戈,《汇考》"定阳市丞",《集存》P718－719,《续补》83
12. 原都				■		■	■	上郡	《集成》10937"原都"戈,《征存》0038"原都左尉",《秩律》简452,《续补》309
13. 平都				■	■	■	■	上郡	《集成》11542,"平都"弩,②《秩律》简452,《集存》P717,《续补》303、333、343、870

---

① 黄盛璋:《秦兵器分国、断代与有关制度研究》,《古文字研究》第21辑,第248页。
② 黄盛璋:《秦兵器分国、断代与有关制度研究》,第256页。

续　表

	本文认定27县	张莉19县	何慕20县	后晓荣21县	谭其骧3县	王蘧常4县	马非百8县	《汉志》上属	出　土　资　料
14. 徒经	■	■	■	■				西河郡	《秩律》简452"徒涅",①《集存》P716,《续补》75
15. 平周	■			■				西河郡	《集成》11465,"七年上郡守间"戈,②《秩律》简452,《集存》P720,《续补》73
16. 中阳	■	■	■	■				西河郡	《集成》11405"十五年上郡守寿"戈,《秩律》简452,《集存》P719,《货系》1041,《续补》337、338、329、264
17. 西都	■	■	■	■				西河郡	《集成》11405"十五年上郡守寿"戈,《秩律》简452,《集存》P719,《货系》1050,《续补》267、336
18. 武库				■				无	
19. 平陆	■		■	■				西河郡	《秩律》简452,《续补》P235
20. 饶	■		■	■				西河郡	《集成》10986,《秩律》简452,《集存》P717－718,《续补》264、272
21. 博陵	■		■	■				西河郡	《秩律》简458
22. 白土				■				上郡	
23. 富昌				■				西河郡	
24. 雕阴道	■	■						上郡	《秩律》简459,《集存》P721

① 整理小组注释：徒涅,疑为"徒经"之误,汉初属西河郡或上郡。苏辉先生指出,整理小组所定为"涅"的字于452、455简凡两见,其右旁从日从壬,壬为声符。故《秩律》中两字均应释"涅"。涅与经古音相近可通。"徒涅"就是《汉书·地理志》中的"徒经",战国后期至汉初属上郡。兵器铭文中也见有地名"徒涅",如辽宁抚顺发现的三年相邦矛銎部附刻"徒□",安徽潜山出土的二十四年上郡守戈内部附刻"上　徒□"。"徒"后一字原未释,细省拓片,"徒"后之字均是"涅","徒涅"(参彭浩、陈伟、工藤元男：《二年律令与奏谳书》)。今按,董珊、吴良宝先生均以为《汉志》西河郡下"徒经"实际上为"徒涅"之误。早在战国楚简中已经出现混乱写现象。如郭店简《缁衣》《唐虞之道》"淫"均写作"泾"。参董珊《论阳城之战与秦上郡戈的断代》,《古代文明》第3卷,文物出版社2004年；吴良宝《战国秦汉传世文献中的地名讹误问题》,《出土文献史地论集》,第239—240页。

② 陶正刚：《山西屯留出土一件"平周"戈》,《文物》1987年第8期,第61—62页。

续 表

	马非百8县	王蘧常4县	谭其骧3县	后晓荣21县	何慕20县	张莉19县	本文认定27县	《汉志》上属	出 土 资 料
25. 襄洛					■		■	上郡	《秩律》简452"襄城〈洛〉"①
26. 高望					■	■	■	上郡	《集成》11492,《秩律》简452,《集存》P720,《续补》71
27. 圜阴						■		西河郡	
28. 蔺							■	西河郡	《货系》713-720、730-731、1457-1486、2346-2421、2793-2794、4003-4005、4065-4066"闪(蔺)"
29. 离石							■	西河郡	《货系》1060-1063、2422-2455、4074"离石",《睡虎地》编年纪"攻离石"
30. 皋狼							■	西河郡	《玺汇》0049"咎(皋)郎(狼)左司马"②
31. 隰城							■	西河郡	《集成》11542,《三晋》71,《续补》303
32. 宜都							■	上郡	《里耶》8-2246
33. 武都						■	归入九原郡	五原郡	"武都"矛,③《秩律》简452,《续补》306
34. 翟道						■	归入内史	左冯翊	《集》二·三·24"翟导丞印",《秩律》简451,《集存》P724-728
36. 鄜						■	归入内史	左冯翊	《秩律》简459"鄜",《续补》871
37. 沂阳							■	无	《秩律》448

图例：■——县道 ●——聚邑

---

① 整理小组：襄城,疑为襄洛之误,属上郡。参彭浩、陈伟、工藤元男：《二年律令与奏谳书》。蒋文、马孟龙等人认为上郡另有襄城县,并指出秦封泥所见襄城亦为此地。可备一说。参考蒋文、马孟龙《谈张家山汉简〈秩律〉简452之"襄城"及相关问题》,《中国历史地理论丛》2019年第1期。

② 李家浩：《战国官印考释(二篇)》,《文物研究》第7辑,黄山书社1991年。

③ 乌兰察布盟文物工作站：《内蒙古清水河县拐子上古城发现秦兵器》图一：3,《文物》1987年第8期,第63页。

关于上郡的界域，谭其骧先生在《界址考》一文中未作说明。其南界参内史部分。西与北地郡以子午岭一线为界（大致与今陕甘省界走向一致），目前最大的争议在西北边界。其中后晓荣氏主张以昭襄王长城为界，此说实不可信（参上文北地郡部分），①因此上郡的西北界可从谭图的画法，在今毛乌素沙漠以北的鄂尔多斯一带与九原郡接壤。至于东部边界，传统的看法均将黄河作为界限。今按，张家山汉简《秩律》简452有中阳、西都、平周三县，《汉志》属西河郡，其中平周、中阳位于黄河以东，西都地望不详。目前学者考证结果均主张三郡在汉初属于上郡。②若此说可信，则汉初的上郡已经越过黄河领有吕梁山以西的地区，而这一情形极有可能沿袭秦制而来。《史记·赵世家》："'武灵王'十年，秦取我西都及中阳。"《秦本纪》《六国年表》误作"中都""西阳"，梁玉绳、钱穆氏早有辨析，③吴良宝先生也结合出土文献作了仔细的辨析，④可信。赵武灵王十年即秦惠文王更元九年（前316年），⑤而《集成》11405著录秦昭襄王十五年（前292年）"上郡守寿"戈刻有"中阳""西都"字样，这正说明秦代上郡界域已经越过黄河。⑥又，据《汉志》记载河西郡在这一地域还置有蔺、离石、隰县、皋狼等县，从史籍记载来看，这一位置处于秦出兵韩、魏的前哨阵地，从这一角度考虑，将其纳入上郡的界域也是极为合理的。

　　补按，吴良宝先生《十五年上郡守寿戈置用地补说》一文对拙文提出的上郡界域已经越过黄河的说法提出批评。他指出："将某件秦兵器上的铸造地与置用地进行系联的时候需要格外谨慎，它们不一定隶属于同一个郡（况且部分兵器上分批次刻有两个或两个以上的置用地名）。作为边防重地的秦国上郡，从秦昭王时开始，上郡所铸兵器就不时发往与六国作战的前线，因此出现铸造地、置用地不属于同一郡的情况是很自然的。"⑦关于这一问题，我们目前还没有成熟的意见，存疑待考。

---

① 后晓荣氏将广衍、白土、富昌三县列入上郡属县，参考谭图可知，这三县实际上都位于昭襄王长城以北，已经越过了后氏自己划定的上郡北界。
② 辛德勇：《秦始皇三十六郡新考》，《文史》2006年第1、2辑，收入氏著《秦汉政区与边界地理研究》，第90页。
③ 梁玉绳：《史记志疑》卷5、卷9，第145、429页；钱穆：《史记地名考》，商务印书馆2001年，第771—772页。
④ 吴良宝：《战国秦汉传世文献中的地名讹误问题》，《出土文献史地论集》，第239页。
⑤ 后晓荣误作昭襄王九年。参后晓荣《秦代政区地理》，第166页。
⑥ 参董珊《战国题铭与工官制度》，北京大学博士学位论文2002年。
⑦ 吴良宝：《十五年上郡守寿戈置用地名补说》，《出土文献研究》第11辑，中西书局2012年。

5. 九原郡

九原郡置县道异同表

	马非百4县	王蘧常1阙	谭其骧2县	后晓荣8县	何慕6县	本文认定7县	《汉志》上属	出 土 资 料
1. 九原	■		■	■	■	■	五原郡	《秩律》简447
2. 稒阳	■			■			五原郡	
3. 北假	■						无	
4. 临河	■		■		■		朔方郡	
5. 河阴				■	■	■	五原郡	"河阴"戈,①《秩律》简458
6. 武都				■		■	五原郡	"武都"矛,②《秩律》简452,《续补》306
7. 西安阳				■	■	■	五原郡	《秩律》简448
8. 南舆③				■	■	■	五原郡	《秩律》简458
9. 曼柏				■	■	■	五原郡	《秩律》简458
10. 莫䵣				■		■	五原郡	《秩律》简458

图例：■——县道　●——聚邑

关于九原郡的界域,一直有比较多的争议。特别是张家山汉简《秩律》所公布的一些材料对认识汉初西北边境的形势有重要的价值。史念海先生考察赵九原郡之辖域时认为,赵九原郡相当广袤,其下部处于南北两派黄河流经之地。④ 李晓杰认为九原郡应领有云中郡以西至高阙一带,即今内蒙古自治区河套及以东至包头市的地区。⑤ 辛德勇氏的研究指出,九原郡北

---

① 黄盛璋:《秦兵器分国、断代与有关制度研究》,《古文字研究》第21辑,第256—257页。
② 乌兰察布盟文物工作站:《内蒙古清水河县拐子上古城发现秦兵器》图一:3,《文物》(北京)1987年第8期第63页。
③ 《汉书补注》引齐召南曰:"《河水注》于云中北舆县下曰:'五原有南舆,故此加北。'据此则县名'南舆',不名'南兴'也。各本俱误。"齐说由简文得到证实,此县名应为"南舆"。
④ 史念海:《论秦九原郡始置的年代》,《中国历史地理论丛》1993年第2期。
⑤ 李晓杰:《中国行政区划通史·先秦卷》。

部边境的最北端在蒙恬开拓河南地后推进到阳山一线,秦末汉初时退守阴山一线,以原赵武灵王长城为塞。尤佳先生最近的研究结论也与辛德勇先生的结论近似。① 至于其南部边界,后晓荣氏的意见是以黄河为界,太过偏北,谭图将九原郡的南部边界划定在今库布齐沙漠南线一带,或可从。

6. 云中郡

云中郡置县道异同表

	马非百 1县	王蘧常 阙	谭其骧 2县	后晓荣 9县	何慕 7县	张莉 5县	本文认定 7县	《汉志》上属	出 土 资 料
1. 云中	■		■	■	■		■	云中郡	《秩律》简443
2. 襄阴				■			■	定襄郡	《秦陶》"襄阴市",《玺汇》0077"襄阴司寇",《货系》1658
3. 咸阳				■	■		■	云中郡	《秩律》简447
4. 原阳				■	■		■	云中郡	《秩律》简448
5. 北舆				■	■		■	云中郡	《秩律》简448
6. 桢陵				■				云中郡	
7. 武泉				■	■	■	■	云中郡	《秩律》简458
8. 沙陵				■			■	云中郡	《秩律》简458
9. 骆县				■				定襄郡	
10. 武都					■		归入九原郡	五原郡	《秩律》简452
11. 蔓柏						■	归入九原郡	五原郡	《里耶》8-765,《秩律》简458
12. 固阳						■		五原郡	
13. 九原						■	归入九原郡	五原郡	《秩律》简447

图例:■——县道 ●——聚邑

---

① 尤佳:《学术史视阈下秦统一前后九原郡辖域变迁再探》,《中国矿业大学学报(社会科学版)》2016年第6期。

云中郡的边界在张家山汉简《秩律》公布之后曾引起了较多的讨论,周振鹤等先生认为其中云中、九原、西安阳、咸阳、原阳、北舆、武泉、沙陵、南舆、蔓柏、莫䪚、河阴、博陵等十三县都是云中郡县的领域。① 辛德勇先生指出九原郡在汉初还是应如《汉志》所载那样独立存在,不应将九原属县并入云中。② 因此云中与九原的边界应可遵从汉志所述各县的隶属关系来确定。

第二节　山东南部诸郡

1. 三川郡

三川郡置县道异同表

	马非百 17县	王蘧常 12县	谭其骧 15县	后晓荣 22县	何慕 22县	张莉 14县	本文认定 28县	《汉志》上属	出 土 资 料
1. 洛阳	■	■	■	■	■	■	■	河南郡	《汇考》1343"雒阳丞印",《秩律》简443,《集存》P831-832
2. 荥阳		■	■	■	■	■	■	河南郡	《秦陶》"荥市",《秩律》简456"荥阳",《集存》P832,《续补》239、302
3. 开封		■	■		启封		■ 启封	河南郡	《集成》11306"二十一年启封令戈",《里耶》17-14,《续补》284
4. 京		■	■	■	■		■	河南郡	《秦陶》"京斛"
5. 成皋		■	■	●	■	■	■	河南郡	《秩律》简456,《集存》P842
6. 巩		■	■	■	■		■	河南郡	
7. 河南		■	■	■	■		■	河南郡	《秦陶》"河市""河亭",《集存》P845-846,《续补》301、430-432
8. 榖城		■		●	榖城			河南郡	

---

① 周振鹤:《〈二年律令・秩律〉的历史地理意义》,《学术月刊》2003年第1期,第45—49页。
② 辛德勇:《张家山汉简所示汉初西北隅边境解析》,原载《历史研究》2006年第1期,收入氏著《秦汉政区与边界地理研究》,第256—284页。

续　表

	马非百17县	王蘧常12县	谭其骧15县	后晓荣22县	何慕22县	张莉14县	本文认定28县	《汉志》上属	出土资料
9. 梁	■		■	■	■		■	河南郡	《秩律》简456
10. 平阴	■	■	■	■	■		■	河南郡	《货系》1799,《秦陶》1444"平阴",《秩律》简456
11. 阳武	■	■	■	■	■		■	河南郡	《秩律》简456,《集存》P842
12. 卷	■	■	■	■	■		■	河南郡	《集》二·三·26"卷丞之印",《秩律》简456,《集存》P841
13. 新安	■		■	■	■		■	弘农郡	《集》二·三·27"新安丞印",江陵高台18号墓M18:35乙,①《秩律》简455,《集存》P840
14. 宜阳	■	■	■	■	■		■	弘农郡	《秦陶》1204,《新见》"宜阳丞印",《秩律》简455,《集存》P839－840,《里耶》8－1831,《续补》297
15. 陕	■		■	■	■		■	弘农郡	《秩律》简455,《集存》P838,《秦陶》1148,《续补》418－429,35
16. 缑氏	■	■	■	■	■		■	河南郡	《汇考》1348"缑氏丞印",《秩律》简456,《集存》P837－838
17. 黾池	■		■	■	■		■	弘农郡	
18. 华阳					■			无	《汇考》884"华阳丞印",《汇考》889"华阳禁印",《集存》P671－675
19. 卢氏				■	■	■	■	弘农郡	《货系》29,《汇考》一三三六"卢氏丞印",《秩律》简455,《集存》P835－836
20. 新城			■	■	■	■	■	河南郡	《秦陶》1132,《新见》"新城丞印",《秩律》简455,《集存》P833－835,《里耶》8－1831

---

① 湖北省荆州地区博物馆:《江陵高台18号墓发掘简报》,《文物》1993年第8期。

续表

	本文认定28县	张莉14县	何慕22县	后晓荣22县	谭其骧15县	王蘧常12县	马非百17县	《汉志》上属	出　土　资　料
21. 焦	■			焦城				无	《岳麓》叁158(1822)①
22. 中牟	■	■	■					河南郡	《秩律》简460
23. 纶氏	■			伦氏	●			颍川郡	《集成》11322"七年仓氏令"戈, "仓守玺"②
24. 尉氏	■	■						陈留郡	《秩律》简458
25. 陈留	■	■						陈留郡	《秩律》简456
26. 圉	■	■						淮阳国	《秩律》简456
27. 索	■				●	■		无	"索集报三川都水",《里耶》14-638
28. 苑陵	■			宛陵				河南郡	《秩律》简458
29. 岐	■	■						无	《集》二·三·105"岐丞之印",《秩律》简456,③《集存》P833
30. 密	■							河南郡	《秩律》简458

图例：■——县道　●——聚邑

关于三川郡的界域。谭其骧先生考证如下：

> 西界辨见内史。南境鲁阳、犨、叶阳，当属南阳；东南境昆阳、应、父城、襄城、郏、阳城、负黍、纶氏，当属颍川。汉制如是也。《高祖纪》：与南阳守齮战犨东，破之，略南阳郡，齮走保城守宛。可确证犨为南阳边

---

① "焦"原释文作"熊"，今从陈伟先生改释。参陈伟：《魏盗杀安宜等案"焦城"试说》，简帛网2013年9月24日。
② 叶其峰：《战国官玺的国别及有关问题》，《故宫博物院院刊》1981年第3期。
③ 周振鹤先生指出，岐县《汉书·地理志》无，据《史记·郦商列传》"沛公略地至陈留，六月余，商以将卒四千人属沛公于岐"，可见岐与陈留相近。《索隐》云"此地名阙，盖在河南陈、郑之界"，又《秩律》岐之前后皆河南郡属县，故可置此。参周振鹤《〈二年律令·秩律〉的历史地理意义》，《学术月刊》2003年第1期。

县。新郑、苑陵、尉氏，疑亦当属颍川，故郑地，韩所都也。尉氏，《汉志》属陈留，陈留、梁之分郡；顾《孝王世家》言其西界至于高阳。高阳，亭名，《续志》属圉县，尉氏更在其西，则汉初不属于梁也。东境圉当属陈郡，《汉志》如是也。自大梁以东，当属砀郡，汉属陈留。《秦本纪》：庄襄王元年，韩献成皋、巩，秦界至大梁，初置三川郡。其时大梁犹在界外，至始皇二十二年，始获大梁，魏王请降，尽取其地，以为砀郡，此为大梁属砀之明证、自河以北，河内之地，于三十六郡当属河东，后自为郡。楚汉之际为殷，全祖望曰：太史公序十八王曰"魏分为殷"，则不属三川矣。按河内入秦，在昭襄王时，时三川之地，犹为周、韩所有也。①

今按，谭图所定界域大致与前引《界址考》相当，唯有"圉"地归属不同，《界址考》将其定在陈郡，图却画归砀郡，这或是谭氏观点后来又作了修正。验之以张家山汉简《秩律》，谭氏所考多数可信，惟东南边界似有可商。谭图中三川郡与砀郡的界线大致在大梁、启封一线的西边，即以大梁、启封属砀郡。三川郡与颍川郡的界线在密县、新郑、苑陵、尉氏一线的北边，以密县、苑陵、尉氏属颍川。今按，张家山汉简《秩律》简 456、458 记载有密县、苑陵、尉氏、陈留、启封、圉等六县，一般学者均主张这它们在汉初属河南郡。② 这一领属情形很可能承秦制而来，如果此说不误的话，那么三川郡南与颍川郡的边界应推进到密、苑陵、尉氏一线，东南界应再向东南突入砀郡县界领有陈留、启封、圉等三县。

2. 颍川郡

颍川郡置县道异同表

马非百 14县	王蘧常 10县	谭其骧 13县	后晓荣 23县	何慕 17县	张莉 22县	本文认定 19县	《汉志》上属	出 土 资 料
1. 阳翟 ■	■	■	■	■	■	■	颍川郡	《新收》583"八年阳翟令"矛，《秩律》简449
2. 许	■	■	■	■	■	■	颍川郡	《秦陶》"许市"，《里耶》17-14，《秩律》简458，《集存》P853

---

① 谭其骧：《秦郡界址考》，《长水集》（上），第13—21页。
② 张家山二四七号汉墓竹简整理小组：《张家山汉墓（二四七号墓）：释文修订本》，文物出版社2006年。

续 表

	马非百 14县	王蘧常 10县	谭其骧 13县	后晓荣 23县	何慕 17县	张莉 22县	本文认定 19县	《汉志》上属	出　土　资　料
3. 襄城	■	■	■	■	■	■	■	颖川郡	《货系》1091,《集》二·三·53"襄城丞印",《秩律》简458、《里耶》8－975,《集存》P850－853,《续补》82、244、249
4. 长社	■	■	■	■	■		■	颖川郡	《汇考》一三五二"长社丞印",《秩律》简458,《集存》P849
5. 颖阳	■	■	■	■	■	■	■	颖川郡	《集》二·三·54"颖阳丞印",《秩律》简458,《集存》P848,《续补》162
6. 昆阳	■	■	■	■			■	颖川郡	《里耶》16－3
7. 尉氏	■		■	■	■		归入三川郡	陈留郡	《秩律》简458
8. 新郑	■		■	■	■	■	■	河南郡	"新郑"①
9. 苑陵	宛陵		■	■	■		归入三川郡	河南郡	《秩律》简458
10. 阳城	■		■	■	■	■	■	颖川郡	《货系》1688,"阳城",②《秩律》简458
11. 舞阳	■		■	■	■		■	颖川郡	《秩律》简460
12. 郏	■		■	■	■		■	颖川郡	《秩律》简458
13. 鄢陵	■		●	■	■	■	■	颖川郡	《发掘》"傿陵丞印",《里耶》17－14,《秩律》简460"傿陵",《集存》P847
14. 安陵	■							右扶风	

---

① 河南省文物考古研究所新郑工作站：《郑韩古城发现战国时期大型制陶作坊遗址》,《中原文物》2003年第1期。
② 中国历史博物馆考古调查组等：《河南登封阳城遗址的调查与铸铁遗址的试掘》,《文物》1977年第12期。

续 表

	马非百 14县	王蘧常 10县	谭其骧 13县	后晓荣 23县	何慕 17县	张莉 22县	本文认定 19县	《汉志》上属	出 土 资 料
15. 叶阳		■						无	
16. 父城①		城父		新父城	■		■	颍川郡	《秩律》简449、《里耶》9-757
17. 成安		■		■	■		■	颍川郡	《秩律》简455
18. 新襄城				■				无	《新见》"新襄城丞",《集存》P853
19. 大騩				■				无	
20. 郾				■	■			颍川郡	《秩律》简458
21. 颍阴			■	■	■	■	■	颍川郡	《秩律》简460、《里耶》8-161+8-307
22. 定陵						■		颍川郡	《秩律》简460
23. 闲阳				■		■		无	《新蔡》甲三：348"闲阳大序",②《秩律》简460
24. 密				■	■	■	归入三川郡	河南郡	《秩律》简458
25. 应				●	■			无	
26. 纶氏						■	归入三川郡	颍川郡	《集成》11322"七年仑氏令"戈,"仑守玺"③
27. 女阴					■	■		汝南郡	《集》二·三·56"女阴丞印",《秩律》简460,《集存》P854

---

① 据杨守敬考证,《汉志》早期版本作"城父",今本作"父城"乃后人传抄之误。详杨守敬：《晦明轩稿》,载谭其骧主编《清人文集地理类汇编》第1册,第468—469页,又见谢承仁主编：《杨守敬集》第5册,湖北人民出版社、湖北教育出版社1988年,第1135页。

② 郑威：《新蔡葛陵楚简地名杂识三则》,《楚地简帛思想研究（三）》,湖北教育出版社2007年,第580—583页。

③ 叶其峰：《战国官玺的国别及有关问题》,《故宫博物院院刊》1981年第3期。

续表

	马非百14县	王蘧常10县	谭其骧13县	后晓荣23县	何慕17县	张莉22县	本文认定19县	《汉志》上属	出土资料
28. 女阳						■	■	汝南郡	《集》二·三·59"女阳丞印",《集存》P855-857
29. 慎						■	归入淮阳郡	汝南郡	《汇考》1367"慎丞之印",《秩律》简448,《集存》P855
30. 启封						■		河南郡	《集成》11306"二十一年启封令戈",《里耶》17-14

图例：■——县道　●——聚邑

关于颖川郡的界域。谭其骧先生考证如下：

> 西北界辨见三川。东界、南界略依汉制,旧不知秦有陈郡,故以汉之淮阳、汝南为颖川旧壤也。①

今按,颖川郡北与三川郡接壤,其界限已见三川郡部分。东南界与淮阳郡接壤。查谭图西汉部分此处两郡的分界线不一致。关键问题在于其中"女阴"的归属。据《汉志》"女阴"属汝南郡,今地在安徽阜阳。然在《秩律》中,"女阴"侧身索、鄢陵之间,似与三川、颖川的关系更为密切。清华简《系年》第十八章云："许公佗出奔晋,晋人罗,城汝阳。"出土秦封泥、秦简、北京大学藏水陆里程简均有"汝阳"。辛德勇先生曾结合有关资料考证秦女（汝）阳不在《汉志》所载的今河南商水附近,而是在今河南郏县附近的汝河北岸。② 吴良宝先生也曾推测十年汝阳令戈的铸造地为今汝州、郏县一带的汝水之阳。二者的结论不约而同地显示汝阳在从战国至秦一直在今河南郏县附近的汝河北岸,因此周振鹤先生推测汉代时汝阳县曾发生过迁徙。汝阳、汝阴为相关地名,上述情形显示其也曾有和汝阳县同样的迁徙过程。如此则秦时的汝阳、汝阴县当以入颖川郡为妥。

---

① 谭其骧:《秦郡界址考》,《长水集》（上）,第13—21页。
② 辛德勇:《北京大学藏秦水陆里程简册初步研究》,《出土文献》第四辑,中西书局2013年;吴良宝:《清华简〈系年〉"女阴"及相关问题研究》,《出土文献史地论集》。

3. 南阳郡

南阳郡置县道异同表

	马非百 18县	王蘧常 7县	谭其骧 13县	后晓荣 27县	何慕 24县	张莉 15县	本文认定 27县	《汉志》上属	出 土 资 料
1. 宛	■	■	■	■	■	■	■	南阳郡	《新见》"宛丞之印",《秩律》简447,《里耶》9-2076,《集存》P869-871
2. 湖阳	■		■	■	■	■	■	南阳郡	《包山》186简"盬(胡)易",①岳麓简1647、1649"胡阳",《秩律》简457"胡阳",《集存》P872
3. 穰	■		■	■	■		■	南阳郡	《秩律》简447,《里耶》8-1574+8-1787
4. 中阳	■						归入上郡	西河郡	
5. 筑阳	■	筑	■	■			■	南阳郡	
6. 酂	■		■	■	■		■	南阳郡	《秩律》简457,《里耶》8-316,《集存》P878
7. 邓	■	■	■	■	■	■	■	南阳郡	《集》二·三·39"邓丞之印",《秩律》简457,《集存》P876-878
8. 山都	■			■	■		■	南阳郡	
9. 丹水	■			■			■	弘农郡	
10. 鄧	■		■	■	■		■	南阳郡	《汇考》1334"鄧丞之印",《秩律》简449
11. 鲁阳	■		●	■	■		■	南阳郡	《包山》2、4简"鲁阳",《汇考》1415"鲁阳丞印",《秩律》简457,《集存》P873
12. 犨	■		■	■			■	南阳郡	《秩律》简457
13. 蔡阳	■	■		■	■	■	■	南阳郡	《集》二·三·42"蔡阳丞印",《秩律》简457,《集存》P875

---

① 徐少华:《包山楚简释地十则》,《文物》1996年第12期。

续 表

	马非百 18县	王蘧常 7县	谭其骧 13县	后晓荣 27县	何慕 24县	张莉 15县	本文认定 27县	《汉志》上属	出 土 资 料
14. 随	■		●	■	■		■	南阳郡	《秩律》简457
15. 阳成①	■		■	■	■	■	■	南阳郡	《秩律》简457,《里耶》9-2076,《集存》P872
16. 应	■							无	
17. 雉	■			■	■		■	南阳郡	《秩律》简457,《里耶》9-2076,《集存》P873
18. 父城	■						归入颖川郡	颖川郡	
19. 叶		■	■	■	■		■	南阳郡	《集》二·三·38"叶丞之印",《秩律》简457,《集存》P874,《续补》311
20. 比阳				■	■		■	南阳郡	《五十例》"比阳丞印",《秩律》简457,《里耶》9-2076,《集存》P874,《续补》281
21. 乐成				■	■	■	■	南阳郡	《集》二·三·40"乐成"、二·三·41"乐成之印",②《集存》P815
22. 博望				■	■		■	南阳郡	《新见》"博望之印",《集存》P515
23. 阴县				■				南阳郡	
24. 新阴				■				无	《集存》P881
25. 南陵				■			■	无	《集存》P880,《包山》155"南陵公"

---

① 《汉志》南阳郡"莽曰阳城",王先谦《汉书补注》:"县在秦名阳城,见《曹参传》。"张家山《秩律》简457"阳成"整理小组以此县为《汉志》汝南郡阳城县。晏昌贵先生指出此县为《汉志》南阳郡堵阳县前身,说见晏昌贵:《张家山汉简释地六则》,《江汉考古》2005年第2期。

② 《汉志》河间国亦有乐成县。

续表

马非百18县	王蘧常7县	谭其骧13县	后晓荣27县	何慕24县	张莉15县	本文认定27县	《汉志》上属	出土资料
26. 析			■	■	■	■	无	《睡虎地》"攻析",《秩律》简457,《集存》P879,《续补》281、865-866
27. 新野			■	■		■	南阳郡	《秩律》简448、《里耶》9-2076,《集存》P879
28. 平氏			■	■	■	■	南阳郡	《货系》1811,《五十例》"平氏丞印",《秩律》简457,《集存》P880
29. 复县				■			南阳郡	
30. 新都				■		■	南阳郡	《集存》P881,《包山》165"新都人"
31. 阳安					■	■	汝南郡	《集》二·三·60"阳安丞印",《秩律》简457,《集存》P892
32. 朗陵							汝南郡	《秩律》简457
33. 西平						■	汝南郡	《秩律》简457

图例：■——县道　●——聚邑

关于南阳郡的界域，谭其骧先生考证如下：

> （三川郡）南境鲁阳、犨、叶阳，当属南阳；……《高祖纪》：与南阳守齮战犨东，破之，略南阳郡，齮走保城守宛。可确证犨为南阳边县。……（南郡）北界自今襄阳以北，抵豫鄂省界，邓、山都、筑阳、阴、酂诸县，于汉属南阳，秦亦当属南阳。诸县中山都最偏南，旧为南阳之赤乡，秦以为县，见《沔水注》。……今郧、郧西、白河诸县之地，杨图以隶南阳，按其地汉属汉中，秦亦当属汉中。①

谭氏对南阳的北、南两面边界的界定大致可从。关于南阳的西界，杨、谭二氏的观点不同。今按，《史记·楚世家》载楚顷襄王十九年（秦昭王二

---

① 谭其骧：《秦郡界址考》,《长水集》（上），第13—21页。

十七年)楚"割上庸、汉北地予秦"(《六国年表》同)。又,《史记·秦本纪》载昭襄王三十三年"魏入南阳以和",三十四年"秦与魏、韩上庸地为一郡,南阳免臣迁居之",三十五年"初置南阳郡"。综合上述记载来看,三十四年所谓"魏、韩上庸地为一郡"应与次年秦所置南阳郡有关。由此看来,秦南阳郡初置之时应包含昭王二十七年得自楚国之上庸、汉北地在内。不过张家山汉简《秩律》载"旬阳、安阳、长利、锡、上庸、武陵、房陵"等县均应属汉中郡,可见上庸、汉北地后来又曾划归汉中郡管辖。故其西界仍以谭说为是。

至于东面的边界,谭文中未作说明,而谭图则将南阳郡东界画在今平顶山市至今信阳市一线。今按,这一定位恐需改订。张家山汉简《秩律》简448、457、458 有西平、阳安、朗陵等四县,一般研究者认为这四县汉初属于南阳郡。① 晏昌贵先生还指出:

> 汉初南阳郡可能以汝水与淮阳国为界,这一疆界当是沿袭楚宛郡之旧,《说苑·指武》(卷15):"吴起为苑守,行县适息。"苑即宛,息为楚县。吴起为楚宛郡守,而行至息县以问政事,则息县当为楚宛郡属县。②

由此可见,楚南阳郡(宛郡)东界大致也包括汝水以西地区,秦至汉初一直沿袭这一界址未更。这样,秦南阳郡东界应推进至汝水一线。

4. 淮阳郡

淮阳郡置县道异同表

	马非百 13县	王蘧常 阙	谭其骧 12县	后晓荣 27县	何慕 11县	张莉 16县	本文认定 16县	《汉志》上属	出 土 资 料
1. 陈	■		■	■	■	■	■	淮阳国	《包山》166"陈公",《五十例》"陈丞之印",《集存》P883
2. 长平	■		●	■	■	■	■	汝南郡	《集》二·三·55"长平丞印",《集存》P884
3. 新郪	■		●	■	■	■	■	汝南郡	新郪虎符,《新见》"新郪丞印",《奏谳书》简75等,《集存》P885

---

① 晏昌贵:《〈二年律令·秩律〉与汉初政区地理》。
② 晏昌贵:《〈二年律令·秩律〉与汉初政区地理》。

续　表

	马非百13县	王蘧常阙	谭其骧12县	后晓荣27县	何慕11县	张莉16县	本文认定16县	《汉志》上属	出土资料
4. 汝阴	■		■	■			归入颖川郡	汝南郡	《集》二·三·56"女阴丞印"，《秩律》简460，《集存》P854
5. 阳夏	■		■	■	■	■		淮阳国	《汇考》1449"阳夏丞印"，《集存》P888-889
6. 新阳	■		■	■	■	■	■	汝南郡	《里耶》8-440
7. 上蔡	■		■	■	■	■	■	汝南郡	《集存》P893"上蔡丞□"
8. 清波			■					无	
9. 寑	■		■	■	■		■	汝南郡	
10. 召陵	■		●	■				汝南郡	
11. 柘	■		■	■	■	■		淮阳国	《再读》"柘丞之印"
12. 苦	■		■	■	■	■		淮阳国	《五十例》"苦丞之印"，《集存》P893
13. 项	■		■	■	■	■		汝南郡	《集存》P893"项□之□"
14. 阳安				■		■	归入南阳郡	汝南郡	《集》二·三·60"阳安丞印"，《秩律》简457，《集存》P891-892
15. 汝阳				■	■		归入颖川郡	汝南郡	《集》二·三·59"女阳丞印"，《集存》P855-857
16. 南顿			●	■	■	■	■	汝南郡	《集》二·三·57"南顿"、二·三·58"南顿丞印"，《集存》P886-887
17. 新蔡			■	■	■	■	■	汝南郡	《汇考》1358"新蔡丞印"，《集存》P887，《续补》157
18. 慎			●	■		■		汝南郡	《汇考》1367"慎丞之印"，《秩律》简448，《集存》P855

续表

	马非百13县	王蘧常阙	谭其骧12县	后晓荣27县	何慕11县	张莉16县	本文认定16县	《汉志》上属	出土资料
19. 平舆			■	■	■	■	■	汝南郡	《发掘》TG1∶42"平舆丞印",《集存》P889-891
20. 阳城				■				汝南郡	
21. 榆县①				■				无	
22. 朗陵				■		归入南阳郡		汝南郡	《秩律》简457
23. 陉山				■			■	无	《发掘》《新见》"陉山",《集存》P833
24. 西平				■		归南阳郡		汝南郡	《秩律》简457
25. 成阳				■		归东郡		汝南郡	
26. 安阳				■				汝南郡	
27. 固陵②			■	■	■		■	淮阳国	《里耶》8-445
28. 安陵				■				右扶风	
29. 细阳						■		汝南郡	
30. 宁陵						■		陈留郡	
31. 鱼同阳							■	汝南郡	《集存》P883

图例：■——置县 ●——聚邑

---

① 后晓荣认为睡虎地秦简《编年纪》简10之"喜揄史"即为榆县官吏。今按,"揄史"当为进用为史之意。参睡虎地整理小组注释。
② 据《续汉志》,即《汉志》淮阳国固始县。

关于淮阳郡的界域,谭其骧先生考证如下:

> 郡境于《汉志》为淮阳国、汝南郡。《始皇纪》:二十三年击荆,取陈以南平舆,虏荆王。陈为淮阳,平舆则汝南也。惟汉之汝南有期思、弋阳二县,在淮水以南,盖孝武元朔间削自淮南者,于秦当属九江(《侯表》六安王子有终弋侯,下注汝南,疑即在弋阳境)。

今按,淮阳郡北界辨见三川郡、颍川郡。西界辨见南阳郡,南界据谭说在淮河以北,东界大致以西肥水与四川郡相邻界。至于东北方向,谭图将阳夏、柘县、苦县划入淮阳郡。何慕博士则指出楚汉之际的淮阳是指"鸿沟以西的淮水以北地区"。① 因此她主张将陈县以北的阳夏、柘、苦等三县划入砀郡,这实际上是主张淮阳与砀郡以鸿沟为界。在东部,何氏将汝阴、慎等县划入四川郡(见下文),想必是以颖水与四川郡为界。今按,何氏未说明其依据,今存此以待考。

5. 东郡

东郡置县异同表

	马非百 18县	王蘧常 10县	谭其骧 14县	后晓荣 26县	何慕 19县	张莉 14县	本文认定 22县	《汉志》上属	出土资料
1. 濮阳	■	■	■	■	■	■	■	东郡	《秩律》简450
2. 须昌	■		■				归入薛郡	东郡	
3. 都关	■			■	■	■	■	山阳郡	
4. 成武	■			■	■	■	■	山阳郡	
5. 白马	■		■	■	■	■	■	东郡	《秩律》简460
6. 燕②	■		■	■		■	■	东郡	
7. 酸枣	■		■	■	■	■	■	陈留郡	《秩律》简457,《钱典》150

---

① 何慕:《秦代政区研究》,第42—45页。
② 《汉志》作"南燕"。

续　表

	马非百 18县	王蘧常 10县	谭其骧 14县	后晓荣 26县	何慕 19县	张莉 14县	本文认定 22县	《汉志》上属	出土资料
8. 茌平	■		■	■	■		■	东郡	《秩律》简460
9. 长垣	■		■	■	■		■	陈留郡	
10. 定陶	■		■	■	■		■	济阴郡	《集》二·三·47"定陶丞印",《集存》P866
11. 宛朐	■		■	■	■	■	■	济阴郡	
12. 东阿	■		■	■	■	■	■	东郡	《汇考》1423"东阿丞印",《秩律》简460,《集存》P864
13. 成阳	■		■	■			■	济阴郡	
14. 亢父	■						归入薛郡	东平国	
15. 无盐	■						归入薛郡	东平国	《集》二·三·37"无盐丞印",《集存》P930
16. 范阳①	■		■		■		■	东郡	
17. 冈成	■							无	
18. 聊城	■			■	■	■	■	东郡	《秩律》简460,《集存》P866
19. 虚		■		■			■	无	《里耶》17-14正
20. 长平		■					归入淮阳郡	汝南郡	
21. 雍丘		■					归入砀郡	陈留郡	
22. 山阳		■					归入河内郡	河内郡	

---

① 《汉志》作"范",非《汉志》涿郡之范阳。

续　表

	马非百 18县	王蘧常 10县	谭其骧 14县	后晓荣 26县	何慕 19县	张莉 14县	本文认定 22县	《汉志》上属	出　土　资　料
23. 桃				■	桃林			泰山郡	
24. 济阴				■		■	■	无	《货系》4047－4054,《集》二·三·46"济阴丞印",《集存》P865
25. 廪丘				■			■	东郡	
26. 曹县				■				无	
27. 东武阳				■	■	■	■	东郡	《汇考》1349"东武阳丞",《秩律》简460,《集存》P865
28. 阳平				■	■		■	东郡	《秩律》简454
29. 甄城			■	■	■		■	济阴郡	《秩律》简460
30. 顿丘				■	■		■	东郡	"顿丘令"戈,①《里耶》17－14,《秩律》460"揗(顿)丘"
31. 平邱				■				陈留郡	
32. 乘县②				■				无	
33. 句渎				■				无	
34. 清氏③				■				无	
35. 观④					■		■	东郡	《集存》P864

图例：■——县道　●——聚邑

---

① 黄盛璋：《试论三晋兵器的国别和年代及其相关问题》，《历史地理与考古论丛》。
② 《汉志》济阴郡有乘氏，泰山郡有乘丘，后氏以为二者为一地，恐不可从。
③ 《汉志》东郡有清县。
④ 《汉志》东郡下原作"畔观"，陈景云、王先谦、段玉裁、陈直等先生有辨，据《秩律》也可证作"观"为是。详参周振鹤《汉书地理志汇释》，安徽教育出版社2006年，第98—99页。

关于东郡的界域,谭其骧先生考证如下:

> 东以济水为界,济东谷城秦属济北,见《留侯世家》,寿良汉初属梁,《孝王世家》北猎良山,即其地。于秦当属薛郡(辨见砀郡)。东北自茌平以外,亦当属济北,汉初之制如是也(《汉志》高唐属平原,《王子侯表》茌平为济北王子国,《郡国志》茌平属济北)。《汉志》济阴郡及山阳之成武,亦当在界内。据《秦纪》《穰侯传》,昭襄王时,穰侯封陶,蒙武伐齐河东为九县,灶攻齐取刚寿。盖其时所下齐地,并以属陶;穰侯既卒,秦复收陶为郡;迨始皇五年,定酸枣、燕、虚,明年拔濮阳,遂并陶于卫,以置东郡;其后汉收项羽梁地东、砀二郡,自取东郡河、济之间以通齐,而以砀郡及东郡济、濮以左王彭越,都于济阴之定陶,济阴自是属梁,迄于梁孝王不改。后人以济阴为梁之分国,因谓秦属砀郡,未尝深考也。《高祖纪》、周勃、曹参、樊哙诸《传》:二世三年,攻破东郡尉于成武。知成武为东郡属县,济阴介在濮阳、成武之间,益知其属东而不属砀矣(成武汉初属济阴,《外戚侯表》邛成侯下注云:济阴邛成,在成武之东南也。《续志》邛成省入成武,成武还隶济阴)。①

今按,谭其骧先生所考东郡的界域大致在河、济之间。北端至聊城,南端至酸枣,东南逾济而领有成武。所云大致可信。

6. 砀郡

砀郡置县道异同表

	马非百 19县	王蘧常 12县	谭其骧 20县	后晓荣 22县	何慕 18县	张莉 16县	本文认定 18县	《汉志》上属	出 土 资 料
1. 砀	■	■	■	■	■	■	■	梁国	《再读》"砀丞之印",《集存》P858
2. 睢阳	■	■	■	■	■	■	■	梁国	《集存》P861
3. 陈留	■	■	■	■		■	归入三川郡	陈留郡	《秩律》简456

---

① 谭其骧:《秦郡界址考》,《长水集》(上),第13—21页。

续　表

	马非百19县	王蘧常12县	谭其骧20县	后晓荣22县	何慕18县	张莉16县	本文认定18县	《汉志》上属	出土资料
4. 雍丘	■	■	■	■	■		■	陈留郡	
5. 外黄	■	■	■	■	■		■	陈留郡	
6. 单父				■	■		■	山阳郡	
7. 平邱	■							陈留郡	
8. 济阳	■		■	■	■			陈留郡	
9. 下邑	■		■	■	■	■		梁国	《汇考》1460"下邑丞印",《集存》P859
10. 栗			■	■				沛郡	
11. 虞			■	■	■			梁国	
12. 蒙			■	■	■			梁国	
13. 襄邑	■		■	■				陈留郡	
14. 酂	■		■	■			归入南阳郡	沛郡	《秩律》简449
15. 谯		■	■	■	■		■	沛郡	《秦陶》"谯市",《集存》P861
16. 菑	■	■	■	■				梁国	《集存》P863
17. 大梁①							■	陈留郡	《集成》11330"大梁左库"戈
18. 祁	■						■	沛郡	《集存》P1003
19. 芒	■			■	■			沛郡	《集》二·三·52"芒丞之印",《集存》P860
20. 小黄			■					陈留郡	
21. 酸枣			■				归入东郡	陈留郡	《秩律》简457

---

① 《汉志》陈留郡"浚仪"下班固自注:"故大梁。魏惠王自安邑徙此。"

续　表

	马非百19县	王蘧常12县	谭其骧20县	后晓荣22县	何慕18县	张莉16县	本文认定18县	《汉志》上属	出　土　资　料
22. 阳武		■					归入三川郡	河南郡	《秩律》简456
23. 启封			■	■			归入三川郡	河南郡	
24. 岐县				■			归入三川郡	无	《集》二·三·105"岐丞之印",《秩律》简456
25. 圂				■			归入三川郡	淮阳国	
26. 爰戚			■	■		■		山阳郡	
27. 昌邑			■	■	■	■		山阳郡	
28. 东缗			■	■		■		山阳郡	
29. 阳夏					■		归入淮阳郡	淮阳国	《汇考》1449"阳夏丞印",《集存》P888－889
30. 柘					■		归入淮阳郡	淮阳国	《再读》"柘丞之印"

图例：■——县道　●——聚邑

关于砀郡的界域，谭其骧先生考证如下：

西界至大梁，辨见三川。北无济阴，辨见东郡。西南柘、苦二县当属陈，《汉志》如是也。南界当有《汉志》沛郡西北诸县之地。《梁孝王世家》：武帝元朔中，平王襄有罪，削其八城（《汉书·文三王传》作五县，钱氏大昕已证其不可信）。《王子侯表》，孝元以后梁王子分封属沛者又八国。以地望准之，自郸、谯北至芒、栗，则所削八县也；自栗以西北,则分封别属之八邑也(见《汉志》者六)。沛与山阳、陈留皆邻接梁国,所以知削县入沛者,以《汉志》三郡领县之数,沛为特多也(沛三十七,山阳二十三,陈留十七,沛属县得自其他王国分封者仅二县,而山阳领县中,已有八县得自梁、东平之分封)。故吴、楚之反,先击梁棘壁,足证其时砀南之地,犹为梁有(棘壁即《睢水注》之棘亭,在芒县西南)。汉之东平及东郡之寿良,虽亦在梁孝王封域内,地近齐、鲁,似不得属砀,山阳自泗以东亦然。全祖望曰:东平本宋地,宋亡,齐得之,本不属梁,其属梁自封彭越始,秦属齐郡,楚汉之际,属楚国也。今按项羽王梁楚地九郡,而齐地别为齐、济北、胶东三国,东平若秦属齐郡,则羽不得有之,当从《元和志》作属薛郡。迨羽亡而分其楚地王韩信,梁地王彭越,楚大梁小,故割东平之地以畀梁耳。①

今按,经过谭先生考证,秦代砀郡领域已基本厘清。其西界在大梁,西南界在柘、苦二县北,南界至《汉志》沛郡之谯、芒一线,东界与《汉志》山阳郡东界相当,而无泗水以东地;北以济水为界,而无济水以南之成武、定陶。②

7. 四川郡

四川郡置县道异同表

	马非百 16县	王蘧常 阙	谭其骧 16县	后晓荣 25县	何慕 19县	张莉 19县	本文认定 24县	《汉志》上属	出土资料
1. 沛	■		■	■	■	■	■	沛郡	《秩律》简443
2. 厌气台	■							无	
3. 留			■	■	■	■	■	楚国	
4. 萧	■		■	■	■	■	■	沛郡	狮子山"萧丞之印"、北洞山"萧之右尉"
5. 彭城	■		■	■	■	■	■	楚国	《征存》0053"彭城丞印",③《汇考》1457"彭城丞印",《里耶》5-17,《集存》P896

---

① 谭其骧:《秦郡界址考》,《长水集》(上),第13—21页。
② 参考马孟龙《西汉梁国封域变迁研究(附济阴郡)》,《史学月刊》2013年第5期。
③ 罗福颐先生归入"汉初官印"类,按其田字格形式似应为秦代之物,本文归入秦代。

续　表

	马非百 16县	王蘧常 16阙	谭其骧 25县	后晓荣 19县	何慕 19县	张莉 19县	本文认定 24县	《汉志》上属	出土资料
6. 下相	■		■	■		■	■	临淮郡	《汇考》1405"下相丞印",《集存》P897
7. 徐	■		■	■		■	■	临淮郡	《汇考》1408"徐丞之印",《集存》P898
8. 取虑	■		■	■		■	■	临淮郡	《再读》"取虑丞印"
9. 符离	■		■	■		■	■	沛郡	《汇考》1424"符离",《岳麓六》246,《集存》P902-903
10. 铚	■		■	■		■	■	沛郡	《征存》"铚将粟印"
11. 相	■		■	■		■	■	沛郡	《集成》"□郾之岁相公戈",《集》二·三·75"相丞之印",《集存》P899
12. 蕲	■		■	■		■	■	沛郡	
13. 竹邑	■		■	■		■	■	沛郡	
14. 僮	■		■	■		■	■	临淮郡	《汇考》1426"僮丞之印","僮令之印",①《集存》P899
15. 下蔡	■		●	■			■	沛郡	《包山》120"下蔡",《玺汇》0097"下蔡序大夫"、0309"下蔡职襄"
16. 城父	■		■	■			■	沛郡	
17. 傅阳			■	■	■	■	■	楚国	《集》二·三·74"傅阳丞印",《集存》P900
18. 厹犹				■		■	■	临淮郡	《发掘》TG1:24"厹猷丞印",《集存》P900-901
19. 丰县			●	■	■		■	沛郡	《五十例》"丰丞",《集存》P903-904

---

① 韦正、李虎仁、邹厚本:《江苏徐州市狮子山西汉墓的发掘与收获》,《考古》1998年第8期；王恺:《狮子山楚王陵出土印章和封泥对研究西汉楚国建制及封域的意义》,《文物》1998年第8期。

续 表

	马非百 16县	王蘧常 16县阙	谭其骧 16县	后晓荣 25县	何慕 19县	张莉 19县	本文认定 24县	《汉志》上属	出 土 资 料
20. 虹①				■		■	■	沛郡	《汇考》1411"虹丞之印",《集存》P902
21. 平阿							■	沛郡	平阿左戈,②《玺汇》0317"坪阿",《汇考》1042"平阿禁印",《集存》P904
22. 吕				■	■		■	楚国	《汇考》1446"吕丞之印",《集存》P901
23. 山桑							■	无	"山桑行序大夫玺"③
24. 戚				■	■		归入薛郡	东海郡	
25. 菑丘				■				楚国	《集成》11313④
26. 部县				■				楚国	
27. 汝阴						■	归入颖川郡	汝南郡	《集》二·三·56"女阴丞印",《秩律》简460,《集存》P854
28. 慎				●		■	归入淮阳郡	汝南郡	《汇考》1367"慎丞之印",《秩律》简448,《集存》P855
29. 鄝						■	归入南阳郡	沛郡	《秩律》简449
30. 阴平							■	东海郡	《集成》11609"阴平左库"剑
31. 新城父						■		无	《集存》P903

图例:■——县道 ●——聚邑

---

① 《汉志》"㽉"县条下,"莽曰贡。"颜师古注:"㽉亦音贡。"王先谦《补注》:"《孔光传》作虹,后汉因,《续志》作虹。"
② 马玺伦、李玉亭、王元平:《山东沂水县出土一件"平陞左钺"铜戈》,《文物》1991年第10期。
③ 徐在国:《楚国玺印中的两个地名》,《古文字研究》第24辑,第317—318页。
④ 黄盛璋:《试论三晋兵器的国别和年代及其相关问题》,《历史地理考古论丛》。

关于四川郡的界域,谭其骧先生考证如下:

> 北界循汉制沛郡、楚国之界,不得有滕而有傅阳。汉楚国即秦泗水郡,沛者楚之分郡也。又不得沛郡之公丘、广戚,而有东海之阴平,前者本鲁壤,后者本楚壤,由孝武以后,王子封侯而改隶者也。西北界见砀郡,西南循汉制淮郡界,包有下蔡。自下邳、凌东傅海,于汉为东海、泗水、临淮三郡国之地,于秦当属东海。汉之临淮,据《晋志》系析沛、东阳二郡所置。淮北下相、取虑、徐,则沛分也,秦属泗水。自盱眙、淮陵以南,渐于江海,则东阳分也(盱眙、淮陵,并江都王子之封国,江都,东阳之更名也,《汉志》曰广陵),秦属东海。①

今按,四川郡西界循《汉志》沛郡界,南抵淮河,西北界在城父、相一线之北,不包括芒、酂、谯等县。东界大致循泗水为限,逾界而泗水以东之下相、坴犹。东北有丰、沛,无公丘、广戚,谭图将"戚"画入泗水郡(即四川郡),与前说不同。

8. 济北郡

济北郡置县道异同表

马非百 10县	王蘧常 阙	谭其骧 6县	后晓荣 9县	何慕 6县	张莉 13县	本文认定 10县	《汉志》上属	出　土　资　料
1. 博阳	■		■		■	■	归入泰山郡	泰山郡	《集》二·三·79"博城",《集存》P914
2. 嬴	■		■		■	■	归入泰山郡	泰山郡	
3. 穀城	■					■		无	
4. 卢	■			■	■	■		泰山郡	《集》二·三·84"卢丞之印",《集存》P941-942
5. 鬲	■			■	■	■		平原郡	

---

① 谭其骧:《秦郡界址考》,《长水集》(上),第13—21页。

续表

	马非百 10县	王蘧常阙	谭其骧 6县	后晓荣 9县	何慕 6县	张莉 13县	本文认定 10县	《汉志》上属	出土资料
6. 著	■		■	■		■	■	济南郡	《集存》P915
7. 漯阴	■		■	■	■	■	■	平原郡	
8. 平原	■		■	■	■	■	■	平原郡	《货系》1807
9. 厌次	■							无	
10. 历下	■							无	
11. 乐陵				■		■	■	平原郡	《集》二·三·81"乐陵丞印",《集存》P915
12. 浮阳				■			■	渤海郡	《汇考》1346"浮阳丞印",《集存》P816
13. 高栎				■			■	渤海郡	《发掘》"高栎□□",《集存》P578、553,《续补》740
14. 千童				■		■	■	渤海郡	《五十例》"千□丞印"①
15. 历城				■	■		归入泰山郡	济南郡	
16. 东平陵						■	归入泰山郡	济南郡	《集》二·三·83"东平陵丞",《集存》P911
17. 般阳						■	归入泰山郡	济南郡	《集》二·三·82"般阳丞印",《集存》P912
18. 梁邹						■	归入泰山郡	济南郡	《集》二·三·78"梁邹丞印",《集存》P913

---

① "千"下一字后晓荣疑为"童"。今按,《汉志》有西河郡"千章",裘锡圭先生已据有关铜器铭文指出其为"干章"之误(参裘锡圭:《考古发现的秦汉文字资料对于校读古籍的重要性》,《中国出土古文献十讲》,复旦大学出版社2004年,第117页)。另外《汉志》渤海郡有"千童",千乘郡有"千乘",故"千"下一字亦有可能为"乘"。

续表

	马非百 10县	王蘧常	谭其骧 6县	后晓荣 9县	何慕 6县	张莉 13县	本文认定 10县	《汉志》上属	出 土 资 料
19. 於陵						■		济南郡	《集》二·三·76"於陵丞印",《集存》P914
20. 南皮							■	渤海郡	

图例：■——县道　●——聚邑

关于济北郡的界域，谭其骧先生考证如下：

> 自浮阳、章武以南，当属济北，战国齐之北地，其间侯国，皆齐所分封。……《史记》集解引徐广曰：济北分平原、泰山。此指汉初之济北而言，秦之济北于汉初为济北、博阳二郡，自吕后以后，有济南而无博阳，济南即博阳之更名也，故知济南实济北故壤。①

今按，据上文所考，始皇二十六年于齐地仅置临淄、琅邪二郡，后从临淄分出济北、泰山，琅邪分出胶东，凡有五郡之地。济北郡界域大致相当于《汉志》平原郡、渤海郡大河以南、泰山郡泰山以西三者之和。北以黄河为界。东南大致以徒骇河为界，南逾漯水、济水据有漯阴、卢县等地。

9. 泰山郡

泰山郡置县道异同表

	马非百	王蘧常	谭其骧阙	后晓荣 9县	何慕阙	本文认定 8县	《汉志》上属	出 土 资 料
1. 博城				■		■	泰山郡	《集存》P914
2. 东平陵				■		■	济南郡	《集》二·三·83"东平陵丞",《集存》P911

---

① 谭其骧：《秦郡界址考》，《长水集》（上），第13—21页。

续 表

	马非百阙	王蘧常阙	谭其骧阙	后晓荣9县	何慕阙	本文认定8县	《汉志》上属	出 土 资 料
3. 般阳				■		■	济南郡	《集》二·三·82"般阳丞印",《集存》P912
4. 梁邹				■		■	济南郡	《集》二·三·78"梁邹丞印",《集存》P913
5. 於陵				■		■	济南郡	《集》二·三·76"於陵丞印",《集存》P914
6. 泰山				■			无	
7. 平阳				■		东平阳	泰山郡	《玺汇》0062"平阳司马玺",《集成》11156"平阳高马里"戈,《集存》770
8. 历城				■		■	济南郡	
9. 嬴				■		■	泰山郡	

图例:■——县道 ●——聚邑

泰山郡的界域,大致相当于《汉志》济南郡以及泰山郡的泰山以东地区,东北至莱芜,东至盖县,南抵蒙山。

10. 临菑郡

临淄郡置县道异同表

	马非百4县阙	王蘧常阙	谭其骧5县	后晓荣10县	何慕2县	张莉8县	本文认定8县	《汉志》上属	出 土 资 料
1. 临淄	■		■	■	■	■	■	齐郡	《集》二·三·85"临菑丞印",《奏谳书》简17、18、19、23"临菑",《集存》P905-906,《续补》478
2. 东安平	■			■		■	■	甾川国	《集》二·三·89"东安平丞",《集存》P907

续 表

	马非百4县	王蘧常阙	谭其骧5县	后晓荣10县	何慕2县	张莉8县	本文认定8县	《汉志》上属	出　土　资　料
3. 千乘	■		■	■	■	■	■	千乘郡	
4. 狄	■		■	狄城			■	千乘郡	《集》二·三·88"狄城之印",《集存》P907
5. 临朐①	■			■				齐郡	《集》二·三 93"临朐丞印",《集存》P908
6. 蓼城	■			缪城			■	千乘郡	《集》二·三·91"蓼城丞印",《集存》P908
7. 博昌	■		■	■			■	千乘郡	《秦陶》1440,《集》二·三·87"博昌丞印",《集存》P909-910
8. 乐安	■			■			■	千乘郡	《集》二·三·90"乐安丞印",《集存》P910
9. 昌国				●			■	齐郡	
10. 高宛				●			■	千乘郡	

图例：■——县道　●——聚邑

谭其骧先生对于齐郡的界域有如下考证：

齐之西境,秦自昭襄王以来,已稍蚕食之,后分隶于东、薛二郡。始皇既举全齐,遂裂其地以为齐、琅邪二郡。齐南括泰、岱,北临渤海,有今鲁北之平原地带,琅邪西起沂沭,东迄荣成,有今鲁东之半岛丘陵地带。琅邪于秦地为极东,故《始皇纪》二十八年东巡狩,登琅邪,刻石颂秦德,言四迄则曰"东有东海",言东土则曰"至于琅邪"也。杨图从《通典》,齐郡东逾潍胶,至于海;琅邪但有高密以南沂沭上游;如是则琅邪东界,转不及齐郡之远,显与史实背缪。二郡分界,据《王子侯表》考之,滨海略以《汉志》北海郡之丹水为界,水西故菑川之分壤,菑川齐之分国;水东故胶东、

---

① 《汉志》齐郡、东莱郡各有一"临朐"县。"临朐丞印"当为其中之一县使用之物。后晓荣先生以此来证实两个县,不妥。详参后晓荣：《秦代政区地理》,第279、295页。

胶西之分壤,二国皆析自琅邪者也。内地略以菑、汶与潍、沂之分水为界,《汉志》琅邪郡之西北隅当属齐,汉初属菑川;泰山郡之东边诸县当属琅邪,汉初属城阳。齐郡后析为齐、济北二郡(详《秦郡新考》)。齐得《汉志》之齐、菑川、千乘,兼有北海之地。济北得《汉志》之平原、济南、泰山,兼有勃海、东郡之地。自汉文帝析齐郡为齐、菑川二国,齐但有故郡之西半,而《三王世家》武帝立子闳为齐王,犹曰:关东之国无大于齐者。齐东负海,天下膏腴地,莫盛于齐者矣。故知齐兼有千乘十五县之地也。千乘当济、漯入海之口,《河水注》引伏琛曰:河海之饶,兹焉为最。郡属县被阳、繁安皆齐王子之封国,使齐无千乘,则《汉志》齐郡仅十二县,断不足以当关东大国之目。滨海之县惟台乡,又为成帝时析自菑川者,焉得有负海膏腴之誉乎?王氏国维《汉郡考》据《史记》讹字误以汉初千乘之地为属于胶西,辨见拙著《汉初封建图说》。《史记》集解引徐广曰:济北分平原、泰山。此指汉初之济北而言,秦之济北于汉初为济北、博阳二郡,自吕后以后,有济南而无博阳,济南即博阳之更名也,故知济南实济北故壤。①

今按,谭氏所谓齐郡,据上文所考,应更名为"临菑郡"。上文所考济北、泰山二郡乃由其中分出。其西北界、西界辨见上文济北、泰山郡部分,东与即墨郡为界。

11. 即墨郡

即墨郡置县异同表

	马非百 7县	王蘧常 10县	谭其骧 4县	后晓荣 8县	何慕 8县	张莉 12县	本文认定 12县	《汉志》上属	出 土 资 料
1. 即墨	■	■	■	■	■	■	■	胶东国	《集成》11160"即墨华"戈,《集》二·二·30"即墨"、二·三·97"即墨丞印",《集存》P923－924
2. 黄	■	■		■	■	■	■	东莱郡	《集》二·三·98"黄丞之印",《集存》P924
3. 腄	■	■		■	■	■	■	东莱郡	《集》二·三·99"腄丞之印",《集存》P925

① 谭其骧:《秦郡界址考》,《长水集》(上),第13—21页。

续 表

	马非百 7县	王蘧常 10县	谭其骧 4县	后晓荣 8县	何慕 8县	张莉 12县	本文认定 12县	《汉志》上属	出 土 资 料
4. 高密	■		■		■	■	■	高密国	《集成》10972,"高密"戈,《集》二·三·100"高密丞印",《里耶》8-1079,《集存》P925
5. 剧清		■						无	
6. 莒		■					归入琅邪郡	城阳国	《集存》P922
7. 掖		■	●	夜	■	■	■	东莱郡	《集》二·三·102"夜丞之印",《集存》P926
8. 昌阳				■		■	■	东莱郡	《集》二·三·104"昌阳丞印",《集存》P927
9. 昌武				■			■	胶东国	《征存》0001"昌武君印"
10. 东牟				■	■	■	■	东莱郡	《集》二·三·94"东牟丞印",《集存》P927
11. 临朐				■			■	东莱郡	齐郡下列有"临朐丞印",或属此
12. 下密				■	■	■	■	胶东国	《集》二·三·103"下密丞印",《集存》P925
13. 平寿						■	■	北海郡	《集》二·三·92"平寿丞印",《集存》P926
14. 都昌						■	■	北海郡	《集》二·三·101"都昌丞印",《集存》P926
15. 魏其						■		琅邪郡	《里耶》8-2133

图例:■——县道　●——聚邑

关于胶东郡的界域,谭其骧先生考证如下:

胶东有《汉志》之东莱、胶东、高密,而琅邪自今胶州湾以东,亦当属胶东;其中皋虞一县,明为胶东王子之封国。郡名胶东,而地跨胶西者,犹济北之兼包济南,辽东之辖有辽西也。①

今按,谭说可从。胶东之主体部分大致在潍水、胶水以东山东半岛地区。

12. 琅邪郡

琅邪郡置县道异同表

	马非百 2县	王蘧常阙	谭其骧 3县	后晓荣 6县	何慕 4县	张莉 9县	本文认定 10县	《汉志》上属	出　土　资　料
1. 琅邪	■		■	■	■	■	■	琅邪郡	《集》二·三·95"琅邪□丞",②《集存》P917-918
2. 赣榆	■		■	■	■	■	■	琅邪郡	《秦陶》1435,《集存》P921
3. 莒				■		■	■	城阳国	《集存》P922
4. 郚县				■		■	■	琅邪郡	《汇考》1410"郚丞□印",《集存》P920
5. 东武				■		■	■	琅邪郡	《秦陶》1434
6. 不其				■			■	琅邪郡	
7. 箕县				■			■	琅邪郡	
8. 阳都					■	■	■	城阳国	《发掘》"阳都丞印",《集存》P920
9. 高阳						■	■	琅邪郡	《集成》11592,《集》二·三·96"高阳丞印",③《集存》P919
10. 魏其						■	■	琅邪郡	《里耶》8-2133

---

① 谭其骧:《秦郡界址考》,《长水集》(上),第13—21页。
② 此封泥原著于《封泥考略》,如下图所示:

其中释为"县"的那个字比较可疑。因为封泥中所谓某某"县丞"之印唯此一见,《汇考》中将该字存疑是比较可取的。这样该封泥是否可作为琅邪置县的证据就需要注意。
③ 《汉志》涿郡亦有高阳县,该县已见于《里耶》16-12地名里程简。封泥之"高阳"不知为哪一处,存此备考。

续 表

马非百 2县	王蘧常阙	谭其骧 3县	后晓荣 6县	何慕 4县	张莉 9县	本文认定 10县	《汉志》上属	出 土 资 料
11. 城阳					■	■	城阳国	《集存》P921
12. 费					■	■	东海郡	《里耶》8-657

图例：■——县道 ●——聚邑

关于琅邪郡的界域，谭其骧先生考证如下：

> 西界辨见齐郡。西南当有《汉志》东海之费、南城、即丘、利成，本城阳王子之封国。其后析其东北境为胶东（详《秦郡新考》）。琅邪有《汉志》之琅邪、城阳，胶东有《汉志》之东莱、胶东、高密，而琅邪自今胶州湾以东，亦当属胶东；其中皋虞一县，明为胶东王子之封国。郡名胶东，而地跨胶西者，犹济北之兼包济南，辽东之辖有辽西也。①

今按，谭说可从。琅邪郡大致相当于《汉志》琅邪郡、城阳国以及东海郡边县。

13. 薛郡

薛郡置县道异同表

马非百 12县	王蘧常阙	谭其骧 12县	后晓荣 22县	何慕 16县	张莉 15县	本文认定 23县	《汉志》上属	出 土 资 料
1. 鲁	■	■	■	■	■	■	鲁国	《集》二·三·34"鲁丞之印"，《集存》P928
2. 驺	■	■	■	■	■	■	鲁国	《秦陶》1447、3324，《集》一·三·21"驺丞之印"，②《集存》P933，《续补》104、105

---

① 谭其骧：《秦郡界址考》，《长水集》（上），第13—21页。
② 据《百官公卿表》"（仆射）军屯吏、驺、宰、永巷宫人皆有"，驺为养马之官，又《汉志》鲁国有驺县。故周天游先生认为驺有官名和地名二解，不过王辉先生认为"驺丞"仍以（转下页）

续表

	马非百12县	王蘧常阙	谭其骧12县	后晓荣22县	何慕16县	张莉15县	本文认定23县	《汉志》上属	出土资料
3. 滕①	■		■	■	■	■	■	沛郡	
4. 薛	■		■	■			■	鲁国	《集》二·三·35"薛丞之印",《集存》P929
5. 胡陵	■		■	■			■	山阳郡	
6. 方与	■		■	■			■	山阳郡	《汇考》1440"方舆丞印",《集存》P935
7. 爰戚	■						归入砀郡	山阳郡	
8. 昌邑	■						归入砀郡	山阳郡	
9. 安阳	■							无	
10. 刚	■		●	■			■	泰山郡	
11. 瑕丘			■	■			■	山阳郡	
12. 东缗	■						归入砀郡	山阳郡	
13. 无盐				■	■	■	■	东平国	《集成》10975"无盐"戈,《集》二·三·37"无盐丞印",《集存》P930
14. 任城				●	■	■	■	东平国	《集》二·三·36"任城丞印",《集存》P934
15. 蕃					■	■	■	鲁国	《发掘》"蕃丞之印",《集存》P931-932

(接上页)看作"驺县之丞"为是。参阅周天游、刘瑞:《西安相家巷出土秦封泥简读》,《文史》2002年第3辑,第19—47页;王辉:《新出秦封泥选释(二十则)》,《秦文化论丛》第六辑,三秦出版社1998年,收入氏著《一粟集——王辉学术文存》,艺文印书馆2002年。

① 即《汉志》沛郡下公丘县。王先谦《汉书补注》:"秦滕县,夏侯婴为令,因号滕公,见《婴传》。后分蕃县,属鲁。"

续 表

马非百12县	王蘧常12阙	谭其骧12县	后晓荣22县	何慕16县	张莉15县	本文认定23县	《汉志》上属	出 土 资 料
16. 平陆				■		■	东平陆	东平国	《集成》10925,"平陆丞印"①
17. 宁阳				■				泰山郡	
18. 汶阳				■	■	■	■	鲁国	《货系》1202,《新见》"汶阳丞印",《集存》P930
19. 卞县				■	■	■	■	鲁国	《五十例》"卞丞之印",《集存》P930
20. 承县				■	■	■	■	东海郡	《汇考》1381"承丞","承令之印",②《集存》P930-931
21. 阴平				■		■		东海郡	《集成》11609"阴平左库剑"
22. 建阳				■		■		东海郡	
23. 平阳			■	■	■		南平阳	山阳郡	《货系》1730-1798
24. 亢父				■	■		■	东平国	
25. 须昌				■			■	东郡	
26. 柴县				■			■	泰山郡	
27. 张			■		■		■	广平国	
28. 戚							■	东海郡	

图例：■——县道　●——聚邑

关于薛郡的界域,谭其骧先生考证如下：

> 东界当有《汉志》东海之郚乡、合乡、昌虑、建阳、承,故鲁境,由王子

---

① 孙慰祖：《两汉官印汇考》,上海书画出版社1993年,第76页。
② 韦正、李虎仁、邹厚本：《江苏徐州市狮子山西汉墓的发掘与收获》,《考古》1998年第8期；王恺：《狮子山楚王陵出土印章和封泥对研究西汉楚国建制及封域的意义》,《文物》1998年第8期。

封侯而别属者也。南界辨见泗水。自傅阳东渐海，旧亦以属薛，以不知有东海郡也。西界辨见砀郡，而《汉志》山阳之瑕丘，实鲁之分封也。北界凡《汉志》泰山属县斗入鲁、东平二国之间者，悉当在界内，其改隶盖亦由于王子分封，乘丘、宁阳、桃山、桃乡、富阳，皆载于《侯表》，刚、巨平故亦鲁地也。自亭亭、梁父而北，当属济北，当初之制如是也。杨图几尽举泰山以属薛，非是。①

今按，据谭氏所考，秦薛郡界域西包巨野泽，北抵济水以南，西南以微山湖与砀、四川二郡为界，东至蒙山一带。

14. 东海郡

东海郡置县道异同表

	马非百 12县	王蘧常阙	谭其骧 12县	后晓荣 18县	何慕 16县	张莉 12县	本文认定 18县	《汉志》上属	出 土 资 料
1. 郯		■		■	■	■	■	东海郡	《包山》194简"郯戡尹"《汇考》1412"郯丞之印"，《集存》P936
2. 朐		■		■			■	东海郡	狮子山"朐之右尉"
3. 下邳		■		■	■	■	■	东海郡	《五十例》"下邳"，"下邳丞印"②，《集存》P936
4. 戚		■					归入薛郡	东海郡	
5. 兰陵		■		■	■	■	■	东海郡	《汇考》1623"兰陵丞印"，《集存》P937，《秦陶》1446
6. 缯	■	■		■	■		■	东海郡	"缯丞"、③"缯之右尉"④

---

① 谭其骧：《秦郡界址考》，《长水集》（上），第13—21页。
② 韦正、李虎仁、邹厚本：《江苏徐州市狮子山西汉墓的发掘与收获》；王恺：《狮子山楚王陵出土印章和封泥对研究西汉楚国建制及封域的意义》。
③ 徐州博物馆、南京大学历史学系考古专业：《徐州北洞山西汉楚王墓》，文物出版社2003年，第114—116页。
④ 韦正、李虎仁、邹厚本：《江苏徐州市狮子山西汉墓的发掘与收获》；王恺：《狮子山楚王陵出土印章和封泥对研究西汉楚国建制及封域的意义》。

续　表

	马非百 12县	王蘧常 12阙	谭其骧 12县	后晓荣 18县	何慕 16县	张莉 12县	本文认定 18县	《汉志》上属	出　土　资　料
7. 盱眙	■		■	■	■		■	临淮郡	
8. 东阳	■		■	■	■		■	临淮郡	"东阳田器志"①
9. 淮阴	■	■	■	■	■	■	■	临淮郡	
10. 棠邑	■		■	■	■		■	临淮郡	《包山》31 简"鄵（棠）司败"，《集》二·三·33"堂邑丞印"，《集存》P939
11. 广陵	■	■	■	■	■	■	■	广陵国	楚金币文"广陵"，②《集存》P938
12. 凌	■	■	■	■	■		■	泗水国	北洞山"凌之右尉"
13. 襄贲	■	■	■				■	东海郡	
14. 游阳				■			■	无	《集》二·三·32"游阳丞印"，《集存》P938
15. 建陵				■	■		■	东海郡	《汇考》1374"建陵丞印"
16. 海陵				■	■		■	临淮郡	《汇考》1458"晦（海）陵丞印"，《集存》P937
17. 新东阳				■	■		■	无	《汇考》1425"新东阳丞"，《集存》P938
18. 播旌				■	■		■	临淮郡	《新见》"潘旌"，《集存》P940
19. 赘其				■				临淮郡	
20. 下相				■			归入四川郡	临淮郡	《汇考》1405"下相丞印"，《集存》P896
21. 启阳							■	东海郡	《里耶》8－677
22. 眙台						■		无	

图例：■——县道　●——聚邑

---

① 广西壮族自治区博物馆编：《广西贵县罗泊湾汉墓》，文物出版社 1988 年。
② 何琳仪：《广陵金币考》，《中国钱币》2005 年第 2 期。

关于东海郡的界域,谭其骧先生考证如下:

> 郡境全有《汉志》之泗水、广陵二国,东海、临淮二郡有之而不全。泗水,汉武析东海所置,非秦之泗水。广陵,故楚汉之际东阳郡,盖分东海南境所置,其地介在江淮间,右九江,左大海,旧不知秦有东海郡,遂以为九江之分壤;不思九江自是南楚,安得有东海滨之地?故自楚汉之际下迄汉初,九江及其分郡衡山、庐江、豫章则为淮南国,东阳及其南北滨海之郡东海、吴、会稽则隶荆、楚,虽君主数易,疆界固判然不变也。汉之东海西北接于泗、祊,于秦当分属薛郡、琅邪、泗水,辨已见前。临淮,汉武析沛、东阳二郡置,其在淮北者,故沛地也,秦当属泗水。①

今按,谭说可从。

---

① 谭其骧:《秦郡界址考》,《长水集》(上),第13—21页。

第九章 秦郡界域新考(下)

第一节 山东北部诸郡

1. 河东郡

河东郡置县道异同表

	马非百 11县	王蘧常 7县	谭其骧 6县	后晓荣 19县	何慕 16县	张莉 12县	本文认定 15县	《汉志》上属	出 土 资 料
1. 安邑	■	■	■	■	■	■	■	河东郡	《集》二·三·72"安邑丞印",《集存》P767,《秦陶》110,1129
2. 左邑	■						■	河东郡	
3. 蒲反	蒲坂			■	■	■	■	河东郡	《货系》1427,《集》二·三·73"蒲反丞印",《集存》P768-770,《秦陶》933
4. 平阳	■	■	■	■	■	■	■	河东郡	《货系》1730,《秦陶》298,《秩律》449,《集存》P770
5. 襄陵	■			新襄陵	■		■	河东郡	《集存》P778
6. 垣	■	■	●	■	■	■	■	河东郡	《货系》4027,睡虎地《编年纪》"攻垣、枳",《续补》312
7. 杨	■			■	■		■	河东郡	《秩律》447,《集存》P771,《秦陶》919
8. 绛	■		●	■	■	■	■	河东郡	《新见》"降丞之印",《秩律》449,《集存》P772-773,《续补》417、315

续 表

	马非百 11县	王蘧常 7县	谭其骧 6县	后晓荣 19县	何慕 16县	张莉 12县	本文认定 15县	《汉志》上属	出 土 资 料
9. 皮氏	■	■	■	■	■		■	河东郡	《货系》2187,《新见》"皮氏",《秩律》454,《集存》P773－774,《秦陶》1363
10. 汾阴	■		●	■	■		归入内史	河东郡	"汾阴丞印",①《秩律》451
11. 猗氏	■			■			归入上党郡	上党郡	《秩律》454"阿（猗）氏",《集存》P796,《货系》1726
12. 蒲子			●蒲阳	■	■		■	河东郡	《货系》1540,《集成》11293"三年蒲子令"戈,《集存》P774
13. 彘				■	■		■	河东郡	《货系》1814,《新见》"彘丞之印",《秩律》454,《集存》P774－775
14. 濩泽				■	■		■	河东郡	《新见》"濩泽丞印",《秩律》454"灌（濩）",《集存》P776
15. 风				■				无	《新见》"风丞之印",《集存》P777
16. 北屈				■			■	河东郡	《货系》1593,《秩律》454
17. 土军				■			■	西河郡	《货系》2006
18. 底柱			▲	■				无	《汇考》117"底柱丞印",《集存》P838
19. 临汾				■	■	■	■	河东郡	"二十二年临汾守"戈②
20. 端氏					■		归入上党郡	河东郡	《秩律》454,《集存》P775
21. 吴			●					无	

图例：■——县道　●——聚邑　▲——山峰

---

① 周伟洲：《新发现的秦封泥与秦代郡县制》,《西北大学学报（哲学社会科学版）》1997年第1期。
② 江西省博物馆等：《记江西遂川出土的几件秦代铜兵器》,《考古》1978年第1期。

今按,河东郡之西界辨见内史。其南以大河为界,至于其东界当以霍太山为限,目前主要在端氏、隄氏二县的归属上存在不同意见。张家山汉简《秩律》简454有"端氏""隄氏",研究者均认为汉初此二县应属上党郡。而谭图在处理上与这一情形符合,因此后氏将隄氏入河东,何氏将端氏入河东都是不可取的,①而谭图对端氏、隄氏二县的处理可信。

2. 河内郡

河内郡置县道异同表

	马非百 15县	谭其骧 6县	后晓荣 19县	何慕 19县	张莉 12县	本文认定 22县	《汉志》上属	出　土　资　料
1. 怀	■	■	■	■	■	■	河内郡	《集》二·三·28"怀令之印",《集存》P781-782
2. 邢丘	■	●			■	■	无	睡虎地《编年纪》"攻邢丘"
3. 武德	■		■	■		■	河内郡	《秦陶》1443
4. 修武	■	■	■	■		■	河内郡	《征存》0042"修武库印",《秩律》447,《集存》P787
5. 隆虑	■			■		■	河内郡	《秩律》459
6. 野王	■	■	■	■		■	河内郡	《集成》11338"三年垣令"戈,睡虎地《编年纪》"攻大野王",《秩律》455,《集存》P784-786
7. 邗	■						无	
8. 共	■	●	■	■		■	河内郡	《货系》4036,《五十例》"共丞之印",《秩律》459,《集存》P790
9. 汲	■	●	■	■		■	河内郡	《秩律》455
10. 山阳	■	●	■	■		■	河内郡	《货系》1449,《秩律》455,《集存》P788-790,《续补》287

---

① 何慕博士在正文的论述中已经明确指出端氏入上党,这是正确的;只是文末列表的时候误将端氏入河东。参何慕《秦代政区研究》。

续　表

	马非百 15县	谭其骧 6县	后晓荣 19县	何慕 19县	张莉 12县	本文认定 22县	《汉志》上属	出　土　资　料
11. 轵	■	●	■	■	■	■	河内郡	《汇考》1558"轵丞之印",①《里耶》J1-169封泥匣,《秩律》447,《集存》P782-783
12. 温	■		■	■		■	河内郡	《汇考》一三四五"温丞之印",《秩律》447,《集存》P787-788
13. 安阳	■		■			■	无	
14. 朝歌	■	■	■	■		■	河内郡	《秩律》455,《续补》83
15. 河雍	■		河阳	河阳		■	河内郡	《秩律》455
16. 曲阳			■				无	
17. 荡阴		●	■	■		■	河内郡	《秩律》455
18. 州		●	■			■	河内郡	《秩律》455,《集存》790
19. 内黄				■		■	魏郡	《秩律》455,《集存》791
20. 繁阳			■	■		■	魏郡	《秩律》455,《里耶》8-161+8-307,《集存》P791
21. 武安				■		归入上党郡	魏郡	《秩律》454,《货系》588
22. 馆陶				■	■	■	魏郡	《秩律》459"馆阴"②
23. 邺				■		■	魏郡	《秩律》455
24. 平皋						■	河内郡	《集存》P783
25. 魏						■	魏郡	《集存》P778

图例：■——县道　●——聚邑

---

① "轵"原释为"斩",不确。今改释作"轵"。
② 原注文："地望不详。"周振鹤怀疑"应读为'馆陶',隶书'阴'与'陶'常混",说见《〈二年律令·秩律〉的历史地理意义》。刘钊先生认为"秦汉时期'阴'、'陶'二字经常相混,这在古文字和典籍中都有例证,所以简文'馆阴'其实就是馆陶",说见《〈张家山汉墓竹简〉释文注释商榷(一)》。《二年律令》新释文为"馆阴〈陶〉"。

关于河内郡的界域。谭其骧先生考证如下：

> 河内当北尽安阳，安阳故魏邑宁新中。《秦纪》：昭襄王五十年拔之，更名。时邯郸犹为赵有，自邺以北，始为赵境，战国赵魏之国界，大抵即秦之郡界矣。汉河内郡界亦北包隆虑、荡阴，安阳汉为荡阴县地。①

今按，河内西北、东南有太行山、黄河为界，毋庸置辨，西界如谭先生所云以今晋、豫界可也，惟东北界需进一步讨论。张家山汉简《秩律》154、455、459号简分别记载有《汉志》魏郡下之邺、馆陶、内黄、繁阳四县。目前研究者均主张此四县汉初属河内郡。② 何慕博士根据这一现象指出秦河内郡与邯郸郡恐怕应该以漳水为界，并作了分析。她指出：

> 秦末汉初，有武臣、赵王歇、张耳、璋敖、如意依次被立为赵王，其中赵王歇、张耳作为赵王曾有反复。秦二世元年，武臣北略赵地自立为赵王。《史记》卷89《张耳陈余列传》："张耳、陈余说武臣曰：'……愿王毋西兵，北徇燕、代，南收河内以自广。赵南据大河，北有燕、代，楚虽胜秦，必不敢制赵。'"此后章邯"渡河击赵"、项羽"渡河救赵"，均说明武臣之赵国南境至河。秦河内郡与邯郸郡以漳水为界，这就可以修正《界址考》对河内郡边界的分析。③

今按，何说有理，今从之。

3. 太原郡

太原郡置县道异同表

	马非百 11县	王蘧常 5县	谭其骧 7县	后晓荣 21县	何慕 7县	张莉 17县	本文认定 17县	《汉志》上属	出　土　资　料
1. 晋阳	■	■	■	■	■		■	太原郡	《货系》903，"晋阳"矛④
2. 狼孟	■	■	●	■			■	太原郡	

---

① 谭其骧：《秦郡界址考》，《长水集》（上），第13—21页。
② 晏昌贵：《〈二年律令·秩律〉与汉初政区地理》。
③ 何慕：《秦代政区研究》，第60页。
④ 黄盛璋：《秦兵器分国、断代与有关制度研究》，《古文字研究》第21辑，第253页。

续表

	马非百 11县	王蘧常 5县	谭其骧 7县	后晓荣 21县	何慕 7县	张莉 17县	本文认定 17县	《汉志》上属	出土资料
3. 界休	■		■	■			■	太原郡	
4. 榆次	■	■	■	■	■		■	太原郡	《辞典》248,《货系》950
5. 邬	■			■			■	太原郡	
6. 兹氏	■	■		■	■		■	太原郡	《货系》732-739,《集存》P800
7. 蔺	■		●	■			■	归入上郡	西河郡	《集成》11561"蔺令赵狈"矛,《货系》714
8. 离石	■		■	■	■		■	归入上郡	西河郡	《货系》1063
9. 祁	■			■			■	太原郡	《货系》1840
10. 盂	■		●	■			■	太原郡	《货系》1068
11. 中阳	■						■	归入上郡	西河郡	《集存》P719,《货系》1041,《续补》337、338、329、264
12. 新城		■							
13. 大陵				■		■	■	太原郡	《集成》11542,《续补》303
14. 隰城				■		■	归入上郡	西河郡	《集成》11542,《三晋》71
15. 沂阳				■			归入上郡	无	《秩律》448
16. 平陶				■		■	■	太原郡	《货系》1112-1139,《集存》P801
17. 皋狼			●	■			归入上郡	西河郡	《玺汇》0049"咎(皋)狼左司马"
18. 上艾				■		■	■	太原郡	《货系》2478,"上艾府"印①
19. 中都				■		■	■	太原郡	《货系》1549-1579,《集存》P799-800

---

① 萧春源藏,裘锡圭释文:《珍秦斋古印展》,澳门市政厅1993年。

续 表

	马非百11县	王蘧常5县	谭其骧7县	后晓荣21县	何慕7县	张莉17县	本文认定17县	《汉志》上属	出 土 资 料
20. 阳曲				■		■	■	太原郡	《货系》965
21. 阳邑				■			■	太原郡	《货系》1679,《集存》P802
22. 虑虒				■			■	太原郡	《货系》984
23. 霍人①				■	■	■	■	太原郡	《货系》1084
24. 广武						■	■	太原郡	《里耶》8-26+8-752

图例：■——县道 ●——聚邑

关于太原郡的界域。其西界辨见上郡部分。这里主要谈谈其南界。张家山汉简《秩律》简448有"沂阳"，该县不见于《汉志》。晏昌贵先生考证如下：

> 《汉书·夏侯婴传》(卷41)："汉王既至荥阳，收散兵，复振，赐婴食邑沂阳。击项籍下邑，追至陈，卒定楚。至鲁，益食兹氏。"……《水经注·原公水》卷6[经]："原公水出兹氏县西羊头山，东过其县北，又东入于汾。"[注]："县故秦置也，汉高帝更封沂阳侯婴为侯国。"原公水一名壶溪水，又名马跑泉，即今山西汾阳县北峪道河，东南流注于汾水。汉兹氏县在今山西汾阳县东南，南邻介休县，则沂阳当距此不远。《读史方舆纪要》卷42山西汾州府"介休县"："沂阳谷在县西四十里，有沂阳水，东流入于汾水。"其地于《汉书·地理志》属太原郡，南邻上党郡。沂阳县汉初当属上党郡。②

后晓荣先生不同意上述观点，他指出："从《图集》中兹氏、介休二县都属太原郡来看，沂阳秦时或应属于太原郡。"③今按，《秩律》所载县名均为汉

---

① 即《汉志》太原郡葰人县。《史记·樊哙列传》"自霍人以往至云中"，《正义》曰："杜预云'霍人，晋邑也。'霍人'当作'葰'，《地理志》云葰人县属太原郡。"《括地志》云：'葰人故城在代州繁畤县界也。'"
② 晏昌贵：《张家山汉简释地六则》，《江汉考古》2005年第2期。
③ 后晓荣：《秦代政区地理》，第323—324页。

郡之县名，无一属诸侯国。而太原郡时属代国封地，故以沂阳属太原郡显然是错误的。那么这里只能考虑将沂阳归于与太原郡相邻的汉郡。晏师提出属上党无疑是直接的一种考虑。不过按照晏师对沂阳地望的定位，沂阳应位于汾水以北。而太原郡与上党郡的界限大致在汾水河谷以南太岳山北麓一线，①因此上党郡很难越过太岳山屏障去领有汾水以北的沂阳。准此，我们认为沂阳很可能应属上郡，上文我们曾考证上郡的东界已经越过黄河据有中阳、平周等《汉志》中属于西河郡的地区。而沂阳与平周正好又在同一区域，由此可见沂阳很可能应与中阳、平周一样归属上郡。这样的话，太原郡的南界只能到兹氏、介休一线。

4. 上党郡

上党郡置县道异同表

	马非百 8县	王蘧常 4县	谭其骧 3县	后晓荣 13县	何慕 13县	张莉 9县	本文认定 14县	《汉志》上属	出 土 资 料
1. 壶关	■		■	■	■		■	上党郡	《秩律》454
2. 长子	■	■		■	■		■	上党郡	《货系》1493,《秩律》449,《集存》P793－794
3. 铜鞮	■	■		■	■		■	上党郡	《货系》1582,《秩律》455,《集存》P794－795,《续补》163
4. 阏与	■			●		■			
5. 高都	■			●			■	上党郡	《秩律》454,《货系》1906
6. 襄垣	■		●	■			■	上党郡	《货系》1611－1657"襄垣",《秩律》455
7. 獠阳	■							无	
8. 屯留	■	■		■	■		■	上党郡	《货系》1666,《集》二·三·71"屯留",《秩律》454,《集存》P796
9. 少曲			■					无	《货系》30－60

---

① 吴良宝先生对战国中期赵、魏两国在汾水地区边界的分析也可以佐证这一结论。参阅氏著《战国时期上党郡新考》，《中国史研究》2008年第1期。

续　表

	马非百8县	王蘧常4县	谭其骧3县	后晓荣13县	何慕13县	张莉9县	本文认定14县	《汉志》上属	出土资料
10. 潞			●	■	■	■	■	上党郡	《货系》1932,《秩律》454
11. 余吾				■			■	上党郡	《秩律》454,《集存》P794
12. 端氏			●	■			■	河东郡	《秩律》454,《集存》P775
13. 隄氏				■	■		■	上党郡	《秩律》454"阿（隄）氏",《集存》P796,《货系》1726,《续补》276-277
14. 泫氏				■			■	上党郡	《秩律》455,《集存》P797
15. 涅氏①				■		■	■	上党郡	《货系》1887,《秩律》455
16. 涉				■			■	魏郡	《秩律》454
17. 武安							■	魏郡	《秩律》454,《货系》588,《续补》71、282
18. 漆垣					■		归入上郡	上郡	
19. 沂阳						■	归入上郡	无	《秩律》448

图例：■——县道　●——聚邑

　　上党郡之西界辨见河东郡，北界辨见太原郡。东界本以太行山为限，应无疑问。不过张家山汉简《秩律》的两条记载改变了我们这一看法。《秩律》简454号记载有武安、涉二县，《汉志》属魏郡，但从其在《秩律》中出现的位置来看，一般学者主张汉初属上党郡。② 今按，在河内郡部分，我们曾推测《汉志》魏郡下的邺、内黄、繁阳、馆陶等四县属河内郡。从地域上看，武安、涉二县与之可以连成一片，因此也不排除将涉、武安纳入河内郡的可能性。但是从《秩律》简县名的排列规律来看，纳入上党郡应更加合理。

---

① 《汉志》作"涅氏"。王先谦《汉书补注》："此涅县非涅氏县……前汉亦是涅县，甚明。"谭图西汉图幅已改为"涅"。
② 前揭《〈二年律令·秩律〉与汉初政区地理》；吴良宝：《战国时期上党郡新考》，《中国史研究》2008年第1期。

因此秦代上党郡之东界实际上已经越过太行山领有太行山以东的涉、武安两县。

5. 邯郸郡

邯郸郡置县道异同表

	马非百 10县	王蘧常 2县	谭其骧 6县	后晓荣 11县	何慕 3县	张莉 6县	本文认定 5县	《汉志》上属	出 土 资 料
1. 邯郸	■	■	■	■	■	■	■	赵国	《货系》707,《汇考》1191"邯郸之丞",《里耶》8-894,《奏谳书》简24,《集存》P811,《续补》469-474
2. 武始	■		■			■	■	魏郡	《续补》316
3. 柏人	■		●	■		■	■	赵国	"柏人"戈,①《货系》3887,《续补》273-275
4. 信都	■	■	■	■			归入清河郡	信都国	
5. 鄡	■		■	■		■	■	常山郡	《新见》"鄡丞之印",《集存》P812
6. 棘蒲	■							无	
7. 邺	■		■	■			归入河内郡	魏郡	《秩律》455
8. 荡阴	■						归入河内郡	河内郡	《秩律》455
9. 平阳	■						归入河东郡	河东郡	《货系》1730,《秦陶》298,《集存》P770
10. 武安	■		■	■		■	归入上党郡	魏郡	《秩律》简454,《货系》588
11. 易阳				■				赵国	

---

① 刘龙启、李振奇:《河北临城柏畅城发现战国兵器》,《文物》1988年第3期。

续 表

	马非百10县	王蘧常2县	谭其骧6县	后晓荣11县	何慕3县	张莉6县	本文认定5县	《汉志》上属	出 土 资 料
12. 广平			■			■		广平国	《货系》4075,《征存》0002"广平君印"
13. 阴安			■					魏郡	
14. 魏			■				归入河内郡	魏郡	《集存》P778
15. 饶阳					■		归入河间郡	涿郡	《里耶》16-12
16. 安阳				■			归入河内郡	无	
17. 涉						■	归入上党郡	魏郡	《秩律》454
18. 封斯						■	归入恒山郡	常山郡	《货系》2486

图例：■——县道 ●——聚邑

关于邯郸郡的界域。谭其骧先生考证如下：

> 秦初并天下,分太行以东赵为邯郸、巨鹿二郡：邯郸当有西部山丘地带,《汉志》之赵国、魏郡、常山、真定、中山；巨鹿当有东部平原地带,《汉志》之巨鹿、广平、清河、信都、河间。《通典》以南北剖为二郡,邯郸但有南部赵、魏、广平之地,较之巨鹿,不过四分之一,广狭悬殊,毋乃不伦。况广平为巨鹿之分郡,《郦注》《续志》具见始末,邯郸犹不得有之乎？全祖望以常山、中山、真定属诸邯郸,虽未有明证,却合情理。其后析邯郸北部为常山(详《秦郡新考》)。常山得战国中山故地,自房子以北属常山,自鄗以南属邯郸,鄗,赵之王子侯国也。《汉志》巨鹿之象氏、柏乡、广平之张,皆赵之王子侯国,其初亦当属邯郸。东北当有《汉志》涿郡之樊舆、广望,中山王子之封国也。而中山之北新城,志末刘向论十二国分域,以为涿郡属县,盖后来益封中山者,于秦当属广阳。南界辨见河内。

今按,邯郸郡西界辨见上党郡,南界辨见河内郡。西南两部分加起来大致与《汉志》魏郡界域相当。而这部分领土战国时本属魏境,据《史记·赵世家》赵孝成王六年"魏与赵邺",传统看法是认为秦灭赵置邯郸郡将本属魏国的邺等县也包含在内。但从《秩律》反映的情况来看,这部分领土秦时分别属于上党与河内郡。因此邯郸郡不应包括《汉志》的魏郡部分。① 关于其北境,谭其骧先生主张鄗县以南属邯郸,房子以北属常山。今从谭说。

6. 恒山郡

恒山郡置县道异同表

	马非百7县	王蘧常6阙	谭其骧6县	后晓荣22县	何慕7县	张莉11县	本文认定12县	《汉志》上属	出 土 资 料
1. 东垣②	■		■	■	■	■	■	真定国	
2. 石邑	■	■	■	■		■	■	常山郡	"元年丞相斯"戈,③《货系》277
3. 苦陉				■			■	中山国	
4. 上曲阳	■	■	■	■	■		■	常山郡	《货系》2465
5. 曲逆	■		■	■	■		■	中山国	
6. 北平				■			■	中山国	
7. 安国	■			■			■	中山国	"安国君玺"④
8. 卢奴				■		■	■	中山国	《集》一·五·22"奴卢之印",《汇考》1146"奴卢府印",1147"奴卢丞印",⑤《集存》P226-227

---

① 全祖望氏认为魏郡故属秦河东郡,周振鹤先生驳之,以为二郡之间尚隔有上党郡。今按,由《秩律》提供的信息来看,魏郡本河内郡地,而一般认为河内又是自河东分置,从这个角度来看,全氏的意见还是不差的。
② 《汉志》真定国真定县下班固自注:"故东垣,高帝十一年更名。"
③ 辽宁省博物馆:《辽宁宽甸县发现秦石邑戈》,《考古与文物》1983年第3期。
④ 王克林:《山西榆次古墓发掘记》,《文物》1974年第12期。
⑤ 封泥作"奴卢"与《汉志》作"卢奴"不同,后晓荣以为改名(参阅氏著《秦代政区地理》,第352页)。也有学者认为是官府名。今存疑。

续　表

县名	马非百7县	王蘧常阙	谭其骧6县	后晓荣22县	何慕7县	张莉11县	本文认定12县	《汉志》上属	出　土　资　料
9. 乐阴				■				无	
10. 宜安				■				无	"宜安"戈,①《续补》285
11. 寿陵				■				无	《发掘》"寿陵丞印"
12. 元氏			●	■				常山郡	
13. 房子				■			■	常山郡	"十一年房子令"戈
14. 新处				■			■	中山国	《货系》2487
15. 封斯				■			■	常山郡	《货系》2486
16. 九门				■				常山郡	《货系》2477
17. 平台				■				常山郡	《货系》2479
18. 井陉		■		■	■		■	常山郡	"七年井陉令"剑②
19. 灵寿			●	宁寿		■	■	常山郡	"十六年宁寿令"戈③
20. 南行唐			●	■		■	■	常山郡	《集成》11674"南行唐令"剑,《货系》2462
21. 望都				■				中山国	
22. 唐				■				中山国	
23. 鄗					■		归入邯郸郡	常山郡	《新见》"鄗丞之印",《集存》P812

图例：■——县道　●——聚邑

---

① 黄盛璋：《秦兵器分国、断代与有关制度研究》,《古文字研究》第21辑,第256—257页。
② 黄盛璋：《秦兵器分国、断代与有关制度研究》。
③ 郭一峰、张广善：《高平县出土"宁寿令戟"考》,《文物季刊》(山西)1992年第4期。

关于秦恒山郡之界域,周振鹤先生指出景帝三年之常山郡与中山国之和即为故秦常山郡。① 以《汉志》而言,大致为常山郡、真定国、中山国三者之和。东北边不包括徐水以北的北新城等地,东北加上广望、樊与等第,大致包括今白洋淀以西地。至于其南境,参上文邯郸郡部分。

7. 钜鹿郡

钜鹿郡置县道异同表

	马非百 13县	王蘧常 4县	谭其骧 4县	后晓荣 10县	何慕 阙	本文认定 6县	《汉志》上属	出 土 资 料
1. 钜鹿	■		■	■		■	钜鹿郡	《新见》"钜鹿之丞",《集存》P813
2. 厝	■			■		归入清河郡	清河郡	《里耶》16-12"厝城"
3. 清阳	■					归入清河郡	清河郡	
4. 曲周	■						广平国	
5. 千童	■					归入济北郡	渤海郡	
6. 宋子	■		●	■		■	钜鹿郡	《货系》2456
7. 深泽	■						中山国	
8. 安平	■					■	涿郡	
9. 武垣	■		■			归入河间郡	涿郡	《集成》11675"三年武垣令"戈,《里耶》16-12
10. 南皮	■					归入济北郡	渤海郡	
11. 中水	■						涿郡	
12. 阿陵	■						涿郡	
13. 观津	■		●				信都国	

---

① 周振鹤:《西汉政区地理》,第96页。

续 表

	马非百13县	王蘧常阙	谭其骧4县	后晓荣10县	何慕阙	本文认定6县	《汉志》上属	出土资料
14. 杨氏				■		■	钜鹿郡	《秦陶》1442
15. 成襄				成襄			广平国	
16. 平乡				平襄			广平国	
17. 任				■			广平国	
18. 下曲阳			●	■		■	钜鹿郡	《货系》2466
19. 下博				■		■	信都国	《货系》2471
20. 武邑				■		归入清河郡	信都国	
21. 南宫				■		归入清河郡	信都国	《玺汇》0093"南宫将行"
22. 东武城			■			归入清河郡	清河郡	《集成》11377"十四年武城令"戈,《里耶》16-12,《集存》P656

图例:■——县道 ●——聚邑

关于钜鹿郡的界域。谭其骧先生考证如下:

> 西界辨见邯郸。东北有《汉志》勃海郡之地而不全;北则安次、文安当属广阳。《武五子传》:燕王旦坐臧匿亡命,削其三县。此其二也。东则自浮阳、章武以南,当属济北,战国齐之北地,其间侯国,皆齐所分封。惟居中大河左右之地,据《王子侯表》,汉初属广平、清河、广川、河间诸国,秦属巨鹿。《通典》举易、滱以南,呼池以北,沧海以右,《汉志》涿郡、中山、河间、勃海之地,并以属秦之上谷,最为疏谬。①

今按,谭氏所云钜鹿之东、南界是分清河、河间二郡之前的边界。今将二郡之地析出,郡域大致相当于《汉志》钜鹿郡、信都国二者之和。

---

① 谭其骧:《秦郡界址考》,《长水集》(上),第13—21页。

8. 清河郡

清河郡置县道异同表

	马非百阙	王蘧常阙	谭其骧阙	后晓荣4县	何慕阙	张莉9县	本文认定7县	《汉志》上属	出 土 资 料
1. 东阳				■			■	清河郡	
2. 清阳				■			■	清河郡	
3. 东武城				■		■	■	清河郡	《集成》11377"十四年武城令"戈,《里耶》16－12"武□",①《集存》P656
4. 厝县				■		■	■	清河郡	《里耶》16－12"厝城"②
5. 信都						■		信都国	《岳麓》374,《里耶》16－12
6. 南宫						■		信都国	《玺汇》0093"南宫将行"
7. 观津						■		信都国	
8. 钜鹿						■	归入钜鹿郡	钜鹿郡	《新见》"钜鹿之丞"
9. 宋子						■	归入钜鹿郡	钜鹿郡	《货系》2456
10. 杨氏						■	归入钜鹿郡	钜鹿郡	《秦陶》1442
11. 下曲阳						■	归入钜鹿郡	钜鹿郡	《货系》2466
12. 武邑							■	信都国	《辞典》278,《里耶》16－12

图例：■——县道　●——聚邑

---

① 《汉志》作"东武城"。里耶秦简整理者注："第二字残泐难辨,以地望推之,今河北清河县东北的武城与之略相当,旧说西汉于此置武城县,也名东武城。"见《里耶发掘报告》,第197页。

② 里耶秦简整理者释为"宜成",注释"暂释'宜成',地点应在今河北清河以南至山东临清之间",见《里耶发掘报告》,第197页。黄锡全先生释为"厝城",说见《湘西里耶地理木牍补议》)。

秦清河郡的界域大致与《汉志》清河郡相当,在漳水、河水之间,南与河内郡的馆陶地相接。

9. 河间郡

河间郡置县道异同表

	马非百阙	王蘧常阙	谭其骧阙	后晓荣11县	何慕3县	张莉9县	本文认定9县	《汉志》上属	出土资料
1. 乐成				■	■	■	■	河间国	《集》二·三·40"乐成"、二·三·41"乐成丞印",①《里耶》16-12,《集存》P815
2. 章武				■		■	■	渤海郡	《集存》P815
3. 高阳				■		■	■	涿郡	《集》二·三·96"高阳丞印",②《里耶》16-12,《秦陶》1130
4. 南皮				■	■	■	归入济北郡	渤海郡	
5. 安平				■			归入钜鹿郡	涿郡	
6. 文安				■			■	渤海郡	《玺汇》"文安都司徒",《集存》P813
7. 鄚县				■				涿郡	
8. 中邑				■		■	■	渤海郡	《货系》1580-1581
9. 阿武				■				涿郡	
10. 武垣				■		■	■	涿郡	《集成》11675"三年武垣令"戈,③《里耶》16-12,《续补》319
11. 浮阳						■	归入济北郡	渤海郡	《汇考》1346"浮阳丞印",《集存》P816

---

① 《汉志》南阳郡另有"乐成"。
② 《汉志》琅邪郡另有高阳县。
③ 董珊:《从三年武垣令铍的地名释读谈到一些相关问题》,参氏著《战国题铭与工官制度》(博士论文)附录。

续 表

	马非百阙	王蘧常阙	谭其骧阙	后晓荣11县	何慕3县	张莉9县	本文认定9县	《汉志》上属	出 土 资 料
12. 厝					■		归入清河郡	清河郡	《里耶》16－12"厝城"
13. 东平舒						■	■	渤海郡	《五十例》"新平舒丞",《集存》P821
14. 信都							归入清河郡	信都国	《里耶》16－12,《岳麓》374
15. 饶阳					■			涿郡	《里耶》16－12
16. 武遂							■	河间国	《集存》P816

图例：■——县道　●——聚邑

河间郡之界域,西与钜鹿相邻。东界海,南与济北郡隔河相望,北界大致遵循战国晚期燕赵边界,据《史记·赵世家》孝成王十九年(前247年)燕赵易土,燕之葛、武阳、平舒予赵,这样就使得燕赵边界大致沿《汉志》北新城、易县、文安一线,与燕之易水长城基本吻合。① 这条应该就是秦代河间郡与广阳郡的边界,因此涿郡南部文安、高阳以南诸县都应属于河间郡。

10. 广阳郡

广阳郡置县道异同表

	马非百2县	王蘧常阙	谭其骧3县	后晓荣9县	何慕3县	张莉3县	本文认定5县	《汉志》上属	出 土 资 料
1. 蓟	■		■	■	■	■	■	广阳国	
2. 易	■		■	■	■	■	■	涿郡	
3. 范阳				●	■	■	■	涿郡	"范阳丞印"②

① 周振鹤:《西汉政区地理》,第66—68页。
② 天津市历史博物馆考古部等:《宝坻秦城遗址试掘报告》,《考古学报》2001年第1期。

续 表

马非百2县	王蘧常3阙	谭其骧	后晓荣9县	何慕3县	张莉3县	本文认定5县	《汉志》上属	出土资料
4. 良乡				■			■	涿郡	《集存》P997
5. 容城				■				涿郡	
6. 成				■				涿郡	
7. 涿县		■		■	■	■	■	涿郡	
8. 方城				■				广阳国	
9. 安次				■				渤海郡	

图例：■——县道　●——聚邑

广阳郡西南界辨见常山郡，南界辨见河间郡。北界在蓟县以北，以《汉志》而论，大致相当于广阳国与涿郡的北部地区。

11. 雁门郡

雁门郡置县道异同表

	马非百5县	王蘧常3县	谭其骧4县	后晓荣10县	何慕4县	张莉7县	本文认定6县	《汉志》上属	出土资料
1. 善无	■	■	■	■	■	■	■	雁门郡	《新见》"善□丞□"，①《集存》P803
2. 平城	■		■	■	■	■	■	雁门郡	《汇考》1444"平城丞印"，《里耶》2040，《集存》P803
3. 马邑	■	■		■		■	■	雁门郡	《货系》1697
4. 新城				■					
5. 楼烦	■	■	■	■	■	■	■	雁门郡	"娄弁"②

① "善"下一字残缺，后晓荣径补为"无"，不妥。参后晓荣：《秦代政区地理》，第338页。
② 黄锡全：《平首尖足布新品数种考述》，《先秦货币研究》，中华书局2001年。

续 表

县名	马非百5县	王蘧常3县	谭其骧4县	后晓荣10县	何慕4县	张莉7县	本文认定6县	《汉志》上属	出 土 资 料
6. 沃阳				■				雁门郡	
7. 崞				■		■		雁门郡	
8. 繁畤				■		■	■	雁门郡	《货系》1000
9. 汪陶				■				雁门郡	
10. 埒				■	■	■		雁门郡	"元年埒令"戈①
11. 广武	■						归入太原郡	太原郡	《里耶》8-26+8-752

图例: ■——县道　●——聚邑

秦雁门郡承赵而来，汉因之不改。其界域据《汉志》南至楼烦，以句注山、贾屋山一线与太原分界。

12. 代郡

代郡置县道异同表

县名	马非百5县	王蘧常阙	谭其骧2县	后晓荣11县	何慕3县	张莉7县	本文认定6县	《汉志》上属	出 土 资 料
1. 代县	■			■		■	■	代郡	《秦陶》2213，《集》二·三·69"代丞之印"，《集存》P818，《续补》119
2. 当城				■	■	■	■	代郡	《集》二·三·70"当城之印"，《集存》P820
3. 延陵②				■				代郡	

---

① 黄盛璋:《秦兵器分国、断代与有关制度研究》,《古文字研究》第21辑,第256—257页。
② 后晓荣先生将秦封泥之"延陵丞印"误作"延陵丞印"，附于此县下。又，《汉志》会稽郡下有毗陵县，秦时称作"延陵"（详下文）。秦陶文有"延陵工□"，后晓荣先生认为该陶文与代郡之延陵无关，或是。参后晓荣:《秦代政区地理》,第335、415页。

续表

	马非百 5县	王蘧常阙	谭其骧 2县	后晓荣 11县	何慕 3县	张莉 7县	本文认定 6县	《汉志》上属	出 土 资 料
4. 平舒				■			■	代郡	《五十例》"新平舒丞",《集存》P821
5. 平邑				●■			■	代郡	《货系》1810
6. 东安阳				●■				代郡	
7. 阳原①				原阳				代郡	
8. 卤城				■		■	■	代郡	《玺汇》"卤城发弩"
9. 班氏	■		■	■	■		■	代郡	
10. 参合	■			■			■	代郡	
11. 高柳	■			●■			■	代郡	
12. 广昌						■	■	代郡	《集存》P1267
13. 灵丘							■	代郡	

图例：■——县道　●——聚邑

秦代郡承赵而来,汉因之不改。其界域与《汉志》同,此处从略。

13. 上谷郡

上谷郡置县道异同表

	马非百 8县	王蘧常阙	谭其骧 1县	后晓荣 10县	何慕 2县	本文认定 4县	《汉志》上属	出 土 资 料
1. 沮阳	■		■	■	■	■	上谷郡	
2. 军都	■			■			上谷郡	

---

① 《汉志》代郡下有阳原,云中郡下有原阳,后晓荣先生将二者混同,误。见氏著《秦代政区地理》,第178、336页。

续表

	马非百 8县	王蘧常 阙	谭其骧 1县	后晓荣 10县	何慕 2县	本文认定 4县	《汉志》上属	出土资料
3. 夷与				■	■	■	上谷郡	《汇考》1441"夷与丞印",《集存》P821
4. 宁				宁城		■	上谷郡	《新见》"宁城",①《货系》513
5. 上兰				■			无	
6. 居庸				■			上谷郡	
7. 潘				■			上谷郡	
8. 茹				■			上谷郡	
9. 且居				■		■	上谷郡	《玺汇》"且居司寇"
10. 下落				■			上谷郡	

图例:■——县道 ●——聚邑

关于上谷郡的界域,谭其骧先生《界址考》云:

> 南界循汉制,旧不知秦有广阳郡,故举蓟南之地亦以属上谷也。《匈奴列传》:武帝元朔中,弃上谷之斗辟县造阳地以予胡。《汉书》传末赞曰:弃造阳之北九百余里。造阳,燕筑长城所起,故址无可确考,要必为上谷属县之最北者。元朔以前,汉之斗辟地在造阳之北凡九百余里,则至少包有今之上都河一带。汉初疆界当因于燕、秦之旧,是杨图北止于今之赤城,失之近矣。

今按,秦上谷郡承燕而来,汉因之不改。其界域与《汉志》同,此处从略。

---

① 封泥"宁城"与《汉志》上谷郡之"宁"是否有关,待考。

14. 渔阳郡

渔阳郡置县道异同表

	马非百 1县	王蘧常 阙	谭其骧 3县	后晓荣 3县	何慕 3县	张莉 3县	本文认定 3县	《汉志》上属	出　土　资　料
1. 渔阳	■		■	■	■	■	■	渔阳郡	《货系》1958,《里耶》8－26+8－752
2. 泉州				■	■	■	■	渔阳郡	《集》二·三·68"泉州丞印",《集存》P823
3. 白檀				■	■	■	■	渔阳郡	《新见》"白檀丞印",《集存》P824

图例：■——县道　●——聚邑

秦渔阳郡承燕而来,汉因之不改。其界域与《汉志》同,此处从略。

15. 右北平郡

右北平郡置县道异同表

	马非百 2县	王蘧常 阙	谭其骧 1县	后晓荣 9县	何慕 9县	张莉 10县	本文认定 9县	《汉志》上属	出　土　资　料
1. 无终	■		■	■	■	■	■	右北平郡	《集》二·三·61"无终□□",《集存》P824,《三晋》135
2. 昌城				■	■	■	■	右北平郡	《集》二·三·67"昌城丞印",《集存》P825
3. 夕阳				■	■	■	■	右北平郡	《集》二·三·66"夕阳丞印",《集存》P825
4. 赞				■	■	■	■	右北平郡	《集》二·三·64"赞丞之印",《集存》P826
5. 广成				■	■	■	■	右北平郡	《集》二·三·65"广成之丞",《集存》P826
6. 白狼				■	■	■	■	右北平郡	《集》二·三·62"白狼之丞",《集存》P826

续表

	马非百2县	王蘧常阙	谭其骧1县	后晓荣9县	何慕9县	张莉10县	本文认定9县	《汉志》上属	出土资料
7. 徐无				■	■	■	■	右北平郡	《汇考》1442"徐无丞印",《货系》2482,《集存》P827
8. 字				■	■	■	■	右北平郡	《征存》0055"字丞之印",《新见》"字丞之印",《集存》P827
9. 石城	■			■		■		右北平郡	
10. 廷陵					■	■	■	右北平郡	《集》二·三·63"廷陵丞印",《集存》P828

图例：■——县道　●——聚邑

秦右北平郡承燕而来,汉因之不改。其界域与《汉志》同,此处从略。

16. 辽西郡

辽西郡置县道异同表

	马非百4县	王蘧常阙	谭其骧2县	后晓荣7县	何慕2县	张莉2县	本文认定4县	《汉志》上属	出土资料
1. 阳乐	■		■	■	■		■	辽西郡	
2. 令支	■		■	■		■	■	辽西郡	
3. 海阳	■			■				辽西郡	
4. 肥如	■			●	■		■	辽西郡	《里耶》8-1619
5. 徒河				■				辽西郡	
6. 柳城				■		■	■	辽西郡	《集存》P829
7. 新安平				■				辽西郡	

图例：■——县道　●——聚邑

秦辽西郡承燕而来,汉因之不改。其界域与《汉志》同,此处从略。

17. 辽东郡

辽东郡置县道异同表

本文认定2县	张莉2县	何慕1县	后晓荣3县	谭其骧1县	王蘧常阙	马非百2县	《汉志》上属	出 土 资 料
1. 襄平	■	■	■	■		■	辽东郡	《货系》2317－2326"纕坪"
2. 辽东外徼						■	无	
3. 险渎	■	■	■				辽东郡	《五十例》"险渎丞印",《集存》P828
4. 候城			■				辽东郡	

图例：■——县道　●——聚邑

关于辽东郡的界域,谭其骧先生有考:

> 东南当逾今鸭绿江,有朝鲜半岛东北隅之地,南近大同江。《太康三年地记》:乐浪遂成县有碣石山,长城所起。《晋志》:遂城县,秦筑长城之所起。《通典》:长城起遂城碣石山,遗迹犹存。按遂成废址在今平壤西南,是秦境近于大同江之证一也。《史记·朝鲜列传》,汉与朝鲜以浿水为界。《魏志·东夷传》引《魏略》:汉以卢绾为燕王,朝鲜与燕界于㵐水。㵐水即浿水,传写致讹。浿水即今清川江,汉初封疆当因秦旧,是秦界近大同江之征二也。

今按,《史记·朝鲜列传》载:"自始全燕时,尝略属真番、朝鲜,为置吏,筑鄣塞。秦灭燕,属辽东外徼,汉兴,为其远难守,复修辽东故塞,至浿水为界,属燕。燕王卢绾反,入匈奴。满亡命,聚党千余人,魋结蛮夷服而东走出塞,渡浿水,居秦故空地上下鄣,稍役属真番、朝鲜蛮夷及故燕、齐亡命者王之,都王险。"这条记载告诉我们,卢绾曾渡浿水"居秦故地上下鄣",至又退回到辽东故塞,以浿水为界。因此浿水的位置是确定辽东东界的关键。不过浿水相当于今天的哪条河流,争论比较大,主要有鸭绿江、清川江、大同江三说。周振鹤先生在考察这一问题时从与之相关的带水入手并结合大量考古材料,从而最终确定浿水即清川江。① 这样"秦故地上下鄣"的位置就可以确定为清川江以南、平壤以西沿海狭长地带,而这片区域应是秦辽东郡之东界。②

第二节 淮汉以南诸郡

1. 汉中郡

汉中郡置县道异同表

	马非百 8县	王蘧常 4县	谭其骧 5县	后晓荣 12县	何慕 12县	张莉 10县	本文认定 14县	《汉志》上属	出土资料
1. 南郑	■	■	■	■	■	■	■	汉中郡	《集》二·三·43"南郑丞印",《里耶》8-376,《集存》P746-749
2. 褒中	■	■					■	汉中郡	
3. 上庸	■	■	●	■		■	■	汉中郡	《秩律》简454,《集存》P761
4. 房陵	■	■		■		■	■	汉中郡	《秩律》简454,《集存》P754
5. 西成				■			■	汉中郡	《集》二·三·44"西成丞印",《秩律》简449,《集存》P755-756
6. 成固				■	■		■	汉中郡	《发掘》"成固□印"、《里耶》8-209,《集存》P757-759
7. 锡				锡	■	■	■	汉中郡	《秩律》简454,③"锡仓"封泥,④秦兵器"王四年相邦张仪"戟
8. 郧阳				■				无	《秦陶》1206

---

① 周振鹤:《西汉政区地理》,第218—226页。
② 刘子敏:《战国秦汉时期辽东郡东部边界考》,《社会科学战线》1996年第5期,第133—139页。
③ 原释文为"钖",新释文为"锡"。参彭浩、陈伟、工藤元男:《二年律令与奏谳书》。
④ 复旦大学文物与博物馆学系等:《湖北郧县上宝盖遗址2010年发掘简报》,《江汉考古》2013年第4期。

续 表

	马非百 8县	王蘧常 4县	谭其骧 5县	后晓荣 12县	何慕 12县	张莉 10县	本文认定 14县	《汉志》上属	出土资料
9. 沮				■	■	■	■	武都郡	《新见》"沮丞之印",《里耶》8-1516,《秩律》简453,《集存》P759
10. 旬阳				■	■		■	汉中郡	"旬阳"壶,①《里耶》8-63等,《秩律》简453,《集存》P761-763,《续补》867
11. 安阳				■	■		■	汉中郡	《秩律》简453、454,《集存》P763-764
12. 长利				■	■		■	汉中郡	《里耶》8-2246,《秩律》简454
13. 武陵				■	■		■	汉中郡	武陵之王戈,②《包山楚简》简169"武陵戠尹",《里耶》8-1089,《秩律》简454,《集存》P760-761
14. 新城		■					归入三川郡	河南郡	
15. 故道			■	■	■		归入陇西郡	武都郡	《新见》"故道丞印",《秩律》简453,《集存》P764-765
16. 葭萌						■	■	广汉郡	"廿四年□□"戈,③《集存》P733,《续补》50
17. 白水						■	■	广汉郡	"白水弋丞",④《集》一·四·26"白水之苑",《汇考》1033"白水苑丞",《集存》P542、544、566
18. 荆山道					■	■	■	无	《里耶》8-1516,《集存》P765-766

图例：■——县道　●——聚邑

---

① 王辉：《秦文字集证》，第78—79页。
② 刘雨等编著：《近出殷周金文录》，中华书局2002年。
③ 张光裕、吴振武：《武陵新见古兵三十六器集录》，《中国文化研究所学报》新六期，香港中文大学出版社1997年。
④ 罗福颐：《故宫博物院藏古玺印选》，文物出版社1982年。

关于汉中郡的界域,谭其骧先生考证云:

> 北界辨见内史,又东北今郧、郧西、白河诸县之地,杨图以隶南阳,按其地汉属汉中,秦亦当属汉中。①

今按,汉中郡之西界辨见陇西郡部分。北与内史以秦岭为界,南与巴郡以米仓山、大巴山为界。东北与秦南阳郡大致以丹水为界。东南至荆山、沮水上游一带。至于西南边界,传统的看法一般定在今宁强以南的棋盘关、阳平关一带。今按,《华阳国志·蜀志》记载:"昔蜀王封其弟于汉中,号曰苴侯,因命之邑曰葭萌。……周慎王五年秋,秦大夫张仪,司马错、都尉墨等从石牛道伐蜀。蜀王自于葭萌拒之,败绩。"葭萌在今四川省广元县西南,为四川盆地北端进入汉中地区的必经之路。苴侯被蜀王封于汉中,以葭萌为都,可知葭萌应属汉中地区。再者,蜀王自葭萌拒秦兵,可见这里又为蜀之边境。秦灭巴蜀,"分巴蜀置汉中郡",从便于统治用兵的角度看,应该会继承这一边界。

又,黄濬《尊古斋古兵精拓》著录"元年相邦疾"戈,其正面刻铭为"元年相邦疾之造,西工师诚,工戍疵",背面刻铭据施谢捷先生考证为"萌""白水"两地名。施氏以为"萌"为"葭萌"之省称。② 可从。白水位于西汉水支流白水江畔,在葭萌西北。从二者并见于同一兵器来看,白水也属于这一区域。因此汉中郡西南界应该包含西汉水上游,南至白水、葭萌的这一区域。

2. 蜀郡

蜀郡置县道异同表

	马非百 12县	王蘧常 4县	谭其骧 6县	后晓荣 18县	何慕 15县	张莉 6县	本文认定 17县	《汉志》上属	出 土 资 料
1. 成都	■	■	■	■	■	■	■	蜀郡	睡虎地《封诊式》简49,《集》二·三·45"成都丞印",《秦陶》、《里耶》8-2276,《集存》P730-731,《续补》295、296

---

① 谭其骧:《秦郡界址考》,《长水集》(上),第13—21页。
② 黄濬:《尊古斋古兵精拓》,上海古籍出版社1990年影印本;施谢捷:《秦兵器刻铭零释》,《安徽大学学报(哲学社会科学版)》2008年第4期,亦见复旦大学出土文献与古文字研究中心网站2008年4月18日。

续表

	马非百 12县	王蘧常 4县	谭其骧 6县	后晓荣 18县	何慕 15县	张莉 6县	本文认定 17县	《汉志》上属	出土资料
2. 郫	■	■	■	■	■		■	蜀郡	《里耶》8-1025,《秩律》简443,①《续补》271
3. 繁	■							蜀郡	
4. 沮	■						归入汉中郡	武都郡	《新见》"沮丞之印",《秩律》简453,《集存》P759
5. 葭萌	■		●	■		■	归入汉中郡	广汉郡	"廿四年□□"戈,②《集存》P733
6. 湔氐道			湔氐	■	■		■	蜀郡	《秩律》简465
7. 武阳	■		●	■	■		■	犍为郡	《秩律》简447,《集存》P823
8. 临邛	■		■	■	■		■	蜀郡	《秩律》简447,《里耶》12-2301
9. 严道	■		■	■	■		■	蜀郡	《秩律》简459,《集存》P733
10. 僰道	■						归入巴郡	犍为郡	《里耶》8-6+8-656+8-665+8-748
11. 南安	■							犍为郡	
12. 什邡	■						■	广汉郡	"卅四年蜀守"戈③
13. 邛				■			无		《里耶》8-2121
14. 白水				■			归入汉中郡	广汉郡	"白水弋丞",④《集》一·四·26 "白水之苑",《汇考》1033 "白水苑丞",《集存》P542、544、560

---

① 此县名漫漶,王子今先生补为"郫",说见王子今、马振智:《张家山汉简〈二年律令·秩律〉所见巴蜀县道设置》,《四川文物》2003年第5期。
② 张光裕、吴振武:《武陵新见古兵三十六器集录》,《中国文化研究所学报》新六期。
③ 此戈背铭有"成""十""邛""陕"四字,王辉先生认为"成"为"成都"简称,"邛"为"临邛"简称,"陕"为三川郡县名,"十"为编号数字。今按,疑"十"为"什邡"之简称。另,"邛"是否指"临邛"有待商榷,详下文。
④ 罗福颐:《故宫博物院藏古玺印选》。

续　表

	马非百 12县	王蘧常 4县	谭其骧 6县	后晓荣 18县	何慕 15县	张莉 6县	本文认定 17县	《汉志》上属	出　土　资　料
15. 青衣				青衣道	■		■	蜀郡	《秩律》简459"青衣道"
16. 绵虒				绵虢道	■		■	蜀郡	《秩律》简465"县〈绵〉虒道"
17. 新都				■	■		■	广汉郡	《秩律》简447
18. 郪				■		■	■	广汉郡	《里耶》8-75+8-166+8-485，《集存》P732
19. 梓潼				■	■		■	广汉郡	《里耶》8-71，《秩律》简447，《续补》50
20. 甸氏道				■	■		■	广汉郡	《秩律》简465"蜀〈甸〉氏道"
21. 平乐（道）					■		归入陇西郡	武都郡	《秩律》简453
22. 涪				■	■		■	广汉郡	《秩律》简447
23. 阴平道				■			■	广汉郡	《秩律》简465
24. 雒					■		■	广汉郡	《秩律》简443，《集存》P732
25. 蒲阳			■		■			无	
26. 资中					■	■		犍为郡	《里耶》8-2014，《续补》78

图例：■——县道　●——聚邑

关于蜀郡的界域，谭其骧先生有如下考证：

> 杨图西尽临邛，南不逾大渡，按《司马相如列传》：邛筰冉駹者，近蜀，道亦易通，秦时尝通为郡县，至汉兴而罢。是邛筰冉駹之地，皆在郡界内。西有邛则不止于临邛，南有筰则兼有大渡内外之地矣。邛于《汉

志》为邛崃山北,邛水之域,青衣、徒二县;莋于《汉志》为邛崃山南,至于旄牛之地。(《续汉书·郡国志》刘昭注引常璩曰:邛崃山本名邛莋,故邛人、莋人界也。)汉武帝收邛莋以为沈黎郡,虽郡治在大渡水北,然罢郡而后,都尉乃在水南之旄牛。常璩《蜀志》:周赧王三十年,秦蜀守张若取笮及其江南地。江即大渡矣。则旄牛之内属,不始于汉也。汉越巂郡治邛都,属县多以笮名,知其地亦为邛莋人所居;然距蜀遥远,相如楼灵山、梁孙水始得通之,非秦之故壤矣。①

今按,秦卅四年蜀守戈内反面铭文曰:"卅四年蜀守□造,西工师□丞□工□",内正面有铭文曰"成、十、邛、陕",②其中的"邛"字,一般学者均认为是"临邛"之简称。③又按,《汉志》越巂郡有邛都县,作为一种可能,邛亦有可能为此地的简称。如果此说成立,那么秦蜀郡之南境已经不局限于四川盆地深入到今川西地区的大凉山一带,这一界线较谭先生所定界限更为靠南。

关于蜀郡的北界,周振鹤先生认为《汉志》广汉郡西北三道汉初为白马氐占据,武帝元鼎年间方才入汉版图。④ 今按,张家山汉简《秩律》中第465简载有甸氐道、阴平道、湔氐道,据考这三道应属蜀郡,这说明汉初中央即已有效控制了白马氐,而这种状况可能是沿袭秦代而来。再者,据上文所考秦陇西郡东南已经深入到故道以西地区,这就说明两郡边界已经靠拢。因此蜀郡的北界应与陇西郡在陇南一带接壤。至于其东境详巴郡部分。

3. 巴郡

巴郡置县道异同表

	马非百 7县	王蘧常 1县	谭其骧 5县	后晓荣 11县	何慕 8县	张莉 5县	本文认定 11县	《汉志》上属	出 土 资 料
1. 江州	■	■	■	■	■	■		巴郡	《秩律》简449,《里耶》8-61+8-293+8-2012,《续补》279

---

① 谭其骧:《秦郡界址考》,《长水集》(上),第13—21页。
② 吴镇烽:《秦兵新发现》图三、四,《容庚先生百年诞辰纪念文集》,第563页;王辉:《秦文字集证》,第51—52页。
③ 吴镇烽:《秦兵新发现》,《容庚先生百年诞辰纪念文集》,第566页;黄盛璋:《秦兵器分国、断代与有关制度研究》,《古文字研究》第21辑,第249页;何琳仪:《战国古文字典》,第412页;王辉:《秦文字集证》,第51—52页。
④ 周振鹤:《西汉政区地理》,第141页。

续　表

县名	马非百 7县	王蘧常 1县	谭其骧 5县	后晓荣 11县	何慕 8县	张莉 5县	本文认定 11县	《汉志》上属	出土资料
2. 垫江	■			■				巴郡	
3. 鱼复	■			■			■	巴郡	"江、鱼"戈,①《续补》279、280
4. 朐忍	■		■	■	■		■	巴郡	《里耶》8-63,《秩律》简447
5. 阆中	■		■	■	■		■	巴郡	《汇考》1430"阆中丞印",《里耶》8-931,《秩律》简447,②《集存》P742
6. 枳	■		■	■	■		■	巴郡	《汇考》1561"枳丞之印",③《里耶》8-197,《秩律》简453,《集存》P742
7. 宕渠	■							巴郡	《秩律》简453
8. 临江				■	■		■	巴郡	《秩律》简453,《续补》268、269
9. 涪陵				■	■		■	巴郡	《里耶》8-1206,《秩律》简453
10. 安汉				■			■	巴郡	《秩律》简453
11. 江阳				■			■	犍为郡	《秩律》简453
12. 僰道						■	■	犍为郡	《里耶》8-60+8-656+8-665+8-748

图例：■——县道　●——聚邑

关于巴郡的界域,谭其骧先生有如下考证：

> 杨图东尽今川、鄂省界,按《秦本纪》：昭襄王三十年,蜀守若伐楚,取巫郡及江南地,以为黔中郡。《水经·江水注》：巫县,故楚之巫郡

---

① 该戈1978年出土于广西平乐银岭山M4,戈铭有"江""鱼"两字,或为"江州""鱼复"之省称。参陈远璋：《广西考古的世纪回顾与展望》,《考古》2003年第10期,第17页。
② 此县名漫漶,王子今先生补为"阆中",说见王子今、马振智：《张家山汉简〈二年律令·秩律〉所见巴蜀县道设置》,《四川文物》2003年第5期。
③ 傅嘉仪先生原释为"机丞之印",后晓荣先生《秦代政区地理》(第394页)改释为"枳",可从。

也,秦省郡立县,以隶南郡。是巫县地初入秦当属黔中,后属南郡,未尝属巴。巴郡东界,但当至鱼复,与汉制同。常璩《巴志》:巴子之地,北接汉中,南极黔涪。秦置郡当因巴子故封,是江南自今涪陵以东黔江下流之地,亦不得在界内。①

今按,谭氏对巴郡北、东、南三界的定位极其精当,惟余西界存而不论,不过谭图的画法是将巴郡西界定在今宜宾、泸州之间。张家山汉简《秩律》第453简记有"江阳"(今泸州市),按照《秩律》县名排列规律,汉初应属于巴郡,因此秦巴郡之西界至少应当在此处。但是《华阳国志·巴志》又载:"(巴郡)东至鱼复,西至僰道,北接汉中,南极黔涪。"是则巴郡西界或当向西推进至僰道(今宜宾市)一带。关于巴郡东南黔江流域地区的归属,传统观点认为属黔中郡地。今按,张家山汉简《秩律》载有"涪陵",据简文县名排列规律,汉初应属于巴郡,因此巴郡东南界至少应包括涪陵以西地区。

4. 南郡

南郡置县道异同表

	马非百 10县	王蘧常 8县	谭其骧 7县	后晓荣 18县	何慕 17县	郭涛 16县	张莉 13县	本文认定 18县	《汉志》上属	出 土 资 料
1. 江陵	■	■	■	■	■	■	■	■	南郡	《睡虎地·语书》简8"别书江陵布",周家台30号秦墓历谱"宿江陵""起江陵"等,②《岳麓》"质日",③《奏谳书》简8、36、69、《秩律》简449,江陵高台18号墓M18:35甲、丙,④松柏一号墓35、47、53号木牍,⑤《集存》P949-950

---

① 谭其骧:《秦郡界址考》,《长水集》(上),第13—21页。
② 湖北省荆州市周梁玉桥遗址博物馆编:《关沮秦汉墓简牍》,中华书局2001年。
③ 陈松长:《岳麓书院所藏秦简综述》,《文物》2009年第3期。
④ 湖北省荆州地区博物馆:《江陵高台18号墓发掘简报》,《文物》1993年第8期。
⑤ 荆州博物馆:《湖北荆州纪南松柏汉墓发掘简报》,《文物》2008年第4期,第24—32页;荆州博物馆编:《荆州重要考古发现》,第210—211页。

续 表

	马非百10县	王蘧常8县	谭其骧7县	后晓荣18县	何慕17县	郭涛16县	张莉13县	本文认定18县	《汉志》上属	出土资料
2. 竟陵	■	■	■	■	■	■	■	■	南郡	周家台30号秦墓历谱"竟陵",港中大藏简214"□陵",①《里耶》8-135,《秩律》简456,《集存》P951
3. 鄂	■								江夏郡	
4. 夷陵	■		●	■	■	■		■	南郡	《秩律》简456,松柏一号墓35、47号木牍
5. 鄢②	■	■	■	■	■	■	■	■	南郡	《睡虎地·编年纪》简14、19等,《秩律》简"宜成",松柏一号墓35、47、53号木牍,港中大藏简《河堤简》第222背,③《集存》P951-954
6. 邔	■	■		■	■				南郡	
7. 邔				■					南郡	松柏一号墓47号木牍"邔侯国"
8. 当阳	■			■		■		■	南郡	"当阳"勺,④《秦陶》1287,《岳麓》"质日",《集存》P957-958,《续补》884
9. 伊庐⑤	■	庐		■					南郡	
10. 安陆	■		■	■	■	■		■	南郡	睡虎地《编年纪》"安陆令史"等,松柏一号墓47、53号木牍,《秦陶》3348,《集存》P955

---

① "竟"字原未释,彭浩老师依照片补为"竟陵",说见《〈河堤简〉校读》,《考古》2005年第11期。
② 《汉志》"宜城"下班固自注云:"故鄢,惠帝三年更名。"
③ 陈松长编著:《香港中文大学文物馆藏简牍》,香港中文大学文物馆2001年,第86—94页;彭浩:《〈河堤简〉校读》,《考古》2005年第11期。
④ 罗昊:《武功县出土平安君鼎》,《考古与文物》1981年第2期。
⑤ 《汉志》南郡下有中庐县,又《史记·淮阴侯列传》:"项王亡将钟离眛家在伊庐。"《集解》引徐广曰:"东海朐县有伊庐乡。"骃案:"韦昭曰:'今中庐县。'"《正义》引《括地志》云:"中庐在义清县北二十里,本春秋时庐戎之国也,秦谓之伊庐,汉为中庐县,项羽之将钟离眛家在。"韦昭及《括地志》云皆说之也。

续表

	马非百 10县	王蘧常 8县	谭其骧 7县	后晓荣 18县	何慕 17县	郭涛 16县	张莉 13县	本文认定 18县	《汉志》上属	出土资料
11. 西陵		■		■		■	■	■	江夏郡	《汇考》1379"西陵丞印",《秩律》简457,《集存》P956
12. 罗		■							长沙国	
13. 枝江				■				■	南郡	《五十例》"芰江丞印",《集存》P956
14. 沙羡				■	■	■		■	江夏郡	云梦龙岗六号秦墓木牍,①《秩律》简456,《集存》P956,《续补》233、863
15. 郢				■					南郡	
16. 销				■	■	■		■	无	《里耶》16-52,《岳麓》"质日",《秩律》简456
17. 夷道				■	■	■		■	南郡	《奏谳书》简1,《秩律》简457
18. 左云梦				■					无	
19. 右云梦				■					无	
20. 临沮				■	■	■		■	南郡	《秩律》简456,松柏一号墓35、47、53号木牍
21. 州陵				■	■	■		■	南郡	《岳麓》简0061、0083、0163、1219、1221
22. 下隽					■			■	长沙国	《秩律》简457,《秦陶》"隽亭"②
23. 孱陵					■	■		■	武陵郡	《里耶》16-52,《秩律》简456,《集存》P956
24. 索					■			归入洞庭郡	武陵郡	《里耶》16-52,《秩律》简460

---

① 刘信芳、梁柱编著:《云梦龙岗秦简》,科学出版社1997年。
② 袁仲一、刘钰:《秦陶文新编》,文物出版社2009年,第86、87页。

续 表

马非百10县	王蘧常8县	谭其骧7县	后晓荣18县	何慕17县	郭涛16县	张莉13县	本文认定18县	《汉志》上属	出土资料
25.巫			■		■	■	■	■	南郡	《秩律》简448，松柏一号墓35、47号木牍
26.秭归					■	■		■	南郡	《秩律》简456"姊归"，松柏一号墓35、47号木牍
27.醴阳						■	■	■	无	《奏谳书》简69、70，港中大藏简222"醴阳"，①松柏一号墓35、47、53号木牍，《秩律》简456"醴陵"②

图例：■——县道 ●——聚邑

关于南郡的界域，谭其骧先生曾考证道：

> 北界自今襄阳以北，抵豫鄂省界，邓、山都、筑阳、阴、酂诸县，于汉属南阳，秦亦当属南阳。诸县中山都最偏南，旧为南阳之赤乡，秦以为县，见《沔水注》。东界自邾、鄂以东，初属九江，改属衡山；邾，楚汉之际为衡山王吴芮所都。南与长沙、黔中接壤，其界当在今湘鄂省界之北，汉制如是也。西界缘江应包有巫县，同汉制，辨见巴郡。其南清江流域，为故楚黔中郡地（参《责善》半月刊二卷十九期严耕望《楚秦黔中郡地望考》），秦亦当属黔中。于汉亦属武陵，不属南郡；武陵，黔中之更名也。③

---

① 彭浩：《〈河堤简〉校读》，《文物》2005年第11期。
② 关于"醴陵"与"醴阳"的关系，周波先生认为："从简文来看，'醴陵'上下紧邻的分别是'夷陵'，'孱陵'，确实存在涉上下文误书的可能……简文'醴陵'很可能就是'醴阳'涉上下文而讹。"（周波：《读张家山汉简〈二年律令〉札记》，《古籍整理研究学刊》2007年第2期）何慕博士认为醴阳与醴陵为同一县名的异写，并指出文献中多见"陵""阳"二字可通假之例。如《史记·高祖功臣侯者年表》有"绛阳侯"，西汉封泥作"绛陵侯"（王国维《观堂集林》卷18《〈齐鲁封泥集存〉序》）。《史记·高祖功臣侯者年表》"义陵"，裴骃《集解》引徐广作"义阳"。《史记·建元以来王子侯者年表》"秩阳侯"，《汉书·王子侯表》作"秩陵侯"。史记所载围魏救赵的桂陵之战，《水经注》引《竹书纪年》为"桂阳"（何慕：《秦代政区研究》）。今按，说"陵""阳"通假不可取，不过说"某阳"与"某陵"之类的地名为同一地名的异写则极有道理。"陵""阳"在地名中一般作为通用的后缀，可以混用自然不难理解。
③ 谭其骧：《秦郡界址考》，《长水集》（上），第13—21页。

今按,关于南郡的西界、北界,谭氏所云大致可信。至于东界,谭氏定在邾、鄂一线。其实这一观点王国维在《汉郡考》一文中已经指出,王氏云:

  江夏属县,半为衡山故郡。吴芮之王衡山,实都邾县。及芮徙长沙,而衡山为淮南别郡,英布、刘长迭有其地。至文帝分王淮南三子,而衡山复为一国。武帝初,伍被为淮南王画策云:"南收衡山以击庐江,有寻阳之船,守下雉之城,结九江之浦,绝豫章之口。"寻阳为庐江属县,则下雉此时亦当属衡山。此四语者,实分指庐江、衡山、九江、豫章四郡,皆厉王时故地也。又云:"强弩临江而守,以禁南郡之下。"则淮南所虑,仅汉南郡之兵,不言江夏。武帝之初,似尚无江夏郡。逮元狩元年,衡山国除,次年于其地置六安国,仅得衡山五县。江夏十四县,当以衡山余县及南郡东边数县置之。则高帝时不得有江夏郡也。①

  周振鹤先生所云大致与谭、王两家无异。不过周氏在《西汉政区地理》第四章所附"高帝五年——文帝六年淮南国四郡示意图"中将衡山郡的西界定在西陵、邾、下雉一线之西。② 今按,张家山汉简《秩律》载有安陆、竟陵、沙羡、西陵四县,《汉志》属江夏郡,从简文排列规律看汉初当属南郡。另松柏1号汉墓简牍所见南郡属县、道、侯国中载有"轪侯国",按即《汉志》江夏郡之轪县(今河南光山),可见武帝时轪亦属南郡。将二者合而观之,不难看出汉初南郡与衡山郡的边界大致应在轪、西陵一线,此线以西的轪、西陵属南郡,此线以东的西阳、邾、下雉属衡山郡。③
  关于南郡的南界,谭先生据《汉志》定在今"湘鄂省界之北",就出土资料来看,这一说法需要修正。张家山汉简《行书律》载:"十里置一邮。南郡江水

---

① 王国维:《观堂集林》卷12《汉郡考》,第543—544页。
② 周振鹤:《西汉政区地理》,第49页。
③ 近见有学者借助松柏木牍的内容讨论汉初南郡的政区。文中分析了木牍所载县名的排列顺序,并在此基础上指出南郡东界只至沙羡,将见于《秩律》的西陵排出南郡之外。今按,从松柏1号墓同出其他木牍来看(荆州博物馆:《湖北荆州纪南松柏汉墓发掘简报》,《文物》2008年第4期,第24—32页),所谓的县名排列顺序并不成立。另外,该文还尝试利用《秩律》、松柏木牍、《汉志》材料来分析汉代南郡属县的演变。不过该文并未注意到三者性质的不同,《汉志》所载南郡属县反映的是某一个时段南郡的所有置县情况,这一点毋庸置疑,而《秩律》、松柏木牍则不必如此,因此那些不见于简牍记载的县并不一定表示该县当时不存在。西陵见于《秩律》而不见于松柏木牍,如果由此推断西陵在松柏木牍的时代不属于南郡可能就不太靠得住。参刘瑞:《武帝早期的南郡政区》,《中国历史地理论丛》2009年第1期;袁延胜:《荆州松柏木牍所见西汉南郡的历史地理问题》,《中国历史地理论丛》2009年第3期。

以南,至索(索)南界,廿里一邮。"简文规定南郡江水以南至于"索南界"二十里置一邮,这反映汉初南郡最南端的是屠陵县。又,《秩律》中载有屠陵、索、下隽三县,分别属于《汉志》武陵郡和长沙国。这一边界如果是沿袭自秦代而来,那么南郡东南界将推进到下隽,而南界则要深入到长江以南的屠陵,这一边界不但不在今湘鄂界北,反而深入到湖南境内。

5. 洞庭郡

洞庭郡置县道异同表

	马非百 4县	王蘧常 4县	谭其骧 1县	后晓荣 10县	何慕 5县	陈伟 18县	晏昌贵 19县	张莉 12县	本文认定 19县	《汉志》上属	出 土 资 料
1. 沅陵①	■	■				■	■		■	武陵郡	"沅阳印"、②"沅阳衡"③
2. 临沅	■			■		■	■		■	武陵郡	《里耶》8-547等多处
3. 巫	■	■							归入南郡	南郡	
4. 武陵	■								归入汉中郡	汉中郡	
5. 镡成		■				■	■		■	武陵郡	《里耶》8-1373、9-26
6. 零陵		■							归入苍梧郡	零陵郡	
7. 酉阳				■	■	■	■		■	武陵郡	《里耶》8-133,"酉阳丞印"封泥
8. 涪陵					■				归入巴郡	巴郡	
9. 迁陵				■	■	■	■		■	武陵郡	《里耶》6-2等
10. 零阳				■	■	■	■		■	武陵郡	《包山》"霝(零)阳",《里耶》16-3

---

① 与上文所述"醴陵"与"醴阳"的关系类似,"沅陵"在出土文献中又作"沅阳"。
② 陈松长:《湖南古代玺印》,上海辞书出版社2004年。
③ 吴铭生:《长沙战国墓木椁上发现"烙印"文字》,《文物参考资料》1956年第12期。

续　表

	马非百 4县	王蘧常 4县	谭其骧 1县	后晓荣 10县	何慕 5县	陈伟 18县	晏昌贵 19县	张莉 12县	本文认定 19县	《汉志》上属	出 土 资 料
11. 阳陵				■						无	
12. 昆阳邑				■						无	
13. 屠陵				■	■				归入南郡	武陵郡	《里耶》8-1545,《续补》298、299、300
14. 索				■		■	■	■	■	武陵郡	《里耶》8-4
15. 竟陵				■					归入南郡	南郡	
16. 醴阳				■					归入南郡	无	《里耶》8-761
17. 无阳						■	■	■	■	武陵郡	《仰天湖》1,①《包山》87,《里耶》8-1555
18. 辰阳						■	■	■	■	武陵郡	《里耶》8-373
19. 充						■	■	■	■	武陵郡	《里耶》8-632、8-903等
20. 新武陵						■	■		■	无	《里耶》8-649、8-657、8-994、8-1677
21. 门浅						■	■		■	无	《里耶》8-66+8-208,"门浅库""门浅长"②
22. 沅阳						■	■			无	"沅阳印",③"沅阳衡"④
23. 益阳						■	■	■	■	长沙国	《里耶》8-151
24. 上衍						■	■		■	无	《里耶》8-1450
25. 蓬县						■	■		■	无	《里耶》8-109+8-386

① 湖南省博物馆等：《长沙楚墓》，文物出版社2000年。
② 长沙市文物考古研究所：《长沙"12·29"古墓葬被盗案移交文物报告》，《湖南省博物馆馆刊》第六辑，岳麓书社2009年，第329—368页。
③ 陈松长：《湖南古代玺印》，上海辞书出版社2004年。
④ 吴铭生：《长沙战国墓木椁上发现"烙印"文字》，《文物参考资料》1956年第12期。

续 表

	马非百 4县	王蘧常 4县	谭其骧 1县	后晓荣 10县	何慕 5县	陈伟 18县	晏昌贵 19县	张莉 12县	本文认定 19县	《汉志》上属	出 土 资 料
26. 上軙							■		■	无	《里耶》8-1219
27. 义陵						■	■		■	武陵郡	《里耶》9-670、9-1685
28. 安阳						■	■		■	无	《里耶》9-2115

图例：■——县道　●——聚邑

今按，我们所说的洞庭郡是出土秦简牍中出现的新郡名，大致相当于此前人们所理解的黔中郡。关于其界域，严耕望先生曾撰文研究，其结论如下：

（黔中郡）兼有楚之黔中巫郡及江南地与涪陵江流域，东截长江于清口以东，西截长江于涪陵以西，北连汉中，南入蛮荒，约当今湖北西南部，湖南西北部以及西川东南一隅之地。①

谭其骧先生在《界址考》一文中的观点大致与严氏相同。不过谭图之画法却与之有所出入。其一，北界不与汉中郡相连，而是将巫县画入南郡，从《秩律》提供的信息看，这一修正无疑是正确的。其二，西北部的黔江流域，并未按照《界址考》全部纳入黔中郡（即洞庭郡）范围，而是将界限画在黔江以西，大致将涪陵归入巴郡（详巴郡部分），这一更正也应该是合理的。

里耶秦简的出土为解决洞庭郡界域问题打开了一扇窗户，借助目前所公布的部分简文，学者们开始探讨洞庭郡的界域问题。赵炳清先生在考察见于里耶秦简大量地名地望的基础上认为："洞庭郡郡域的范围可以大致推定为湘江中下游区、湘东北地区、沅水流域和澧水流域区及重庆乌江流域部分地区。"②今按，赵氏的研究大致是将所有见之于里耶秦简的地名都纳入洞庭郡的界域，这一做法并无太多依据。陈伟据甄烈《湘州记》等文献指出洞庭、苍梧大致是一北一南，并推测说"秦始皇二十五年将原黔中郡一分为二后，西北一部没有沿用黔中旧名，而是改称'洞庭郡'，东南一部则称作

---

① 严耕望：《楚秦黔中郡地望考》，《责善》半月刊第二卷第十九期。
② 赵炳清：《秦洞庭郡略论》，《江汉考古》2005年第2期，第74—77、81页。

‘苍梧郡’,后世以‘长沙郡’称之,大概是采用汉人的习惯”。① 周振鹤先生在陈伟结论的基础上进一步结合当地地理形势和交通形势以及历史沿革等方面的资料肯定了陈伟的结论。他认为苍梧与洞庭应东西分处湘资与沅澧两个流域,即洞庭郡不应当跨越雪峰山至湘资流域。这实际上就将洞庭郡的东界初步弄清楚了。

至于洞庭郡的南界,《山海经·海内东经》载:“沅水出象郡镡城西,入东注江,入下隽西,合洞庭中。”《淮南子·人间》载:“乃使尉屠睢发卒五十万,为五军,一军塞镡城之岭,一军守九疑之塞,一军处番禺之都,一军守南野之界,一军结余干之水,三年不解甲弛弩。”谭其骧先生据此指出镡城位于秦越界上,可见洞庭的南界应该至于镡城一带。

6. 苍梧郡

苍梧郡置县道异同表

	马非百 6县	王蘧常 1县	谭其骧 5县	后晓荣 13县	何慕 8县	张莉 6县	本文认定 14县	《汉志》上属	出土资料
1. 临湘	■		■		■	■	■	长沙国	廿六年临湘守戈②
2. 罗	■		■		■	■	■	长沙国	《包山》简 83“郘”、《里耶》8－326+8－1626
3. 益阳	■				■		归入洞庭郡	长沙国	《包山》简 83“噬阳”,《里耶》8－151,《岳麓》日志
4. 耒阳	■		■	■	■		■	桂阳郡	
5. 郴	■		■	■	■	■	■	桂阳郡	鄂君启节
6. 零陵	■		■	■		■	■	零陵郡	
7. 攸③				■	■	■	■	长沙国	《奏谳书》简 124、151“攸”
8. 南平				■	■		■	桂阳郡	马王堆汉墓《地形图》

① 陈伟:《秦苍梧、洞庭二郡刍论》,《历史研究》2003 年第 5 期,第 168—172、192 页。

② “临湘”原释“丞相”,今从郭永秉、广濑薰雄说改释。参郭永秉、广濑薰雄:《绍兴博物馆藏西施山遗址出土二年属邦守蓐戈研究——附论所谓秦廿二年丞相戈》,《出土文献与古文字研究》第 4 辑。

③ 《汉书》作“收”,误。说详王先谦《汉书补注》。

续表

	马非百 6县	王蘧常 1县	谭其骧 5县	后晓荣 13县	何慕 8县	张莉 6县	本文认定14县	《汉志》上属	出 土 资 料
9. 桂阳				■	■		■	桂阳郡	马王堆汉墓《地形图》
10. 营蒲				■	■		■	零陵郡	马王堆汉墓《地形图》
11. 泠道				■	■		■	零陵郡	马王堆汉墓《地形图》
12. 洮阳				■	■	■	■	零陵郡	鄂君启节，马王堆汉墓《地形图》
13. 苍梧				■				无	
14. 春陵				■		■		无	马王堆汉墓《地形图》
15. 观阳				■		■		无	马王堆汉墓《地形图》
16. 龁道				■			■	无	马王堆汉墓《地形图》

图例：■——县道　●——聚邑

苍梧郡是出土秦简新见的郡名，大致相当于传统认识上的长沙郡。关于其界域情况，谭其骧先生曾有如下考证：

> 北界辨见南郡。东界辨见九江。南界据《南越列传》当有粤境阳山关以北，桂境汉零陵县以西之地，湘境自九疑西南，汉属苍梧，于秦当属桂林。①

长沙马王堆三号汉墓出土汉代长沙国南部地形图以后，谭其骧先生撰文探讨地图所反映的汉初长沙国领县、疆界等情况，取得了较大的进展。关于长沙国南部疆界，谭先生文章的结论如下：

> 西起秦汉零陵县西南，东南行穿灵渠，越海阳山、都旁岭，经图中□鄣约当今江永县治之南，循今湘桂省界折南折东，又东经连县南抵秦汉阳山关，折东北穿乐昌峡，折东循今湘粤、赣粤省界东至大庾岭上秦汉横蒲关（即今小梅关），大概就是汉初长沙国与南越国之间的

---

① 谭其骧：《秦郡界址考》，《长水集》（上），第13—21页。

边界。它不是以五岭为界,也不同于《汉书·地理志》里的桂阳、零陵二郡南界。①

谭先生在文中还指出这条边界应该是沿袭秦代长沙郡与南海、桂林二郡的郡界而来的。这一结论因为有出土的地图实物作为依据,所以得到了多数学者的赞同,应属可信。

7. 衡山郡

衡山郡置县道异同表

	马非百 7县	王蘧常 阙	谭其骧 5县	后晓荣 阙	何慕 1县	张莉 3县	本文认定 9县	《汉志》上属	出 土 资 料
1. 邾	■		■		■	■	■	江夏郡	《包山》162"邾司败""邾□"②
2. 舒	■						■	庐江郡	《集存》P960
3. 居巢	■					■	■	庐江郡	
4. 安丰	■						■	六安国	《集存》P961
5. 灊							■	庐江郡	《五十例》"灊丞之印",《集存》P960
6. 雩娄						■	■	庐江郡	虖娄公戈,③《汇考》1380"虖娄丞印",《集存》P964
7. 下雉							■	江夏郡	
8. 鄂							■	江夏郡	《集存》P965
9. 寻阳							■	江夏郡	

图例:■——县道 ●——聚邑

关于衡山郡的界域,谭其骧先生在论述南郡、九江郡的界域时有所涉及,现将相关部分抄录如下:

---

① 谭其骧:《马王堆汉墓出土地图所说明的几个历史地理问题》,原载《文物》1975 年第 6 期,后收入氏著《长水集》(下)。
② 孙慰祖:《封泥:发现与研究》,上海书店出版社 2002 年。
③ 韩自强:《楚国有铭兵器的重要发现》,中国古文字研究会等编:《纪念中国古文字研究会成立三十周年国际学术研讨会论文集》,长春 2008 年,第 92—98 页。

（南郡）东界自邾、鄂以东，初属九江，改属衡山；邾，楚汉之际为衡山王吴芮所都。……孝武元狩初，衡山国除，更立六安国，但有衡山故境东北之地，其南则并入庐江，西南则立为江夏，……九江西境后分为衡山（详本书《秦郡新考》），衡山北不得有六；六，楚汉时九江王英布所都，南有今潜、霍诸山，即秦汉所谓衡山矣。①

今按，衡山郡北界淮河，西界包括《汉志》江夏郡之邾、下雉等县，南以长江为界。至于东界，周振鹤先生考汉初衡山郡与淮南国之边界在西阳、潜县、居巢一线以东。② 这也是秦衡山郡的东界。

8. 九江郡

九江郡置县道异同表

	马非百 13县	王蘧常 9阙	谭其骧 9县	后晓荣 18县	何慕 12县	张莉 10县	本文认定 12县	《汉志》上属	出土资料
1. 寿春	■		■	■	■	■	■	九江郡	《货系》4277，《集成》2397"寿春府鼎"，《汇考》1384"寿春丞印"，《集存》P959
2. 阴陵	■			■	■	■	■	九江郡	
3. 历阳	■		■	■	■	■	■	九江郡	《汇考》1386"历阳丞印"，《集存》P961
4. 东城	■		■	■	■	■	■	九江郡	
5. 钟离	■		■	■	■	■	■	九江郡	
6. 建阳	■			■		■	■	九江郡	《玺汇》0338"建阳识"
7. 全椒	■						■	九江郡	
8. 庐陵	■		■	■	■		归入庐江郡	豫章郡	
9. 新淦	■			■			归入庐江郡	豫章郡	《集》二·三·51"新淦丞印"，《集存》P963

---

① 谭其骧：《秦郡界址考》，《长水集》（下），第13—21页。
② 周振鹤：《西汉政区地理》，第48页。

续　表

	马非百 13县	王蘧常 阙	谭其骧 9县	后晓荣 18县	何慕 12县	张莉 10县	本文认定 12县	《汉志》上属	出土资料
10. 安平	■			■				豫章郡	
11. 番	■							无	
12. 六	■		■	■	■		■	六安国	《玺汇》0130"六行府之玺"
13. 曲阳			■	■	■			九江郡	《征存》0037"曲阳左尉"
14. 安丰			■	■	■		归入衡山郡	六安国	《汇考》1456"安丰丞印",《集存》P961
15. 居巢			■	■	■		归入衡山郡	庐江郡	
16. 番阳				■				豫章郡	
17. 灊				■		■	归入衡山郡	庐江郡	《五十例》"灊丞之印",《集存》P960
18. 雩娄				■	■		归入衡山郡	庐江郡	《汇考》1380"虡娄丞印",《集存》P964
19. 鄡阳				■			归入庐江郡	豫章郡	《玺汇》0269"号(鄡)阳□玺"①
20. 舒				■		■	归入衡山郡	庐江郡	《新见》"舒丞之印",《集存》P960
21. 期思			●				■	汝南郡	《包山》129"恒(期)思少司马"②

---

① "号"字原释作"吁",曹锦炎先生改释作"号",读作"鄡"。参氏著《古玺通论》,上海书画出版社1996年,第107—108页。今按,该字亦见望山2号墓楚简第45号,朱德熙、裘锡圭先生释作"号"(《望山楚墓》,第124页)。又,郭店《语丛二》第15—16简中既有"𦬸",又见"𠃌",从文意来看,二者为同一字,多数学者主张释为"吁",若然则,本玺文字当以原释为是,疑不能定,暂从曹说。参王庆卫:《试析战国楚系文字中的"吁"》,《考古与文物》2004年第3期。

② 陈伟:《郭店竹书别释》,湖北教育出版社2003年,第46页;徐少华:《包山楚简释地八则》,《中国历史地理论丛》1996年第4期。

续 表

马非百13县	王蘧常阙	谭其骧9县	后晓荣18县	何慕12县	张莉10县	本文认定12县	《汉志》上属	出 土 资 料
22. 弋阳					■	■	汝南郡	《玺汇》0002"邔阳君鉨",0276"邔阳邦粟鉨",《包山》61"代阳",《集存》P962
23. 蓼						■	六安国	《集存》P962
24. 合肥						■	九江郡	《集存》P1351

图例：■——县道 ●——聚邑

关于九江郡的界域，谭其骧先生有较为详细的论述，现引述如下：

> 江北东界辨见东海，西界辨见南郡，其在今豫境者，循汉制江夏之界。江南皖境当有今青弋江流域以西之地，汉丹阳郡境，旧以为秦属鄣郡者也。按鄣非三十六郡之一，乃秦末或楚汉间诸侯王所增置，清儒已有定论。鄣郡析自会稽，然方其建置之初，非得全有《汉志》丹阳郡之地，今青弋江于《汉志》曰庐江，江在汉初庐江郡界内，故郡以水氏，而庐江者，九江之分郡也。孝武元狩初，衡山国除，更立六安国，但有衡山故境东北之地，其南则并入庐江，西南则立为江夏，庐江既得衡山之地，遂割其江南诸县以隶于鄣（始改称丹阳）。自是郡境悉在江北，而庐江遂名不符实。赣境自汉之安成以西当属长沙，汉制如是也。汉武帝时，以宜春、建成、安平为长沙王子封国，疑其先亦当属长沙。九江西境后分为衡山（详本书《秦郡新考》），衡山北不得有六；六，楚汉时九江王英布所都，南有今潜、霍诸山，即秦汉所谓衡山矣。①

今按，各家在九江郡是否析置庐江郡的问题上并不一致，因此对九江郡界域认识也有所不同，以析分后之九江郡而言，其界域是清楚的，即北以淮河为界，南以长江为界，西界接衡山郡，东界江胡郡，俱见上文相关部分。

---

① 谭其骧：《秦郡界址考》，《长水集》（上），第13—21页。

9. 庐江郡

庐江郡置县道异同表

	马非百阙	王蘧常阙	谭其骧 2县	后晓荣阙	何慕 1县	张莉 4县	本文认定 5县	《汉志》上属	出　土　资　料
1. 番阳			■			■	■	豫章郡	
2. 庐陵			■				■	豫章郡	
3. 新淦					■	■	■	豫章郡	《集》二·三·51"新淦丞印",《集存》P963
4. 鄡阳						■	■	豫章郡	《玺汇》0269"鄡阳□玺"
5. 南昌						■	■	豫章郡	《里耶》8-1164,《集存》P963

图例：■——县道　●——聚邑

谭其骧先生关于庐江郡的意见见上文九江郡部分所引，此不赘述。庐江乃九江郡分置之郡，位于长江以南，大致相当于《汉志》豫章郡全境以及《汉志》丹阳郡之庐江以西地区。

10. 鄣郡

鄣郡置县道异同表

	马非百阙	王蘧常阙	谭其骧 6县	后晓荣阙	何慕阙	张莉 3县	本文认定 7县	《汉志》上属	出　土　资　料
1. 鄣			■				■	丹阳郡	
2. 歙			■				■	丹阳郡	
3. 黟			■				■	丹阳郡	
4. 丹阳			■				■	丹阳郡	《里耶》8-430,《续补》78
5. 江乘			■				■	丹阳郡	
6. 秣陵			■				■	丹阳郡	《五十例》"秣陵丞印",《集存》P968
7. 宛陵						■	■	丹阳郡	《集存》P968

图例：■——县道　●——聚邑

郯郡由会稽郡分置,西界与《汉志》同,东界辨见庐江部分。

11. 会稽郡

会稽郡置县道异同表

	马非百 26县	王蘧常 阙	谭其骧 16县	后晓荣 26县	何慕 22县	张莉 7县	本文认定6县	《汉志》上属	出 土 资 料
1. 吴	■		■	■	■	■	归入江胡郡	会稽郡	《集》二·三·49"吴丞之印",《集存》P965-966
2. 娄	■		■	■	■		归入江胡郡	会稽郡	
3. 阳羡	■		■	■	■		归入江胡郡	会稽郡	
4. 丹徒	■		■	■	■	■	归入江胡郡	会稽郡	
5. 曲阿	■		■	■	■		归入江胡郡	会稽郡	
6. 钱塘	■		■	■	■	■	归入江胡郡	会稽郡	
7. 余杭	■		■	■	■		归入江胡郡	会稽郡	
8. 由拳	■		■	■	■		归入江胡郡	会稽郡	
9. 海盐	■		■	■	■	■	归入江胡郡	会稽郡	《集存》P967
10. 乌程	■		■	■	■		归入江胡郡	会稽郡	《集》二·三·50"乌呈(程)之印",《集存》P967
11. 山阴	■		■	■	■		■	会稽郡	
12. 诸暨	■		■	■			■	会稽郡	
13. 鄞	■							会稽郡	
14. 鄮	■		■	■	■		■	会稽郡	

续 表

	马非百 26县	王蘧常 阙	谭其骧 16县	后晓荣 26县	何慕 22县	张莉 7县	本文认定 6县	《汉志》上属	出 土 资 料
15. 太末	■		■	■	■		■	会稽郡	
16. 乌伤	■		■	■	■		■	会稽郡	
17. 句章	■		■	■	■		■	会稽郡	
18. 余姚	■			■				会稽郡	
19. 上虞	■							会稽郡	
20. 江乘	■			■	■		归入鄣郡	丹阳郡	
21. 秣陵	■			■	■		归入鄣郡	丹阳郡	《五十例》"秣陵丞印",《集存》P968
22. 丹阳	■			■	■		归入鄣郡	丹阳郡	
23. 歙	■			■	■		归入鄣郡	丹阳郡	
24. 黟	■			■	■		归入鄣郡	丹阳郡	
25. 溍	■							丹阳郡	
26. 溧阳	■							丹阳郡	
27. 富春				■				会稽郡	
28. 浙江				■				无	
29. 延陵①				■			归入江胡郡	会稽郡	"延陵工□"②
30. 鄣					■		归入鄣郡	丹阳郡	

图例：■——县道　●——聚邑

① 《汉志》会稽郡有毗陵县。班固自注："季札所居。"颜师古注曰："旧延陵,汉改之。"
② 始皇陵秦俑坑考古发掘队：《秦始皇陵西侧赵背户村秦刑徒墓》,《文物》1982 年第 3 期,第 6 页。

关于会稽郡的界域，谭其骧先生考述如下：

> 西界当有《汉志》丹阳之东境，辨见九江。南界杨图从《通典》《通考》，全有今浙江省境，而《元和志》《寰宇记》则并以旧台、温、处三州为秦闽中郡故壤。考《史记·东越列传》，秦已并天下，闽越王无诸及越东海王摇皆废为君长，以其地为闽中郡。明闽中兼有东海之也，东海实当今浙江南部，都东瓯，即今永嘉。是李、乐之说，较杜、马为可信也。①

辛德勇先生据《史记·越世家》"楚威王兴兵而伐之，大败越，杀王无强，尽取故吴地至浙江"，《史记·春申君列传》所载春申君受封江东"城吴故墟，以自为都邑"等记载指出：

> 楚所得越地，乃为浙江以北之吴国故地，并未染指于浙江以南会稽周围的越国旧有疆土；王翦所降"越君"，应当就是这一部分勾践的直系后裔，故仅在勾践越国故地，设置会稽一郡。②

何慕博士在考订秦代江胡郡"包括了今钱塘江以北的太湖流域"的基础上对会稽郡的辖境作出调整。她指出：

> 秦王政二十五年，王翦定荆南地之前浙江以北、以南应当分别属楚国、越君，则降越君置会稽郡就仅仅在浙江以南部分，初置之时的会稽郡本不包括浙江以北地区。③

今按，据上文所考，始皇二十五年王翦所定荆江南地所置郡应包括江胡郡在内，会稽郡乃"降越君"所置。若然，则会稽郡界域北以浙江为界，南至今丽水，东南以括苍山为界。境域略当于今浙江东南部一带。

---

① 谭其骧：《秦郡界址考》，《长水集》（上），第13—21页。
② 辛德勇：《秦始皇三十六郡新考》，《秦汉政区与边界地理研究》，第14—15页。
③ 何慕：《秦代政区研究》，第66页。

12. 江胡郡

江胡郡置县表

本文认定 11 县		《汉志》上属	出 土 资 料
1. 吴	■	会稽郡	《集》二·三·49"吴丞之印",《集存》P965－966
2. 娄	■	会稽郡	
3. 阳羡	■	会稽郡	
4. 丹徒	■	会稽郡	
5. 曲阿	■	会稽郡	
6. 钱塘	■	会稽郡	
7. 余杭	■	会稽郡	
8. 由拳	■	会稽郡	
9. 海盐	■	会稽郡	《集存》P967
10. 乌程	■	会稽郡	《集》二·三·50"乌呈(程)之印",《集存》P967
11. 延陵①	■	会稽郡	"延陵工□",②《岳麓六》246

图例：■——置县 ●——聚邑

13. 象郡

象郡置县道异同表

	马非百 2县	王蘧常 1阙	谭其骧 1县	后晓荣 2县	何慕 1县	张莉 1县	本文认定 1县	《汉志》上属	出 土 资 料
1. 临尘	■		■	■	■		■	郁林郡	
2. 象林	■			■				日南郡	

---

① 《汉志》会稽郡有毗陵县。班固自注："季札所居。"颜师古注曰："旧延陵,汉改之。"
② 始皇陵秦俑坑考古发掘队：《秦始皇陵西侧赵背户村秦刑徒墓》,《文物》1982年第3期,第6页。

续 表

马非百2县	王蘧常阙	谭其骧1县	后晓荣2县	何慕1县	张莉1县	本文认定1县	《汉志》上属	出 土 资 料
3. 镡成						归入洞庭郡	武陵郡	《里耶》8-1373,9-26

图例：■——县道　●——聚邑

　　与其他秦郡的讨论相对冷清相比，象郡的界域曾是讨论最为热烈的论题。围绕其沿革与界域问题，论辩双方展开了密集的讨论。20世纪以来，关于这一问题存在"郁林说"和"日南说"两种相互对立的观点。前者以法国学者马司伯乐（或译为马伯乐）为代表，主张秦象郡跨《汉志》郁林、牂柯两郡间；①后者以另一位法国学者鄂卢梭为代表，主张象郡应南至汉日南郡之象林（即林邑）。② 这两种观点在传世文献中或多或少都可以找到一定的依据，之所以争辩不休、相持不下，关键在于各家对材料的取舍与理解存在差异。③ 谭其骧先生在《界址考》一文中观点与马氏相近，而谭图关于秦象郡界域的画法也继承了这一观点。1984年周振鹤先生发表了《象郡考》一文。该文在对论辩双方立论史料的可信性进行分析的基础上指出"郁林说"所依据的《史记》《汉书》本纪的记载比"日南说"所依据的《汉书》本注更为可靠，并且指出郁林说能够合理地解释象郡的沿革问题，而日南说则存在种种难解之处。因此他赞同郁林说。关于象郡的界域，周氏的结论如下：

　　由《昭纪》象郡分属郁林、牂柯，及《茂陵书》象郡治临尘之说，知汉象郡应有《汉志》郁林郡西半部及牂柯郡部分地。其南界和西界北段当和《汉志》郁林郡同，与合浦、交趾、牂柯三郡为邻；西界北段当包有《汉

---

① 马司帛乐著，冯承钧译：《秦汉象郡考》，载《西域南海史地译丛（第四编）》，中华书局1958年。
② 鄂卢梭著，冯承钧译：《中国对安南的最初统治》，载《西域南海史地译丛（第九编）》，中华书局1958年。
③ 关于这一问题的争论参阅敬轩：《本世纪来关于秦汉古象郡的争论》，原载《中国史研究动态》1995年第4期；木子：《关于古象郡地望问题争论的补述》，《中国史研究动态》1995年第9期；二文均收入华林甫主编：《中国历史地理学五十年（1949—1999）》，学苑出版社2001年。

志》牂柯郡毋敛县在内,……东界无征,要当沿今广西大明山—都阳山一线。……秦郡之领域比象郡要大,北面应有《汉志》武陵郡镡城县,东南或有合浦郡之西部地。①

周氏此文发表之后,在很长一段时间内未见学界对该问题有所回应。近年来虽有学者重提"日南说",但是文中并未举出新的证据。② 因此周氏的《象郡考》一文实际上可以作为学界在该问题上的一个阶段性总结。今后若无新证据、新材料来否定这一意见,基本上就可算为定论了。

14. 桂林郡

桂林郡置县道异同表

	马非百 1县	王蘧常 1县	谭其骧 1县	后晓荣 4县	何慕 2县	张莉 1县	本文认定 2县	《汉志》上属	出 土 资 料
1. 四会	■	■		■				南海郡	
2. 中留				■	■		■	郁林郡	
3. 布山				■	■		■	郁林郡	漆印文"布山",铜器铭文"布"等③
4. 朱庐				■				无	"朱庐执刲"④
5. 劳邑				■	■		■	无	"劳邑执刲"⑤

图例:■——县道 ●——聚邑

---

① 周振鹤:《象郡考》,原载《中华文史论丛》1984年第3期,收入氏著:《学腊一十九》,山东教育出版社1999年。
② 钱宗范:《秦汉象郡位置新释》,《广西社会科学》1999年第2期;钱宗范:《秦汉时期岭南历史地理若干问题的探讨》,《广西师范大学学报(哲学社会科学版)》2008年第1期;徐芳亚:《从秦始皇山〈琅邪石刻〉考证秦之象郡》,《洛阳师范学院学报》2007年第3期。
③ 广西壮族自治区博物馆编:《广西贵县罗泊湾汉墓》,文物出版社1988年。
④ 黄展岳:《"朱庐执刲"印和"劳邑执刲"印——兼论南越国自镌官印》,《考古》1993年第11期。
⑤ 黄展岳:《"朱庐执刲"印和"劳邑执刲"印——兼论南越国自镌官印》。

15. 南海郡

南海郡置县道异同表

	马非百 5县	王蘧常阙	谭其骧 4县	后晓荣 5县	何慕 4县	张莉 2县	本文认定 5县	《汉志》上属	出 土 资 料
1. 番禺	■	■	■	■	■	■	■	南海郡	漆印文"番禺",①封泥、铜器铭文"蕃"等
2. 龙川	■		■	■	■		■	南海郡	
3. 博罗	■		■	■	■		■	南海郡	
4. 揭阳	■		■	■	■		■	南海郡	"定楬丞印"②
5. 乐昌	■							无	
6. 四会				■	■		■	南海郡	
7. 南海				■				无	

图例:■——县道 ●——聚邑

16. 闽中郡

闽中郡置县道异同表

	马非百 1县	王蘧常阙	谭其骧 1县	后晓荣 1县	何慕 1县	张莉 12县	本文认定 1县	《汉志》上属	出 土 资 料
1. 东冶③	■		■	■	■		■	会稽郡	

图例:■——县道 ●——聚邑

闽中北境与会稽接壤,其界详上文会稽郡部分。

---

① 广东省文物考古研究所:《广东考古世纪回顾》,《考古》2000年第6期。
② 尚杰:《广东五华狮雄山秦汉城址的发现与初步研究》,《东南文化》2013年第1期。
③ 即《汉志》会稽郡下冶县。

下 编 小 结

本编为对秦郡界域的考证，主要包括三个方面：

第五章是学术史的回顾，主要总结了前辈学者在秦郡界域和秦郡领县方面所作出的成绩。

第六章为方法论思考，主要从职官制度、籍贯书法、题铭制度等三个方面分析了出土文献中秦县的认定标准问题。

第七、八两章是本编的主体部分，意在分析各郡的领县情况，并由此推断其界域，涉及文中所考五十二郡的领县与界域问题，其中新材料比较丰富的郡目讨论得较为深入，部分郡的领县与界域问题仍没有足够的资料来展开分析，只能维持旧说或付之阙如。与谭其骧先生《中国历史地图集》"秦图部分"某些秦郡界址的处理意见相比，我们尝试得出可能更符合历史原貌的郡域界限，这在一定程度上可以视作对谭图的修订。下面试举几个较有新意的例子。

譬如说，我们指出内史与上郡的东界都越过黄河而领有黄河以东的部分地区；上党郡之东界实际上已经越过太行山领有太行山以东的涉、武安两县。再如岳麓秦简新见之"江胡郡"，我们认为该郡位于以太湖为中心的吴国故地，其前身为战国晚期楚置江东郡，入秦后改称江胡郡，秦楚之交又名为吴郡。

又如故道的归属问题。据张家山汉简《行书律》第268简云："复蜀、巴、汉中、下辨、故道及鸡剚中五邮，邮人勿令徭戍。"简文中故道与蜀、巴、汉中三郡并列，可见故道似不应属于其中某郡。而与故道同见的"下辨"据《秩律》记载来看汉初属于陇西郡，这样故道属陇西郡的可能性似乎更大。

另外还有一些结论是作为一种尝试初步提出的，尚有待进一步证明。譬如我们据《华阳国志·蜀志》"昔蜀王封其弟于汉中，号曰苴侯，因命之邑曰葭萌。……周慎王五年秋，秦大夫张仪、司马错、都尉墨等从石牛道伐蜀。蜀王自于葭萌拒之，败绩"的记载并结合葭萌的地理形势提出葭萌应属汉中地区。

再比如我们对南阳郡西界的认识。《史记·楚世家》载楚顷襄王十九年（秦昭王二十七年）楚"割上庸、汉北地予秦"（《六国年表》同）。又,《史记·秦本纪》载昭襄王三十三年"魏入南阳以和",三十四年"秦与魏、韩上庸地为一郡,南阳免臣迁居之",三十五年"初置南阳郡"。综合上述记载来看,三十四年所谓"魏、韩上庸地为一郡"应与次年秦所置南阳郡有关。由此看来,秦南阳郡初置之时应包含昭王二十七年得自楚国之上庸、汉北地在内。不过张家山汉简《秩律》载"旬阳、安阳、长利、锡、上庸、武陵、房陵"等县均应属汉中郡,可见上庸、汉北地后来又曾划归汉中郡管辖。

本编中,作为与界域考证密切相关的一个重要方面,我们考证了630多个秦县,并对其领属关系作了确定。我们原本计划就每一个秦县的设置理由及其沿革等情况作详细的交代,由于时间和精力有限,这部分内容没有能够完稿提交出来,这是需要给诸位说抱歉的。

结　　语

在经历了漫长的探索之后,终于到了该做结语的时候。这时不由得想起王国维、钱穆等前辈学者研究这一问题时候所作出的结语。王氏曾颇为自矜地以为自己的结论完全解决了全祖望、钱大昕、姚鼐等人的争讼。钱穆先生也有用自己的结论为该问题作结的想法。然而谁料想有秦代文献起于地下,完全打破了前人所构建的秦郡体系。

本书上编所讨论的论题曾经是研究者争论得最多的问题,直到现在仍然无法做结。一方面,传世文献中记载的秦郡数目已经远远超过了三十六个,于是所谓秦三十六郡到底是指哪些郡?哪些郡在三十六郡之列,哪些郡应排除在外?三十六郡是秦始皇二十六年所置,还是有秦一代之总数目?古人今人在这个问题上费尽了心思。我们不想纠葛于这个目前难以定论的话题,与其在数目上争论不休,不如对所有争论中的郡目做一个通盘的清理,本书第二章大致就是为了达成这一目的而做的一点工作。为了使论辩各方所依据的材料更为醒目,我们在相关郡名后面分别列出了传世文献与出土文献中的有关论据。通过这样的证据对比,哪些郡可以认为是秦郡,哪些郡暂时没有足够的证据证明其为秦郡,就可以通过寥寥数语而决断了。当然,我们现阶段研究所作出的结论并非最终的定论,假如将来有材料证明某郡应为秦置,我们在证据充分的情况下也会为其"正名"。

有了这第一步工作的基础,我们用了较多的篇幅去讨论秦郡的设置年代。在我们看来,这是回答三十六郡问题的最有效途径。因为如果搞清楚了郡的设置年代、存续时间,那么哪些郡应出现在秦始皇二十六年这个时间断面上也就不辨自明了。我们考证的结果是秦始皇二十六年前所设置的郡县数总计有三十八个,其中有两个郡(巫黔郡、陶郡)在统一之前就省并了。这样的话,秦始皇二十六年所置三十六郡的名目也就毋庸置辩了。当然,也许将来有新材料证明我们所认定的某些郡的设置年代存在问题,那么只需在我们构建的年代框架下做一番比对,就可以得出新的结论。总之,即便我们所考三十六郡名目存在偏差,也不能遽然否认这个方法在解决秦郡问题上的意义。

在秦县方面，出土材料和传世文献互证的结果，使我们认识的秦县较之前辈学人所知几乎增加了一倍。在这一背景下，通过领县分析秦郡的界域问题逐步成为可能。本书下编就是在这一问题上的探索，为了更直观地反映问题，我们将前贤和时彦在这一问题上的考释结果绘成表格，这样既能直观反映不同学者对各郡界域的认识，也能反映各郡界址划定的差别。在这个问题上，我们得出的部分结论对谭其骧先生主编的《中国历史地图集》"秦图部分"的有关结论作了一定的更订。

作为讨论秦郡界域问题的一个前提，我们专门就秦置县的认定标准作了初步的探讨。这一命题主要是针对出土文献背景下缺乏秦县认定标准这一现状而提出的。从某种意义上讲，这是对下编中我们所认定秦县的补充说明。

与前人的研究相比，我们的研究仍然没有能最终解答问题，特别是目前仍有里耶、岳麓等两批重要的秦代简牍正在陆续公布。因此我们对秦郡县制度的探讨仍然只是一个初步的研究。待相关简牍公布之后，或许能修正我们对某些郡设置年代对看法，抑或是我们对某些郡的界域和领县的看法。

另需说明的是，在本书中没有讨论秦郡治所、秦郡得名等问题，有关秦县的空间分布、置废沿革也没有涉及，这些内容本来是计划中的章节，由于时间和精力的限制，我们只完成了资料的收集工作，未能及时形成文字。这些课题应是学术界将来努力关注的方向，我们自己也决心在此领域内继续钻研。

我们期待着有一天，秦始皇陵地宫里能够发现一份关于秦郡设置的图籍，那时我们讨论的这一问题才可最终盖棺定论吧！但这或许又是我们不乐意看到的。历史的探索固然受制于材料，但是在材料不足的情况下通过合理的逻辑推理得出最合于历史原貌的结论仍是历史学者的不懈追求和努力的方向。在秦史领域，秦郡县制度问题好比是哥德巴赫猜想，如果问题的结论是由来自地下的一份图籍而得出的，那么历史研究的乐趣也就荡然无存了。所以，历史研究者的使命就在于在未知的世界去探索历史真相。如果真有发现图籍的那一天，希望能印证我们今天在文中提出的结论。

附　　录

附文一：《里耶秦简（壹）》所见秦县略考

一、秦县研究史述略

《史记》没有为秦代撰写地理志，班固虽去秦未远，但《汉书·地理志》（下文简称为《汉志》）中明确指为秦县者也只有十余个，所以关于秦县的研究由于史料缺乏历来少有人涉猎，更缺乏系统的研究。迨至清末始有杨守敬绘制《历代舆地沿革图》，其中《秦三十六郡图》可谓在秦县研究领域具有拓荒性质的研究。然而限于体例，杨图附文极为简略，缺乏详细的考释文字。① 大约三十年后，史念海发表了《秦县考》一文，对约321个秦县首次作出了详细的考证。② 20世纪七八十年代，王蘧常、马非百先后分别撰著旨在"补正史之缺"的秦史著作各一部问世。其中王氏《秦史》有《郡县考》一卷，采纳王国维氏四十八郡说，以郡统县，各郡之下列其领县之信而有征者，可谓条理分明。可惜的是这部书两历劫难，大部分已有残阙，而残卷则只余24个郡及其下辖的127个县。③ 马氏《秦集史》有《郡县志》两卷，在参考众说的基础上以谭其骧说为本，仿《汉志》体例，共考列秦县424个，并首次对这些秦县的上属郡做了专门研究。④ 作为利用传世文献考订秦县问题的一个总结，由谭其骧领衔编著的《中国历史地图集》在第二册中绘有秦图五幅（下文简称之为"谭图"），共标示三百多个县和聚邑，图中不但反映出见诸文献记载的秦县的大致数目及各县的上属郡情况，而且每个县对应的今地也大致明确。谭图划定的依据按照"秦时期图组编例"记载是谭其

---

① 杨守敬：《历代舆地沿革图》第一册。
② 史念海：《秦县考》，《禹贡（半月刊）》第7卷6、7合期，1937年。
③ 王蘧常：《秦史》，第100—120页。
④ 马非百：《秦集史》，第564—677页。

骧先生为《中国大百科全书·中国历史》卷所撰写《秦郡》以及谭氏另著《秦郡界址考》二文。① 因此谭图实际上代表了利用传世文献探讨秦郡县问题的最高水平,也正因为如此,谭图自出版之日就取得了定于一尊的权威地位。

以上是20世纪90年代以前秦县的研究状况,这个阶段主要还是利用传世文献中有限的一些记载和资料。然而自20世纪初以来,出土材料日益增多。其中有裨于秦史研究的材料有简牍、封泥、玺印、陶文、瓦当、货币铭文等多种门类。借助出土材料,运用王国维先生提倡的"二重证据法"于秦代地方行政制度研究大有可为。目前已经有不少学者作出了有益的尝试,但是对秦代政区研究而言,系统运用出土文献来探讨秦代置县的研究还刚刚起步。而后晓荣所著《秦代政区地理》一书则是在顺应这一研究取向的前提下所出最新成果的代表。后氏综合利用近年战国秦汉考古出土的文物资料,参以地下考古发现遗迹,考证落实了732个秦置县,其取料之广远远超过了以前的秦县研究。然而后氏《秦代政区地理》一书亦存一明显弊端,即未能确定秦置县的标准。在后氏著中可见一种明显的倾向就是,举凡秦文字(包括秦陶文、金文、玺印、封泥、简牍)中的地名,均被无条件地视为县名,这一不加辨别的做法势必会有将秦代置县扩大化的可能。因此,不论是传世文献中的记载,还是出土文献中的记载,必须要做一番甄别才能归入秦县之列。至于地名符合哪些情况可以表明该地已经置县,这一问题将在下节中讨论。

二、秦置县的认定标准

班固在《汉志》中所标举的秦县在十个上下,其方式是在自注中注明"秦曰某"或直接注明为"秦某公置"。② 但是秦置县数目远不止此数,其余秦县如何认定就需要一个可行的标准。关于置县标准的研究,其中较为成熟的可举关于春秋楚县判断标准的研究为参考。陈伟曾将春秋楚县的认定标准概括为如下四条:③

1. 有设县、称县或类似记载者。
2. 有"县公"或"某(指地名)公"之称者。

---

① 谭其骧主编:《中国历史地图集》第二册。
② 譬如《汉志》京兆尹新丰县下班固自注云:"骊山在南,故骊戎国。秦曰骊邑。高祖七年置。"又如《汉志》京兆尹蓝田县下班固自注云:"山出美玉,有虎候山祠,秦孝公置也。"
③ 陈伟:《楚"东国"地理研究》,第182—194页。

3. 有"某(指地名)尹"之称或类似记载者。
4. 楚人所灭之国。

李晓杰近来在新著中将其重新归纳为三点,但是究其根柢则并无实质上的差异。① 不过值得注意的是,春秋战国之交是县的性质发生转变的时期,因此春秋时期包括楚县在内各国县的性质与战国秦汉以后的县性质不同,况且春秋时并非所有国家都普遍置县。因此将春秋时期置县的判断标准直接套用在战国时期恐怕不一定合适。因此战国置县的标准亦需作专门的讨论,吴良宝在讨论战国时期三晋置县的时候曾提出一些判断标准,②李晓杰在此基础上归纳出战国时期各国设县的七条标准,现引述如下: ③

其一,明确记载某地为县者。
其二,记载某地有县级官员职称者,如"令""尹""丞"等。
其三,"县"某地者。
其四,春秋时期某地已为县者,考虑到其间的传承关系,一般来讲,在战国时期仍视其为县。
其五,"城"某地即是"县"某地。
其六,"筑"某城者。
其七,某"城",疑即为某县。

以上标准适用于战国时期各诸侯国,因此对秦县的判定也大致适用。不过具体到对于秦县的判断,其实谭图在"秦时期图组编例"中早已明确提出有三点原则:

图中画出的县,一部分是见于唐宋以前史籍中的"秦置"县;一部分是见于战国记载而在西汉时尚存在的县;此外,凡见于秦灭六国至西汉统一以前的地名西汉时是县的,也作为秦县画出。

---

① 李晓杰:《中国行政区划通史·先秦卷》,第 257 页。
② 按吴氏所论可分为直接证据与间接证据两类。前者即铸(刻)有"＊＊令"和"＊鄩"的铭文。后者有如下五种情况:(1)三晋货币铭文中所见地名;(2)兵器铭文中地名后有"左(右、上)库"等各种武库的;(3)铜器铭文中地名后有"上(下)官"(即食官)的;(4)玺印地名后有左、右"司马"、"司工",或"发弩"、"府"的;(5)陶文地名后有"仓器"的。参阅吴良宝:《战国文字所见三晋置县辑考》,《中国史研究》2002 年第 4 期。
③ 李晓杰:《中国行政区划通史·先秦卷》,第 312—313 页。

在此需要明确的是，以上"七条标准"与"三点原则"是在甄别传世文献中的战国（秦）县这一背景下提出的，其效果大致已经过了实践的检验。然而在出土秦代文献大批涌现的形势下，以上标准是否仍然适用就大有重新审视的必要。下面我们结合出土文献与传世文献的实际情况试将秦县的认定标准归纳如下：

第一，某地有置县或为县的明确记载。谭图所述"三点原则"还对传世文献的年代作有明确的要求，即将文献的范围限定在唐宋以前。一般来讲在这个时间区间内年代越早的史料越可信、价值越高。譬如上文所述见于《汉志》的秦置县，其可信度应该是第一位的。至于其他唐宋以前的文献可以以《水经注》中的秦置县作一番具体分析。《水经·原公水》载："原公水出兹氏县西羊头山。东过其县北。"郦《注》云："县故秦置也。"杨守敬《疏》云："各地志皆不言兹氏秦置，春秋、战国亦无兹氏地名。惟《魏策》有兹公原。《注》云，未详。郦氏言秦置，必有所本，而今不可考矣。"①今按，兹氏是否确为秦置县，杨氏虽采信郦说，但也并非没有疑问。不过若杨氏生于今日，则必不会再作此番评论。因为就出土资料来看，《集成》11323 有"八年兹氏令"戈，战国赵国布币铭文为"兹氏"者亦不在少数，且云梦秦简《编年纪》有"二十五年攻兹氏"的记载。② 这些资料足以证明兹氏原为赵县，后入秦为秦县。这是用出土文献来佐证传世文献中秦县记载的例子。但是并非传世文献中所有记载都可以找到出土文献作为印证，因此在处理诸如此类的材料之时需要特别注意。另外，李氏"七条标准"中第三条"'县'某地者"亦可归入此列。至于第五、六、七三条，李氏著中亦明确指出其可能与事实有出入，在具体应用过程中要区别对待，需经过细致考证后方能采信之。

第二，某地后附着县级职官称谓者。李氏"七条标准"所列有"令""尹""丞"等。不过出土文献所见县级职官远不止此数。仅以秦时县级主官而言，多见以"守丞""丞主"相称者，有时亦径直简称为"守"或"丞"。③ 然而

---

① 杨守敬、熊会贞：《水经注疏》，江苏古籍出版社1989年，第598页。
② 睡虎地秦墓竹简整理小组：《睡虎地秦墓竹简》，文物出版社1990年。
③ 目前学界对此问题尚有不少争论，如杨宗兵认为里耶秦简之"守""丞""守丞"含义相同，都是指长官；秦时县一级的长官"守""丞"或"守丞"即行"县令、长"之实，却无"县令、长"之名。于振波先生认为即使里耶秦简中的"守"确是"官长"的泛称，也不能因此否定"县令"确为县制这一事实。邹水杰认为秦代县行政长官称谓有令、啬夫和守三种。秦时期只有县令而未有县长；啬夫也是县主官的一种称谓；守则是从新出土的里耶秦简等出土文献中考证得出的。到了汉代就基本上固着在县令长一个称谓上。并指出县主官称谓的不统一反映了秦代郡县制初创时期中央统县和郡统属县并存的实际情况，也展（转下页）

此处尚需注意一点。县级职官称谓有多种不同层次,既有主官、副贰,亦有职掌各异的各色属吏。这些职名中难免有与其他非县职官称谓相同者,对于这一类问题需区别对待。譬如说,"丞"这一职名,不仅见于县级职官,中央官署亦多有以丞为名者,如《秦封泥集》著录有奉常丞、都水丞、太医丞、郎中丞、泰(大)内丞、泰仓丞等。① 再譬如仓曹、户曹等列曹职名不仅见于县级政区,郡级政区亦对应有相同的各曹署。对于此类问题,不能简单地用此例将其所附地名定为秦县,而是要作具体的分析。

第三,某地在秦汉时期文献中具有明显的继承性且在西汉时为县者。上文所述李氏"七条标准"之四以及谭图"三点原则"之最后两点都属此类。此类之中,谭图据"见于战国记载而在西汉时尚存在的县"之例所定秦县,大多可有秦封泥、简牍等出土材料作为验证。这部分始置于战国(部分春秋已置)西汉尚存之秦县,或多或少都有一条以战国至秦,或者汉初的出土材料为依据的,脉络清晰的证据链条。因此这部分秦县也是沿革最清楚的一部分秦县。不过《汉志》中记载的绝大部分县在文献中找不到设置于战国的纪录。以前的研究或依《水经注》等晚出文献推测其为秦县,或在无文献依据的情况下不视其为秦县。现据秦封泥、简牍等出土资料可知这部分县确实为秦县。

第四,秦至汉初文献中作为人物籍贯地出现的地名。据胡宝国对《史记》《汉书》籍贯书法差异的研究,秦乃至西汉中期以前在籍贯地的书法上一直继承和保持着战国以来以县为人物籍贯的特点;而西汉中期以后,以郡为籍贯才渐成主流。② 睡虎地《秦律十八种·仓律》云:"边县者,复数其县。"这是有关赎隶臣的规定,意思是说,原籍在边远县的,被赎后应将户籍迁回原县。③ 如此看来,秦时的确是以县为籍贯的。里耶8-8又有"毋应此里人名者"的记载,可见秦时籍贯的书法要求中还应包括里(乡)这一级。④ 其书写格式主要包括人物身份(官职、爵位等)、籍贯(县名、乡里名)、人名

(接上页)现了郡县地方组织逐步发展成熟的过程。参见杨宗兵:《里耶秦简县"守"、"丞"、"守丞"同义说》,《北方论丛》2004年第6期,第11—14页;于振波:《说"县令"确为秦制》,简帛研究网2005年7月30日;邹水杰:《秦代县行政主官称谓考》,《湖南师范大学社会科学学报》2006年第2期,第104—108页。

① 周晓陆、路东之:《秦封泥集》。
② 胡宝国:《汉唐间史学的发展》,第1—9页。
③ 上引胡著中提到《汉书·高帝纪下》:"前时秦徙中县之民南方三郡。"其中"中县"后世往往称作"内郡"。这一点里耶秦简有简文为证,其8-355云:"黔首习俗好本事不好末作,其习俗槎田岁更以异中县。"
④ 居延汉简中则要求"署郡县里名"(303.15,516.17),包括郡、县、里(乡)三级。具体表述上如90.6所载"汉中郡成固当袌",7.31所载"巨鹿郡广阿临利里"。

等三项,有些也附加年龄、性别等信息(如大男子、小女子等)。其中人物身份的限定项多少不拘,有的写得详细而全面,有的只有其中一项或者干脆省略。籍贯信息一般包括县、乡(里)两项,也有少数省略其中一项的。明确了这一原则,那么战国至秦以前文献(至晚不过西汉中期)中在人物籍贯地中县名位置出现的地名大致都可以作为秦县来对待。

三、《里耶秦简(壹)》中秦置县的认定

《里耶秦简(壹)》中出现了大量的地名,其中可定为秦置县者为数不少,现据上述四条原则分别作一番考察。

1. 属第一例者

郁郅(8-1277):《后汉书·西羌传》:"秦惠王遣庶长操将兵定之,义渠遂臣于秦。后八年,秦伐义渠,取郁郅。"《史记·秦本纪》"(惠王)十一年,县义渠。"

南郑(8-376):《史记·六国年表》秦厉共公二十六年(前452年)下云:"左庶长城南郑。"

咸阳(8-1533):《史记·秦本纪》载:"(孝公)十二年,作为咸阳,筑冀阙,秦徙都之。"《史记·秦始皇本纪》载:"其(按,指孝公)十三年,始都咸阳。"

高陵(8-1533):《元和郡县志》卷二关内道高陵县下曰:"本秦旧县,孝公置。"

广武(8-26+8-752):《史记·范雎列传》所载:"昭王四十三年,秦攻韩汾陉,拔之,因城河上广武。"

江州(8-61+8-293+8-2012):《水经·江水注》:"秦惠王遣张仪等救苴侯于巴,仪贪巴、苴之富,因执其王以归,而置巴郡焉,治江州。"

成都(6-8):《水经·江水注》:"秦惠王二十七年,遣张仪与司马错等灭蜀,遂置蜀郡焉。王莽改之曰导江也。仪筑成都以象咸阳。"《华阳国志·蜀志》:"(惠王二十七年)仪与若城成都,周回十二里。"

郫(8-1025、8-1309、8-1364):《华阳国志·蜀志》:"(惠王二十七年)仪与若城成都,周回十二里……郫城,周回七里,高六丈。"

信都(16-12):《史记正义》引《括地志》云:"邢州城本汉襄国县,秦置三十六郡,于此置信都县,属巨鹿郡。"

2. 属第二例者

(1) 地名+守丞

迁陵(5-2等)、彭城(5-17)、酉阳(8-201)、安阳(8-1039)、上鞋

(8-1219)。另有"□水"(8-2115)因简文残缺难以断定,暂存疑。

(2) 地名+丞主

迁陵(8-63等)、临沅(8-66+8-208)、酉阳(8-158)、襄城(8-975)。

(3) 地名+丞

迁陵(8-62等)、旬阳(8-63)、鄀(8-75+8-166+8-485)、临沮(8-140)、商(8-228)、酉阳(8-201)、启阳(8-667)、蔓柏(8-765)、荆山道(8-1516)、醴阳(8-2319)、新武陵(8-994)。

(4) 地名+守

迁陵(8-1516)、沮(8-1516)、上衍(8-2414)。

(5) 地名+令

索(8-1775)、沅阳(8-1459)。

另8-66+8-208有"门浅□丞",似亦可在秦县之列。

3. 属第三例者

屠陵(8-467等)、成固(8-209)、成都(6-8)、江州(8-61+8-293+8-2012)、枳(8-197)、阆中(8-931)、沮(8-1516)、彭城(5-17)、江陵(8-1328)、竟陵(8-135)、颍阴(8-161+8-307)、儇陵(8-1262)、彭阳(8-105)、雒阳(8-232)、坏(褱)德(8-781+8-1102)、高陵(8-1533)、宜阳(8-1831)、新城(8-1831)、固陵(8-445)。

4. 属第四例者

西(8-34)、竟陵(8-135、8-896)、朐忍(8-63、8-988、8-1469、8-1563、8-1574+8-1787)、索(8-4)、安成(8-918)、僰道(8-60+8-656+8-665+8-748)、梓潼(8-71、8-1445)、广武(8-26+8-752)、且(沮)阳(8-26+8-752)、城父(8-466)、枳(8-197、8-746+8-1588)、资中(8-269、8-429、8-2014)、宕渠(道?)(8-657)、醴阳(8-760)、巫(8-763、8-1014、8-1083、8-1563、16-6)、武陵(8-1089)、涪陵(8-1094、8-1206)、坏(褱)德(8-781+8-1102、8-1574+8-1787)、鄢(8-807)、旬阳(8-1275、8-1306)、江陵(8-1328、8-1444)、夷陵(8-1452)、襄(8-1574+8-1787)、襄城(8-2246)、宜都(8-2246)、长利(8-2246)、屠陵(8-1545)、迁陵(8-78)、丹阳(8-1807、8-430)、郫(8-1025、8-1364)、成固(8-209)、雒阳(8-232)、泥阳(8-1466)、秭归(8-1516)、阳陵(8-1450、9-1—9-12)、邯郸(8-894)、益阳(8-1494)、酉阳(8-713)、临汉(8-1555)、邛(8-2121)、阳成(16-5)、当阳(8-2235)。

另有几处因简文残缺暂时存疑者:魏箕(8-2098)、苴(8-879)、新阳(8-440)、平▦(8-754+8-1007)。

此外，里耶秦简中还有不少地名难以用上述四条原则认定为秦县，但是通过简文本身的分析，特别是通过与上述考订秦县比勘，似亦可定为秦县。这类地名主要有如下两种情况：

其一，公文书刺、封检和封泥匣作为古代公文传递实物形态的遗存，其中记载有大量的地名信息。既有郡、县地名，也有各级官署名，此外亦可见乡里名，现将其中为县名者罗列如下：

无阳（5－22）、成固（5－23）、零阳（8－375、8－1886、16－3）、辰阳（8－373）、南郑（8－376）、销（8－453）、丹阳（8－453）、成纪（8－1119）、南昌（8－1164）、竟陵（8－1467、8－1533）、咸阳（8－1533）、高陵（8－1533）、阴密（8－1533）、沅阳（8－1626）、酉阳（8－1886）、彭阳（8－105）、充（8－903）、镡成（8－1373）、门浅（8－1184）、昆阳邑（16－3）、轵（J1－169）、沅陵（8－1897）、隽（8－1578）、琅邪（8－2129）。

其二，里耶秦简所公布的材料中另有一类整理者称为"地名里程简"的木牍，其中所列地名，大致也都为秦县，现将其名逐录于次：高阳（16－12）、武垣（16－12）、饶阳（16－12）、乐成（16－12）、武邑（16－12）、信都（16－12）、顿丘（17－14）、虚（17－14）、衍氏（17－14）、启封（17－14）、长武（17－14）、傿陵（17－14）、许（17－14）、鄢（16－52）、销（16－52）、江陵（16－52）、屖陵（16－52）、素（索）（16－52）、临沅（16－52）。

以上暂考列秦县共计106个（不重复计算），其中有已为前人考订为秦县者，亦有据里耶秦简新考订者；有置年明确、地望沿革大致清晰者，亦有置年不明、地望不详者；有曾见之于传世文献并能为出土文献佐证者，亦有全然不见于传世文献且出土资料中亦属首见者。下面分别就上文暂认定秦县的建置沿革等有关问题略考如下。

四、里耶秦简所见秦置县略考

下文所考为里耶秦简所见之秦县，依其性质大致分为两个大类。一、明确可定为秦县无疑者，其中包括见于《汉志》者与不见于《汉志》者两类。前者大致按照见于《汉志》的顺序排列。二、存疑秦县，其中亦包括见于《汉志》者与不见于《汉志》者两类。前者亦循《汉志》的顺序排列，不见于《汉志》的存疑县附后。所考内容主要涉及其置废年代、地望沿革、上属何郡等问题。其中见于《汉志》的秦县所对应的今地大致采取周振鹤《汉书地理志汇释》一书所定地点。[1]

---

[1] 周振鹤：《汉书地理志汇释》，安徽教育出版社2006年。

文中引述里耶秦简牍释文凡未加说明者均据《校释》写出。
（一）明确可定为秦县者
1. 见于《汉志》者
（1）高陵

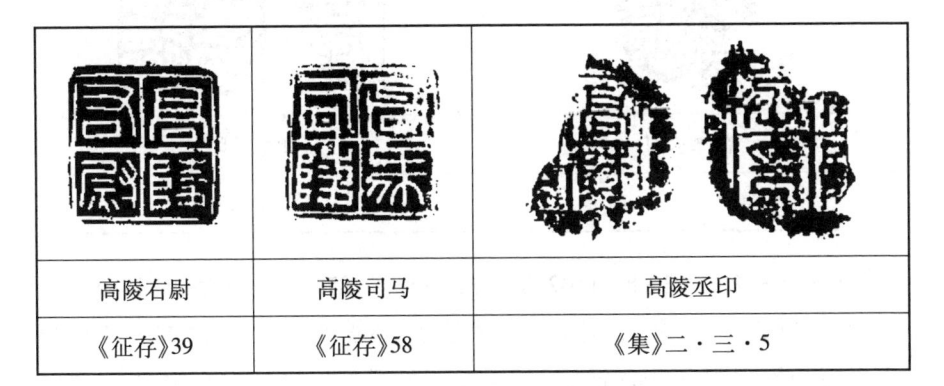

高陵右尉	高陵司马	高陵丞印
《征存》39	《征存》58	《集》二·三·5

高陵见于 8-1533 等简。《汉志》有两高陵县，其一县本西周邑，战国时属秦，据《史记·穰侯列传》高陵曾为秦昭王同母弟之封邑，并有"高陵君鼎"传世。① 《元和郡县志》卷二关内道高陵县下曰："本秦旧县，孝公置。"高陵当在此时置为县。此即《汉书志》左冯翊下高陵县，王先谦《补注》："《续志》，后汉因……《一统志》，故城今高陵县西南一里。"治陕西高陵县。又《史记·项羽本纪》"道遇齐使者高陵君显"，《集解》引张晏曰："显，名也。高陵，县名。"《索隐》引晋灼云："高陵属琅邪。"此高陵即《汉志》琅邪郡下之高陵侯国。此高陵见于楚汉之际，故不能排除其在秦时已置县的可能。《征存》39 有"高陵右尉"，秦封泥有"高陵丞印"，《征存》58 著录有汉初"高陵司马"印。② 旧说均以这几处高陵为左冯翊下之高陵县，实则亦不能排除其为琅邪郡属高陵侯国的可能性。若然，则秦时可能有两高陵县并存。

至于里耶 8-1533 所见之"高陵"属何地，可借助简文作一点推测：

户曹书四封，迁陵印，一咸阳、一高陵、一阴密、一竟陵。

简文记载的户曹书信四封分别发往四个地方，咸阳属内史，阴密属北地，都在关中地区，虽然公文的发往地是随机的，不存在地域范围的限制，但是从咸阳与阴密的区位来看，此简之"高陵"为秦时内史属县的可能性更大。

---

① 鼎铭："高陵君鼎：十五年高陵君丞趰工师游工□一斗五升大半。"参阅张懋镕、肖琦：《秦昭王十五年高陵君鼎考论》，《考古》1993年第3期；王辉：《秦文字集证》，第41—43页。
② 罗福颐：《秦汉魏晋南北朝官印征存》；周晓陆、路东之主编：《秦封泥集》。

(2) 坏(怀)德

褱德丞印	怀德丞印
《集》二·三·15	《汇考》1280

坏德见于 8-781+8-1102、8-1574+8-1787 等简。《集成》11342"廿一年相邦冉戈"铭文有"怀德"。秦封泥有"褱德丞印""怀德丞印""坏德□□"等内容，①张家山汉简《二年律令·秩律》简 459 亦有"坏德"。《汉志》左冯翊"褱德"下颜注云："褱亦怀字。"今按，坏、坏并从褱得声。故得通借。王先谦《补注》："《续志》，后汉省。云阳下刘注，有荆山。《帝王世纪》云：禹铸鼎荆山，在冯翊褱德之南，今其下荆渠也。据此，县并入云阳。《一统志》：故城在今富平县西南十里。"治今陕西大荔县东南。

(3) 咸阳

咸阳丞印	咸阳工室丞	咸阳工室丞
《集》二·一·2	《集》二·一·3	《汇考》1163

---

① 傅嘉仪：《秦封泥汇考》，第 191 页。周晓陆等《于京新见秦封泥中的地理内容》著录一枚封泥(图24)，原释"怀德丞印"，验查附图(见下)，且附图 61 另有"归德丞印"，对比可知首字实为"归"，当释为"归德丞印"。归德当为秦县。《汉志》北地郡、汝南郡下均有归德，此归德不知上属何郡。详参《西北大学学报(哲学社会科学版)》2005 年第 4 期。

咸阳见于 8-1533 等简。《史记·秦本纪》载:"(孝公)十二年,作为咸阳,筑冀阙,秦徙都之。"而《史记·秦始皇本纪》却载:"其(按,指孝公)十三年,始都咸阳。"《正义》始调停二说云:"本纪云'十二年作咸阳,筑冀阙',是十三年始都之。"可见咸阳至少在次年已经置县。秦封泥有"咸阳丞印",①秦始皇陵遗址和秦都咸阳遗址出土陶文有"咸阳",凡此并可为证。《汉志》右扶风下有"渭城",班固自注云:"故咸阳。"王先谦《补注》:"《三秦记》:在九嵕山南,渭水北,山水俱阳,故名咸阳。……《一统志》:故城今咸宁县东。"治今陕西咸阳东北。又《汉志》云中郡下另有"咸阳"县。据王先谦《补注》及周振鹤考证,治今内蒙古默特右旗东。不过此地没有秦时置县的确切证据。至于本简所云之咸阳,当以上属内史为是。

(4)西

西丞之印	西共丞印
《发掘》	孙慰祖:《中国古代封泥》,第 60 页

西见于 8-34 号简。简文曰:

西巫里夫练属五百未敦□□□☑

"西巫里"可以径直理解为里名。这样理解并无不可,不过秦置有"西"县(详下),因此另一种可能是将"巫里"看作里名,"西"视作县名。秦昭王时兵器铭文有如下记载:

六年相邦疾之造西工师₌迭(师师迭)丞宽工贡·西·西。②
廿年相邦冉□造西工师□丞昇隶臣□。③

---

① 刘庆柱、李毓芳:《西安相家巷遗址秦封泥考略》,《考古学报》2001 年第 4 期。
② 董珊自藏器,转引自董珊:《战国题铭与工官制度》,北京大学博士论文 2002 年,第 212 页。
③ 《集成》11359;周世荣:《湖南楚墓出土古文字丛考》,《湖南考古辑刊》第一辑,岳麓书社 1982 年,图版十四:13,1971 年发现于湖南岳阳城陵矶。

廿六年丞相□(守?)□之造西工室阁工□(内正)・武库(内背)。①

可见秦置西县当不晚于昭王时期。秦封泥有"西丞之印",另有"西共丞印""西盐""西采金印"等封泥,分别为西县共厨、盐官及采金等官署的用印记录。②《秦陶文新编》1191、1196又有"西处""西道"等。凡此可见秦置西县应无疑问。《汉志》陇西郡有西县,王先谦《补注》:"《史记》:尧申命和仲居西土。徐广以为此县秦县也。有丞。为周勃、樊哙击破。见勃、哙《传》。"治今甘肃礼县。

(5) 宜阳

宜阳津印	宜阳丞印
《征存》0032	《新见》

宜阳见于《里耶》8-1831简,其文曰:

一榦官居宜阳、新城(成),名曰"右榦官"。为其丞劾(刻)印章曰"右榦官丞",次"榦Ⅰ都膳丞"。Ⅱ8-1831

榦官即"斡官",《汉书·百官公卿表》:"初,斡官属少府,中属主爵,后属大司农。"颜师古注引如淳说:"主均输之事,所谓斡盐铁而榷酒酤也。"然而秦封泥有"少府斡丞""中官斡丞""北宫斡丞",③可见秦时斡官不仅仅见于少府系统。秦置"右榦官"于宜阳、新城,并刻印规定其秩级位次

---

① 王红武、吴大焱:《陕西宝鸡凤阁岭公社出土一批秦代文物》图一、图二,《文物》1980年第9期,第94页;又李仲操:《二十六年秦戈考》附另一摹本,《文博》1989年第1期,第51页。
② 周晓陆等主编《秦封泥集》(第245页)将"西共丞印"之"共"理解为供养,似不妥。今采刘庆柱、李毓芳说。参见氏著《西安相家巷遗址秦封泥考略》,《考古学报》2001年第4期。傅嘉仪《秦封泥汇考》1057有"西中谒府",傅氏将"西"理解为方位恐不妥。此处之"西"亦当以秦县视之。"西"为秦之故都,故设有"共厨""中谒府"是不难理解的。
③ 《集》一・二・35,《汇考》464—467。

"榦都厝丞"。① 此"右榦官"或与下文所引"宜阳右仓"有关。《汉书·地理志》弘农郡下有"宜阳"县。王先谦《补注》:"战国韩地。秦武王拔之。昭襄王会魏王于此。见《秦纪》。《洛水注》:故韩地,后乃县之。先谦案:《甘茂传》:宜阳,大县也。名曰县,其实郡也。则为县不自秦始。亦见《五行志》。县人杨仆,见《酷吏传》。《续志》,后汉因。《一统志》、故城今宜阳县西五十里。"《集成》1992、3398 有"宜阳右苍(仓)",《征存》0032 有"宜阳津印",秦封泥有"宜阳丞印",秦陶文亦有"宜阳""宜阳工□"的记载。张家山汉简《二年律令·秩律》简 455 亦见"宜阳"。凡此可见宜阳置县始自韩,秦、汉因之。按其区位,秦时当上属三川郡。

(6) 商

商丞之印	商印	商丞之印
《集》二·三·20	《新见》	《汇考》

商见于 8-228 等简。有关简文如下:

　　□□内史守衷下:县以律令传别□☑ Ⅰ
　　县界中□□者县各别下书焉□☑ Ⅱ
　　□□地□□□□报【沅】阳,言书到☑ Ⅲ
　　□□□□□商丞□下报商,书到☑ Ⅳ
　　十月丁巳,南郡守恒下真书洞庭☑ Ⅴ
　　□□□手。Ⅵ 8-228

传世秦官印有"商库"半通印,②秦封泥有"商丞之印",临潼新丰南社秦遗址出土陶文有"商昌""商□"。③ 西汉初年《二年律令·秩律》简 451 亦

---

① 《集》一·二·34、《汇考》468—475 著录有"千都厝丞",原误读为"千厝都丞",当据此更正。
② 王人聪、叶其峰:《秦汉魏晋南北朝官印研究》,香港中文大学文物馆专刊之四,1990 年,第 8 页。
③ 王望生:《西安临潼新丰南杜秦遗址出土陶文》,《考古与文物》2000 年第 1 期。

见"商"县的记载。《汉书·地理志》弘农郡下有商县,班固自注云:"秦相卫鞅邑也。"王先谦《补注》云:"春秋楚邑,以封子西为公,见《左文传》。战国入秦。《续志》:后汉改属京兆……《丹水注》:丹水自上雒来,东南过商县南。契始封商,皇甫谧、阚骃并以为斯县也。殷商之名起于此矣。丹水自商县东南,历少习,出武关——秦之南关也,通南阳郡。京相璠云楚通上雒陁道也。丹水下入析。《一统志》:故城在今商州东八十五里。"治今陕西丹凤县。《二年律令·秩律》简451所见"商"县,汉初当属内史。① 里耶8-228云"内史守衷下县以律令传……商丞□下报商",可证周说不误。

(7)广武

广武见于8-26+8-752简。秦汉之际广武有两处,一在今河南荥阳市东北,《史记·项羽本纪》"汉王则引兵渡河,复取成皋,军广武,就敖仓食。项王已定东海来,西与汉俱临广武而军"之"广武"即此。不过秦时此地是否已经置县尚无证据。另《汉书·地理志》太原郡属县有广武,班固自注云:"河主(据王念孙说,当作"句注")、贾屋山在北。都尉治。"《史记·范雎列传》所载:"昭王四十三年,秦攻韩汾陉,拔之,因城河上广武。"《索隐》引刘氏云:"此河上盖近河之地,本属韩,今秦得而城。"由此可见广武在秦时当已经置县,今据里耶8-26+8-752简,此广武断为秦县可无疑。王先谦《补注》:"《续志》有夏屋山。故城今代州西十五里。句注山在州西北二十五里。"治今山西代县西南。秦时当属太原郡。

(8)轵

轵丞之印

《汇考》1558

轵见于J1-169封泥匣,其文曰:

轵以邮行河内

---

① 汉初内史的范围为《汉志》三辅加上弘农、上雒、商县三县之地。详参周振鹤《西汉政区地理》,第132页。

《汇考》著录有所谓"斩丞之印","斩"字所释不确,当改释作"轵"。《史记·秦本纪》"(昭襄王)十六年,左更错取轵及邓。"轵于是年入秦,又据《史记·刺客列传》载聂政为轵深井里人,则轵为秦县无疑。《汉志》河内郡有轵县。颜师古注引孟康曰:"原乡,晋文公所围是也。"王先谦《补注》:"徐松曰:太行山八陉,第一曰轵关陉,盖以县命名。先谦曰:战国郑地,后入韩。……后汉因……《一统志》:故城今济源县南十三里。"治今河南济源市东南。

（9）雒阳

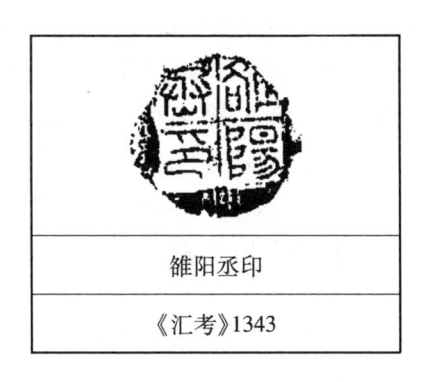

雒阳丞印
《汇考》1343

雒阳见于 8－232 等简。秦封泥有"雒阳丞印",张家山汉简《奏谳书》简 88 及《二年律令·秩律》简 443 亦载有"雒阳"。可见雒阳之建置可上溯到秦,当为秦县。《汉书·地理志》河南郡下班固自注:"故秦三川郡,高帝更名。"其属县有雒阳。班固自注:"周公迁殷民,是为成周。《春秋》昭公三十二年,晋合诸侯于狄泉,以其地大成周之城,居敬王。"《史记·项羽本纪》载项羽"立申阳为河南王,都雒阳",《正义》引《括地志》云:"洛阳故城在洛州洛阳县东北二十六里,周公所筑,即成周城也。"王先谦《补注》云:"后汉因。《一统志》:故城今雒阳县东北三十里。"治今河南洛阳市东。

（10）新城

新城丞印
《新见》

新城见于 8-1831 等简。春秋战国时文献中以新城为地名者约有六七处之多。可能置县者以《汉志》为依据来说大致有两处。其一处原为韩县，在今河南伊川县西南。战国韩兵器有新城令戈为证。后属楚，见于《战国策·秦策一》。①《睡虎地秦墓竹简·编年记》有昭王"六年,攻新城。七年,新城陷。八年,新城归"之记载,与《史记·秦本纪》"(昭襄王)七年,拔新城"大致相合,此后新城属秦。《续封泥考略》著录有"新城丞印",孙慰祖定为秦封泥。② 相家巷秦封泥亦见"新城丞印",可见孙说有理,此可证新城入秦后亦承韩、楚之旧置为县。此地即《汉书·地理志》河南郡下之"新成"县。汉初张家山汉简《二年律令·秩律》简 455 亦载"新城",据此秦时新城或属三川郡。其二见于《汉书·地理志》北海郡下。后晓荣认为秦始皇陵所出秦陶文所见"新城"为此地之前身。③ 若此说可信,则秦时当有二新城县,不过里耶所见新城与宜阳并出,恐以属《汉志》河南郡者为是。另外赵国另有一新城,在今山西朔县西南,《史记·秦本纪》庄襄王三年,蒙骜所攻之"新城"即此。后晓荣以原断为汉印的"新城丞印"属此。④

（11）启封

启封见于 17-14 简,原为魏地,《史记·韩世家》"(韩厘王)二十一年,使暴鸢救魏,为秦所败,鸢走开封。"此事《秦本纪》亦有载:"(昭襄王)三十二年,相穰侯攻魏,至大梁,破暴鸢,斩首四万,鸢走,魏入三县请和。"这一记载已经在睡虎地秦简《编年记》"卅二年攻启封"的记载中得到印证。《集成》11306 著录有"二十一年启封令戈",黄盛璋先生定为魏器,⑤可见魏已经置有启封县。入秦后,秦因置不改。然《汉志》河南郡下作"开封",据《汉书·景帝纪》"孝景皇帝"下颜师古注引荀悦曰:"讳启之字曰开。"知景帝时改启封为开封(下文有启阳改为开阳,例同)。《汉志》河南郡启阳下班固自注云:"逢池在东北,或曰宋之逢泽也。"王先谦《补注》云:"逢泽盖先属宋,战国入魏。《秦策》云魏伐邯郸,因退为逢泽之遇也。《秦纪》亦云率师会诸侯逢泽;汉世改称逢池,班氏或之以存疑也。"治河南开封西南。

（12）顿丘

顿丘见于 17-14 简,《诗·卫风·氓》:"送子涉淇,至于顿丘。"又《水

---

① 《战国策·秦策一》:"司马错与张仪争论于秦惠王前。司马错欲伐蜀,张仪曰:'不如伐韩。'王曰:'请闻其说。'对曰:'亲魏善楚,下兵三川,塞轘辕、缑氏之口,当屯留之道,魏绝南阳,楚临南郑,秦攻新城、宜阳,以临二周之郊,诛周主之罪,侵楚、魏之地。'"
② 孙慰祖:《中国古代封泥》,第 62 页。
③ 后晓荣:《秦代政区地理》,第 296 页。
④ 后晓荣:《秦代政区地理》,第 339 页。
⑤ 黄盛璋:《旅大市所出启封戈铭的国别、地理及其相关问题》,《考古》1981 年第 4 期。

经·淇水注》引《竹书纪年》曰:"晋定公三十一年(前482年),城顿丘。"《集成》11321著录有"卅四年顿丘令"戈,据黄盛璋先生考证此戈为魏惠成王三十四年(前337年)之魏戈。① 合观上述记载。顿丘原属卫,后属晋,战国入魏。并且可能春秋时期已经置县,至迟亦不晚于魏惠成王三十四年(前337年)。前242年,秦拔魏二十城,置东郡,顿丘入秦或在此年。汉初张家山《秩律》简460有"揗(顿)丘",《汉志》东郡有顿丘,王先谦《补注》:"《续志》,后汉因……《一统志》:故城今清丰县西南二十五里。"治今河南清丰县西。

(13) 襄城

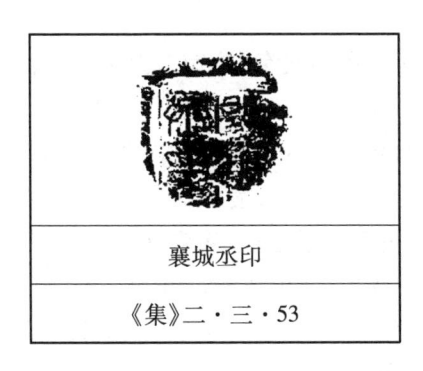

襄城丞印

《集》二·三·53

襄城见于8-975、8-1477、8-2246等简。其中8-975"敢告襄城丞主",秦封泥有"襄城丞印",《二年律令·秩律》简458亦见。可见其属秦置县,西汉因之,治今河南省襄城县。《汉志》属颍川郡,王先谦《补注》云:"春秋郑地,后属楚,战国怀王时秦取之,见《六国表》(《秦纪》作新城,地同)。项羽攻拔之,见《始皇纪》。吕后封孝惠后宫子义为侯国,见表。……《一统志》:故城今襄城县治西堭之外,遗迹连亘,达于城隅。"又秦封泥另有"新襄城丞",②当是另有其地,参附文二《秦封泥所见秦县辨析》。

(14) 颖(颍)阴

《里耶》载有"颖(颍)阴",简文如下:

　　☒☒颖阴蘩阳东乡。Ⅰ
　　【戊午】☒Ⅱ
　　己未Ⅲ

---

① 黄盛璋:《试论三晋兵器的国别和年代及其相关问题》,《历史地理与考古论丛》。
② 周晓陆等:《于京新见秦封泥中的地理内容》,《西北大学学报(哲学社会科学版)》2005年第4期。

庚申，颍阴相来行田宇。8-161+8-307

《史记·高祖功臣侯者年表》记灌婴之侯功云："以中涓从起砀，至霸上，为昌文君。入汉，定三秦，食邑。以车骑将军属淮阴，定齐、淮南及下邑，杀项籍。侯，五千户。"可见颍阴为秦县，8-161+8-307等简所见颍阴可为佐证。西汉初年张家山《二年律令·秩律》简460亦有"颖（颍）阴"。凡此均可证明颍阴之置设当在秦时。颖，即颍。《汉书·地理志》颍川郡下有颍阴县。王先谦《补注》云："高帝封灌婴为侯国，见表。县人灌夫，见本传。后汉因……《一统志》：故城今许州治。"治今河南许昌市。

（15）许

许见于17-14简。秦陶文有"许市"，1978年云梦秦汉墓出土漆耳杯亦烙印有"许亭"二字，据俞伟超先生之说，这当是"许县亭市"之省文。① 由此可见许置县当始自秦。汉初张家山《秩律》简458亦有"许"。《汉志》颍川郡许下班固自注："故国，姜姓，四岳后，太叔所封，二十四世为楚所灭。"《说文》："鄦，炎帝太岳之胤，甫侯所封，在颍川。"《春秋》隐公十一年（前712年）："公及齐侯、郑伯入许。"即此。王先谦《补注》："《续志》，后汉因。《洧水注》：洧水自长社来，东迳县，故许男国也。《穆天子传》所谓天子见许男于洧上者也……《一统志》：故城今许州西南。"治今河南许昌县东。

（16）傿陵

傿陵见于17-14等简。秦封泥有"傿陵丞印"，②西汉初年张家山《二年律令·秩律》简460有"焉陵"。傿、焉可通，③即《汉书·地理志》颍川郡下之傿陵。傿陵，亦作鄢陵，或单称"鄢"，《史记·韩世家》："十四年，秦伐败我鄢。"④《集解》引徐广曰："颍川鄢陵县。"《正义》曰："今许州鄢陵县西北十五里，有鄢陵故城是也。"汉代以后文献多写作"鄢陵"，如马王堆帛书《战国纵横家书·见田□于梁南章》即写作"鄢陵"。王先谦《补注》："后汉因，……《一统志》：故城今鄢陵县西北，至许州七十五里。"⑤治今河南鄢陵县西北。

---

① 俞伟超：《秦汉的"亭"、"市"陶文》，氏著《先秦两汉考古学论集》，文物出版社1985年。
② 刘庆柱、李毓芳：《西安相家巷遗址秦封泥考略》，《考古学报》2001年第4期。
③ 《史记·晋家家》记晋楚鄢陵之战云"楚兵败于鄢陵"，《集解》引徐广曰："鄢一作'焉'。"
④ 南郡另有"鄢"县，不可与此相混。《汉志》"宜城"下："故鄢，惠帝三年更名。"此"鄢"见于里耶16-52，云梦睡虎地秦简《编年纪》载墓主喜"七年，正月甲寅，鄢令史。……十二年，四月癸丑，喜治狱鄢"，即此。参"鄢"县下考释。
⑤ 里耶17-14第七行云"傿陵到许九十八里"，或是秦汉与后代衡制不同所致。

(17) 城父

城父见于 8-110+8-669、8-143、8-466、8-850、8-980、8-1000、8-1024、8-1109、8-1517、8-1572、8-2257 等简,又 8-26+8-752 简写作"成父"。《汉书·地理志》沛郡有城父县,治今安徽亳州市东南,颍川郡有父城县,治今河南宝丰县东,而这二县的前身此前都曾名为城父。关于颍川郡下之父城县,据杨守敬考证,《汉志》早期版本作"城父",今本作"父城"乃后人传抄之误。① 张家山《二年律令·秩律》简 449 载有城父,整理者以为属沛郡,周振鹤先生以为"父城"误倒,属颍川。晏昌贵先生据采上引杨说谓此城父当属颍川郡。②《二年律令与奏谳书》亦引杨说,但指出此县属沛郡、颍川郡皆有可能。③ 至于里耶简所见之城父,由于缺乏更多的证据,属沛郡、颍川郡皆有可能,待考。又秦封泥《汇考》1385 号有"新城父丞",④王辉先生举出《左传》中两城父,一为楚邑,一为陈邑。认为"新城父"当为二者之一。⑤ 后晓荣则将封泥读为"新父城丞",谓秦新父城县应为汉父城县之前身,属颍川郡。⑥ 今按,此封泥释"新城父丞""新父城丞"均有一定的道理。其上属当不出《汉志》沛郡、颍川郡二种可能。具体属何郡,待考。

---

① 杨守敬《城父、父城考》文曰:"《志》沛郡有城父县,颍川郡有父城县。其沛郡之城父,则因昭九年楚公子弃疾迁许于夷,实城父以立县也。其颍川之父城,则因昭十九年楚子大城城父,使太子居之以立县也。按颍川之城父,三见于《左传》,三见于《史记》,皆不作父城。说者谓汉制嫌与沛郡同名,故倒置以示别。窃谓《志》异郡同名之县甚多,或加东、西、南、北字,或加上、下字,或竟不加字。即嫌同名,何不以颍川之城父加北字以别之?岂有经传名地,故倒置其文?较之王莽之改汉制,尤为无理。如《志》清河郡有东阳,临淮郡复有东阳,倒其文曰'阳东'可乎?汝南郡有定陵,颍川郡复有定陵,倒其文曰'陵定'可乎?按《史记·周本纪》应下,《集解》载徐广引《志》仍作城父,是徐广所见《志》不作父城也。《伍子胥传》集解云:颍川有城父县,是裴骃所见《志》,不作父城也。昭十九年杜注云襄城之城父,是杜所见晋制不作父城也。《说文》激字下'激水出南阳鲁阳,入城父',下至魏王泰《括地志》、李吉甫《元和郡县志》皆仍作城父,是必所见《志》尚是善本,故不误。唯《后汉书·冯异传》作父城,而章怀注云'或谓之城父',则章怀亦未敢质言之。《水经·汝水注》亦作父城,然其引《左传》杜注仍作城父,知上文作父城者,亦后人改也。是《前汉志》之作父城者,传写之差,《续志》之作父城者,又因《前志》而讹也。《周书·郭默儿传》:为襄城太守,镇父城。又《隋地志》郏城下:开皇十八年,改汝南曰辅城。父、辅音近,《晋志》亦作父城,此参差之始,然则其误在隋唐间。至《通典》《寰宇记》皆作父城,莫悟其非矣。"说详杨守敬:《晦明轩稿》,载谭其骧主编《清人文集地理类汇编》第 1 册,第 468—469 页,又见谢承仁主编:《杨守敬集》第 5 册,湖北人民出版社、湖北教育出版社,1988 年,第 1135 页。
② 晏昌贵:《〈二年律令·秩律〉与汉初政区地理》,《历史地理》第 21 辑。
③ 彭浩、陈伟、工藤元男:《二年律令与奏谳书》。
④ 傅嘉仪:《秦封泥汇考》。
⑤ 说见王辉:《西安中国书法艺术博物馆藏秦封泥选释续》,《陕西历史博物馆馆刊》第 8 辑,三秦出版社 2001 年。
⑥ 后晓荣:《秦代政区地理》,第 203 页。

(18) 江陵

江陵见于8-1328、8-1444、16-52等简。出土秦汉资料多见"江陵"的记载。秦代资料如云梦睡虎地秦简、周家台秦简、里耶秦简、岳麓秦简，以及张家山汉简《奏谳书》中的秦代案例中均有秦江陵的记载，汉代资料如《奏谳书》简8、36、69，《二年律令·秩律》简449，江陵高台18号墓M18：35，松柏一号墓47号木牍等均有关于汉代江陵的信息。凡此可见江陵置县至少可上溯及秦，《玺汇》0101有"江陵行序大夫玺"，①或许楚时江陵已经置县。《汉书·地理志》南郡"江陵"下班固自注云："故楚郢都，楚文王自丹阳徙此。后九世平王城之。后十世秦拔我郢，徙陈。"《补注》："徐松曰：楚相孙叔敖碑云楚都南郢。南郢即南郡江陵县也。先谦曰：丹阳丹扬县。《楚世家》：文王熊赀始都郢。《说文》：郢，故楚都。在南郡江陵北十里。《江水注》：今城，楚船官地也。春秋之渚宫矣。又《沔水注》：江陵西北有纪南城，楚文王自丹阳徙此，平王城之，班固言楚之郢都也。……后汉因……《一统志》：故城今江陵县治。潜江半入江陵境。"治湖北今县。

(19) 临沮

临沮见于8-140简，其文曰：

☐朔甲午，尉守僃敢言之：迁陵丞昌曰：屯戍士五（伍）桑唐赵归Ⅰ

☐日巳，以乃十一月戊寅遣之署。迁陵曰：赵不到，具为报·问：审以廿Ⅱ

☐【署】，不智（知）赵不到故，谒告迁陵以从事。敢言之。/六月甲午，Ⅲ临沮丞秃敢告迁陵丞主、令史，可以律令从事。敢告主。/胥手。Ⅳ

九月庚戌朔丁卯，迁陵丞昌告尉主，以律令从事。/气手。/九月戊辰旦，守府快行。Ⅴ8-140

☐悟手。8-140背

从这份公文可见临沮在秦时已经设县。西汉初年张家山《二年律令·秩律》简456亦见临沮，又新出松柏一号墓35、47、53号木牍为武帝年间南郡属县簿籍等文书，其中明确记载有临沮，由此可知临沮时为南郡属县。②《汉志》

---

① "序"字从裘锡圭先生意见。
② 荆州博物馆：《湖北荆州纪南松柏汉墓发掘简报》，《文物》2008年第4期，第24—32页；荆州博物馆编：《荆州重要考古发现》，第210—211页。

南郡有临沮县,王先谦《补注》:"《续志》,后汉因……《一统志》:故城今当阳县西北远安,汉临沮地。南漳、当阳半入临沮境。"治今湖北远安县西北。

(20)夷陵

夷陵见于8-160、8-1250、8-1452等简。西汉初年张家山《二年律令·秩律》简456、松柏一号墓35、47号木牍亦见。可见夷陵的建置可追溯至秦,应为秦县。《史记·楚世家》:"二十一年,秦将白起遂拔我郢,烧先王墓夷陵。"《集解》引徐广曰:"年表云拔郢,烧夷陵。"《索隐》曰:"夷陵,陵名,后为县,属南郡。"《正义》引《括地志》云:"峡州夷陵县是也。在荆州西。应劭云夷山在西北。"先谦《补注》:"后汉因……《一统志》:故城今东湖县东。"治今湖北宜昌市东。

(21)鄢

鄢见于16-52、8-807等简。相关简文曰:

鄢江里屏　□☑8-807

可见鄢为秦县,云梦睡虎地秦简《编年纪》载墓主喜"七年,正月甲寅,鄢令史。……十二年,四月癸丑,喜治狱鄢",可见鄢当为秦县无疑。《汉志》"宜城"下班固自注云:"故鄢,惠帝三年更名。"汉初张家山《秩律》简载有"宜成",松柏一号墓35、47、53号木牍亦载南郡属县有"宜成"。据考其治所在今湖北宜城南。

(22)当阳

当阳见于8-2235、8-2431等简。最近公布的《岳麓》三十五年质日简材料中又有如下记载:

己未,宿当阳。
庚申,宿销。
甲子,宿邓。

陕西武功县出土秦青铜器"当阳勺",刻铭"当阳七两";[1]《秦陶文新编》1287、1366著录有"当阳克",1367著录有"当阳颤"。[2] 凡此可证当阳为秦置县,西汉因之。《汉志》南郡下有当阳县,故址在今湖北省当阳市东。

---

[1] 罗昊:《武功县出土平安君鼎》,《考古与文物》1981年第2期。
[2] 袁仲一、刘钰:《秦陶文新编》,文物出版社2009年。

(23) 秭归

秭归见于 8－1516 等简, 张家山《二年律令·秩律》简 456 有"姊（秭）归", 亦见松柏一号墓 35、47 号木牍。可见秭归的建置可追溯至秦, 应为秦县。《汉书·地理志》南郡"秭归"下班固自注云："归乡。故归国。"《补注》："先谦曰：据《水经注》, 国上夺'子'字。《续志》, 后汉因。《江水注》：江水自巫来, 东过秭归县南, 县故归乡, 《地理志》曰归子国也。乐纬云：昔归典叶律。宋忠云：归即夔, 归乡盖夔乡矣。楚有嫡嗣熊挚, 以废疾不立而居于夔, 为楚附庸, 后王命为夔子, 僖公二十六年, 楚灭之。……《一统志》：故城今归州治。归州、兴山, 并汉秭归地。"治湖北秭归县。

(24) 巫

巫见于 8－763、8－793+8－1547、8－1014、8－1083、8－1563、8－2336 等简。张家山汉简《二年律令·秩律》448 和松柏一号墓 35、47 号木牍亦载, 治今重庆市巫山县北。《汉书·地理志》南郡属县有巫县, 王先谦《补注》云："楚为巫郡, 见《国策》。秦昭襄王取之, 及江南, 为黔中郡。见《秦纪》。后汉因……《江水》篇：江水自鱼复来, 东出江关, 入南郡界, 又东过巫县南。注云：江水自关东迳弱关、捍关。秦兼天下, 置南郡, 自巫东上, 皆其域也。江水合乌飞水, 又东迳巫县故城南, 县故楚之巫郡也。秦省郡立县, 以隶南郡。……《一统志》：故城今巫山县东。巴东、恩施、咸丰、建始并汉巫县地。"

(25) 竟（竟）陵

竞（竟）陵见于 8－135、8－896、8－1467、8－1533 等简。亦见周家台 30 号秦墓历谱。① 西汉初年张家山《二年律令·秩律》简 456 记有"竞（竟）陵", 港中大藏简第 214 简亦见"竞（竟）陵",② 可见竟陵的建置可追溯至秦, 应为秦县。《史记·白起王翦列传》："其明年, 攻楚, 拔郢, 烧夷陵, 遂东至竟陵。"③《正义》曰："故城在郢州长寿县南百五十里, 今复州亦是其地也。"《汉书·地理志》江夏郡竟陵县下班固自注云："章山在东北, 古文以为内方山。郧乡, 楚郧公邑。莽曰守平。"《水经·沔水注》："巾水又西迳竟陵县北, 西注扬水, 谓之巾口。水西有古竟陵大城, 古郧国也。郧公辛所治, 所谓郧乡矣。昔白起拔郢, 东至竟陵, 即此也。"王先谦《补注》："《续志》, 后汉因。……《一统志》：故城今天门县西北。钟祥、京山、天门并汉竟陵地。潜江半入竟陵境。"治今湖北潜江西北。

---

① 湖北省荆州市周梁玉桥遗址博物馆编：《关沮秦汉墓简牍》, 第 155 页。
② "竟"字从彭浩先生说, 参阅氏著《〈河堤简〉校读》,《考古》2005 年第 11 期。
③《史记·六国年表》："（秦昭襄王）二十九年白起击楚, 拔郢。更东至竟陵, 以为南郡。"

（26）高阳

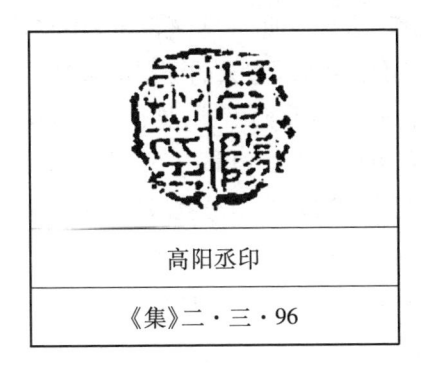

高阳丞印

《集》二·三·96

高阳见于 16－12 简。秦封泥有"高阳丞印"，可见高阳应为秦县。战国燕有高阳邑，在今河北高阳县东。《战国策·赵策》"燕封宋人荣蚠为高阳君，使将而攻赵"即此。后入秦为县，汉因之，即《汉志》涿郡下之高阳县。颜师古注引应劭曰："在高河之阳。"不过《汉志》琅邪郡另有高阳侯国，在今山东莒县东南。16－12 简之"高阳"在"武垣""饶阳"一线，应是涿郡之高阳无疑。

（27）饶阳

饶阳见于 16－12 简。原为赵国饶邑，在今河北省饶阳县东北。《史记·赵世家》"（悼襄王）六年（前 239 年），封长安君以饶"，即此。入秦当为县。《汉志》涿郡有饶阳，颜师古注引应劭曰："在饶河之阳。"

（28）武垣

武垣见于 16－12 简。战国赵器有"三年武垣令"铍和"五年邦司寇"铍。《赵世家》载："（赵孝成王七年）秦围邯郸。武垣令傅豹、王容、苏射率燕众反燕地。"《集解》引徐广曰："河间有武垣县，本属涿郡。"《正义》引《括地志》云："武垣故城今瀛州城是也。"又《史记·曹相国世家》载高祖三年时，"（曹参）击魏王于曲阳，追至武垣，生得魏王豹"。由此可见武垣原为赵县，入秦后亦当因之。《汉志》涿郡有武垣县。治今河北河间市西南。

（29）琅邪

琅邪□丞

《集》二·三·95

该封泥原著录于《封泥考略》,其中释为"县"的那个字比较可疑。因为封泥中所谓某某"县丞"之印唯此一见,《汇考》中将该字存疑是比较可取的。这样该封泥是否可作为琅邪置县的证据就需要注意。《汉志》琅邪郡下有琅邪县,王先谦《补注》:"武帝两幸此,见《纪》。《续志》,后汉因。《一统志》:故城在诸城县东南百五十里琅邪山下。"治今胶南县西南。8-657 记有"琅邪假守""琅邪守""琅邪尉"当是就琅邪郡而言。

(30) 启阳

启阳见于 8-677、8-2117 等简。简文曰:

☐【八】年三月庚子朔丙寅,厩守信成敢言之:前日言启阳丞欧段(假)启阳传车Ⅰ

☐乘及具徒【洞庭郡,未智(知)署县。写校券一牒,校☐☐☐上,谒☐洞庭。】Ⅱ 8-677

袪手。8-677 背

由简文可知启阳当为秦县。《汉志》东海郡下载有"开阳",即此。故启阳当为秦县,然《荀子》有云"楚有启阳",或许楚时可能已经置县,秦汉因之。《汉志》东海郡"开阳"下班固自注云:"故鄅国。"原为鄅国,后灭国为鲁邑。《春秋》哀公三年"季孙斯、叔孙州仇帅师城启阳",即是此地。战国属楚,故《荀子》云"楚有启阳"。《水经·沂水注》:"沂水又南迳开阳县故城东,县,故鄅国也。《春秋左传》昭公十八年,邾人袭鄅,尽俘以归,鄅子曰:余无归矣。从帑于邾是也。后更名开阳矣。《春秋》哀公三年《经》书:季孙斯、叔孙州仇帅师城启阳者是矣。县,故琅邪郡治也。"王先谦《汉书补注》:"钱坫曰:妘姓国。……《一统志》:故城在今兰山县北十五里古城社。"治今山东临沂市北。不过《汉志》临淮郡下另载有一"开阳",今地无考。里耶简"启阳"不避景帝之讳,与东海郡下之开阳相符,当以前者为是。

(31) 丹阳

丹阳见于 8-430、8-453、8-1807 等简。《汉志》丹扬郡下有"丹阳"县。班固自注云:"楚之先熊绎所封,十八世文王徙郢。"班注之疏,前人辨之已详,不烦多言。① 王先谦《补注》云:"始皇东巡过此,见《纪》。武帝封江都易王子敢为侯国,见《表》。《续志》,后汉因。《一统志》:宛陵为丹阳郡治,故此有小丹阳之名。故城今当涂县东。"治今安徽当涂县东北。

---

① 参阅周振鹤编著:《汉书地理志汇释》,第 272 页。

(32) 南昌

南昌见于 8-1164 等简。《汉志》豫章郡属县有南昌。王先谦《补注》云:"《续志》,后汉因。《一统志》:故城今南昌县东。"另据《汉书·王子侯表》哀帝封河间惠王子宇为南昌侯。王先谦《补注》定在豫章郡之南昌。周振鹤则认为:"河间国在冀州,河间王子侯国不可能封于千里外之豫章。且南昌是豫章郡治,更无将郡治作为王子侯国的道理。河间惠王字宇所封应在河间国(今河北中部)附近,与此南昌同名两地耳。"今按,周说可从。且南昌侯没有秦时置县的确切证据,里耶所见之南昌当属豫章,秦时属庐江郡。

(33) 絭(索)

絭,即索。见于 16-52、8-4、8-159、8-1775、8-1841、8-1931 等简。其中 8-1775 简记载:

廿九年絭令及□□

16-52 简记载的内容为地名之间的详细里程。

孱陵到索二百九十五里
索到临沅六十里

西汉初年的张家山汉简《秩律》有"索"县。从以上简文看,索当属秦置县,汉代索县实源自同名秦县。《汉志》武陵郡索县下班固自注云:"渐水东入沅。"颜师古注引应劭曰:"顺帝更名汉寿。"《郡国志》:"故索,阳嘉三年更名,刺史治。"王先谦《补注》:"《续志》,后汉更名汉寿。……《沅水注》:澹水出汉寿县西杨山,南流东折,迳其县南,县治索城,即索县之故城也。阚骃以为兴水。是水又东历诸湖,方南注沅。亦曰渐水也。……《一统志》:今武陵龙阳县地,故城在县东北六十里。"治今湖南常德市东北。

(34) 孱陵

孱陵见于 16-52、8-467、8-1444、8-1545、8-1755、8-2019 等简。其中 16-52 的内容为地名之间的详细里程。

江陵到孱陵百一十里。
孱陵到索二百九十五里。

《集成》著录有战国秦兵器"孱陵"矛,西汉初年的张家山汉简《秩律》有"孱陵"县。松柏一号墓35、47号木牍亦记载有"孱陵",由此可见孱陵置县应上溯到秦,当为秦县。《汉志》武陵郡属县有孱陵。王先谦《补注》:"《续志》,后汉因……《一统志》:今华容安乡县地,故城在公安县南。作唐故城在安乡县南。"治今湖北公安县西。《水经·油水注》:"油水出武陵孱陵县西界,东过其县北,又东北入于江。"关于其上属郡,就松柏木牍来看,汉初时孱陵应是南郡属县。因此秦时孱陵或许应属南郡亦未可知。

(35)临沅

临沅见于8-50+8-422、8-57、8-66+8-208、8-151、8-547、8-560、8-695、8-855、8-970、8-1032、8-1432、8-1445、8-1460、8-1722、8-1911、8-2412、16-52等简。就里耶秦简的记载来看,其建置当上溯至秦,应为秦县。《汉志》武陵郡领县有临沅,"莽曰监沅"。《水经·沅水注》:"(临沅)县南临沅水,因以为名。""沅水又东迳临沅县南。……本楚之黔中郡矣。"王先谦《补注》:"《续志》,后汉因。《一统志》:今武陵县地,故城在县西。"治今湖南常德市。

(36)沅陵

沅陵见于6-4、6-24、8-145、8-186、8-244、8-255、8-265、8-453、8-472、8-492、8-647、8-940、8-1058、8-1426、8-1618、8-1729、8-1897、8-2221、8-2436等简。今据里耶秦简记载可定为秦县,治湖南沅陵县南。《汉书·地理志》属武陵郡。王先谦《补注》:"阎若璩曰:黔中郡治此,故郡城在唐辰州沅陵县西二十里。"

(37)镡成

镡成见于8-1373,今据里耶秦简记载可定为秦县。《汉志》属武陵郡。《淮南子·人间》:"乃使尉屠睢发卒五十万,为五军,一军塞镡城之岭,一军守九疑之塞,一军处番禺之都,一军守南野之界,一军结余干之水,三年不解甲弛弩。"王先谦《汉书补注》谓镡城即《汉书·地理志》镡成。《水经·沅水》载:"沅水出牂柯且兰县,为旁沟水,又东至镡成县,为沅水。"杨守敬注谓在芷江县北,治所在今湖南靖州苗族侗族自治县南。

(38)无阳

无阳见于5-22、8-1555,今据里耶秦简记载可定为秦县。仰天湖25号墓楚简第1号简有"䣧阳公",包山楚简第87号简有"䣧阳",李学勤先生将"䣧"读为"许",认为是楚国所灭许国境内的城邑。[①] 刘信芳等人读为

---

① 李学勤:《谈近年新发现的几种战国文字资料》,《文物参考资料》1956年第1期。

"舞",将其地望定在今湖南芷江县北。①《汉志》武陵郡属县有无阳。班固自注云:"无水首受故且兰,南入沅,八百九十里。"《水经·沅水注》亦载:"无水出故且兰,南流至无阳故县。县对无水,因以氏县。无水又东,南入沅,谓之无口。沅水东迳无阳县,南临运水。"故无阳当得名于无水,郦注所云"无阳故县",杨守敬注谓在芷江县北,治所在今湖南芷江侗族自治县东北。

一说,无读为舞,无阳即舞阳,《汉书·地理志》属颍川郡。

(39) 迁陵

迁陵在里耶秦简中所见秦县中出现次数最多。里耶秦简公布以来,学者们对此问题多有论及,关于其地望及性质已经无疑义,一般认为出简城址即秦时的迁陵县,因此迁陵为秦县。《汉书·地理志》属武陵郡。

(40) 辰阳

辰阳见于8-373,《汉书·地理志》属武陵郡,今据里耶秦简记载可定为秦县。班固自注云:"三山谷,辰水所出,南入沅,七百五十里。"《水经·沅水注》亦载:"沅水又东迳辰阳县南,东合辰水。水出县三山谷,东南流,独母水注之。水源南出龙门山,历独母溪,北入辰水。辰水又迳其县北,旧治在辰水之阳,故即名焉。《楚辞》所谓夕宿辰阳者也。王莽更名会亭矣。"王先谦《补注》:"《续志》,后汉因。《一统志》:今辰溪麻阳县地,故城今辰溪县西。"治今湖南辰溪县西南。

(41) 酉阳

酉阳在里耶秦简中20余见,并出土有"酉阳丞印"封泥。② 定为秦县应无疑问。《汉志》武陵郡属县酉阳,颜师古注引应劭曰:"酉水所出,东入湘。"《水经·酉水注》:"酉水又东迳迁陵县故城北,王莽更名曰迁陆也。酉水东迳酉阳故县南,县故酉陵也。"熊会贞《水经注疏》云:酉阳"汉置县,属武陵郡,后汉、吴、晋、宋、齐同,梁改置大乡县,仍属武陵郡,在今永顺县南"。湖南省湘西的魏家寨古城就是秦汉酉阳故址。

(42) 零阳

零阳见于5-2、8-159、8-375、8-439+8-519+8-537、8-1886、8-2431、16-3等简。今据里耶秦简记载可定为秦县。包山楚简第172号简有"霝(零)昜(阳)",很可能为其前身。《汉志》武陵郡零阳,颜师注引应劭曰:"零水所出,东南入湘。"《水经·澧水注》:"澧水又东,迳零阳县南,县即零溪以著称矣。"杨守敬疏云:"汉置县,属武陵郡,后汉同,吴属天门郡,

---

① 刘信芳:《包山楚简解诂》,(台北)艺文印书馆2003年,第84页。
② 湖南省文物考古研究所:《里耶发掘报告》,第180页。

晋、宋、齐同,后废。在今慈利县东。"治今湖南慈利县东北。

(43) 充

充见于 8-201、8-468、8-632、8-903、8-987、8-1624、8-2005、8-2431 等简。今据里耶秦简记载可定为秦县。《汉志》充西汉时属武陵郡。《水经·澧水》:"澧水出武陵充县西历山,东过其县南。"郦注云:"澧水自县东迳临澧、零阳二县故界。水之南岸,白石双立,厥状类人,高各三十丈,周四十丈。古老传言,昔充县尉与零阳尉并论封境,因相伤害,化而为石,东标零阳,西揭充县。充县废省,临澧即其地,县即充县之故治,临侧澧水,故为县名,晋大康四年置。"杨守敬疏云:"《汉志》武陵郡充县,……后汉县亦属武陵郡,吴属天门郡,晋废,……《舆地纪胜》引《元和志》,故充县在慈利县西二百四十里。则在今永定县西。"治今湖南桑植县。

(44) 旬阳

旬阳见于 8-63、8-136、8-1275、8-1306、8-1851 等简。1987 年旬阳县出土一铜壶,铭文曰:"旬阳重七斤。"王辉将器物年代定为秦汉之际,可从。① 西汉初年的张家山汉简《秩律》453 载有"旬阳"县,可见旬阳汉初已经设县。今据里耶秦简,则其置县更可以上溯至秦。《汉志》汉中郡有旬阳县。王先谦《补注》云:"战国楚地。作郇阳,见《楚策》。有关名为旬关,见《郦商传》。《续志》,后汉省……《一统志》:故城今洵阳县北,旬关在县东。"《战国策·楚策一》"苏秦为赵合从说楚威王"章记苏秦之言曰:"楚,天下之强国也。大王,天下之贤王也。楚地西有黔中、巫郡,东有夏州、海阳,南有洞庭、苍梧,北有汾陉之塞、郇阳。地方五千里,带甲百万,车千乘,骑万匹,粟支十年,此霸王之资也。"《史记·苏秦列传》的记载也大致相同。由此可见,旬阳在楚可能已经置县。

(45) 南郑

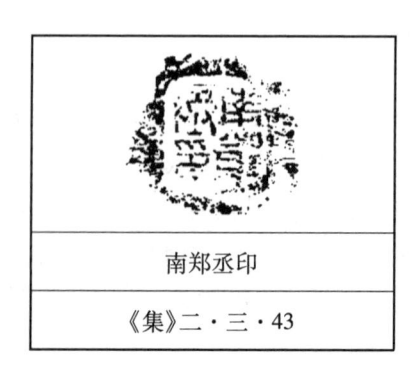

南郑丞印

《集》二·三·43

---

① 王辉:《秦文字集证》,第 78—79 页。

南郑见于 8－376 等简。秦封泥有"南郑丞印",西汉初年松柏一号墓 57 号木牍亦见。凡此均可证南郑置县在秦代无疑。《汉志》汉中郡有南郑, 地在今陕西汉中市,此点并无疑问。至于其置县过程,可考者有如下数端。 《史记·六国年表》秦厉共公二十六年(前 452 年)下云:"左庶长城南郑。" 此或为秦置县之始。不过躁公二年(前 442 年)南郑又反秦附蜀。故《史 记·秦本纪》载:"(惠公)十三年,伐蜀,取南郑。"不过《年表》同年下却记 云:"蜀取我南郑"。据下引《水经注》可知当以《本纪》为是。① 李晓杰谓南 郑县置于是年,或可从。《水经·沔水》:"(沔水)东过南郑县南。"郦注云: "县,故褒之附庸也。周显王之世,蜀有褒汉之地,至六国,楚人兼之。怀王 衰弱,秦略取焉。周赧王二年,秦惠王置汉中郡,因水名也。《耆旧传》云: 南郑之号,始于郑桓公。桓公死于犬戎,其民南奔,故以南郑为称。即汉中 郡治也。汉高祖入秦,项羽封为汉王。萧何曰:天汉,美名也。遂都南郑。"

(46) 安阳

安阳见于 8－1039 简。其文曰:

卅年月丙子朔朔日,安阳守丞☐ Ⅰ
言之阳守丞,安阳☐ Ⅱ
廿五年六月丙子,计敢阳守敢言之☐ Ⅲ 8－1039

今据上引简文可知安阳当为秦县。《汉志》载安阳县有二,其一属汝南 郡,王先谦《补注》云:"淮阳厉王子渤国。文帝封。周左车,景帝封。王音, 成帝封。……《续志》,后汉因……《一统志》:故城今正阳县西南。"治今河 南正阳县南。其二属汉中郡,王先谦《补注》:"《续志》,后汉因……《一统 志》:今石泉、汉阴县地。"治所在今陕西城固县、洋县北部一带,确地无考。 不过《汉书·地理志》另载有属云中郡之"西安阳"(治今内蒙古乌拉特前旗 东北)和属代郡之"东安阳"(《史记·赵世家》赵武灵王长子章所封之地,即 此地。治今河北蔚县西北)。两地战国时期已名"安阳",为便区别故以东、 西冠于其上,实际上当时极易相互混淆。其中汉中郡之安阳和云中郡之西 安阳在西汉初年的张家山汉简《秩律》中均有记载。不过秦时尚另有两处安 阳。一处在今山东曹县附近,《项羽本纪》"卿子冠军行至安阳"即此地,不

---

① 李晓杰与任乃强先生对此有不同的解释,说详李晓杰:《中国行政区划通史·先秦卷》,第 367 页;任乃强校注:《华阳国志校补图注》,第 64 页。

过此地没有置县的证据。① 另一处在今河南省安阳市西南。《史记·秦本纪》载秦昭襄王五十年（前 257 年）王龁"攻汾城，即从唐拔宁新中，宁新中更名安阳"。《集解》引徐广曰："魏郡有安阳县。"《正义》曰："今相州外城古安阳城。"据此秦取宁新中后，即置安阳县，属河内郡。②《集成》11562 有"六年安阳令"矛，山西博物馆藏有战国晚期"安阳戈"可证。③ 循此而言，秦河内郡与汉中郡很可能各有一处安阳县，而里耶秦简所见之安阳为何地，待考。

（47）成固

成固见于 5－23、8－209 等简。秦封泥有"成固□印"，传世秦兵器有"成固"戈，黄盛璋等人断为秦物，可从。亦见张家山汉简《秩律》448 和松柏一号墓 57 号木牍。今据里耶秦简记载可定为秦县。《汉书·地理志》属汉中郡。王先谦《补注》："《续志》，后汉因……《一统志》：今洋县、西乡、成固地，故城在城固县西北。今县兼有汉安阳地。"关于汉成固、安阳县治之地位，参刘志玲《秦汉以来城固县名及县治考析——兼论汉安阳县治地望》。④

（48）武陵

武陵见于 5－5、5－8、8－1017、8－1089、8－1472 等简。亦见张家山汉简《秩律》简 454。今据里耶秦简记载可定为秦县。《汉志》属汉中郡。王先谦《补注》："《续志》，后汉省。《一统志》：故城在今竹溪县东。"简文另有新武陵，详下。

（49）长利

长利见于 8－2246 等简。亦见张家山汉简《秩律》简 454。今据里耶秦简记载可定为秦县。《汉志》属汉中郡。班固自注云："有郧关。"王先谦《补

---

① 参阅《史记》该句下《索隐》《正义》。亦可参阅钱穆《史记地名考》，第 684 页。
② 传统观点均对此记载无疑，实则不无疑点。据《史记·赵世家》载赵惠文王二十四年："廉颇将，攻魏房子，拔之，因城而还。又攻安阳，取之。"《史记·廉颇列传》也云"廉颇攻魏之防陵、安阳，拔之"。如此则安阳早已有之，不烦秦更名。对此说生疑的一派看法是在宁、新中之间断开，认为是两地。不过此说难通之处在于没有将两地名更为一名的先例。我曾疑"宁新中"三字本来只有"新中"当有重文符，"宁"重文为后人误增，这样此句实际上当写作"拔宁、新中，新中更名为安阳"（详另文）。这样可以与《楚世家》《六国年表》所记"新中"相合，但是又与《战国策》的记载矛盾。思之再三，安阳之名先见于《赵世家》，恐为史迁所取之材有成书早晚之故，《赵世家》或取材较晚，故记安阳从新改之名而言。故此暂从旧说。需要指出的是，李晓杰《中国行政区划通史（先秦卷）》中《秦县考证》一节引据《秦本纪》，考订《秦本纪》之安阳在今河南安阳市南（第 385 页），但是以为此安阳为《汉志》汝南郡之安阳则误。这是以"宁新中"和"安阳"为一地，但其所附"战国时期主要诸侯国疆域变迁表"中以"宁新中"和"安阳"为二地，但无说。
③ 钟柏生等：《新收殷周青铜器铭文暨器影汇编》，艺文印书馆 2006 年。
④ 《陕西理工学院学报（社会科学版）》2007 年第 1 期。

注》:"《续志》,后汉省。《寰宇记》,并入锡县。……郇关亦见《货殖传》,《一统志》:黎子山,在郧县东北七十里,上有关,即是郇关也。"治今湖北省郧西县西南。

(50) 梓潼

梓潼见于8-71、8-1445等简,且西汉初年的张家山汉简《秩律》载有"梓潼"县,可见梓潼汉初已经设县。今据里耶秦简,则其置县更可以上溯至秦,其为秦县明矣。《汉志》"梓潼"县下班固自注云:"五妇山,驰水所出,南入涪,行五百五十里。莽曰子同。"《说文》:"(潼)水出广汉梓潼北界。"《水经·梓潼水》云:"梓潼水出其县北界,西南入于涪。"郦注云:"县有五女,蜀王遣五丁迎之,至此,见大蛇入山穴,五丁引之,山崩,压五丁及五女,因氏山为五妇山,又曰五妇候,驰水所出。一曰五妇水,亦曰潼水也。其水导源山中,南迳梓潼县。王莽改曰子同矣。自县南迳涪城东,又南入于涪水,谓之五妇水口也。"《一统志》卷四百一十四:"梓潼故县,即今梓潼县治。"故其故址在今四川省梓潼县。

(51) 郪

郪见于8-75+8-166+8-485、8-1023等简。《汉志》属广汉郡。今据里耶秦简,则其置县更可以上溯至秦。王先谦《补注》云:"《华阳国志》:县盖取郪江为名。《续志》,后汉因。《一统志》:故城今三台县南,《纪要》,今潼川府治。"治今四川三台县南。

(52) 成都

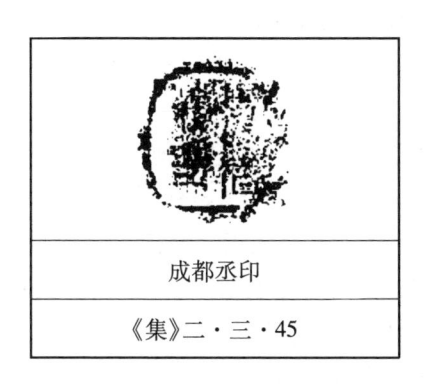

成都丞印
《集》二·三·45

成都原为蜀国都城,地在今四川成都市。其置县情况,《水经·江水注》《华阳国志》等传世文献有详细的记载。《水经·江水注》:"秦惠王二十七年,遣张仪与司马错等灭蜀,遂置蜀郡焉。王莽改之曰导江也。仪筑成都以象咸阳。"《华阳国志·蜀志》:"惠王二十七年仪与若城成都,周回十二里。"由此看来,成都置县在秦惠文王二十七年(前311年)。秦封泥有"成都丞

印",张家山《二年律令·秩律》简443亦有"成都"并可为佐证。四川成都北郊战国墓出土陶缶戳印"成亭"陶文,又四川青川和荥经墓出土漆器上有"成亭"烙印戳记。后晓荣云是成都县市亭之省文,可从。里耶8-38所载"成都亭"或可为其佐证。成都还见于6-8、8-961、8-988、8-1469、8-2276等简。其中两处与成都县无关,为朐忍县县辖乡里名。其余三处疑为秦县名。《汉书·地理志》属蜀郡。

（53）郫

郫见于8-1025、8-1309、8-1364等简。原属蜀地,据《水经·江水注》《华阳国志》等传世文献有详细的记载。《华阳国志·蜀志》:"惠王二十七年仪与若城成都,周回十二里,高七丈。郫城,周回七里,高六丈。"由此看来,其置县时间与成都同期。《二年律令·秩律》简443有字原整理者疑为"上"字,王子今疑是"郫"。① 红外线整理小组认为:"字右从'邑'旁,左部不清楚。"②今从王说。里耶秦简所见郫地可为其秦置县的证据。《汉志》属蜀郡。

（54）僰道

僰道见于8-60+8-656+8-665+8-748等简。《汉志》属犍为郡。颜注引应劭曰:"故僰侯国也。"王先谦《补注》:"《说文》:僰,犍为蛮夷。后汉因……《一统志》:故城今叙州府宜宾县治。"治今四川宜宾市西南。

（55）资中

资中见于8-269、8-429等简,又8-2014有粢中。粢、资可通,抑或是资之误写。资中《汉志》属犍为郡。王先谦《补注》:"《续志》,后汉因……《一统志》:故城今资阳县北。"治今四川资阳市。

（56）江州

《汉志》巴郡下有江州。江州本巴子国都城,地处今重庆市。《水经·江水注》:"江州县,故巴子之都也。《春秋》桓公九年,巴子使韩服告楚,请与邓好是也。及七国称王,巴亦王焉。秦惠王遣张仪等救苴侯于巴,仪贪巴、苴之富,因执其王以归,而置巴郡焉,治江州。"又据《华阳国志》的《巴志》和《蜀志》,秦灭巴在周赧王元年,即秦惠王更元十一年（前314年）,故江州之置亦当在此年。秦封泥有"江左盐丞""江右盐丞",周晓陆、傅嘉仪等均以江指长江,认为这里江左、江右指"长江以东、以西之地"。③《齐鲁封

---

① 王子今、马振智:《张家山汉简〈二年律令·秩律〉所见巴蜀县道设置》,《四川文物》2003年第2期。
② 彭浩、陈伟、工藤元男:《二年律令与奏谳书》。
③ 周晓陆、路东之主编:《秦封泥集》;傅嘉仪:《新出土秦代封泥印集》。

泥集存》著录有"琅邪左盐",上海博物馆另藏有"琅左盐丞"铜印,可见"琅邪"可省为"琅"。此处"江左盐丞"亦属同理,应为"江州左盐丞"之省称。后晓荣以为"江"指"江县",确为卓识,不过准确说应是"江州"。① 1986年湖南张家界市出土秦"廿七年蜀守"戈,铭文署有"江武库",亦省称为"江",②亦可证江为江州之省。8-61+8-293+8-2012简经过缀合文意基本可通,其文如下:

☐未朔己未,巴叚(假)守丞敢告洞庭守主:卒人可令县论☐Ⅰ
卒人,卒人已论,它如令。敢告主。不疑手。·以江州印行事。Ⅱ
六月丙午,洞庭守礼谓迁陵啬夫:☐署迁陵丞论言史(事),署中曹发,它Ⅲ如律令。／和手。Ⅳ 8-61+8-293+8-2012
☐佐惜以来。／欣发。8-61背+8-293背+8-2012背

这是一份巴郡假守丞发往洞庭郡守主的文书,文末"以江州印行事"是对这份来自巴郡文书封缄用印的说明。按照常理,巴郡假守所行公文用印应该与其职事相关。譬如9-1等12件"阳陵卒"木牍文书中,洞庭叚(假)尉觿在向迁陵县丞行书时便"以洞庭司马印行事"。而本简中郡假守却用县丞之印行书,这一点颇为奇怪。可能合理的解释是当时这位假守正代行江州丞之职,因此这一做法很可能反映了秦巴郡治所在江州这一情况。

(57) 枳

[印章图]
枳丞之印
《汇考》1561

---

① 秦汉职官称谓中以左、右区分多见,仅以秦封泥所见而论,有"左丞相印""右丞相印",有"左司空丞""右司空丞",有"左厩丞印""右厩丞印",以织官而言,所见有"右织",有"蜀左织官"。凡此以左、右相称者均不表方位,而仅以区分职务或高下。
② 陈松长:《湖南张家界出土战国铭文戈小考》,《古文字研究》第25辑,中华书局2004年。

枳见于 8-197、8-855、8-910、8-1437、8-1588、8-2254 等简。秦封泥有"枳丞之印",①张家山《二年律令·秩律》简 453 亦见。可见枳置县可上溯到秦,可定为秦县。王先谦《补注》:"《续志》,后汉因。刘注:《史记》苏代云楚得枳国亡。《华阳国志》云有明月峡、广德屿者是也。……《一统志》:故城今涪州西。"《史记·苏秦列传》载苏代说燕王云:"楚得枳而国亡,齐得宋而国亡。齐、楚不得以有枳、宋而事秦者,何也? 则有功者,秦之深仇也。"②《集解》引徐广曰:"巴郡有枳县。"《正义》云:"今涪州城。在秦,枳县在江南。"《华阳国志》:"其郡东枳,有明月硖、广德屿,〔及鸡鸣硖〕。故巴亦有三硖。"治四川重庆涪陵区西。《汉志》枳属巴郡。不过《汉书·地理志》河内郡另有"轵"县,这个"轵"在传世文献中常常也写作"枳",如《战国策·赵策》"赵收天下且以伐齐"章"反温、枳、高平于魏"。③ 温、高平均为河内地,故此"枳"不得为巴郡之"枳"。又,出文献中也有将"轵"写作"枳"的。如睡虎地秦简《编年记》:"十六年,攻宛。十七年,攻垣、枳。十八年,攻蒲反。"结合上下文纪年及地名位置,这里的"枳"也应该是河内郡的"轵"。由此可见,里耶秦简所见的"枳"也不排除为河内郡"轵"县的可能。不过秦封泥另有"轵丞之印",里耶 J1 出土封泥匣 J1-169 有文曰:"轵以邮行河内。"④可见枳、轵还是有比较严格的区分,偶有相混淆者可能是书手的错误所致。故仍以前说为是。

(58) 阆中

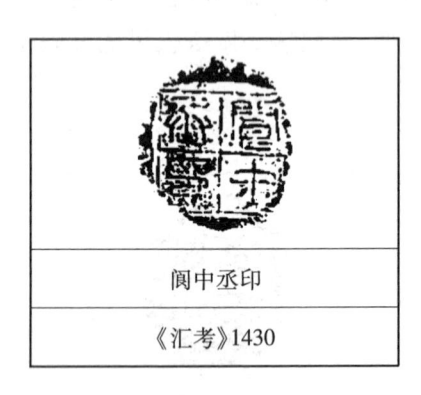

阆中丞印

《汇考》1430

阆中见于 8-931、8-2191 等简。秦封泥有"阆中丞印",张家山《二年律令·秩律》简 447 阙文部分有学者主张疑似为"阆中"。⑤ 凡此可见阆中

---

① 傅嘉仪《新出土秦代封泥集》(第 163 页)释为"机丞之印",后晓荣(第 394 页)改释为"枳",可从。
② 同样的记载亦见《战国策·燕策》"秦召燕国王"章,不具引。
③ 注云:"鲍本'枳'作'轵'。"
④ 湖南省文物考古研究所《里耶发掘报告》,第 211 页。
⑤ 此县名漫漶,王子今先生补为"阆中",说见王子今、马振智《张家山汉简〈二年律令·秩律〉所见巴蜀县道设置》,《四川文物》2003 年第 2 期。

置县上溯到秦当无疑问，可定为秦县。王先谦《补注》："《华阳国志》：阆水迂曲，径其三面，县处其中，故名。巴子后治此。《续志》，后汉因……《一统志》：故城今阆中县西。"治四川阆中市。

（59）朐忍

朐忍见于8-63、8-373、8-445、8-988、8-1469、8-1563、8-1574+8-1787、8-1732、8-1958等简。亦见张家山《二年律令·秩律》简447。可见朐忍置县可上溯到秦，可定为秦县。《汉志》属巴郡。王先谦《补注》："《续志》，后汉因……《一统志》：故城今云阳县西。"治今云阳县西。

（60）宕渠

宕渠见于8-657简。简文云：

士五宕渠道平邑疵以来。

按照秦汉简牍人物籍贯书法的惯例（详下文），"宕渠道平邑"应该是"疵"这个人的籍贯，其中包括县、乡（里）两项内容。不过问题也正出现在这里。因为这里存在两种可能的解释。其一，"宕渠"为县名，"道平邑"为乡（里）名。这样就与见于张家山《二年律令·秩律》简453的"宕渠"以及《汉志》巴郡属县"宕渠"相合。也可由此推出宕渠为秦置县的结论。宕渠《汉志》属巴郡。王先谦《补注》："《华阳志》：长老言，宕渠盖为古賨国，今有賨城。后汉因《续志》，有铁。《一统志》：故城今渠县东北。"治今四川省渠县东北。其二，"宕渠道"为与县同级的道名，①"平邑"为其乡（里）名。《二年律令·秩律》简451、452"朐衍"与"朐衍道"并存，整理者以为"朐衍道"是"朐衍"之抄重，周振鹤指出："《汉志》武都与武都道并存，雕阴与雕阴道并存，则朐衍自可与朐衍道并存。"②因此这里的"宕渠道"也可能是与"宕渠"并存的县级政区。

（61）涪陵

涪陵见于8-650+8-1462、8-1094、8-1206等简，亦见张家山《二年律令·秩律》简453。可见涪陵置县可上溯到秦，可定为秦县。《汉志》属巴郡。王先谦《补注》："后汉因《续志》。……《一统志》：故城今彭水县治。"

---

① 服虔曰："县有夷蛮曰道。"
② 周振鹤所谓《汉志》武都与武都道并存并不准确。查《汉志》武都郡、五原郡各有一有武都县，并无武都与武都道并存之情况。不过《汉书·高后纪》载："（二年）春正月乙卯，地震，羌道、武都道山崩。"颜师古曰："羌道属陇西郡。武都道属武都郡。"看来，《汉志》武都郡下的武都县原来可能叫做武都道，故周氏有此误会。

治今重庆市彭水苗族自治县。

（62）沮

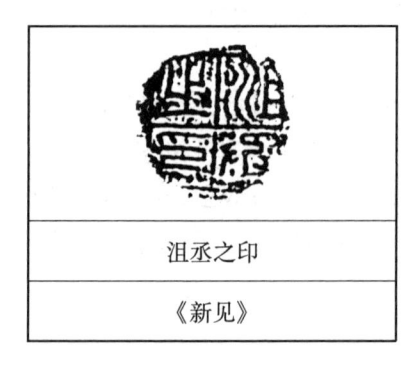

沮丞之印
《新见》

沮见于 8-1516 等简。秦封泥有"沮丞之印"，张家山《二年律令·秩律》简 453 有"菹"，即《汉书·地理志》武都郡下之"沮"。其置县亦可上溯到秦，可定为秦县。班固自注云："沮水出东狼谷，南至沙羡南入江，过郡五，行四千里。荆州川。"《水经·沔水》："沔水出武都沮县东狼谷中。"郦《注》云："沔水一名沮水。阚骃曰：以其初出沮洳然，故曰沮水也。县亦受名焉。"王先谦《补注》："徐松曰：《郙阁颂》：沮县土民，或给州府，休谒往还，恒失日暮。谓此县治人至武都郡也。先谦曰：《续志》，后汉因。《一统志》：故城今略阳县东。"治今陕西略阳县东。按之地望，秦时当属汉中郡。

（63）成纪

成纪见于 8-1119 简。《汉志》天水郡下有成纪县，治今甘肃静宁县西南。一般认为是汉置县，《史记·李将军列传》载："李将军广者，陇西成纪人也。其先曰李信，秦时为将，逐得燕太子丹者也。故槐里，徙成纪。"后晓荣据此定成纪为秦时旧县虽称卓识，然并无其他证据，今得里耶 8-1119 简可证此说可从。据地望推测，秦时成纪当属陇西郡。

（64）阴密

阴密丞印
《汇考》1435

《里耶》8－1533有"阴密"。据陈松长公布岳麓秦简牍0480号有如下记载：

　　□迁其弗见莫告，赀一甲。前此令□□已入关及阴密□环陷？江胡而未出关及其留在咸【阳】……①

　　其中有阴密的记载，《秦陶文新编》1305号著录有一板瓦印文（如下图），首字为"阴"，下字残缺，但可见上部从"宀"，或许应是"密"字。另秦封泥有"阴密丞印"，张家山汉简《二年律令·秩律》简451亦有载，可见阴密置县当始自秦，汉因之。《史记·秦本纪》载："（昭襄王）五十年十月，武安君白起有罪，为士伍，迁阴密。"《正义》引《括地志》云："阴密故城在泾州鹑觚县西，即古密须国也。"《汉志》安定郡属县有阴密，班固自注亦云："《诗》密人国。"王先谦《补注》云："秦邑。迁白起于此，见《秦纪》。《续志》，后汉省。阴盘下刘注，旧有阴密县，未详所并。《一统志》：故城今灵台县西五十里。"其故址即今甘肃灵台县南。西汉安定郡乃武帝元鼎三年分北地郡置，故秦时当属北地郡。

阴□
《秦陶》1305

（65）彭阳

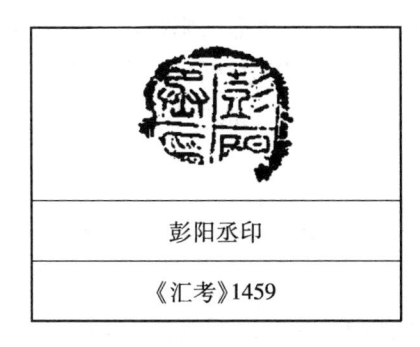

彭阳丞印
《汇考》1459

---

① 陈松长：《岳麓书院新获秦简中的郡名考略》，"东亚资料学可能性的探索——以出土资料为中心"国际学术研讨会，成均馆大学2008年8月28、29日；又，《岳麓书院藏秦简中的郡名考略》，《湖南大学学报（社会科学版）》2009年第2期，第5—10页。

彭阳见于 8-105、8-169+8-233+8-407+8-416+8-1185。秦封泥有"彭阳丞印",张家山汉简《奏谳书》简 51、《二年律令·秩律》简 447 亦见"彭阳"。可见彭阳之建置可上溯到秦,当为秦县。《汉志》安定郡属县有彭阳,而安定郡地原属北地郡,武帝元鼎三年分置,①《奏谳书》简 51 所记载的这一案例,其首句云"北地守谳"可资佐证。这样可知彭阳县秦时上属郡为北地郡。王先谦《补注》云:"县见《文纪》。《北征赋》所谓'释余马于彭阳'也。《续志》,后汉因。《一统志》:故城今镇原县东八十里。隋改彭原。《金志》有彭原池。"治今甘肃镇原县东。

(66) 泥阳

泥阳,见于 8-882+8-1441+8-742 缀合习字简、8-1466、8-2113 等简。传世战国晚期秦兵器有"泥阳"戈。② 1994 年西安临潼新丰南杜秦遗址出土官营徭役性质陶作坊类陶文有"泥阳"。③《史记·樊郦滕灌列传》:"(郦商破)苏驵军于泥阳。"④《正义》曰:"故城在宁州罗川县北在三十一里。泥谷水源出罗川县东北泥阳。源侧有泉,于泥中潜流二十余步而流入泥谷。又有泥阳湫,在县东北四十里。"《汉书·地理志》北地郡下载有"泥阳县",颜师古注引应劭曰:"泥水出郁郅北蛮中。"王先谦《补注》:"后汉因。……《一统志》:故城今宁州东南五十里泥阳里。"治今甘肃宁县东南。泥阳当是因在泥水之阳而得名。不过秦汉时期以泥水为名的河流有两条,除流经北地郡的泥水(今马莲河)以外,《汉书·地理志》长沙国"荼陵"下记有"泥水西入湘,行七百里",未知此水之北岸可有名为"泥阳"者。

(67) 郁郅

郁郅见于 8-1277 简。相家巷秦封泥有"郁郅"。⑤ 黄盛璋曾论定北京大学《古铜兵器展览会目录》著录的一件传世兵器"郁郅戟,战国晚期,易县出土"为秦器。⑥ 1962 年 3 月在秦都咸阳故城遗址长陵车站南沙坑出土一件残戈,戈铭原简报未作释文,施谢捷释为"郁郅",可从。⑦ 郁郅本义渠之戎地,《后汉书·西羌传》:"秦惠王遣庶长操将兵定之,义渠遂臣于秦。后

---

① 周振鹤:《西汉政区地理》,第 136 页。
② 何琳仪:《古兵地名杂识》,《考古与文物》1996 年第 6 期。
③ 王望生:《西安临潼新丰南杜秦遗址陶文》,《考古与文物》2000 年第 1 期。
④ 《汉书·郦商传》云:"别定北地郡,破章邯别将于乌氏、枸邑、泥阳。"与《史记》记载相同。
⑤ 马骥:《西安秦封泥及其断代研究》,《中国文物报》2005 年 12 月 7 日第 7 版。
⑥ 黄盛璋:《秦兵器分国、断代与有关制度研究》,《古文字研究》第 21 辑,第 256—257 页。
⑦ 陕西省博物馆、文管会勘查小组:《秦都咸阳故城遗址发现的窑址和铜器》,《考古》1974 年第 1 期,第 22 页;施谢捷:《秦兵器刻铭零释(中)》,复旦大学出土文献与古文字研究中心网站 2008 年 4 月 20 日。

八年,秦伐义渠,取郁郅。"《史记·秦本纪》:"(惠王)十一年,县义渠。"马非百据此断定郁郅置县亦在此年,似是。郁郅亦见于西汉初年张家山《二年律令·秩律》简451。《汉书·地理志》北地郡"郁郅"下班固自注云:"泥水出北蛮夷中。有牧师菀官。莽曰功著。"王先谦《补注》:"《续志》,后汉省……《一统志》:故城今安化县治。"治今甘肃庆阳市。

（68）宜都

宜都见于8－2246等简。相关简文曰:

径䐶粟米四石。　　卅一年七月辛亥朔朔日,田官守敬、佐壬、禀人娙出禀罚戍公卒襄城武、宜都胈,长利士五(伍)甗。Ⅰ

令史逐视平。　　壬手。BⅡ8－2246

今按,《校释》断读作"田官守敬、佐壬、禀人娙出禀罚戍公卒襄城武宜都胈、长利士五(伍)甗"。注释云:"武宜都(或"武宜"),里名。……或说'襄城武''宜都胈'应以顿号断读,宜都为县名。"我们认为注释所提出的或说为是。《汉志》上郡下有"宜都"县。班固自注云:"莽曰坚宁小邑。"王先谦《补注》:"县无四字为名者,疑'小'字衍。《续志》,后汉省。"今地无考。

（69）蔓(曼)柏

蔓柏见于8－765等简,西汉初年张家山《二年律令·秩律》简458亦有"蔓柏"。"蔓"读作"曼",蔓柏应即《汉志》五原郡下之"曼柏"。王先谦《补注》云:"《续志》。后汉因。《一统志》:故城在黄河北岸。《纪要》,故胜州西。"治内蒙古准格尔旗西北。

（70）平城

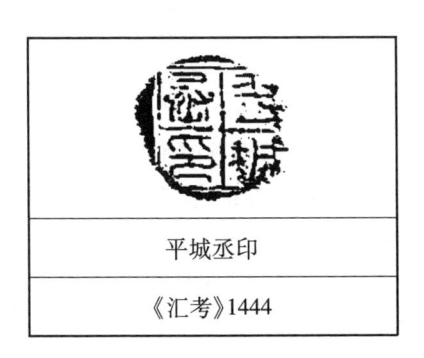

平城丞印
《汇考》1444

平城见于8－2040等简,秦封泥有"平城丞印",均可证平城为秦置县。《汉书·地理志》雁门郡属县有平城,在今山西大同市东北。又《汉志》东海郡下有一侯国也作"平城",不过此地秦时是否置县无考。简文所见之平城

秦时当属雁门郡。

(71) 且(沮)阳

且，《里耶》迻作"鱼"，《校释》将其读作《汉志》渔阳郡下的渔阳县，并考订其位置在今北京密云县西南。方勇先生改释作"且"字，读为"沮"。"沮阳"，为地名，又见于岳麓秦简《二十七年质日》。①

今按，该字作[图]，8-769"鲛鱼"之"鱼"字作[图]，二者判然有别。改释可从。岳麓秦"质日"简"沮阳"，整理者以为即南朝宋置之沮阳县，治所在今湖北保康县南。②

今按，包山楚简第181、125、164号简有"疋阳"，吴良宝认为疋、且通假，可从颜世铉观点读"疋阳"作"沮阳"，地望在古沮水即今湖北南漳、宜城一带。③ 李都都认为"最能满足江陵起点200汉里以内、沮水之北两个条件的可能就是枝江县附近"。④ 综合而言，李说似更胜。《水经·沮水注》："(沮水)又东南流注于江，谓之沮口也。"杨守敬疏："沮口当即今枝江县东北之江口。"又《水经·江水注》引盛弘之曰："县旧治沮中，后移出百里洲，西去郡百六十里。"《读史方舆纪要》曰："沮水，在(枝江)县东北。自当阳县南流入县界，又南入于江，谓之沮口。"⑤里耶秦简中且(沮)阳可能即水经之沮口。

(72) 邯郸

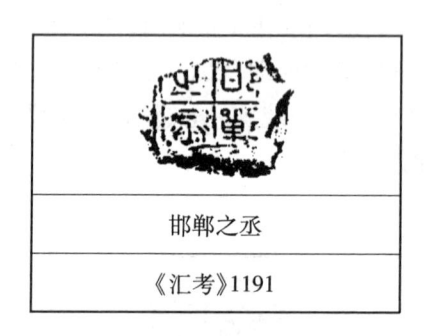

[印章图]
邯郸之丞
《汇考》1191

邯郸见于8-894等简。邯郸春秋时卫邑，后归晋，战国时为赵都。《史记·赵世家》："(赵敬侯元年)始都邯郸。"秦始皇十九年(前228年)灭赵，置邯郸县。秦封泥有"邯郸之丞"，云梦睡虎地秦简《编年纪》有"(五十年)，

---

① 方勇：《读〈里耶秦简(壹)〉札记(二)》，简帛网2012年5月11日。
② 朱汉民、陈松长主编：《岳麓书院藏秦简(壹)》，第51页。
③ 吴良宝：《战国楚简地名辑证》，第226—227页。
④ 李都都：《岳麓秦简〈质日〉释地九则》，湖北省社会科学院组编《楚学论丛》第二辑，湖北人民出版社2012年，第67—68页。
⑤ 顾祖禹：《读史方舆纪要》卷七八《湖广四》，第3677页。

攻邯单（郸）"的记载。凡此可见秦置有邯郸当无疑问。另张家山汉简《奏谳书》简24亦有邯郸的记载。《汉志》赵国下有"邯郸"县，班固自注云："故秦邯郸郡。"是邯郸县秦时为邯郸郡属县。王先谦《补注》："后汉因。《续志》有丛台。……《一统志》：故城今邯郸县西南十里赵王城。"治今河北邯郸市。

（73）信都

信都见于简16-12。据陈松长先期透露岳麓简编号为374的部分内容有曰：

　　　清河假守上信都言……①

可见信都秦时应为县级政区。秦汉文献中有两处名为信都，其一为《汉志》信都国属县"信都"，治今河北省冀州市。不过此处没有明确的记载说明秦代已经置县。另一处即见于《汉志》赵国下的属县"襄国"，治今河北邢台市。《史记·项羽本纪》："赵相张耳素贤，又从入关，故立耳为常山王，王赵地，都襄国。"《正义》引《括地志》云："邢州城本汉襄国县，秦置三十六郡，于此置信都县，属钜鹿郡，项羽改曰襄国，立张耳为常山王，理信都。《地理志》云故邢侯国也。《帝王世纪》云邢侯为纣三公，以忠谏被诛。《史记》云周武王封周公旦之子为邢侯。《左传》云'凡、蒋、邢、茅，周公之胤也'。"《史记·张耳陈余列传》亦载"乃求得赵歇，立为赵王，居信都"。《集解》引徐广曰："后项羽改曰襄国。"这样看来，位于今邢台的信都为秦县无疑。不过简16-12为地名里程简，"信都"位于"高阳—武垣—饶阳—乐城—武邑—信都"一线，每两地之间距离不会太远。如果以位于今邢台的信都当之，恐有不妥。因此也不能排除《汉志》信都国属县"信都"在秦已经置县的可能。

（74）武邑

武邑见于简16-12。本为赵邑，三晋方足布铭有"武邑"，②可见武邑或本为赵县。秦、汉因之。《汉志》信都国属县"武邑"，王先谦《补注》云："《续志》，后汉因……《一统志》：故城今武邑县治"。治河北武邑县。

---

① 陈松长：《岳麓书院新获秦简中的郡名考略》，"东亚资料学可能性的探索——以出土资料为中心"国际学术研讨会，成均馆大学2008年8月28、29日；又，《岳麓书院藏秦简中的郡名考略》，《湖南大学学报（社会科学版）》2009年第2期，第5—10页。

② 丁福保：《古钱大辞典》，中华书局1982年。

(75) 乐成

乐成	乐成丞印
《集》二·三·40	《集》二·三·41

乐成见于 16-12 简,《汉志》载有两处乐成县,一属南阳郡,在今河南邓州市西南,一属河间国,在今河北献县东北。16-12 简为地名里程简,而"乐成"位于饶阳、武邑之间,由此可见此乐成当属后者。《史记·高祖功臣侯者年表》有乐成侯丁礼,《汉志》南阳郡乐成下班固自注云:"侯国。"因此一般看法是将其作为丁礼所封侯国。然《史记·孝武本纪》:"其春,乐成侯上书言栾大。"《索隐》引韦昭云:"河间县。"王先谦《补注》亦只言宣帝所封许延寿,没有言及高帝时丁氏的乐成侯国。可见南阳郡之乐成是否为丁礼所封之侯国,尚无法定论,这也意味着这个属于南阳郡的乐成是否秦时已经置县也存有疑问。《汉志》河间国"乐成"下班固自注云:"虖池别水首受虖池河,东至东光入虖池河。"晋系古印有"乐城府""乐成",[①]一般认为属《汉志》河间国乐成县之官府用印。且秦封泥有"乐成丞印",这样的话《汉志》河间国之乐成原应为赵县,秦汉因之。

(76) 高密

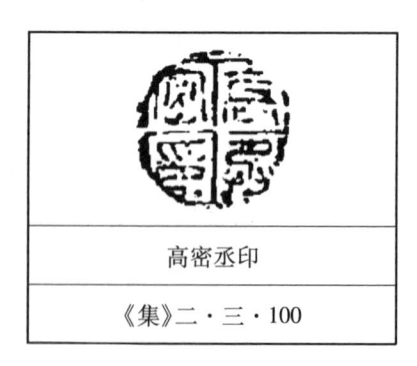

高密丞印
《集》二·三·100

[①] 罗福颐主编:《古玺汇编》,文物出版社 1981 年;戴山青编:《古玺汉印集萃》,广西美术出版社 2001 年。

高密见于 8-1079 等简。秦封泥有"高密丞印",可见秦已经置县。《汉志》高密国下有高密县。《水经·潍水》:"(潍水)又北过高密县西。"郦《注》云:"应劭曰:县有密水,故有高密之名也。然今世所谓百尺水者,盖密水也。"地在今山东高密市西南。

(77) 固陵

固陵见于 8-445 等简。《史记·项羽本纪》载:"汉五年,汉王乃追项王至阳夏南,止军,与淮阴侯韩信、建成侯彭越期会而击楚军。至固陵。"《集解》引徐广曰:"在阳夏。"骃案:"晋灼曰'即固始也'。"《正义》引《括地志》云:"固陵,县名也。在陈州宛丘县西北四十二里。"上引秦汉之际汉王追项羽于固陵之事,《史记》《汉书》多处并见。《汉书·高祖纪》"固陵"下颜注云:"后改为固始耳。《地理志》固始属淮阳。"今按,晋灼说是。固陵当是《汉书·地理志》淮阳国下固始之前身,治今河南省淮阳县西北。按其地望,秦时当属陈郡(淮阳郡)。又,《汉书·地理志》五原郡下固陵,今地无考,未知秦时是否已经置县。另《吴越春秋》《越绝书》有"固陵"乃范蠡敦兵城,"其陵固可守,故谓之固陵",亦未知秦时是否已经置县。相较而言,里耶 8-445 所见之固陵属前者之可能性更大。

(78) 彭城

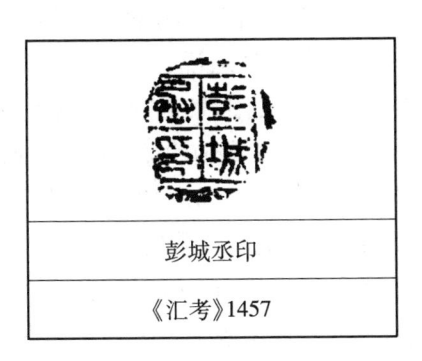

彭城丞印

《汇考》1457

彭城见于 5-17 等简。秦封泥有"彭城丞印",汉初狮子山楚王陵亦有"彭城丞印"。①《汉志》楚国"彭城"下班固自注云:"古彭祖国。户四万一百九十六。有铁官。"《补注》:"先谦曰:《世本》:尧封彭祖于彭城。彭祖即陆终氏第三子篯铿,号为大彭氏。彭城,春秋宋邑,见《左》成传。战国韩执宋君于此,见《韩世家》。秦县,始皇过之,见本纪。项梁败秦嘉于此,见《项

---

① 王恺:《狮子山楚王陵出土印章和封泥对研究西汉楚国建制及封域的意义》,《文物》1998 年第 8 期;徐州博物馆、南京大学历史学系考古专业:《徐州北洞山西汉楚王墓》,第 114—116 页。简称"北洞山"。

羽传》。羽为西楚霸王,都于此,见《高纪》。有廉里,见《龚胜传》。后汉属彭城国。《续志》,有铁。……《一统志》:故城今徐州府铜山县治。"治今江苏徐州市。

(79)益阳

益阳见于8-151、8-1494,《岳麓》质日简公布的材料中亦见。因此可定为秦县。包山楚简第83简有"𨛬(噬—益)昜(阳)",黄锡全、何琳仪等先生均以其为《汉志》长沙国益阳县之前身,① 似可从。《汉志》益阳为长沙国属县,颜注引应劭曰"在益水之阳"。《水经·资水注》:"茱萸江又东迳益阳县北,又谓之资水。应劭曰:县在益水之阳。今无益水,亦或资水之殊目矣。"杨守敬疏云:"资水过益阳北,则县在水之阴,与应说不相应,故郦氏亦不敢质言之。然郦氏时已无此水,自当阙疑,而《元和志》云,益水出县东南益山,东北流入澬水。盖后人求益水不得,又见以资水为益水不合,因别指一水以当之也。"周振鹤云治今湖南益阳市东。

2. 不见于《汉志》之秦县

(1)阳陵

阳陵见于8-1450、9-1、9-2、9-3、9-4、9-5、9-6、9-7、9-8、9-9、9-10、9-11、9-12、16-5等简。其中9-1至9-12的内容为一组赀赎文书。因公布较早,不少学者已经对阳陵地望做出了相应的辨析,大致而言此县有洞庭郡属县说、关中说、郑国故地说、内史芷阳说等。② 《汉志》左冯翊下有阳陵,然而据班固自注:"故弋阳,景帝更名。"那么这个汉阳陵县之前身应是秦弋阳县。不过里耶6-11简载有弋阳,或是此地,因此秦阳陵在此地的可能性不大。至于芷阳说,里耶8-879简载有"芷"县,《汉志》京兆尹霸陵县下班固自注:"故芷阳,文帝更名。"我们认为"芷"是"芷阳"之省(详下文),秦阳陵县也不应在此处。另《史记·高祖功臣侯年表》《史记·傅宽列传》载有阳陵,王国维曾据此考证阳陵虎符云:"高祖时已有阳陵,其因秦故名,盖无可疑。"③ 王说确凿无疑,因此汉高帝时至少有一个阳陵县不属于关中。我们注意到《二年律令·秩律》简453载有"阳陵"。从《秩律》的县名

---

① 黄锡全:《〈包山楚简〉部分释文校释》,《湖北出土商周文字辑证》,武汉大学出版社1992年,第195页;何琳仪:《包山竹简选释》,《江汉考古》1993年第4期。

② 分别见湖南省文物考古研究所、湘西土家族苗族自治州文物处:《湘西里耶秦代简牍选释》,《中国历史文物》2003年第1期,第8—25页;李学勤:《初读里耶秦简》,《文物》2003年第1期;晏昌贵、钟炜:《里耶秦简所见的阳陵与迁陵》,《中国历史地理论丛》2006年第4期;王伟:《里耶秦简赀赎文书所见阳陵地望考》,《考古与文物》2007年第4期。

③ 王国维:《阳陵虎符跋》,《观堂集林》。

排列顺序来看,这个汉初的阳陵县似乎应在巴蜀地区。如果里耶秦简所见阳陵和《秩律》所见"阳陵"为同一县,那么秦阳陵县应在巴蜀。因出土文献中没有更多信息,不能确定秦代阳陵县的位置,暂且存疑。

(2)销

销见于8-453、16-52等简,周家台秦墓364号简也记有"销",此外又见于《秩律》简456,可见应属秦县。其中16-52为地名里程简,相关简文内容如下:

鄢到销百八十四里
销到江陵二百四十六里

此前已经有不少学者结合里耶16-52和《秩律》等材料对销的地望做出了相应的辨析,目前大致有如下数说。周振鹤指出:

自古至今,从宜城到江陵这条大路始终是重要的交通路线。所以按照销北至鄢184里,南至江陵240里的标志,我们大概可以将销县定位于今湖北的荆门市北面的石桥驿与南桥之间。①

王焕林不取周氏陆路说,认为秦汉时期鄢(汉宜城)与江陵之间主要是利用汉水水道。并在考证"销""湫"可通的基础上认为销是见于《左传》庄公十九年的"湫",地在今钟祥境内。② 晏昌贵先生认为销县可能是东晋南北朝时期的"宵城"或"霄城"县,见于楚金币的"少"地为其前身,地在今天门市东北。③ 黄锡全认为"销"可释读为"郊",就是楚国的"郊郢",在今湖北钟祥。④

最近公布的《岳麓》三十五年质日简材料中又有如下记载:

己未,宿当阳。
庚申,宿销。
甲子,宿邓。

---

① 周振鹤:《秦末汉初的销县——里耶秦简识小》,简帛研究网2003年12月1日。
② 王焕林:《里耶秦简释地》,《社会科学战线》2004年第3期;本文参考氏著《里耶秦简校诂》,中国文联出版社2007年,第214—217页。
③ 晏昌贵:《张家山汉简释地六则》,《江汉考古》2005年第2期。
④ 黄锡全:《湘西里耶地理木牍补议》,简帛网2007年1月27日。

当阳,《汉志》属南郡,治今荆州市南。邓,《汉志》属南阳郡,治今湖北襄樊市襄阳区西。在这条材料中,当阳与销之间有一日路程,销、邓之间有四日路程。结合这条材料来看,销之地望似以晚出的黄说近是。另松柏一号墓所出南郡簿籍记载大量南郡属县,其中已经没有"销"的记载,反而多出一个"显陵",这二者是否有前后承接关系颇值得注意。不过可以肯定的是,至迟不过武帝时期,销县已经废止了。

(3) 醴阳

醴阳见于 8-760、8-2319 等简。张家山汉简《奏谳书》简 69-74 有(高帝)七年"醴阳令恢"盗县官米案。香港中文大学文物馆藏西汉《河堤简》222 号载:"宜成堤凡三百廿三里廿六步,……醴阳江堤卅九里二十□步。"①松柏一号墓 35、47、53 号木牍所载南郡属县均有"醴阳"。可见秦时的确置有醴阳县,属南郡管辖。不过醴阳不见于《汉志》,其他史籍中也没有相应的记载。故其地望已难以论定。张家山汉简整理小组认为:"醴疑为澧,县当在澧水之阳,属南郡。"②彭浩在《〈河堤简〉校读》文中对整理小组看法小有补充:"醴阳应位于长江之南,故有江堤。"至于具体情况如何,因目前材料有限,姑存疑待考。

不过有一个问题需在此稍作说明。《秩律》简 456 载有"醴陵",那么这个"醴陵"地在何处,它与"醴阳"有什么关系呢? 对此问题目前有以下几种看法。周振鹤认为此"醴陵"即东汉以后的长沙郡醴陵县,③晏昌贵先生认为醴陵"在今湖南岳阳一带,汉初属南郡亦属可能"。④ 周波认为:"从简文来看,'醴陵'上下紧邻的分别是'夷陵','屠陵',确实存在涉上下文误书的可能……简文'醴陵'很可能就是'醴阳'涉上下文而讹。"⑤何慕在其博士论文中有如下论述:

> 醴阳与醴陵应为同一县名的异写。……文献中多见"陵""阳"二字可通假之例。如《史记》卷 18《高祖功臣侯者年表》有"绛阳侯华无害",《汉书·高惠高后文功臣表》记作"终陵侯",西汉封泥作"绛陵侯"(王国维《观堂集林》卷 12《〈齐鲁封泥集存〉序》)。《史记·高祖功臣

---

① 陈松长编著:《香港中文大学文物馆藏简牍》,第 91 页。
② 张家山二四七号汉墓竹简整理小组:《张家山汉墓竹简[二四七号墓](释文修订本)》,文物出版社 2006 年。
③ 周振鹤:《〈二年律令·秩律〉的历史地理意义(修订)》,简帛研究网 2003 年 11 月 23 日。
④ 晏昌贵:《〈二年律令·秩律〉与汉初政区地理》,《历史地理》第 21 辑。
⑤ 周波:《读张家山汉简〈二年律令〉札记》,《古籍整理研究学刊》2007 年第 2 期。

侯者年表》有义陵侯吴郢,裴骃《集解》引徐广曰:"一作'义阳'。"同卷费侯陈贺侯功一栏"定湖阳",《汉书·高惠高后文功臣表》记作"定湖陵"。《史记》卷21《建元以来王子侯者年表》广陵侯刘表,《集解》引徐广曰:"一作'阳'。"《史记》卷21《建元以来王子侯者年表》"秩阳侯涟",《汉书·王子侯表》作"秩陵终侯缠"。围魏救赵的桂陵之战,史记各卷记此事均为"桂陵"(分别见卷15《六国年表》,卷43《赵世家》,卷44《魏世家》,卷46《田敬仲完世家》,卷65《孙子吴起列传》),《史记索隐》引王劭引《竹书纪年》也作"桂陵",银雀山汉简《孙膑兵法》"擒庞涓"篇也作"桂陵"(简245),只有《水经注》引《竹书纪年》为"桂阳"。以上均为"陵""阳"二字易混之例。故《秩律》该处释文似可改为"醴陵(阳)"。①

从何文所引例证来看,"阳""陵"作为地名通用后缀来使用时,的确常常有换用的情况。从这个角度来讲,醴阳与醴陵很可能是同一地的不同称呼。下文将要谈到的"沅阳"与"沅陵"也属于这种情况(详下文)。

(4) 门浅

《古封泥集成》2188

门浅见于8-66+8-208、8-159、8-1184等简。其中8-66+8-208简文云:

　　八月乙巳朔己未,门浅□丞敢告临沅丞主:腾真书,当腾腾,敢告Ⅰ主。/定手。　　/Ⅱ8-66+8-208
　　十月丁卯水十一刻下九,都邮士五(伍)轳以来。/谢发。　　十四。8-66背+8-208背

"浅"下一字漫漶,难以辨识。不过从文例来看"□丞"应该是职官名,

---

① 何慕:《秦代政区研究》。

而 8-159 简文云：

  制书曰：举事可为恒程者上丞相，上洞庭络帬（裙）程有□□□ I
  卅二年二月丁未朔□亥，御史丞去疾：丞相令曰举事可为恒 II 程者□上帬（裙）直。即應（应）令，弗應（应），谨案致…… III
  ……庭□。／□手。IV 8-159
  三月丁丑朔壬辰，【洞庭】□□□□□□□□□□ I
  令□□索、门浅、上衍、零阳□□□以次传□□□□ II
  书到相报□□□□门浅、上衍、零阳言书到，署□□发。III
  □□□□一书以洞庭发弩印行事□□恒署 IV
  酉阳报□报□署令发。／四月□丑水十一刻刻下五□□□□ V
  迁陵□，酉阳署令发。VI
  □□□□【布令】□VII 8-159 背

  门浅与索（索）、上衍、零阳三县并列，显然应当是县名。《再续封泥考略》著录有一品"门浅"封泥，陈直疑为太子门大夫所用。① 今按，据《汉书·百官公卿表》置有"门大夫"的官署不仅有太子太傅、少傅，列侯属官亦有门大夫。陈说似过泥。故孙慰祖《古封泥集成》将其列入"特设官及未明辖属官印封泥"之类。② 长沙出土汉石印有文曰"门浅"，周世荣、王人聪等认为是私印。③ 陈松长先生以为基层官吏印。④ 长沙谷山盗发汉墓漆器文字有"门浅长""门浅库"，何旭红先生根据共出的其他漆器文字和里耶秦简，指出门浅为秦县，汉初可能属长沙国。⑤ 结合里耶秦简来看，门浅作为秦县应无疑问。至于其地望等信息，由于史籍阙载，无法详知。不过从 8-159 简所谓"索（索）、门浅、上衍、零阳□□□以次传"来看，⑥门浅、上衍应是与索、零阳相邻之县，大致应在两县之间的交通线上。

---

① 陈直：《汉书新证》，第 108 页。
② 孙慰祖：《古封泥集成》，上海书店出版社 1994 年，第 368 页。
③ 周世荣：《长沙出土西汉滑石印研究》，《金石瓷币考古论丛》，岳麓书社 1998 年，第 249 页；王人聪：《西汉私印初探》，《古玺印与古文字论集》，第 111—138 页。
④ 陈松长：《湖南古代玺印》，上海辞书出版社 2004 年，第 60 页。
⑤ 何旭红：《对长沙谷山被盗汉墓漆器铭文的初步认识》，《湖南省博物馆馆刊》第六辑，岳麓书社 2009 年。
⑥ 所谓"以次传"或"以县次传"，即按照文书送达方向在相邻县道间转相递送。详参陈伟：《秦与汉初的文书传递系统》，中国社会科学院考古研究所等：《里耶古城·秦简与秦文化研究——中国里耶古城·秦简与秦文化国际学术研讨会论文集》，科学出版社 2009 年，第 150—157 页。

（5）上衍

上衍见于 8－159、8－1450、8－2414 等简。8－159 简之内容见上文所引。其中简 8－2414 仅存三字"上衍守"，"守"后一字或疑为"丞"。简 8－1450 为阳陵西就一位名为"駋"的人的"伐阅"，简文云：

冗佐八岁上造阳陵西就曰駋，廿五年二月辛巳初视事上衍。Ⅰ病署所二日。Ⅱ·凡尽九月不视事二日，·定视事二百一十一日。Ⅲ 8－1450
廿九年后九月辛未Ⅰ行计，即有论上衍。卅年Ⅱ
□不视事，未来。Ⅲ 8－1450 背

结合以上两条记载来看，上衍恐为县名，至于其地望等信息，史籍阙载，但在上引《里耶》8－159 简文中上衍与索（索）、门浅、零阳三县并列，从其所处位置来看，应在门浅与零阳之间。

（6）荆山道

荆山道见于 8－1516 简，其文如下：

廿六年十二月癸丑朔庚申，迁陵守禄敢言之：沮守瘳言：课廿四年畜Ⅰ息子得钱殿。沮守周主。为新地吏，令县论言夬（决）。·问之，周不在Ⅱ迁陵。敢言之。Ⅲ
·以荆山道丞印行。Ⅳ 8－1516
丙寅水下三刻，启陵乘城卒秭归□里士五（伍）顺行旁。　　壬手。
8－1516 背

据相同文例可知"荆山道"无疑应为秦置道（县）。不过此道不见于传世文献，其具体地望待考。由县名推测此地或与"荆山"有关，史籍中名为荆山之地甚多，那么究竟哪个荆山与简文所见的荆山道有关呢？下面我们借助简文作一点分析。

简文所录是沮县与迁陵县之间一份公文的往还经过。大致情形是沮守瘳行书迁陵县要求将因考课"殿"而受罚的沮守周主依律论处。文书中说明沮守周主为"新地吏"，所谓"新地"，《校释》注释云："新占领地区。睡虎地 4 号秦墓 6 号木牍云：'闻新地城多空不实者，且令故民有为不如令者实……'岳麓书院秦简 893、1113 云：'新地吏及其舍人敢受新黔首钱财、酒肉、它物及有卖买叚（假）赁貣于新黔首而故贵赋其贾（价），皆坐其所受及故为贵赋之臧、叚（假）赁费贵息，与盗同法。'"于振波先生指出："'新地吏'即秦在新占领地区所任命的官吏。"①由此看来，这里的新地所指即迁陵县，周主原籍应为迁陵县，事发后可能潜逃回原籍，故沮县的公文发往迁陵县求人。不过迁陵守禄在回复中说明周不在迁陵。

简文另有"以荆山道丞印行"这种对公文封缄用印的说明。不过奇怪的是，迁陵县行书公文却用"荆山道丞"之印。难道迁陵县守禄此时身兼荆山道丞之职？这种可能性应该是微乎其微的，此事殊为费解。我们注意到《二年律令·行书律》简273－275有这样一段记载：

邮人行书，一日一夜行二百里……书不当以邮行者，为送告县道，以次传行之。诸行书而毁封者，皆罚金一两。书以县次传，及以邮行，而封毁，过县辄劾印，更封而署其送徼（檄）曰：封毁，更以某县令若丞印封。

据简文所载，公文在传递过程中若遇"封毁"之情形，需要重新用所过县的令、丞印封缄。这条律文去秦不远，很可能已在秦代通行。如果真是这样的话，那么简文中所署名的这个"荆山道丞"印很可能正属于此类情形。即文书在传递至荆山道境时封缄遭到破坏，于是重新用"荆山道丞"印封缄后继续传递。这样的话"荆山道"应位于沮县与迁陵县之间的交通线上。里耶简16－52是一枚残牍，其可辨识者为鄢至迁陵的交通路线。而据上文所考，沮县位于汉水上游，顺流而下可直达鄢。循此而言，我们推测荆山道所指的"荆山"应该就是《史记·楚世家》所载先王熊绎"辟在荆山"之处。此荆山大致在今湖北省南漳县西部，漳水源头一带。此地东距鄢不远，可以说正处在鄢至迁陵交通线上。因此从这个角度看，史籍失载的这个荆山道极有可能就位于此地。

（7）新武陵

新武陵见于8－649、8－657、8－994、8－1677等简。8－994有"新武陵丞"，相关简文如下：

邦尉、都官军在县界中者各☐ Ⅰ
皆以门亭行，新武陵言书到署☐ Ⅱ
……Ⅲ 8－649

---

① 于振波：《秦律令中的"新黔首"与"新地吏"》，《中国史研究》2009年第3期。

……Ⅰ

☐母子之子Ⅱ 8-649背

一人与佐带上虏课新武陵。8-1677

☐亥朔辛丑,琅邪叚(假)【守】☐敢告内史、属邦、郡守主:琅邪尉徙治即【默】☐Ⅰ

琅邪守四百世四里,卒可令县官有辟、吏卒衣用及卒有物故当辟征逯☐Ⅱ

告琅邪尉,毋告琅邪守。告琅邪守固留费,且辄却论吏当坐者。它如律令。敢☐☐Ⅲ

☐一书。·以苍梧尉印行事。/六月乙未,洞庭守礼谓县啬夫听书从事☐Ⅳ

☐军吏在县界中者各告之。新武陵别四道,以次传。别书写上洞庭Ⅴ 8-657尉。皆勿留。/葆手。Ⅰ

/骄手。/八月甲戌,迁陵守丞膻之敢告尉官主:以律令从事。传别【书】Ⅱ 贰春,下卒长奢官。/☐手。/丙子旦食走印行。☐Ⅲ

☐【月庚】午水下五刻,士五(伍)宕渠道平邑疵以来。/朝半。

洞☐Ⅳ 8-657背

由上述简文,特别是 8-994 的"新武陵丞"可知新武陵应为秦县。8-657 载"新武陵列四道,以次传,别书写上洞庭",意思是文书从新武陵县分四条线路以次传递,将副本誊写上书到洞庭郡。可见新武陵应为洞庭郡属县。从这一点看,《校释》推测新武陵为洞庭郡治所所在是有一定道理的。不过传世文献中没有关于新武陵的记载。新武陵的得名很可能是因为《汉志》汉中郡本有武陵县,故秦开置《汉志》所载的武陵郡地区后,在此另置新武陵县作为洞庭郡治所。

(8)沅阳

沅阳见于 8-228、8-764、8-830+8-1010、8-1459、8-1523、8-1626 等简。其中 8-228 第二行简文载"报沅阳,言书到",第三行又云"商丞☐下报商书到"。商秦时为内史属县,这样看来沅阳亦当为县名。8-1459 简文又有"沅阳令"等语,可见沅阳无疑应为秦县。不过传世文献中并没有留下有关"沅阳"的记载,其地望以及置县年代等问题尚有待进一步考证。里耶简中还有其他几条关于沅阳的记载:

七月甲子朔庚寅,洞庭守绎追迁陵丞言。/歇Ⅰ手。·以沅阳印行事。/八月癸巳朔癸卯,洞庭叚(假)Ⅱ8-1523守绎追迁陵丞,日夜上勿留。/卯手。·以沅阳Ⅰ印行事。/九月乙丑旦,邮人曼以来。/壽发。Ⅱ8-1523背

卅四年六月甲午朔乙卯,洞庭守礼谓迁陵丞:Ⅰ丞言徒隶不田,奏曰:司空厌等当坐,皆有它罪,Ⅱ8-755耐为司寇。有书,书壬手。令曰:吏仆、养、走、工、组Ⅰ织、守府门、刱匠及它急事不可令田,六人予田徒Ⅱ8-756四人。徒少及毋徒,薄(簿)移治房御史,御史以均予。今迁陵Ⅰ廿五年为县,廿九年田廿六年尽廿八年当田,司空厌等Ⅱ8-757失弗令田。弗令田即有徒而弗令田且徒少不傅于Ⅰ奏。及苍梧为郡九岁乃往岁田。厌失,当坐论,即Ⅱ8-758如前书律令。/七月甲子朔癸酉,洞庭叚(假)守Ⅰ绎追迁陵。/歇手。·以沅阳印行事。Ⅱ8-759

歇手。8-755背

以上都是洞庭守签发文书以"沅阳印行事"的记载。另有如下两条记载,其签发机构不明。

休署书一封,沅阳印,诣□☑8-1626
主食发,它如律令。·以沅阳印行事。8-830+8-1010

上文我们谈到8-61+8-293+8-2012简巴郡假守丞在发往洞庭郡守主之文书"以江州印行事"这一做法很可能反映了巴郡之治所在江州。循此而论,洞庭郡多以沅阳印行事,很可能同样意味着沅阳为洞庭郡郡治。不过上文已论定新武陵为洞庭郡治所,故沅阳似不为洞庭郡治所。我们注意到8-1516所载一份自迁陵发往汉中郡沮县的文书"以荆山道丞印行",我们曾据此推测荆山道位于沮县与迁陵的交通线上。现在看来,沅阳的情形恐怕与此近似。

上文我们已考证了沅陵的地望,联系到前文对醴阳与醴陵的分析,我们认为这里的"沅阳"与"沅陵"也属于这种情况,很可能是同一地的不同称呼。在所有出现沅陵的简文中,有一个重要的特征就是与沅陵相关的文例多与"狱史""狱佐"治所(或曰"治在所")相关,如:

沅陵狱史治所8-186
传舍沅陵狱史治所☑8-940、8-1058

覆狱沅陵狱佐己治所迁陵传洞庭。8-255
覆狱沅陵狱佐己治在所洞庭。8-492
覆狱沅陵狱佐己治所发。8-1729

从上述简文可知,"狱佐"的职责就是"覆狱"。据籾山明对里耶8-135（原编号为8-134）"卒史覆狱"的研究,秦代的卒史是在监御史的指示之下派遣到郡中巡行各县,解决长期不能了结的诉讼,复审审判不当的案件。因此他们巡行到的地方就临时称为某某治所,或治在所。① 里耶秦简中沅陵出现频率最多,极有可能是因为沅陵位于洞庭郡治所新武陵至迁陵的交通线上。从这个角度来说,作为洞庭郡治所的新武陵的位置当在沅阳(亦即沉阳)以东求之。

(二) 存疑秦县

（1）莥

莥阳丞印	莥阳少内
《集》二·三·八	《征存》4

《里耶》8-879简文中有 字,相关简文内容如下：

冗佐上造 安□□

《里耶》及《校释》均释此字作"芒"。今按,《里耶》"芒"字多见,一般写作如下之形：

8-145　　8-659

---

① 籾山明:《卒史覆狱试探——以里耶秦简J1⑧134为线索》,中国社会科学院考古研究所等:《里耶古城·秦简与秦文化研究——中国里耶古城·秦简与秦文化国际学术讨论会论文集》,第122—126页。

8-879上引简文"艹"下明显有一横画，与上引"芒"字写法不同。《里耶》中释作"茝"的字有如下数例：

8-2101   8-2195

相较之下，上引 8-879 简文与"茝"字更为接近，故将该字改释作"茝"。

简文残缺较多，通过比较可知本简最后一字当为人名，而"茝安□"当为其籍贯。若县名为一字，则茝为秦县名，若县名两字，则此县名为"茝安"。不过秦陶文常见"茝""茝阳"，一般认为前者是后者的省称。① 又《征存》4 有"茝阳少内"，《秦封泥集》二·三·8 有"茝阳丞印"（见下图），《汇考》1274 有"茝丞之印"。这更是茝为茝阳之省的确证。据《史记·秦本纪》："悼太子死魏，归葬茝阳。"（茝，一作芷）及《汉志》京兆尹霸陵县下班固自注："故芷阳，文帝更名。"故秦置有芷阳县当无疑问。王先谦《补注》："秦宣太后悼太子葬此，见《秦纪》。亦作茝阳，见《始皇纪》。高帝宴鸿门，脱身从骊山道芷阳间行，见《高纪》。夏侯婴战芷阳，见《婴传》……《续志》，后汉因……《一统志》：故城今咸宁县东。"治今陕西西安市东北。

（2）弋阳

□阳

《汇考》1564

弋阳见于 6-11 简。《汇考》1564 有"□阳"，首字残阙，王辉推测"可能是'弋'字"，②似可从。《汉志》左冯翊阳陵下班固自注云："故弋阳，景帝更名。"此弋阳乃汉阳陵县前身，地在今陕西咸阳市东北。又，《古玺汇编》0002 有"邟阳君鉨"，0276 有"邟阳邦粟鉨"，皆为楚玺。包山楚简第 61 号

---

① 王辉：《秦文字集证》，第 313、318、322 页。
② 傅嘉仪：《秦封泥汇考》。

简有"代阳"。据李家浩、刘钊等学者看法,"邔""代"均当读为弋,即《汉志》汝南郡下"弋阳"侯国之前身,在今河南潢川县西。① 可见这两处秦时都有置县的可能。本简之弋阳属何处,尚待进一步考订。

(3) 新阳

新阳见于 8-440,简文曰:"更新阳曰□"。今按,检图版可见"更"字上有断口,故"更"字上恐有阙文。如此,简文当释作"☑更新阳曰□"。里耶秦简多见"不更+籍贯(县乡等)"的称述格式。据此,"更"上或可补"不"字。《史记·陈涉世家》载吕臣"起新阳",《集解》引徐广曰:"在汝南也。"《正义》引《括地志》云:"新阳故城在豫州真阳县西南四十二里,汉新阳县城。应劭云在新水之阳也。"《水经·颍水》:"(颍水)又东南至新阳县北,溵荡渠水从西北来注之。"郦《注》云:"新沟自颍北东出,县在水北,故应劭曰:县在新水之阳。"凡此可见新阳当为秦县名。《汉志》汝南郡新阳,王先谦《补注》:"《续志》,后汉因……《一统志》:故城今太和县西北六十里。旧《志》:俗呼信阳城。"治今安徽界首市北。又,《汉志》东海郡另有一新阳,恐与此无关。

(4) 襄

襄见于 8-1574+8-1787 简:

径檐粟米一石八斗泰半。　　卅一年七月辛亥朔癸酉,田官守敬、佐壬、禀人荟出禀屯戍簪袅襄完里黑、士五(伍)胸忍松涂增Ⅰ六月食,各九斗少半。　　令史逐视平。　　敦长簪袅襄坏(襄)德中里悍出。　　壬手。Ⅱ8-1574+8-1787

简文是关于出禀食的记载,"屯戍簪袅襄完里黑""士伍胸忍松涂增"这两人在卅一年七月辛亥朔癸酉这一天分别领到各自六月份的口粮各九斗小半斗。按照上文所论秦置县认定标准的第四项,"襄完里"应是"黑"这个人的籍贯,因此"襄"应该是县名。值得注意的是,简文中还记载了一位具体经办出禀工作的人,即"敦长簪袅襄坏(襄)德中里悍"。我们注意到"悍"的籍贯在这里写作"襄坏(襄)德中里",那么这个"悍"是不是襄人呢?我们注意到 8-781+8-1102 简中有一个"罚戍簪袅襄坏(襄)德中里悍",这两者应该

---

① 李家浩:《战国邔布考》,《古文字研究》第 3 辑,中华书局 1980 年,第 160—165 页;刘钊:《包山楚简文字考释》,(香港)《东方文化》1998 年 1、2 合刊;刘信芳:《包山楚简解诂》,第 63 页。

是同一个人。值得注意的是,在"坏(襄)德"之前无"襄"字,因此"坏"上的"襄"字很可能是涉上文"黑"的籍贯"襄"而误衍的。《汉志》江夏郡有襄县。王先谦《补注》曰:"《高纪》:襄侯王陵,薛瓒以为此是封地。《续志》,后汉省。"治所无考。又,《汉志》陈留郡有"襄邑",治今河南睢县。这两地秦时都存在置县的可能,未知孰是。

(5)东成

东成见于 6-10、8-1766、8-1825 等简。其中简 6-10 文如下:"□成不更小黄亥,自占以廿五年三月丁未以城□☑。"成前一字从残存笔画来看,当是"东"字。里耶简述某人籍贯多冠以县名,偶有例外者如 8-2056"庐江不更",不过像这样冠以郡名作为籍贯的例子仅此一见。若然,则东成当为秦县名,读为东城,《汉书·地理志》九江郡属县有东城,疑即此处。王先谦《补注》云:"秦县。葛婴于此立襄强为楚王,灌婴斩项羽于此。……《一统志》:故城今定远县东南。"不过简 8-1766 所见东成恐不能迳以县名视之。其简文云"东成户人大夫印、小臣遬、廿六□☑"。里耶秦简类似的记载多见。如:8-1027、8-1813 有"成里户人",8-126、8-1546、8-1946、8-863+8-1504、8-834+8-1609 有"阳里户人",8-237 有"南里户人","户人"前均为里名。因此 8-1766 的"东成"或与秦县"东城"无关,为另一处里名。

(6)魏箕(其)

魏箕,见于 8-2098、8-2133 等简。简文如下:

丹子大女子巍(魏)婴姼,一名□ Ⅰ
年可七十岁,故居巍(魏)箕李□ Ⅱ 8-2098
☑年可卅岁,故居巍(魏)箕攻 8-2133

《汉志》琅邪郡下有"魏其",疑魏箕即其前身。如然,则魏箕的建置当追溯至秦,为秦县。① 王先谦《补注》云:"周止国,高帝封。窦婴,景帝封。胶东康王子昌,武帝封。……《续志》,后汉省。《一统志》:故城今兰山县南。"治今山东临沂市东南。

又,一说箕为春秋晋地。《左传》僖公三十三年(前 627 年)"狄伐晋及箕。八月戊子,晋候败狄人于箕";昭公二十三年(前 519 年),晋执叔孙

---

① 《汉书·高惠高后文功臣表》记有"魏其严侯周止",表述其"侯状"云:"以舍人从起沛,以郎中入汉,为周信侯,定三秦,以为骑郎将,破项籍东城,侯,千户。"据此其封地魏其在秦或已为县。

嬭"乃馆诸箕"即此,其地有两说,一说在今山西太谷县东,一在今山西蒲县东北。① 战国文献不见"箕"地,据其地望,或属魏。故里耶8-2098、8-2133所云"故居魏箕",也可能指位于故魏国的箕邑。

（7）安成

  □六年六月丙辰,迁陵拔爰书:即讯□☑ I
  为求得婺其产咎安成不更李□☑ II 8-918
  廿八年七月戊戌朔癸卯,尉守窃敢之:洞庭尉遣巫居贷公卒I 安成徐署迁陵。今徐以壬寅事,谒令仓贳食,移尉以展约日。敢言之。II
  七月癸卯,迁陵守丞膻之告仓主,以律令从事。/逐手。即徐□入□。III 8-1563
  癸卯,朐忍宜利锜以来。/敞半。 齮手。8-1563背

《校释》注释云:"看8-1563,似是巫县里名。"今按,8-1563之"安成"确为巫县之里名,不过8-918之"安成"与8-1463无涉,不一定为里名。《里耶》中多见县名同时作为乡里名的。譬如颍川郡城父县下有阳翟(8-980),与《汉志》同郡阳翟县同名。巴郡朐忍县下有成都(8-988),与《汉志》蜀郡下成都县同名。汉中郡旬阳县下有平阳(8-1306),与《汉志》河东郡下平阳同名(详参附文三《里耶秦简所见秦基层地方行政体系》)。如此则不能排除安成为县名的可能。

《汉志》所载安成县有两处,一为长沙国属县。一为汝南郡属县。前者为武帝封长沙定王子苍之侯国,王先谦《补注》:"《续志》作安城。《一统志》:故城今吉安府安福县西。"然而《史记·王子侯表》又将其领属郡记在"豫章"下,故周振鹤认为《汉志》长沙国下所记安成等四县,"其先皆长沙王子侯国,理应别属汉郡","而史籍并无益地长沙之记载,此四县似不应回属长沙国"。至于汝南郡之安成县,《史记·秦本纪》载:"(二十四年)秦取魏安城,至大梁,燕、赵救之,秦军去。"《集解》云:"《地理志》汝南有安城县。"《正义》引《括地志》云:"安城在豫州汝阳县东南十七里。"此事《魏世家》记云:"十三年,秦拔我安城。兵到大梁,去。"张守节《正义》引《括地志》云:"安城故城,豫州汝陵县东南七十一里。"《魏世家》又载信陵君说魏王之言云:"夫存韩安魏而利天下,此亦王之天时已。通韩上党于共、宁,使道安成,

---

① 前说出自杜预,后说出自江永,阎若璩另有山西榆社说。参阅杨伯峻《春秋左传注》,中华书局1990年,第493页。

出入赋之，是魏重质韩以其上党也。"《正义》引《括地志》云："故安城在郑州原武县东南二十里。"以上三条记载之安成（城）当为同地。但是《括地志》却存有两说。王先谦、谭其骧等人均采汝南说，钱穆《史记地名考》则采原武说。今按，以当时秦魏之战况及地理度之，当以原武说为是。至于里耶秦简所载之安成所指为何地，待考。

（8）雟

8-1578 简有字作 ▨，整理者释作"雟"。《秦陶文新编》有文如下所示：

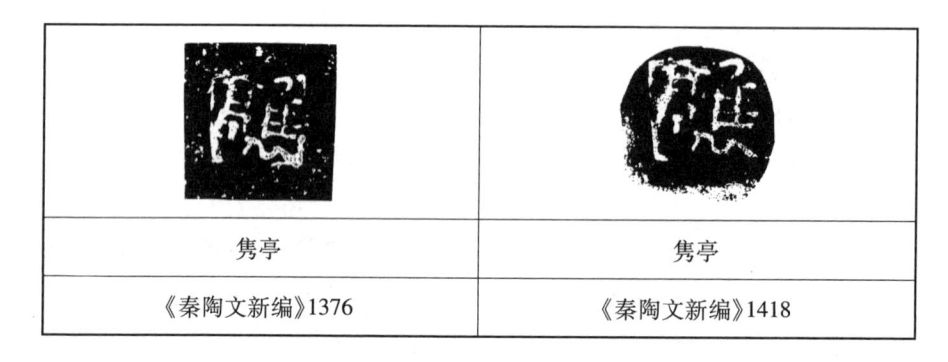

▨	▨
雟亭	雟亭
《秦陶文新编》1376	《秦陶文新编》1418

陶文首字原释"焦"，《古陶文字征》改释作"雟"，《秦陶文新编》从之。① 上文所示里耶简 8-1578 ▨ 与之同形，释为"雟"正确可从。不过关键的问题是此地地望如何确定。《秦陶文新编》指出《汉志》长沙国下有"下雟"县，因雟水得名，治今湖北通城县西北。不过"陶文'雟亭'之'雟'是否为'下雟'的省称，犹如'上邾'省称曰'邾'，尚难判定"。我们注意到，包山楚简 171 简记载战国楚境内有地名"鄡邑"，其中原释为"鄡"的字作如下之形：

▨

白于蓝先生认为该字释"鄡"无据，宜入存疑字。② 今从程少轩先生说仍释为鄡。③ 不过楚"鄡邑"恐与位于今山东临淄和东阿的两处鄡邑无关（说详下）。按之地望，极有可能为《汉志》长沙国下"下雟"县之前身。

---

① 高明、葛英会编著：《古陶文字征》，中华书局 1991 年，第 260 页；袁仲一、刘钰：《秦陶文新编》，第 86、87 页。
② 白于蓝：《〈包山楚简文字编〉校订》，《中国文字》新 25 期，（台北）艺文印书馆 1999 年，第 187 页。
③ 程少轩：《试说"鄡"字及相关问题》，复旦大学出土文献与古文字研究中心编：《出土文献与古文字研究》第 2 辑，复旦大学出版社 2008 年，第 135 页。

从文字学角度来看，"隽"字又可读作"寓（巂）"。巂（寓）本为我国西南古族名。《史记·大宛列传》载："其北方闭氏、筰，南方闭巂、昆明。"《汉书·张骞传》载略同，字作"巂"。8-2121简所见有"邛"与之类似。又先秦时今山东地区有两个地方名为"鄙"，本简所见之"寓"或亦可读为"鄙"。其一为春秋纪邑，在今山东临淄东。《春秋》庄公三年："秋，纪季以鄙入于齐。"杜预注："鄙，纪邑。在齐国东安平县。"杨伯峻注："在今山东省临淄镇东，与寿光县相近。"《史记·田敬仲完世家》"割安平以东至琅邪"《正义》引《括地志》："安平城在青州临淄县东十九里，古纪国之鄙邑。"另一地在今山东东阿南。《春秋》僖公二十六年："齐人侵我西鄙，公追齐师，至鄙。"杜预注："济北谷城县西有地名鄙下。"杨伯峻注："齐地，今山东省东阿县南有鄙下聚，当即其地，与庄三年纪国之鄙自别。"以上诸说殊难断定，姑存疑待考。

（9）临汉

临汉见于8-1555简，其内容为临汉都里一名为"援"者的伐阅籍，内容如下：

> 冗佐上造临汉都里曰援，库佐冗佐。AⅠ
> 为无阳众阳乡佐三月十二日，AⅡ
> 凡为官佐三月十二日。AⅢ
> 年卅七岁。BⅠ
> 族王氏。BⅡ
> 为县买工用，端月行。CⅠ 8-1555
> 库六人。8-1555背

从简文内容来看，临汉当是县名。据《元和郡县图志》等记载，唐天宝元年曾改故安养县为临汉县，南临汉水，治今襄阳，旋废之。鲁西奇指出公元805年临汉县治所由樊城镇迁往古邓城，同时改名邓城县。① 秦时载籍未见置临汉县的记载，故其地望难以稽考，不过唐天宝所置临汉县或有所本，至于是否与本简之临汉属一地殊难断定。要之，就临汉之得名来看，其地望当不出汉水两岸。

（10）邛

邛见于8-2121简，其文如下：

---

① 鲁西奇：《唐代长江中游地区政治经济地域结构的演变——以襄阳为中心的讨论》，李孝聪主编：《唐代地域结构与运作空间》，上海辞书出版社2003年，第123页。

☐【貳】春乡兹【敢】言☐ Ⅰ
☐今问之：邛上【造】☐ Ⅱ
☐☐☐☐☐☐ Ⅲ 8－2121

简文残缺较多，《校释》疑"邛为人名"，不过从上文所论籍贯书法来看，不排除"邛"为县名的可能。"卅四年蜀守"戈载有"邛"，此戈为昭襄王三十四年器，王辉认为此邛为《汉志》蜀郡下的临邛县。① 若然，则本简之邛亦有可能为临邛之简称。不过《汉志》越巂郡另载有"邛都"，亦可能指此处。其原为古代西南少数民族国名。《史记·司马相如列传》："司马长卿便略定西夷，邛、筰、冄、駹、斯榆之君皆请为内臣。"《后汉书·公孙述传》："蜀地肥饶，兵力精强，远方士庶多往归之，邛、筰君长皆来贡献。"李贤注："邛、筰皆西南夷国名。"以上二说未知孰是，待考。

（11）阳城

阳城见于 16－5 简。相关简文曰：

求盗簪褭（袅）阳成辰以来

按照秦汉简牍人物籍贯书法，阳城应是一处秦县。《汉志》颍川郡有阳城，王先谦《补注》云："阳城见《孟子》。春秋郑地。战国韩哀侯取之。桓惠王时为秦所拔，见郑、韩《世家》。秦县，县人陈涉，见《涉传》。高帝战洛阳东还至此，见《高纪》。……后汉因……《一统志》：故城今登封县东南三十五里，俗名之告成镇。"治今登封市东南。

（12）虚

虚见于 17－14 简。本春秋宋地，地在今河南省延津县东。见于《春秋》桓十二年，"公会宋公于虚"。《公羊传》作"郯"。战国属魏。《战国策·秦策》载楚人黄歇说昭王曰："王又举甲兵而攻魏，杜大梁之门，举河内，拔燕、酸枣、虚、桃人，楚、燕之兵云翔不敢校，王之功亦多矣。王申息众二年，然后复之，又取蒲、衍、首垣，以临仁、平兵、小黄、济阳婴城，而魏氏服矣。"《史记·秦始皇本纪》又载："五年，将军骜攻魏，定酸枣、燕、虚、长平、雍丘、山阳城，皆拔之，取二十城。初置东郡。"不过此地没有明确的置县证据，故存疑待考。

---

① 吴镇烽：《秦兵新发现》图三、四，《容庚先生百年诞辰纪念文集》，第 563 页；王辉：《秦文字集证》，第 51—52 页。

(13) 衍氏

衍氏见于 17-14 简。战国为魏邑,又名衍。地在河南郑州市北。已见于上引《战国策·秦策》所载楚人黄歇说昭王之辞。又《战国策·魏策》载苏秦说魏惠王之言"北有河外、卷、衍、燕、酸枣"亦此。《史记·秦始皇本纪》载:"杨端和攻衍氏。"《曹相国世家》又载:"柱天侯反于衍氏,又进破取衍氏。击羽婴于昆阳,追至叶。"不过此地没有明确的置县证据,故存疑待考。

(14) 长武

长武见于 17-14 简。《汇考》1327"长武丞印"。因此长武为秦置县无疑。不过由于史籍失载,地望详情已难以稽考。王辉据马非百说以北地郡鹑孤县当之。联系这枚木简前后所载地名来看,王说所定地望与此差之太远。里耶秦简整理者认为大致应在今《汉志》颍川郡下尉氏县一带。① 按之情理当是,然尉氏已见于《秩律》,据《太平寰宇记》"秦始皇二年,置尉氏县"的记载,秦时当已经置县,以此长武或当在尉氏以西求之。

(15) 昆阳邑

昆阳邑见于简 16-3,其文曰:

尉曹书二封,丞印。一封诣零阳。一封诣昆阳邑。九月己亥,水下八,走印以□。

整理者认为简文"昆阳邑"与《汉志》颍川郡昆阳县无关,应距零阳不远。② 后晓容亦采此说而将昆阳置于洞庭郡下。③ 今按,里耶秦简中此类记载甚多。其中所记地名之间多没有距离远近的要求,有的互相毗邻,有的远隔千里,没有一定之规,如:

户曹书四封,迁陵印,一咸阳、一高陵、一阴密、一竟陵。
廿七年五月戊辰,水下五刻,走荼以来。8-1533
狱南曹书三封,丞印,二诣酉阳、一零阳。 卅年九月丙子旦食时,隶臣罗以来。8-1886

考《汉志》所载县名,以邑为名者甚多,如:"安邑""马邑""襄邑""武

---

① 湖南省文物考古研究所:《里耶发掘报告》,第 198 页。
② 湖南省文物考古研究所:《里耶发掘报告》,第 192 页。
③ 后晓荣:《秦代政区地理》,第 427 页。

邑"之类。名曰为邑，实则为县，而且有的在秦时就已经是县了。因此本简所谓"昆阳邑"应以县名视之。又汉有寿春县，秦汉史籍中除《汉志》九江郡下载为"寿春邑"外，余皆书曰"寿春"。颇疑本简之"昆阳邑"也属此类情况。不过《汉志》也有湖陵与湖陵邑并见的情况，因此昆阳邑是《汉志》颍川郡下昆阳县的异名，还是指另一处秦县，尚难以遽下断语。姑存疑待考。

（16）平▨

平▨见于8－754+8－1007，简文作：

卅年□月丙申，迁陵丞昌，狱史堪【讯】。昌辟（辞）曰：上造，居平□，侍廷，为迁陵丞。□当诣贰春乡，乡【渠、史获误诣它乡，□失】Ⅰ道百六十七里。即与史义论赀渠、获各三甲，不智（知）劾云赀三甲不应律令。故皆毋它坐。它如官书。Ⅱ8－754+8－1007

☑堪手。8－754背+8－1007背

《里耶》释作"除"，《校释》未释，但指出"平"应是县名。《汉书·地理志》有平县，属河南郡，治所在今河南孟津县东。其下一字，应是里名。今按，《里耶》中介绍人物籍贯时在"居"字后往往列出其所居县（邑）、乡里名，如：

卅二年，贰春乡守福当坐。士五（伍），居粲（资）中华里。·今为除道8－2014通食。8－2014背

卅二年，启陵乡守夫当坐。上造，居梓潼武昌。今徙8－1445为临沅司空啬夫。时毋吏。8－1445背

其中粲（资）中、梓潼为县名，华里、武昌为乡里名。也有只标明县名的情况，如：

□□讪自言：士五，居泥阳8－1466
□□发。讪手。8－1466背
一牍书，囷以智（知）□子居益阳者8－1494
卅五年三月。8－1494背

因此《校释》以平为县名，平下一字为里名只是一种可能的情况，亦有可

能以"平□"二字为县名。平下一字漫漶不清,细审图版,或是从"勹"包含两"缶",疑为"陶"字异体。平陶,《汉志》属太原郡,治今山西文水县西南。《古玺汇编》0092 有"平陶宗正",属战国赵官印。《古陶文汇编》6.49 有"平陶",新郑出土赵兵器有"十一年平陶戈",①延安出土有"二年平陶令戈"。②凡此可以说明战国赵或已置有平陶县,秦汉因之。

(17) 武成

武成见于 8-192 简。简文曰:

  右材守丞章敢告武成□。8-192
  □□手。釦手。8-192 背

简文在"武成"下残缺。据文例下应有"守丞"之类的职衔。因此"武成"应属一秦县。包山楚简第 175 号简有"武城",极有可能为楚置县。另《汉志》左冯翊有武城县,在今陕西华县东。定襄郡另有武城县,在今内蒙古清水河县北。二地都为秦县,里耶秦简所指武成为何地,尚待进一步考证。

(18) 上鞋

上鞋见于简 8-1219。简文云:

  七月辛巳,上鞋守丞敬敢告迁陵丞主写移令史,可以律令从Ⅰ
  【事,移】……Ⅱ 8-1219

可见"上鞋"应为秦县,不过此县史籍失载,本简信息又过于简略,难以详考。

(19) 蓬

蓬见于里耶秦简 8-109+8-386。简文曰:

  廿五年九月乙酉【朔】□Ⅰ
  日受蓬铁权□Ⅱ
  蓬定以付迁□□Ⅲ
  九月丁亥,蓬丞章□□Ⅳ 8-109+8-386

---

① 转引自吴荣曾:《若干战国布钱地名之辨释》,氏著《先秦两汉史研究》,中华书局 1995 年,第 177 页。
② 王辉:《二年平陶令戈跋》,氏著《高山鼓乘集——王辉学术文存二》,第 242—244 页。

《校释》注释云:"蓬,似为县名。"今按:"蓬"置有丞,当为新见秦县,不见于《秩律》《汉志》。

以上,确认秦县共计 87(沅陵、沅阳暂按一个计算),存疑秦县共计 19,总数有 106 个。其中有不少资料乃出土文献仅见,可补史籍之阙。在确认的 85 个秦县中,尤以见诸《汉志》武陵郡的属县为最多,计有 11 个(仅有佷山县没有出现)。与之相邻的南郡、巴郡、蜀郡、汉中郡等位于西南部郡的属县出现亦较多,这大大丰富了我们对秦南部地区郡县的认识。

附文二：秦封泥所见同名秦县辨析

《汉书·地理志》(以下简称《汉志》)中郡县同名的现象较为常见，钱大昕曾就其中县名重见的问题作有专门论述，①钱氏在将《汉志》所有重见的县名一一罗列，但未探究其缘由。顾炎武对此问题亦有所寓目，所著《日知录》卷二十"史书郡县同名"条指出：

> 汉时，县有同名者，大抵加东、西、南、北、上、下字以为别，盖本于《春秋》之法。燕国有二，则一称"北燕"；邾国有二，则一称"小邾"，是其例也。②

王鸣盛则说："郡国县邑名同者，则加'东''西''南''北''上''下'或'新'字以别之。"③比顾氏多总结出一"新"字。这一规律得到了钱大昭、吴卓信、杨守敬等人的一致赞同。这条规律本身并没错，但他们都误以为这种做法始于汉代。其实，加方位字、对称字以区别重复地名的做法，汉代之前就已经产生了。华林甫在《中国地名学史考论》一书中曾以垣—东垣、武城—东武城—南武城、屈—北屈、下蔡—上蔡—新蔡、内黄—外黄等一组地名揭示秦及秦代以前用方位词区分同名县的现象，并补充了以"外""内"作为区分的现象。④

而秦封泥中这类相同或重复的县名亦复不少，特别是20世纪末西安北郊相家巷秦封泥的集中出土使得秦封泥的数量和品种有了大幅的增长。据统计，至今收藏者陆续公布的这批封泥总数近3 000枚，堪称封泥发现之最。这对于秦代政区地理研究来说是一个了不起的发现。随着这批秦封泥的面世，大量不为人知的秦代郡县地名得以重见天日。其中有一部分见载于《汉志》等传世文献，不过原以为属于汉代置县的可以据此将其始置年代提前至秦，亦即可以确定为秦县。目前已经有学者做了这方面的工作，取得了一定的成绩。⑤

---

① 钱大昕：《十驾斋养新录》，上海书店出版社1983年。
② 顾炎武著，黄汝成集释：《日知录集释》，上海古籍出版社2006年，第1158页。
③ 王鸣盛：《十七史商榷》卷一七《汉书十》。
④ 华林甫：《中国地名学史考论》，社会科学文献出版社2002年，第125页。
⑤ 主要成果参阅下述论著：周晓陆、路东之主编：《秦封泥集》；后晓荣：《秦代政区地理》；何穆：《秦代政区研究》。

不过封泥中也有大量不见于《汉志》等传世文献的地名,由于这部分内容不能与传世文献直接对应,因此需要做细致的考证和严密的甄别工作。譬如说,《秦封泥集》二·三·53 著录有"襄城丞印",这个襄城明显可以与《汉志》颍川郡下的襄城对应。① 但与之同见的"新襄城丞"封泥之"新襄城"的地望则需作进一步的探究。② 再比如说秦封泥有"新襄陵丞",③《汉志》河东郡下有"襄陵","新襄陵"与"襄陵"是否为一地也需要进一步确认。同类的例子还有"新城父""新平舒""新阳成""新东阳"等。本文拟就这类同名秦县进行初步的探讨,不当之处望方家指正。

一、襄城与新襄城

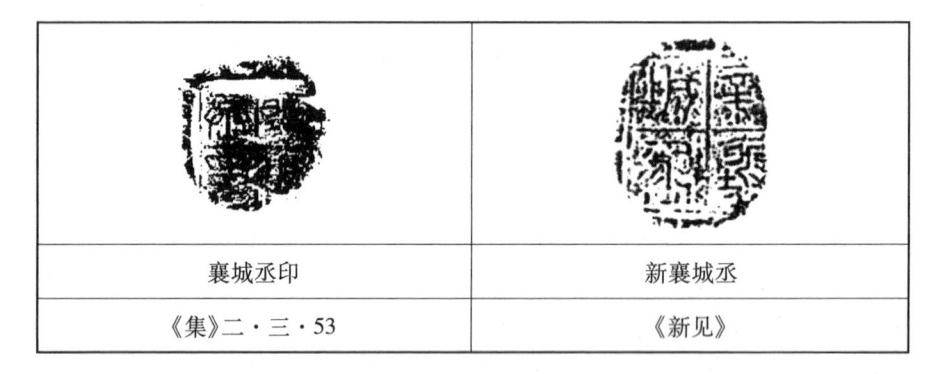

襄城丞印	新襄城丞
《集》二·三·53	《新见》

《秦封泥集》二·三·53 著录有"襄城丞印",这个襄城由于可以与《汉志》颍川郡下的襄城对应,故一般研究者对其地望均较为肯定,即是今河南襄城县。但秦封泥另见有"新襄城丞",对此"新襄城"的地望,研究者有不同意见。周晓陆先生指出:"《汉书·地理志》颍川郡有襄城,新襄城殆为秦在统一六国时所设立之县,其时间当晚于灭韩。"④后晓荣先生认为:"秦封泥'襄城丞印'和'新襄城丞'同时出土,说明二者为不同置县。新襄城应为秦新建置县,较之襄城曰'新',或属颍川郡,具体地望待考。"⑤以上两说各不相同,那么新襄城与襄城究竟是否为一地呢,倘若不是的话,新襄城又在何处呢? 在讨论这个问题之前我们先回顾下面一段公案。

《说苑》卷十一"善说"记有襄成君始封之日与楚大夫庄辛的一段对

---

① 前揭《秦封泥集》。
② 周晓陆等:《于京新见秦封泥中的地理内容》,《西北大学学报(哲学社会科学版)》2005 年第 4 期。
③ 前揭《于京新见秦封泥中的地理内容》。
④ 前揭《于京新见秦封泥中的地理内容》。
⑤ 前揭《秦代政区地理》,第 200 页。

白,①郦道元《汝水注》在讲汝水流经襄城县时也引述了《说苑》的这段话。②可见郦道元认为襄城君的封邑与汝水所流经之北魏襄城县为一地。此说也是历代以来的流行说法。但是并非没有人质疑,因为据史书记载庄辛为楚顷襄王大夫(前278—前276年),见于《说苑》的襄成君与庄辛有所交接,则此襄成君始封之时应在此期间。然而此时的襄城已易手他国,最终为秦所占,③襄城君断不可能受封于他国之土。对此情形,何浩先生提出两种可能:一、襄成君这一爵称只是"遥领"或"虚封"之类徒有其名的封号,不过何氏在文中自己否定了这一推测,因为这与楚封君皆有封地的惯例相违;二、此襄城乃故地丧失后,随"地名搬家"而出现的另一个楚地襄城,地望已不可考。④那么何氏第二个推测有没有可能成立呢？我们再看下面这条材料。

1987年连云港市海州区锦屏镇陶湾村发现三件铜戈,其中一件原命名为"襄城楚境尹戈",现一般据董珊先生之说改称为"向寿戈"。⑤ 其铭文如下:

向寿之岁,襄城公竞膡所造。

第七字释"公"为黄盛璋说。因为楚国称公的为县公,与上文的襄城君不能等同。这样看来,楚国既有襄城公又有襄城君,因此铭文所说的襄城与《说苑》襄城君的封地很可能是两个不同的地方。如今,"襄城丞印"与"新襄城丞"封泥的同时出现,这两条材料很好地印证了何浩先生当年的第二点怀疑。

---

① 向宗鲁:《说苑校证》,中华书局1987年,第277页。
② 郦道元撰,杨守敬、熊会贞疏:《水经注疏》,第1760页。
③ 襄城在战国时属"朝秦暮楚"之地,一般认为楚、魏、秦等曾先后据有此地(参阅李晓杰:《中国行政区划通史·先秦卷》,第344、357、374页)。不过陈伟先生很早就据《汉志》地分"韩地"所述推定韩国南疆曾至父城、襄城一带(参氏著《楚"东国"地理研究》,第117—121页),是则陈师认为韩曾一度领有襄城。《殷周金文集成》11565著录有"二十三年襄城令"戈,《新收》1900、1996著录有"六年襄城令戈",吴良宝推断上述均为韩桓惠王时兵器(《〈战国时期韩国疆域变迁考〉补正》,《中国史研究》2003年第3期),董珊则认为二十三年戈为韩厘王器,六年戈为韩桓惠王时器(《向寿戈考》,《考古》2006年第3期);姑且不论哪种说法为是,这都是韩曾一度领有襄城的确切证据。关于韩领有襄城的年代,据《史记·魏世家》,前295年秦从魏取得襄城。再结合陈伟先生的推算及这两件兵器提供的年代,襄城在前295之后曾转为韩所得。按照董珊的说法,至少可以肯定在韩厘王二十三年至韩桓惠王三年(前273—前270年)期间,襄城属韩。
④ 何浩:《楚国封君封邑地望续考》,《江汉考古》1991年第4期。
⑤ 材料原发布者文中所叙年为1990年,此后数位研究者却称是1987年,未知何故。参阅下述诸文:周晓陆、纪达凯:《江苏连云港出土襄城楚境尹戈读考》,《考古》1995年第1期;黄盛璋:《连云港楚墓出土襄城公竞尹戈铭文考释及其历史地理问题》,《考古》1998年第3期;刘彬徽:《楚系金文订补(之一)》,《古文字研究》第23辑,中华书局、安徽大学出版社2002年,第91页;李家浩:《楚大府镐铭文新释》,《著名中年语言学家自选集·李家浩卷》,第120页;董珊:《向寿戈考》,《考古》2006年第3期;陈隆文:《向寿戈再考》,《考古》2008年第3期。

基于上述材料,我们或许有理由相信,在战国秦汉之际除《汉志》颍川郡襄城县以外,的确还存在另一处襄城。因此上文后晓荣将新襄城与襄城视作不同置县是可取的。至于新襄城的地望,其可行之途或许应从襄城君的封地入手。

上引《说苑》记襄城君始封之日立于"游水"之上。游水可泛指流水,也可实指。《汉志》临淮郡"淮浦"县下班固自注:"游水北入海。"《水经·淮水注》亦载:"淮水于(淮浦)县枝分,北为游水,历朐县与沭合,又迳朐山西,山侧有朐县故城,秦始皇三十五年,于朐县立石海上,以为秦之东门。"郑威先生在博士论文中由此出发并结合"游阳丞印"封泥考订游水或相当于今盐河,流经今连云港一带,并结合"向寿戈"的出土地,推断襄城君的封地大致在今连云港市附近地区。① 此说较之旧说颇有新意,然亦非定谳。其可疑之处有如下两点:其一,《说苑》文中"游水"有异文作"流水",②是否可作专名看待值得考虑。再者,即使游水为专名,是否能与《水经》《汉志》的游水对应也需要更多的材料。其二,据董珊先生文"附记"所述,向寿戈实际上为征集品,与同时所报道的另外两戈不一定出自同一墓葬。因此这个出土地不明的向寿戈不能作为我们判定襄城地望的参考。鉴于上述疑点,我们认为郑威先生对襄城君封地地望的研究可备一说,但还有待进一步的探讨。③

二、襄陵与新襄陵

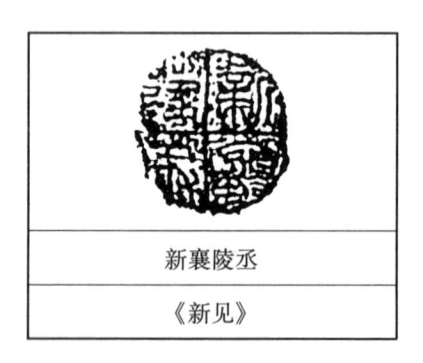

新襄陵丞
《新见》

---

① 郑威:《楚国封君研究》,武汉大学博士学位论文 2009 年,第 141 页。
② 参《水经·汝水注》、《艺文类聚》卷七十一"舟车部"、《太平御览》卷六百九十二"服部"、卷七百七十一"舟部"等所引。
③ 有学者撰文认为《史记·项羽本纪》所载项羽所攻之襄城并非河南襄城,而应是秦朝泗水郡治相县,位于今安徽淮北市(王健:《〈史记·项羽本纪〉襄城地望纠误与考实》,《安徽史学》2009 年第 5 期)。此说立论的要点是认为襄城距离当时起义军活动范围太远,与当时起义军总体军事意图相违。今按,据《史记·高祖本纪》刘邦"从项梁月余,项羽已拔襄城",按照当时情形计算,项羽领命攻打襄城前后至少有一个多月时间,因此时间不是问题。再者,《汉书·高帝纪》载章邯别将司马尼"将兵北定楚地,屠相",句下不过二十余字,便是"项羽拔襄城还"。如果说"襄城"是出于误记,实在难以想象。由此可见项羽所拔之襄城不可能为相。

秦封泥有"新襄陵丞"。① 周晓陆先生认为："《汉书·地理志》河东郡有襄陵,新襄陵当是秦吞并魏河东之后所新立之县。"②后晓荣先生认为"襄陵一度改称新襄陵",他在《秦代政区地理》一书中把"新襄陵"与河东郡"襄陵"计为一县。不过在脚注中提出另一种可能,即其所引周晓陆的说法:③

> 襄城、襄陵皆为中原旧县,曾经属三晋或楚国,冠以"新"字,是仍在旧地,还是秦之新建,待考。

今按,襄陵见于《战国策·齐策》"邯郸之役"章。

> 段干纶曰:"夫救邯郸,军于其郊,是赵不拔而魏全也。故不如南攻襄陵以弊魏,邯郸拔而承魏之弊,是赵破而魏弱也。"

程恩泽《国策地理考》卷十二对此已有详考,现引述如下:

> 襄陵有二,《汉志》河东郡有襄陵县,此晋襄公陵也。在今平阳府襄陵县东二十五里。又云陈留郡有襄邑县,此宋襄公陵也。在今归德府睢州西一里。师古曰:"圈称云,襄邑宋地,本承匡襄陵乡也。秦始皇以承匡卑湿,故徙县于襄陵,谓之襄邑。"是襄邑本名襄陵也。此云"南攻",在魏之南,当主襄邑言。④

《史记》中亦有多处记载涉及襄陵,三家注多以河东襄陵县当之。譬如《秦本纪》昭襄王二十九年"王与楚王会襄陵",《集解》云:"《地理志》河东有襄陵县。"《正义》引《括地志》云:"襄陵在晋州临汾县东南三十五里。阚骃《十三州志》云襄陵,晋大夫犫邑也。"钱穆在《史记地名考》中对襄陵也有一番按语:

> 秦、楚相会,岂至河东?注说大误。考秦昭取韩穰,封魏冉为侯,在今河南邓县。或"襄陵"即"穰"之异名。又春秋宋承匡地,宋襄公所葬,故曰"襄陵"。战国属魏,秦改襄邑,今河南葵丘县西。《田齐世家》

---

① 前揭《于京新见秦封泥中的地理内容》。
② 前揭《于京新见秦封泥中的地理内容》。
③ 前揭《秦代政区地理》,第 307 页。
④ 程恩泽:《国策地理考》,道光二十年溧阳狄子奇刻本。

"田忌南攻襄陵"，即《楚魏世家》"诸侯围魏襄陵"。对北救邯郸言，故曰"南攻"。《索隐》谓在河东，《正义》谓在邹县，亦误。①

上述"诸侯围襄陵"之事与《战国策·齐策》相同，钱氏在这个问题上与程氏意见一致。② 至于秦王与楚王所会之襄陵，钱氏提出假说以为"襄陵"或为"穰"之异名。今按，据《秦本纪》《楚世家》，秦昭王与楚顷襄王在襄陵、穰二地都有相会的记录，故以襄陵为穰之异名似不妥。我们认为秦楚二王相会之襄陵似乎应是今河南葵丘县的襄陵。据《楚世家》楚怀王六年（前323年）"楚使柱国昭阳将兵而攻魏，破之于襄陵，得八邑"，③此后襄陵为楚地或与楚地毗邻。昭襄王二十九年秦楚二王相会的背景是"白起攻楚，取郢为南郡"，楚王东走陈。在此情形下秦楚相会之所似以在楚境或近楚之地为妥。

通过上述对传世文献的分析可以看出，程恩泽所谓先秦时"襄陵有二"的论断是可信的。张家山汉简《二年律令·秩律》简454载有"襄陵"，从其出现位置来看当属河东郡之襄陵。由此可见河东襄陵置县应可上溯至秦，属秦置县。另据上文分析来看，作为襄邑前身之襄陵也应属秦置县。既然两处襄陵都为秦县，那么"新襄陵"应指较晚设置之襄陵为妥。从秦占据两处襄陵的先后顺序来看，河东襄陵得之在前；因此"新襄陵"或是秦占领楚襄陵县后加"新"字以与河东襄陵区别，《汉志》陈留郡襄邑县下师古注曰："圈称云，襄邑宋地，本承匡襄陵乡也。……秦始皇以承匡卑湿，故徙县于襄陵，谓之襄邑。"因此秦始皇徙承匡县于襄陵后又将其改名为襄邑，故新襄陵之名便湮没无闻了。

三、平舒与新平舒

秦封泥有"新平舒丞"，④陈晓捷、周晓陆先生考证其地望曰：

> 平舒有二，一在关中。《史记·秦始皇本纪》：三十六年"秋，使者

---

① 钱穆：《史记地名考》，商务印书馆2004年，第579—581页。
② 徐少华先生对襄陵地望也有专门的探讨，大致观点采程、钱二氏之说。参氏著《昭阳伐魏及其相关问题辨析》，《江汉考古》1993年第4期；同氏《包山楚简释地五则》，《江汉考古》1996年第4期。
③ 鄂君启节、包山楚简第103、115简"大司马昭阳败晋师于襄陵之岁"即此，《魏世家》襄王十二年记"楚败我襄陵"亦此事。此事另见《战国策·齐策二》"昭阳为楚伐魏"章。参陈伟：《包山楚简初探》，第10页；前揭李晓杰《中国行政区划通史·先秦卷》，第524页。
④ 陈晓捷、周晓陆：《新见秦封泥五十例考略——为秦封泥发现十周年而作》，西安碑林博物馆：《碑林集刊》第11辑。

从关东夜过华阴平舒道。"《正义》引《括地志》云:"平舒故城在华州华阴县西北六里。《水经注》云:'渭水又东经平舒北,城枕渭滨,半破沦水,南面通衢。昔秦之将亡也,江神送璧于华阴平舒道,即其处也'。"此平舒属内史,其地在今陕西华阴市西北。另一在赵地。《史记·赵世家》,赵孝成王十九年,"赵与燕易土:以龙兑、汾门、临乐与燕,燕以葛、武阳、平舒与赵。"《集解》:"徐广曰:'在代郡。'"《正义》:"《括地志》云:'平舒故城在蔚州灵丘县北九十三里也。'"《汉志》,代郡有平舒,本注:"祁夷水北至桑乾入治(栋按,据王先谦《补注》当作治)。莽曰平葆。"此平舒属代郡,其地在今山西广灵县西。按,新平舒当为代郡之平舒。因秦地已有平舒,秦攻占赵之平舒后,沿用其故名,而关中已有平舒,故在新攻取者加以"新"字以示区别。①

后晓荣先生《秦代政区地理》在代郡下列有新平舒,其说大致与陈、周二氏说同。② 今按,《汉志》渤海郡另有东平舒。颜师古注:"代郡有平舒,故此加东。"王先谦《汉书补注》云:

《齐策》徐州,高注或作舒州。张守节以为即东平舒。为齐西北界上地。威王云,黔夫守徐州,则燕祭北门,赵祭西门也。《续志》,后汉改属河间。《本志》河间弓高下云虖池别河首受虖池河,东至县入海也。……《一统志》,故城今大城县治。

关于赵孝成王十九年赵燕易土之事,其中赵得燕之"平舒"。《集解》《正义》均以代郡之平舒当之,王先谦《补注》说同,陈、周二氏亦从之。其实这种看法存在一定问题。目前所见只有赵一清对此有不同看法:

《史记·赵世家》:孝成王十九年,赵与燕易土,以龙兑、汾门、临乐与燕,燕以葛、武阳、平舒与赵。《正义》曰:《括地志》云故葛城,又名西阿城,在瀛州高阳县西北五十里。平舒故城在蔚州灵邱县北九十三里。夫既知葛城在高阳,则武阳、平舒必相去不远。先是,惠文王二十一年,徙漳水武平西,二十七年,徙漳水武平南。《正义》曰:《括地志》云武平亭今名渭城,在瀛州文安县北七十二里。是时,赵境东逼,故燕以三邑

---

① 前揭《新见秦封泥五十例考略——为秦封泥发现十周年而作》。
② 前揭《秦代政区地理》,第335页。

予之易土。葛城废县,今安州治,武阳地阙,平舒今大城县也,汉曰东平舒,属勃海郡。师古曰:代郡有平舒,故此加东,是也。徐广既误证,《括地志》又因之,均为非矣。①

我们注意到《汉志》载"赵分"有"又得渤海郡之东平舒"句,由此可见,燕赵所易之平舒当在渤海而非代郡,此云"东平舒"乃据汉人之辞追述,实则汉以前本名为平舒,后人失查,故以代郡之平舒当之。

至于关中之平舒,《史记·秦始皇本纪》作"华阴平舒道",《水经·渭水注》引《春秋后传》作"华阴平舒置",由此可见平舒应属华阴县之置传机构,不是县级政区。而见于《汉志》的代郡平舒与渤海郡东平舒在秦时极有可能已经置县。因此先秦平舒虽有三处,但置县之处只有两处;而从秦灭赵置县的顺序来看,渤海之平舒入秦较早,据《史记·秦始皇本纪》大致在赵幽缪王八年(前228年)"邯郸为秦"之后;代郡为代王嘉最后栖身之所,"王代六岁(前222年),秦进兵破嘉,遂灭赵以为郡",估计代郡之平舒当在此时入秦为县。② 由此可见,代郡之平舒置县在后,故封泥所见"新平舒"指此县之可能性较大。

四、阳成(成阳)与新阳成(新成阳)

秦封泥有一枚如下图所示:

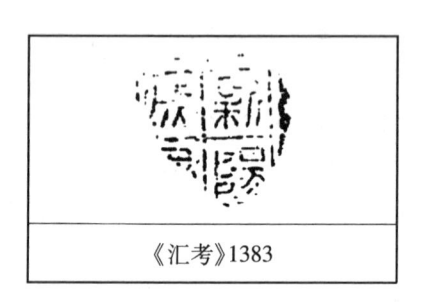

《汇考》1383

按照阅读顺序,这枚封泥读"新成阳丞"与"新阳成丞"均有可能,③王辉先生提出三种意见并对各种情形都作了一定的分析。为便于讨论,现不避烦琐,将其意见引述如下:

---

① 参阅郦道元撰,杨守敬、熊会贞疏:《水经注疏》,第1162页。
② 前揭《中国行政区划通史·先秦卷》,第661页。
③ 王辉:《西安中国书法艺术博物馆藏秦封泥选释续》,《陕西历史博物馆馆刊》第8辑,第47页,收入氏著《一粟集——王辉学术文存》,第538—540页,亦见傅嘉仪:《秦封泥汇考》,第215页。

此封泥有可能读"新成阳丞"。《史记·秦本纪》："(昭襄王)十七年,城阳君入朝……"《正义》引《括地志》云:"濮州雷泽县,本汉郕阳县。古郕伯,姬姓之国,周武王封弟季戴于郕,其后迁之城阳也。"日人泷川资言《考证》:"梁玉绳曰:成阳君,韩人,《魏策》有之,成、城通用。"此成阳《汉书·地理志》属济阴郡,班氏自注"有尧冢(冢)灵台,《禹贡》:雷泽在西北。"成阳有雷泽,见于《禹贡》,相传尧母庆都葬此。战国齐地,城阳君应是齐之封君(昭王十七年成阳尚未归秦),入秦后应为县。又《汉书·地理志》汝南郡有成阳侯国,王先谦《补注》:"战国楚地,《楚策》所谓'襄王流揜于成阳'也。""新成阳"可能为以上二成阳之一。

"新成阳"亦可能读为"新阳成(城)"。

《汉书·地理志》汝南郡有新阳县。王先谦《补注》:"吕臣起此,见《陈涉传》。高帝封吕青为侯国,见《表》。……《一统志》,故城今太和县西北六十里。《旧志》:俗呼信阳城。""信阳城"显然是"新阳城"之讹。不知"新阳成"是否即此"新阳城"?

又颍川郡有阳城县,本春秋郑地,战国归韩,后入秦;汝南郡有阳城侯国,为汉宣帝时封国。不知"新阳成"是否指汝南之阳城?此阳城虽宣帝始封侯国,但地名当早已有之,其得名在颍川阳城之后,或加"新"以分别之。

以上三种可能性,我倾向于第一种说法。

傅嘉仪先生《秦封泥汇考》一书全引王氏之说。后晓荣先生则采王氏第二说,以《汉志》汝南郡之新阳县当之。① 今按,就目前所见秦封泥来看,县级主官(令、丞)刻印似乎自有其通例:一般来说,县名为一字的作"某丞之印",如"杜丞之印""怀令之印";县名为两字的作"某某丞印",如"高陵丞印""新安丞印",县名为三字的一般作"某某某丞",如"东平陵丞""新襄陵丞"等。因此新阳县丞之印自当刻作"新阳丞印"而不是"新阳成丞"。如此看来,"新阳成"三字为县名,不当省作"新阳",因此王氏第二说显然不正确,剩下只能在第一、三说中来选择。王氏自己倾向于第一说,即读为"新成阳丞"。我们注意到《续封泥考略》著录有"城阳侯印",此印原定为汉初之物,周晓陆、傅嘉仪、后晓荣等先生均断为秦物。② 其中"城"字从"土"从

---

① 前揭《秦代政区地理》,第260页。
② 关于城阳的性质存在争议,周晓陆认为是秦县,傅嘉仪、后晓荣、辛德勇等人认为是郡。参阅前揭何慕《秦代政区研究》。

"成",与上揭封泥写作"成"不同。"成""城"二字虽然可以通用无别,但是在封泥中作为地名使用的字似乎存在比较严格的区别。譬如"成都"的"成"没有写作"城"的,"彭城"之"城"也没有写作"成"的。① 从这个意义上讲,封泥中的地名若作"城阳"的话应该写作"城"才是,因此将该封泥读作"新成阳丞"似有不妥。我们认为恐以读作"新阳成丞"为是。

战国秦汉时以"阳城"为名者不在少数,而王氏所叙只是见于《汉志》中较为易考者。其实关于阳城的地望,谭其骧先生在20世纪60年代考察陈胜籍贯阳城的一篇文章中,已就传世文献所见秦汉时期的四处阳城地望作了较为明确的辨析。② 徐少华先生在考察包山楚简所见阳城地望时又对前人的研究作有总结:

> 古阳城,特别是作为县级政区单位的阳城,学术界探讨时曾有一系列的论述,归纳起来,有四处。一是秦汉颍川郡之阳城县,故址在今河南登封县东南的告城镇;二是秦南阳郡之阳城,汉改为堵阳,在今河南方城县东;三是汉汝南郡之阳城县,学术界将其定于今河南商水县西南;四是《大明一统志》所载位于安徽宿州南之阳城。③

以上四说除第四处仅见于晚期文献外,其余三处都见于先秦秦汉史料,其中一、三已见于王说,此处从略。我们简要介绍一下第二处阳城。《汉志》南阳郡"堵阳县"下班固自注云:"莽曰阳城。"王先谦《汉书补注》曰"县在秦名阳城,见《曹参传》注。莽复故。"《汉书·曹参传》:"从南攻犨,与南阳守齮战阳城郭东。"颜师古《注》引应劭曰:"今堵阳。"《史记·曹相国世家》所记略同,《索隐》引徐广云:"阳城在南阳。"上引谭其骧文曾据此得出与王先谦说一致的结论。张家山汉简《二年律令·秩律》简458有颍川郡之"阳城",457号简另有"阳成",原整理者以为属汝南郡。晏昌贵先生发现与"阳成"并列的析、郦、邓、南陵、比阳、平氏、胡阳、蔡阳、隋、西平、叶、雉、阳安、鲁阳、朗陵、犨等县汉初均属南阳郡。因此他认为457号简之

---

① 同样的例子还可以在《秦封泥集》《秦封泥汇考》中找到一些,这里不一一列出。需要指出的是,传世文献与出土文献中的地名用字存在不一致的情况,如《汉志》汉中郡之"西城",秦封泥写作"西成",但这并不能作为我们说法的反证。因为在某一类出土文献范围内(譬如封泥),地名用字还是遵循着一定的用字规范,极少有使用通假字的情况。
② 谭其骧:《陈胜乡里阳城考》,《社会科学战线》1981年第2期,收入氏著《长水集》(下),第336—341页。
③ 徐少华:《包山楚简释地五则》,《考古》1999年第11期。

"阳成"即为上考之南阳郡"阳成",后改为堵阳,在今河南方城县东。①

上述四说是谭其骧先生在讨论与楚地相关的地名时提出来的,故而未及先秦文献中另一处位于北方的阳城。《史记·赵世家》载悼襄王九年(前236年)"赵攻燕,取狸、阳城",《正义》曰:"燕无狸阳,疑'狸'字误,当作'渔阳',故城在檀州密云县南十八里,燕渔阳郡城也。按赵东界至瀛州,则檀州在北,赵攻燕取渔阳城也。"梁玉绳、钱穆皆不同意《正义》之说,并据《燕策》记载认为狸与阳城乃二地。燕取之齐,复为赵所取。② 至于此阳城的地望,钱穆考云:

> 《郡国志》蒲阴有阳城。《水经注》"博水迳阳城县,散为泽渚,谓之阳城淀。"故城今完县东南。③

今按,钱氏所考可信,《太平寰宇记》卷六十二"望都县"下有"阳城淀"与《水经注》合。谭其骧先生主编《中国历史地图集》大致采此说,位置在今望都县东南。④

综上所述,秦时阳城至少有四处(安徽宿州南之阳城未计),其中前三处有较为可靠的证据说明为秦县。从各县入秦的顺序来讲,南阳郡之阳城最早入秦。因此封泥所载"新阳城"或为颍川、汝南中某一处。由于目前的材料仍有限,姑存疑待考。

五、城父(父城)与新城父(新父城)

秦封泥有一枚如下图所示:

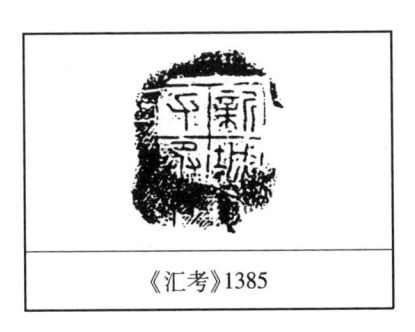

《汇考》1385

---

① 晏昌贵:《张家山汉简释地六则》,《江汉考古》2005 年第 2 期。
② 梁玉绳:《史记志疑》,中华书局 1981 年,第 1073 页;前揭《史记地名考》,第 959 页。
③ 前揭《史记地名考》,第 959 页。
④ 谭其骧主编:《中国历史地图集》第一册,《燕图》,第 41—42 页。

如同上文"新成阳丞"封泥一样，由于传世文献中"城父"与"父城"作为县名均见于《汉志》，所以这枚封泥也有"新城父丞""新父城丞"两种不同的读法。王辉先生主张第一种读法，他在文中分别举出见于《左传》"昭公十九年"的楚城父邑和见于"昭公九年"的陈城父邑。前者即见于《汉志》颍川郡的父城县，治今河南宝丰县东；后者即见于《汉志》沛郡的城父县，治今安徽亳州市东南。他认为"新城父"当为二者之一。① 后晓荣先生主张读为"新父城"，即《汉志》颍川郡的父城县，并指出秦新父城县为汉父城县之前身。②

关于《汉志》中颍川"父城"与沛郡"城父"之关系，杨守敬曾有《城父、父城考》一文行世，他认为《汉志》早期版本作"城父"，今本作"父城"乃后人传抄之误。其说如下：

> 《志》沛郡有城父县，颍川郡有父城县。其沛郡之城父，则因昭九年楚公子弃疾迁许于夷，实城父以立县也。其颍川之父城，则因昭十九年楚子大城城父，使太子居之以立县也。按颍川之城父，三见于《左传》，三见于《史记》，皆不作父城。说者谓汉制嫌与沛郡同名，故倒置以示别。窃谓《志》异郡同名之县甚多，或加东、西、南、北字，或加上、下字，或竟不加字。即嫌同名，何不以颍川之城父加北字以别之？岂有经传名地，故倒置其文？较之王莽之改汉制，尤为无理。如《志》清河郡有东阳，临淮郡复有东阳，倒其文曰"阳东"可乎？汝南郡有定陵，颍川郡复有定陵，倒其文曰"陵定"可乎？按《史记·周本纪》应国下，《集解》载徐广引《志》仍作城父，是徐广所见《志》不作父城也。《伍子胥传》集解云：颍川有城父县，是裴骃所见《志》，不作父城也。昭十九年杜注云襄城之城父，是杜所见晋制不作父城也。《说文》溵字下"溵水出南阳鲁阳，入城父"，下至魏王泰《括地志》、李吉甫《元和郡县志》皆仍作城父，是必所见《志》尚是善本，故不误。唯《后汉书·冯异传》作父城，而章怀注云"或谓之城父"，则章怀亦未敢质言之。《水经·汝水注》亦作父城，然其引《左传》杜注仍作城父，知上文作父城者，亦后人改也。是《前汉志》之作父城者，传写之差，《续志》之作父城者，又因《前志》而讹也。《周书·郭默儿传》：为襄城太守，镇父城。又《隋地志》郏城下：开皇十八年，改汝南曰辅城。父、辅音近，《晋志》亦作父城，此参差之

---

① 前揭《西安中国书法艺术博物馆藏秦封泥选释续》。
② 前揭《秦代政区地理》，第 203 页。

始，然则其误在隋唐间。至《通典》《寰宇记》皆作父城，莫悟其非矣。①

诚如杨氏所云，颍川之城父见于《左传》《史记》者皆不作父城。出土文献也有材料可以应证杨氏的这一观点。《说苑·辨物》记载有王子建出守城父与成公乾遇于畴中对答之事。与之大致相同的记载也见于上博楚简《平王与王子木》篇，其相关简文云：

竞平王命王子木迡城父，过申。②

从郢都至城父而路过申（今河南南阳北），可见此城父显然为颍川郡之城父，简文不作父城。张家山汉简《二年律令·秩律》简449亦载有城父，整理者以为属沛郡，周振鹤先生以为"父城"误倒，属颍川。晏昌贵先生据上引杨说谓此城父当属颍川郡。③ 由此看来，该封泥当以释"新城父丞"为妥。

颍川郡之城父原为楚地，陈伟先生及徐少华先生皆认为春秋时楚已设有城父县，④可从。据此入秦后亦置为县。至于沛郡之城父，王先谦《补注》云："陈夷邑，楚取之，见《左僖传》，后改名城父，见《昭传》，章邯杀陈胜于此，见《秦纪》。刘贾屠之，见《项羽传》。高帝封尹恢为侯国，见《表》。"值得注意的是《史记·陈涉世家》有"下城父"（《汉书·陈胜传》同），《索隐》曰："旧读以陈王从汝阴还至城父县，因降之，故云'还至下城父'。又顾氏按《郡国志》，山乘县有下城父聚，在城父县东，下读如字。其说为得之。"颜师古注曰："下城父，地名，在城父县东。"今按，司马、颜二氏以"下城父"在城父之东，似过泥。拙见以为"下城父"应即沛郡之城父县，因颍川有城父，故加"下"以别之，入秦后或又称作"新城父"。若然，则此地秦时当亦置县。因此，封泥所见"新城父"当指沛郡之城父县而言。

六、东阳与新东阳

秦封泥有"新东阳丞"，⑤王辉先生考释如下：

---

① 杨守敬：《城父、父城考》，《晦明轩稿》，载谭其骧主编《清人文集地理类汇编》第1册，第468—469页，又见谢承仁主编：《杨守敬集》第5册，第1135页。
② 马承源主编：《上海博物馆藏战国楚竹书（六）》，上海古籍出版社2007年。
③ 晏昌贵：《〈二年律令·秩律〉与汉初政区地理》，《历史地理》第21辑。
④ 前揭《楚东国地理研究》，第182页；徐少华：《周代南土历史地理与文化》，武汉大学出版社1994年，第278页。
⑤ 前揭《西安中国书法艺术博物馆藏秦封泥选释续》。

《汉书·地理志》无新东阳县，但新东阳肯定为先秦古县，1976年安徽阜阳博物馆在阜阳废铜仓库拣选到一枚方形古玺，玺文"新东昜（阳）宫（邑）大夫玺"，该玺从风格和文字特点看，应是楚玺。韩自强先生推测新东阳即安徽界首光武乡的尹城子，此地为春秋蔡莘邑，西汉曾在此设新阳县，楚败蔡后有莘改称新东阳，汉又称新阳，恐未必是。

先秦时鲁有东阳，《左传·哀公八年》："吴师克东阳而进。"齐有东阳，《左传·襄公二年》："晏弱城东阳以逼之。"晋有东阳，《左传·襄公二十三年》："赵胜率东阳之师以追之。"此东阳《汉书·地理志》为清河郡侯国。楚有东阳，秦置县。《史记·项羽本纪》："秦二世元年……项梁乃以八千人渡江而西，闻陈婴已下东阳，使使欲与连和俱西。陈婴者，东阳令史……"《正义》引《括地志》云："东阳故城在楚州盱眙县东七十里，秦东阳县城也，在淮水南。"新东阳为楚地，大概因为齐、鲁、晋已有东阳地，故加新以分别之，至秦末汉初又省"新"，迳称东阳。①

王辉先生之意是认为楚新东阳为秦新东阳之前身，其地即《史记·项羽本纪》所载之东阳，治今江苏盱眙县东。后晓荣先生的看法与王辉先生说不同，他认为新东阳是与《史记·项羽本纪》所载之东阳相对而言的，具体地望待考。② 今按，阜阳博物馆收藏的那枚古玺如下图所示：③

其中释为"宫"的字，在其他战国出土资料中比较多见，目前主要考释意见有释宫、释邑、释序、释宛、释宫等。④ 其中赵平安先生释为"宛"读为

---

① 前揭《西安中国书法艺术博物馆藏秦封泥选释续》。
② 前揭《秦代政区地理》，第240页。
③ 韩自强：《安徽阜阳博物馆藏印选介》，《文物》1988年第6期；韩自强、韩朝：《安徽阜阳出土的楚国官玺》，《古文字研究》第22辑，中华书局2000年，第176—180页。
④ 释宫的有叶其峰：《战国官玺的国别及其有关问题》，《古玺印与古玺印鉴定》，文物出版社1997年，第222—230页；李学勤：《楚国夫人玺与战国时的江陵》，《江汉论坛》1982年第7期；高明：《古陶文汇编》，中华书局1990年。释邑的有湖北省荆沙铁路考古队：《包山楚简》，文物出版社1991年；何琳仪：《战国古文典》，中华书局1998年，第1371页。释序的有李家浩：《先秦文字中的"县"》，《文史》第28辑，收入氏著《著名中年语言（转下页）

"县"的意见曾得到一些学者的认同。赵文共列出相关词例31条,他认为"上举各例中的宛字,除少数外,绝大多数前头冠以地名,后接官名。从可考的地名看,战国时大都为县邑,而这些县邑又往往和《汉书·地理志》的县名相应。其后所接官名如大夫、司马、司败(即司寇)、攻(工)尹之类,都为当时县制所能涵盖"。不过从字形来看,李家浩先生释为"序"的意见更为妥当。李先生读"序"为"馆舍"之"舍"。裘锡圭先生也主张释为"序",即庠序之序。① 相较之下,这种意见更为合理。若然,则楚时新东阳未必已经置县。

王辉先生以为楚之新东阳是为了与鲁、齐、晋之东阳相区别,此说恐不确。春秋战国时各国之间地名相同者多见,但亦只有在一国之内有重名时才有加以区别的必要。因此楚之新东阳似不是为了与如鲁、齐、晋之东阳相区别,而是为了与本国已有之东阳相区别。我们注意到战国时楚及其附庸国曾国都有名为"西阳"之地。楚之西阳如天星观楚简载有楚封君"西阳君",其封地应在"西阳"。又如传世安州六器之"楚王酓章钟"及曾侯乙墓出土"楚王酓章镈"铭文均载云:"惟王五十六祀,返自西阳,楚王酓章作曾侯乙宗彝,奠之于西阳,其永持用享。"此西阳当在曾国境内。② 以方位命名的地名一般有成对出现的情况,因此楚、曾或许各有一处地名为"东阳"。《汉志》江夏郡下有西阳县,其地在今河南光山县西。③ 此地极有可能为楚西阳君封地所在之西阳。若然,则楚东阳应与此地相距不远。结合楚国后期历史来看,新东阳或是楚人东迁淮域后的侨置地名。这样的话,《史记·项羽本纪》秦东阳县之前身极有可能为楚之新东阳。

王辉先生文中谈到齐、鲁、晋均有东阳,此诚是。不过钱穆先生据《左

(接上页)学家自选集:李家浩卷》,第26页;湖北省文物考古研究所、北京大学中文系:《九店楚简》,中华书局2000年,第114—115页。释宛的有赵平安:《战国文字中的"宛"及其相关问题研究——以与县有关的资料为中心》,《第四届国际中国古文字学研讨会论文集——新世纪的古文字学与经典诠释》,香港中文大学中国语言及文学系2003年;赵平安:《战国文字中的"宛"及其相关问题研究(附补记)》,简帛网2006年4月10日。释宫的有罗运环:《宫字考辨》,《古文字研究》第24辑,第345—346页。

① 裘锡圭先生的意见出自其于2009年7月2日在武汉大学简帛研究中心的演说。
② "返自西阳",李学勤先生解释为"报丧自西阳",裘锡圭先生认为指惠王自己从西阳返回楚国。参阅李学勤:《曾国之谜》,原载《光明日报》1978年10月4日,收入氏著《新出青铜器研究》,文物出版社1990年,第146—148页;裘锡圭:《谈谈随县曾侯乙墓的文字资料》,《文物》1979年第7期。
③ 石泉:《古代曾国——随国地望初探》注12,《古代荆楚地理新探》,武汉大学出版社1988年,第100页。

传》襄公二十三年"赵胜率东阳之师以追之"以及《左传》昭公二十二年"晋荀吴略东阳,灭鼓"条下杜预《注》、孔颖达《正义》认为晋东阳为较大区域名,"总谓晋之山东"。① 此诚是,战国时晋东阳地归赵所得。《史记·秦始皇本纪》:"(始皇)十九年,王翦、羌瘣尽定取赵地东阳,得赵王。"又《韩非子·初见秦》:"以代、上党不战而毕为秦矣,东阳、河外不战而毕反为齐矣。"有不少学者将上述东阳均视作《汉志》清河郡侯国东阳县之前身,其实这种看法是不正确的。与之同类的例子还有一些,如先秦古南阳地大致有三处,均为较大之区域名。一在今山东省泰山以南、汶水以北。以在泰山之阳得名。《公羊传》闵公二年"高子将南阳之甲",《孟子·告子下》"遂有南阳",即此。一在今河南省济源市至获嘉县一带。《左传》僖公二十五年所谓"晋于是始启南阳",即此。② 一在今河南省西南部。战国时分属楚、韩。因地在"中国之南,而居阳地",③位于伏牛山、汉水之阳,故名。由此可见晋东阳实际上为一大区域名,与《汉志》清河郡侯国之东阳县似无关系。④ 又齐、鲁之东阳只见于《左传》,战国时期未有记载,并无明确的置县证据。

---

① 前揭《史记地名考》,第 788 页。
② 陈伟:《晋南阳考》,《历史地理》第 18 辑。
③ 语出《释名·释州国》,参刘熙撰,毕沅疏证,王先谦校补:《释名疏证补》,中华书局 2008 年,第 57 页。
④ 参考谭其骧主编《中国历史地图集》第一册第 37—38 页"赵中山"图,第二册第 26 页"冀州刺史部"。

附文三：里耶秦简所见秦基层地方行政体系

秦汉时期的乡里是当时地方行政制度中最基层的环节。与同期的郡县政区相比，在传世文献中这方面的记载显得更为缺乏，长期以来关于这一问题的探讨只能通过《史记》《汉书》等有限的文献中去梳理。从学术史的角度考察秦汉社会乡里基层行政组织的研究，可以发现此前的研究大致主要集中在两个方面：一是乡里吏员的设置及其职掌，二是乡里行政系统的隶属关系及其职能。传统文献对前者的记载较为疏略，对于后者（主要表现在乡里与亭的关系及其设置结构）的记载亦存在歧异，学者各自也都有不同的理解，因此这些问题在很长一段时间里成为秦汉乡里制度研究中的热门话题，形成了聚讼纷纭、莫衷一是的局面。20世纪二三十年代，随着西北地区敦煌、居延等地大批汉简的出土，汉代的乡里制度研究取得了重大的突破，涌现出一大批见解独特、富有启发的结论。特别是90年代江苏连云港东海县尹湾汉简发现后，通过对这批汉代地方档案实物的解读，汉代的乡里行政系统的隶属关系问题得到澄清。①

然而秦代乡里的面貌如何呢？我们虽然可以借助汉代文献对秦代乡里制度进行逆推，但通过这种途径得到的认识毕竟与真实的秦制有所差别。在70年代出土的云梦睡虎地秦简中所见乡里吏员有乡主、田啬夫、田典、部佐、里正、里典等名称，这些涉及秦代乡里制度研究的第一手材料的出土极大丰富了我们对秦代乡里面貌的认识，但是仅仅依据这批材料还很难对秦代乡里制度进行更深入的研究。不过随着里耶秦简的出土，秦代乡里制度的研究面貌得以改观。借助里耶秦简前期公布的部分资料，秦代乡里的研究已经取得了较为可观的研究成果，其中包括卜宪群对乡里吏员设置和行政职能的一系列研究；②邢义田、张荣强、李成珪、田旭东、黎明钊、陈絜等人

---

① 有关汉代乡里亭的研究前史，请参阅沈颂金：《汉代乡亭里研究概述》，《二十世纪简帛学研究》，学苑出版社2003年，第531—540页；大栉敦弘：《国制史》第六节《郡县、乡亭里制》，佐竹靖彦主编：《殷周秦汉史学的基本问题》，中华书局2008年，第195—199页。

② 卜宪群：《秦汉之际乡里吏员杂考——以里耶秦简为中心的探讨》，《南都学坛》2006年第1期，第1—6页；卜宪群：《从简牍看秦代乡里的吏员设置与行政功能》，中国社会科学院考古研究所等：《里耶古城·秦简与秦文化研究——中国里耶古城·秦简与秦文化国际学术讨论会论文集》，第103—113页。

对"南阳里户版"的研究。① 这些研究都是在新资料出土公布基础上对秦代乡里制度有益的探讨。不过随着里耶秦简更多资料大批量的公布,此前研究中未曾得到解决的若干问题可以进一步探讨,此前未能触及的层面亦得以展开。拙文拟在这些研究的基础上就如下几个问题作初步的探讨,不当之处祈请方家指正。

一、作为人物籍贯信息出现的乡里

就出土秦汉简牍来看,虽然其门类众多、性质各异。但根据简牍文书的需要,在对人物进行准确描述的场合都需要足够的信息以达到将人与人明确区分而不至于混淆的目的。这些信息就包括所谓"名县爵里",《汉书·宣帝纪》载:

> 令郡国岁上系囚以掠笞若瘐死者所坐名县爵里。

颜师古注曰:"名,其人名也。县,所属县也。爵,其身之官爵也。里,所居邑里也。"所谓"名县爵里"亦见于居延汉简,②如:

> ☑寿王敢言之。戍卒巨鹿郡广阿临利里潘甲疾温不幸死,谨与
> ☑□楬椟,参絜坚约,刻书名县爵里楬敦,参辨券书其衣器所以收
> 　　　　　　　　　　　　　　　　　　　　　　　　7.31
> 鞫敦书到,定名县爵里年☑。　　　　　　　　　239.46
> ☑史商敢言之。爰书:鄣卒魏郡内安定里霍不职等五人☑
> ☑☑☑☑敞剑庭刺伤状。先以证不言请出入罪人辞
> ☑乃爰书。不职等辞县爵里年姓各如牒。不职等辞曰:敞实　剑
> 庭自刺伤,皆证。所置辞审,它如　　（觚）
> 　　　　　　　　　　　　　　　　　　　　　　　　3.35

---

① 邢义田:《龙山里耶秦迁陵县城遗址出土某乡南阳里户籍简试探》,简帛网2007年11月3日;张荣强:《湖南里耶所出"秦代迁陵县是南阳里户版"研究》,《北京师范大学学报(社会科学版)》2008年第4期;李成珪:《里耶秦简南阳户人户籍与秦迁徙政策》,《中国学报》第57辑,2008年(按此文未见,转引自尹在硕:《韩国的秦简研究(1979—2008)》,《简帛》第4辑,第71页);田旭东:《里耶秦简所见的秦代户籍格式和相关问题》,《四川文物》2009年第1期;黎明钊:《里耶秦简:户籍档案的探讨》,《中国史研究》2009年第2期;陈絜:《里耶"户籍简"与战国末期的基层社会》,《历史研究》2009年第5期。下文引述上述诸家意见均见于此,恕不一一注明。

② 谢桂华等:《居延汉简释文合校》,文物出版社1987年。

☐县爵里年姓官秩它　　　　　　　　　　　214.127

此外，里耶秦简8-330号简亦存有"县爵里"三字。据以上简文可知，"名县爵里"之外尚有记载"年""姓""官""秩"等项信息的要求，即年龄、姓氏、职官、秩级。另外，秦简中还有关于"事"的信息要求。如睡虎地秦简《秦律十八种·仓律》简25载：

书入禾增积者之名事邑里于廥籍。

再如，《封诊式》简6载：

士五(伍)，居某里，可定名事里。

睡虎地秦简整理小组注："事，《说文》：'职也。'名事里，姓名、身分、籍贯。"将"事"解释为"身分"似不确。据《说文》"职也"的解释，"事"应该指职业或职事。如《书·立政》："任人、准夫、牧，作三事。"王引之《经义述闻·尚书上》："三事，三职也。为任人、准夫、牧夫之职，故曰'作三事'。"下文我们所作分类中在职事一项出现的乘城卒、更戍、罚戍、赀貣、居赀、屯戍、屯卒、谪戍、徒、居贷等均属此类(详下文)。泛而言之，这类称谓视作人物身份亦无不可，但准确来说应该是职业或职事。与之类似的还有"职官"，从一定意义上讲职官也是一种职业。我们可以看里耶简8-1090这样一条记载：

说，说所为除赘者名吏里，它坐、訾遣8-1090

8-198+8-213+8-2013简是新缀合的简文，其正面文曰：

☐☐迁陵丞昌下乡官曰：各别军吏。·不当令乡官别书军吏，军吏及乡官弗当听。Ⅰ
☐其问官下此书军吏。弗下下，定当坐者名吏里、它坐、訾能入赀不能，遣诣廷。Ⅱ
☐☐狱东。／义手。Ⅲ 8-198+8-213+8-2013

这两处简文中与"事"对应的位置写作"吏"，由此可见"吏""事"所指存在一定的联系是显而易见。"吏"有职官意,或相当于居延汉简214.127所说的"官"。

通过以上辨析可知,简牍文书在需要对人进行准确描述的情形下,所需信息大致包含名(姓)、县、爵、里、事(官、吏)、年、秩等名目。① 根据文书性质与用途的差异,所需列举信息的详细程度或有差异,但大都具备"县"和"里"这两项。这不免会使人产生疑问,我们都知道秦时县级政区下面存在乡、里二级管理体系,即县管辖乡,乡管辖里。那么为什么独独缺少"乡"这一级的信息呢?究其原因,我们认为这恐怕与"乡"掌管户籍的职能有关。张家山汉简《二年律令·户律》328—330载:

> 恒以八月令乡部啬夫、吏、令史相杂案户籍,副臧(藏)其廷。有移徙者,辄移户及年籍爵细徙所,并封。留弗移、移不并封,及实不徙数盈十日,皆罚金四两;数在所正、典弗告,与同罪;乡部啬夫、吏主及案户者弗得,罚金各一两。

邢义田认为"'副藏其廷'是指户籍副本藏于县廷,正本则在乡。八月案比主要处理户籍变动,而非将全县男女老少集合起来貌阅。从此条也明确知道户籍的编造是在乡而不是在县"②。今按,邢说可从,据简文可知汉代"户籍""年籍"的正本由乡里负责登记、编定和管理,但是县廷藏有副本备案,县廷每年八月进行检查,主要是处理户口迁移情况,如果乡民有移徙他乡者,原户籍所在之乡有责任在规定时间里把户籍和年籍转到新徙之地。③ 未能按时办理迁移手续的相关责任人要受到相应的处罚。这是汉代的情况,秦时是否已经有类似的制度?《商君书·垦令》篇有"使民无得擅徙"的规定,不过这并非禁绝人口的流动,而是必须履行严格的"徙数""更籍"手续。如睡虎地秦简《法律问答》简147云:

> 甲徙居,徙数谒吏,吏环,弗为更籍,今甲有耐、赀罪,问吏可(何)

---

① 《包山楚简》第32号曰:"……不以死于其州者之居处名族至命,升门有败。""居凥名族"亦是名籍登记的内容,与"名县爵里"类似,可参。
② 邢义田:《张家山汉简〈二年律令〉读记》,《燕京学报》新15期,2003年。
③ 江陵高台18号汉墓出土木牍载:"七年十月丙子朔庚[子],中乡起敢言之:新安大女燕自言与大奴甲乙、[大]婢妨徙安都,谒告安都受[名]数,书到为报,敢言之。十月庚子,江陵龙氏丞敬移安都丞。亭手。"这是告地册,但文书格式仿拟实文书,可以作为汉代徙名数的佐证。参湖北省荆州博物馆:《荆州高台秦汉墓》,科学出版社2000年,第224页;胡平生、李天虹:《长江流域出土简牍与研究》,湖北教育出版社2004年,第372页。

论？耐以上，当赀二甲。

同样的例子也见于里耶秦简，如第 16-9 简正面载：

廿六年五月辛巳朔庚子，启陵乡 㢲 敢言之：都乡守嘉言，渚里
□□劾等十七户徙都乡，皆不移年籍。·令曰：移言。今问之，劾等徙
□书告都乡曰：启陵乡未有萊（牒），毋以智（知）劾等初产至今年数，
□□□□谒令，都乡自问劾等年数，敢言之。①

第 16-9 简背面载：

☑迁陵守丞敦狐告都乡主，以律令从事。/建手。□☑
甲辰水十一刻刻下者十刻，不更成里午以来。/狉手。

据简文可知，都乡守嘉要求启陵乡把从该乡迁徙到都乡的十七户人的年籍移至都乡。可是查问后才知道，启陵乡亦无劾等十七户人的"年籍"。是原无登记造册还是迁徙过程中遗失，从简文中不得而知。但是《二年律令·户律》所反映的立法精神在此简中都有所体现。里耶简中还存有可能属于有这类户籍迁徙的实例，如下引简文所载：

南里小女子苗。卅五年徙为阳里户人大女子婴隶。② 8-1546
卅五年八月丁巳朔，贰春乡兹敢言之：受西阳盈夷乡户隶计大女
子一人。今上其校一牒，谒以从事。敢言之。8-1565
如意手。8-1565 背

简 8-1546 反映的情况是，原居南里的小女子苗在卅五年迁徙到阳里为大女子婴的"隶"。简 8-1565 则是贰春乡在收到来自西阳盈夷乡的户籍后所签发的回复公文。再比如说简 8-8 载"毋应此里人名者"，简文前半部分残缺，不过意思大致是讲，上级官府要求乡里官吏查对名籍中有无某人的信息，乡里官吏在上报文书中说在里中名籍中查无此人。通过上述简文的

---

① 湖南省文物考古研究所：《里耶发掘报告》（下称《发掘报告》）；"㢲"字释读参考王焕林：《里耶秦简校诂》（下称《校诂》），第 116 页。
② 8-863+8-1504 是新缀合简，与此简内容全同。

论述可知,乡级政府担负着户口登记、变更、管理的职责,在这种情况下,人物籍贯中县、乡两级的信息已经默认为户口所在地的县、乡,所以在户口登记时便直接登记人物的里籍即可。张春龙先生曾著文公布了里耶秦简所见的部分户籍简牍,我们略引几条如下:①

　　南里户人大女子分。☐ Ⅰ
　　子小男子☐☐ Ⅱ 8 - 237
　　成里户人司寇宜。☐ Ⅰ
　　下妻㽞。☐ Ⅱ 8 - 1027
　　东成户人大夫寡晏☐
　　子小女子女巳☐
　　子小女子不唯☐ 9 - 566

　　张文所引此类户籍简有 26 条,其中户主籍贯信息都是只注明里籍,无一例外。在此之前,张氏曾公布了一组出土于里耶古城北护城壕中段底部一凹坑(K11)中的户籍简牍,②这批户籍简牍共 24 枚,其中 10 枚完整,另外有 14 枚为残简。现略引一则如下:

　　(K1/25/50)
　　第一栏:南阳户人荆不更黄得
　　第二栏:妻曰嗛
　　第三栏:子小上造台
　　　　　　子小上造
　　　　　　子小上造 定
　　第四栏:子小女虑
　　　　　　子小女移
　　　　　　子小女 平
　　第五栏:五(伍)长

---

① 张春龙:《里耶秦简所见的户籍和人口管理》,中国社会科学院考古研究所等:《里耶古城·秦简与秦文化研究——中国里耶古城·秦简与秦文化国际学术讨论会论文集》,第 188—195 页。
② 这部分户籍简最初是张春龙先生在出席武汉大学简帛研究中心主办的"中国简帛学国际论坛 2006"时提交的《里耶秦简校券和户籍简》一文中公布的。本文引用时以《里耶发掘报告》为准。

简文所记户主籍贯这一项为"南阳",其他数例也无例外。关于"南阳"的性质这一问题曾引起较大的争议。《里耶发掘报告》指出:①

"南阳"在此处可能是里名,也可能是郡名,联系到"荆"字,"南阳"表示郡名的可能性似乎更大。然而,南阳郡人的户籍为什么出现在这里?却是一个值得探讨的问题。

邢义田先生对此有不同看法,他指出:②

如果参读其他汉代"户人"一词出现的脉络,可以确言此处之南阳应是里名,不会是郡名。第一,依秦汉公文书书写爵里的惯例,写在爵名之前的一律为郡、县、里名,偶而有书乡名的,从不曾见郡名之后直接书写户人某某之例。第二,南阳作为乡里名称,在秦汉之时十分常见。孙慰祖《古封泥集成》收录"南阳乡印"多达六例。而居延新旧简中都有南阳里之例(《居延汉简合校》15.2"济阴郡成阳县南阳里狄奉"、《居延新简》EPT56：68："南阳里")。第三,"户人"之前书里名的直接证据见于湖北江陵凤凰山十号文景时代墓出土的郑里户人廪簿和一六八号墓衡杆文字中有"市阳户人婴家",市阳与它简参证,明确指市阳里无误。又敦煌悬泉简中有"骊靬武都里户人大女高者君"云云(《敦煌悬泉汉简释粹》简六三,上海古籍出版社,2001,页61)。此简时代虽较晚,无疑是沿袭渊源甚早的文书格式。

持此看法的学者尚有张荣强、李成珪、田旭东、黎明钊、陈絜等人。结合张文所引26条户籍简的例子以及上文的分析,我们认为将"南阳"视作里名是正确妥当的。可能是受到户籍简的影响,里耶秦简中多见直接书写里籍的例子,如:

高里公士印 8-341
高里士伍启封 8-651
高里士伍武 8-1537
谪戍士伍高里庆忌 8-899

---

① 前揭《里耶发掘报告》,第208页。
② 邢义田:《龙山里耶秦迁陵县城遗址出土某乡南阳里户籍简试探》,简帛网2007年11月3日。

需要指出的是,这类籍贯书写方式的前提是里的上属县已经明确。也许是出于同样的原因,偶尔我们也可以看到只书写人物县籍的例子。胡宝国先生曾对《史记》《汉书》籍贯书法差异加以研究,他认为秦乃至西汉中期以前在籍贯地的书法上一直继承和保持着战国以来以县为人物籍贯的特点;而西汉中期以后,以郡为籍贯才渐成主流。① 当然,胡氏是在郡县差异这一层面来提出这一观点的,我们对此并无异议。作为一点补充,当我们将视角转移到更加基层的政区(县乡里)层面时,里籍的重要性便凸显出来。换句话说,即在里的上属县已经明确的情况下,人物籍贯中有关县的信息可以省略不书,这时候人物籍贯的乡、里信息才是人物籍贯的重要信息。正因为如此,所以在秦简中大量乡里名称得以保存下来,而这类资料在传世文献是不可能找到的。下面我们就试着将里耶秦简中所见乡里名称作一番整理。

二、乡里名称的确认

通过上文的论述,我们知道简牍中用于限定人物身份的信息有"名县爵里"等内容,但是不同的简文中这些信息的排列顺序是不同的,即简文的书写格式存在差异。因此在整理秦乡里名称之前,我们有必要按照这些信息在简文中书写顺序的差异进行分类归纳,这样便可以直观地确认其中乡里的名称。下面按照其格式分述如下:

A 类:任职地+职官+爵位+籍贯(县+乡里)+名

迁陵狱佐士伍朐忍成都谢 8-988

B 类:任职地+职事+籍贯(县+乡里)+爵位+名

启陵乘城卒秭归□里士五顺 8-1516

C 类:职官(职事)+爵位+籍贯(县+乡里)+名

均佐上造郁郅往春日田□☑8-1277
尉史士伍郸小莫邨般 8-1364
冗佐八岁上造阳陵西就日駋 8-1450

---

① 胡宝国:《汉唐间史学的发展》,第1—9页。

冗佐上造临汉都里曰摇 8-1555
冗佐公士㮺道西里亭 8-60+8-656+8-665+8-748
更戍士伍城父阳翟执 8-110+8-669、8-1517
更戍士伍城父西中瘗 8-110+8-669、8-1517
罚戍士伍资中宕登爽 8-429
罚戍士伍醴阳同□禄 8-761
赀贳士伍巫中陵免将 8-763
罚戍箸襄坏(襄)德中里悍 8-781+8-1102
敦长箸襄襄坏(襄)德中里悍 8-1574+8-1787①
更戍士伍城父阳郑得 8-850
居赀士五巫南就路 8-1014
更戍士伍城父蒙里□ 8-1024
冗佐上造武陵当利敬 8-1089
卒戍士伍涪陵戏里去死 8-1094
史冗公士旬阳陁陵竭 8-1275
冗佐上造旬阳平阳操 8-1306
居赀士五江陵东就斐 8-1328
屯戍士五孱陵咸阴敞臣 8-1545
屯戍箸襄襄完里黑 8-1574+8-1787
屯卒公卒朐忍固阳失 8-445
冗佐上造芷②安□□ 8-879

D 类：职事+籍贯(县+乡里)+名

居赀枳寿陵左 8-197
更戍城父柘□ 8-143

E 类：爵位+籍贯(县+乡里)+名

士伍梓潼长觏(亲)欣 8-71
士伍宕渠道平邑疵 8-657

---

① 此处"襄"字涉上文"襄"字衍，参 8-781+8-1102 简。
② 《校释》作"芒"，今改作"芷"，疑为芷阳之省，即《汉志》京兆尹霸陵县。参本书附文一。

士五巫南就曰路 8-1083
士五朐忍成都 8-1469
士伍朐忍松涂增 8-1574+8-1787
士伍巫下里闻 16-6
士伍巫仓溲产尸 8-793+8-1547
【士】五(伍)索文召冢 8-4

F 类：籍贯(县+乡里)+爵位+名

朐忍索秦士伍状 8-63
迁陵阳里士伍庆、圂 8-78
城父蘩阳士伍枯 8-466
涪陵新里公士箅 8-1206
阳陵宜居士伍毋死 9-1
阳陵仁阳士伍不狄 9-2
阳陵下里士伍不识 9-3
阳陵孝里士伍衷 9-4
阳陵下里士伍盐 9-5
阳陵褆阳上造徐 9-6
阳陵褆阳士伍小欸 9-7
阳陵逆都士伍越人 9-8
阳陵仁阳士伍頟 9-9
阳陵叔作士伍胜曰 9-10
阳陵溪里士伍采 9-11
阳陵囗囗公卒广 9-12

G 类：籍贯(县+乡里)+名

竟陵蘁阴狼 8-135
朐忍宜利锜 8-1563
鄢江里屖囗 8-807
囗忍乐陵宜 8-1286①

---

① "忍"上一字疑为"朐"。

☐城宗里黑 8 - 871①

H 类：职事+籍贯(县)+爵位+籍贯(里)+名

更戍城父士伍阳耀(翟)朋 8 - 980
乘城卒夷陵士伍阳☐☐8 - 1452②

I 类：籍贯(县)+职事+爵位+籍贯(里)+名

巫居赀公卒安成徐 8 - 1563

J 类：籍贯(县)+职官+籍贯(里)+名

资中令史阳里釦 8 - 269

K 类：籍贯(县)+爵位+籍贯(里)+名

丹阳士伍下里申 8 - 1807
丹阳公卒外里弇 8 - 430
郫士伍小莫邻☐8 - 1025③
☐成不更小黄亥 6 - 10④

L 类：籍贯(里)+爵位+名

高里公士印 8 - 341、8 - 1410
高里士伍启封 8 - 651
高里士伍武 8 - 1443+8 - 1455、8 - 1537
高里士五广 8 - 1554

---

① "☐城"疑为县名。
② "阳☐☐"当是里名+人名。
③ 此条"小莫邻"后人名残阙。
④ 《校释》云，"成"前一字，似是"东"。此处东成应是县名。《汉书·地理志》九江郡有东城县，治所在今安徽定远县东南。若此则该简属 K 类。"☐成"为籍贯(县)，不更为爵位，"小黄"为籍贯(里)，"亥"为人名。一说，《汉志》陈留郡有小黄,战国属魏(见《战国策》)，秦时或已置县。

M 类：职事+爵位+籍贯(里)+名

徒士伍右里缭可 8-439+8-519+8-537
谪戍士伍高里庆忌 8-899
居赀士伍高里恶 8-985
佐士伍枳乡里居 8-746+8-1588①

N 类：爵位+籍贯(里)+名

士伍阳里静 8-1356

O 类：籍贯(县、乡里)+年龄+性别+名

江陵慎里大女子可思 8-1444
酉阳成里小男子 8-713
故邯郸韩审里大男子吴骚 8-894

以上共有十五类,其中有些类别之间差异不是太大,但是为了将不同类别之间的细微差别精确地反映出来,我们还是采取了目前这种分类方法,虽难免烦琐之嫌,但考虑到行文到需要,实不得已而为之,望读者谅之。关于上引简文有几点需稍加说明:

其一,关于士伍、公卒等称谓性质的认识。我们在文中将其视作一种爵称,现对此作一番说明。士伍屡见于秦汉史籍,睡虎地、里耶等秦简中尤多,对此称谓的含义如何理解,不但传统的看法有较大的差异,近代以来也是众说纷纭,莫衷一是。卫宏《汉官仪》认为"无爵为士伍",《汉书·景帝纪》注引李奇云"有爵者夺之使为士伍",如淳说与李奇近似,他认为"尝有爵,而以罪夺爵,皆称士伍"。② 颜师古则提出"谓夺其爵,令为士伍,又免其官职,即今律所谓除名也。谓之士伍者,言从士卒之伍也"。嗣后董说、沈家本又提出士伍为刑徒的看法。③ 今人刘海年则认为士伍是"无爵或被夺爵后的成

---

① 据简文,"居"为人名,时任枳乡里佐。
② 《史记·秦本纪》裴骃《集解》引如淳语。
③ 董说:《七国考·秦刑法考》,中华书局 1956 年;沈家本:《历代刑法考》,中华书局 1985 年。

丁",相当于"庶人"或"庶民"。① 这一看法得到了高敏先生的呼应。② 对此问题,日本学界也有值得重视的意见。譬如冨谷至认为士伍并非单纯的无爵者,而是一种拥有"零位之爵"的人,是一种包含于爵制秩序之内的存在。③ 上述简文中,士伍与簪褭、上造、公士等爵称并列,结合所处位置来看,冨谷氏的看法似乎更加合理。与士伍的情形类似,公卒也与士伍处于相同的位置,不过这一称谓不见于传世文献。目前只有张家山汉简《二年律令》之《户律》、《傅律》中有见,譬如《傅律》简354、355云:

  大夫以上【年】九十,不更九十一,簪褭九十二,上造九十三,公士九十四,<u>公卒、士伍</u>九十五以上者,禀鬻米月一石。354
  大夫以上年七十,不更七十一,簪褭七十二,上造七十三,公士七十四,<u>公卒、士伍</u>七十五,皆受仗(杖)。355

再比如说《户律》第310—313:

  关内侯九十五顷,大庶长九十顷,驷车庶长八十八顷,大上造八十六顷,少上造八十四顷,右更八十二顷,中更八十顷,左更七十八顷,右庶长七十六顷,左庶长七十四顷,五大夫廿五顷,公乘廿顷,公大夫九顷,官大夫七顷,大夫五顷,不更四顷,簪褭三顷,上造二顷,公士一顷半顷,<u>公卒、士五(伍)</u>、庶人各一顷,司寇、隐官各五十亩。不幸死者,令其后先择田,乃行其余。它子男欲为户,以受其杀田予之。其已前为户而毋田宅,田宅不盈,得以盈。宅不比,不得。

  于振波先生认为公卒、士伍和庶人属于无爵的平民。④ 其实从上述简文来看,公卒地位虽低于公士,但与士伍在受禀鬻米、受杖、受田等各项待遇上并无差别,因此也可以按照冨谷氏的看法将其视为士伍之外另一种"零位之爵"。

  其二,上述简文中有几处以"某曰某"的格式出现,如:

---

① 刘海年:《秦汉"士伍"的身份与阶级地位》,《文物》1978年第2期。
② 高敏:《秦简中几种称谓的含义试析》,《云梦秦简初探(增订本)》,河南人民出版社1979年。
③ 冨谷至说转引自大栉敦弘:《国制史》第六节《爵制》,佐竹靖彦主编:《殷周秦汉史学的基本问题》,第193—194页。
④ 于振波:《张家山汉简所反映的汉代名田制》,简帛研究网2003年9月24日。

冗佐八岁上造阳陵西就曰駘 8-1450
冗佐上造临汉都里曰援 8-1555
均佐上造郁郅往春曰田□☑8-1277
士五巫南就曰路 8-1083

里耶秦简中另有与上引 8-1083 简类似的文例，如简 8-1014"居赀士五巫南就路"，此人名为"路"，居巫县南就，极有可能与 8-1083 简中的"路"为同一人。据此来看，这类"曰"字是用以引出后面的人名，意为某县爵（事、吏）里之人，其名曰某。

除上文所列十四类以外，里耶所见户籍简也有特定的书写格式，主要特征表现为以"户人"来标识户主，"户人"上只注明里籍，如：

南里户人大女子分 8-237
东成户人大夫印 8-1766
☑陵乡成里户人士伍成 8-1813
阳里户人大夫刀 8-834+8-1609
阳里户人大女婴 8-863+8-1504
成里户人司寇宜 8-1027
阳里户人司寇寄 8-1946

此外，里耶秦简中还有一类比较特殊的籍贯表述格式，即用"居"某地的形式引出某人所居县邑里。其例如下：

上造居成固 8-209
丞迁大夫居雒阳城中 8-232
守丞䢼上造居竞陵阳处 8-896
上造居梓潼武昌 8-1445
士五居桼中华里 8-2014
士五居泥阳 8-1466
上造居平□8-754+8-1007

以上是行政隶属关系较为明白的部分。由于简文残缺等原因，里耶简中尚有部分简牍所反映的地名属性不是太明确，需要进一步讨论。

牢人更戍士伍城☐8-1401
有☐丑沼里士伍析8-538
衺里☐8-2296
益固里8-1459

里耶秦简中还有多人身份信息同时书写的情况,如:

☐不更城父安平☐徒,上造广武灶、簪褭且(沮)阳☐8-26+8-752①
罚戍公卒襄城武、宜都胠、长利士五甗8-2246

简文中的城父、广武、且(沮)阳、襄城、宜都、长利都为秦县名。可能属于这类的还有如下数例:

求盗簪褭阳成辰16-5
屯戍士伍桑唐赵8-140②
城父士伍得8-811+8-1572
【不】更新阳曰☐☐8-440

以上简文中"城父"可以确定是秦县名,至于所见之阳成、桑唐、新阳是县还是乡里名尚难断定,姑存疑待考。

三、里耶秦简所见乡里名称考述

通过上文我们对资料的分类排比,里耶秦简所见乡里的名称及其隶属关系已经大致清晰。现大致按照《汉志》郡县顺序将其排列出来,不见于

---

① "且"字从方勇先生改释。参方勇:《读〈里耶秦简(壹)〉札记(二)》,简帛网2012年5月11日。
② 据简文(如下),桑唐人"赵"前往迁陵县屯戍,但是未到署报到,迁陵丞行文上报尉守,从临沮丞参与此事的调查来看,"赵"应是临沮县人。若然,则桑唐应该是临沮县下属之乡里。

☐朔甲午,尉守㒨敢言之:迁陵丞昌曰:屯戍士五(伍)桑唐赵归Ⅰ
☐日巳,以乃十一月戊寅遣之署。迁陵曰:赵不到,具为报•问:审以卅Ⅱ
☐署】,不智(知)赵不到故,谒告迁陵以从事。敢言之。/六月甲午,Ⅲ临沮丞秃敢告迁陵丞主、令史,可以律令从事。敢告主。/胥手。Ⅳ
九月庚戌朔丁卯,迁陵丞昌告尉主,以律令从事。/气手。/九月戊辰旦,守府快行。Ⅴ8-140
☐啎手。8-140背

《汉志》的秦县附在最后。① 另需说明的是,按照上文第一节的讨论意见,出现在人物籍贯县名下的地名应视作乡、里名,但是具体哪部分为里,哪部分为乡,目前暂不能确定,姑统称为乡里。由于迁陵县是这批简牍的保存地,故该县的乡里关系在简文中反映得较为明晰,因此这部分乡名的内容我们也一并整理在下文中。

(一) 秦乡里志

左冯翊

芷:②安□

坏德:中里

颍川郡

城父:③阳翟、西中、阳郑、蒙里、繁阳、柘□、安平

南郡

江陵:东就、慎里

临沮:桑唐

夷陵:阳□

鄀:江里

秭归:□里

巫:中陵、南就、下里、安成、仓溲

江夏郡

竞(竟)陵:蘁阴、阳处

丹扬郡

丹阳:下里、外里

武陵郡

索:文召

孱陵:咸阴

迁陵:都乡(高里、阳里?)

　　　启陵乡(成里、渚里)

---

① 何双全先生曾在整理汉简的基础上,按照《地理志》《郡国志》的顺序编缀汉代乡里志。本节考述里耶所见的乡里名称,大致亦采取何氏的做法。参阅何双全:《〈汉简·乡里志〉及其研究》,甘肃文物考古研究所:《秦汉简牍论文集》,甘肃人民出版社 1989 年,第 145—235 页。

② "芷"疑为芷阳之省。《汉志》京兆尹霸陵县下班固自注:"故芷阳,文帝更名。"

③ 据杨守敬考证,《汉志》颍川郡下之"父城"早期版本作"城父",今本作"父城"乃后人传抄之误。详杨守敬:《晦明轩稿》,载谭其骧主编《清人文集地理类汇编》第 1 册,第 468—469 页,又见谢承仁主编:《杨守敬集》第五册,第 1135 页。

贰春乡（南里？）
　　南阳里？
酉阳：成里、盈夷乡①

汉中郡
旬阳：陨陵、平阳
武陵：当利

广汉郡
梓潼：长觏（亲）、武昌

蜀郡
郫：小莫邻

犍为郡
僰道：西里
资中：宕登、华里、阳里

巴郡
枳：嚋陵
朐忍：宜利、成都、松涂、索秦、固阳、乐陵？
宕渠：道平邑
涪陵：戏里、新里

陇西郡
西：巫里

北地郡
郁郅：往春

赵国
邯郸：韩审里

《汉志》不载者
醴阳：同□
襄：完里
阳陵：宜居、仁阳、下里、孝里、禔阳、逆都、叔作、溪里、西就
临汉：都里
□成：小黄

---

① 参 8-1565 简。

（二）秦乡里的命名

在秦乡里志部分，我们梳理出分别属于《汉志》14 郡下 28 县的乡里名称共 55 个，另有不见于《汉志》5 县下的乡里名称 13 个，合计共得乡里名 68 个。这大大丰富了我们对秦基层地方乡里的了解。透过这些乡里名称，我们可以对乡里命名作一番探讨。对于这一问题，我们首先可以参考张金光先生对秦汉乡名的论述。

> 汉乡名称有两类，一为专名，如乐安、桐乡等便是。此似或多于五乡者，不能尽以方位称，故赋之以专名。另一类为以方位名者。以东、西、南、北称者多为五乡，以左、右称者多为三乡，还有以上下称者。县境东西狭长者，多以左、右论；南北狭长者，多以上、下称；较方且又较广者，多以东西南北名。……汉制如此，乃承秦而来。《史记·淮阴侯列传》载，韩信食"南昌下乡亭长"处。可见秦有下乡，外当有上乡。又，汉尚有"中乡"。"中乡"当即"都乡"。①

类似的看法也见于杨剑虹等人的论著。② 不过当时限于秦乡里资料不及汉代丰富，有些问题难免隔靴搔痒之憾。近年来虽然有周晓陆等人借助传世秦封泥和西安北郊相家巷出土秦封泥等资料对秦乡里名作了一定的探讨，③但由于封泥所反映的背景知识有限，虽然有些地名可以与传世文献记载对应，但实际上很难贸然断定其归属地，因此难以构建其行政隶属体系，从而也很难利用这批资料进行更深入的讨论。而本文在秦乡里志部分梳理出的乡里体系则不然，它们归属明确，作为研究乡里命名的第一手资料应更为可信。

我国传统地名学历来有考释地名渊源的传统。《汉志》诠释地名渊源的地方有约 60 处，明朝万历年间郭子章撰著解释地名渊源的专著《郡县释名》初步总结了古代郡县地名的命名规律。④ 但对于县级政区以下的乡里地名的命名，历来少有人涉猎。结合今人华林甫等人对地名学的研究成果来看，上文乡里志所列秦乡里地名大致也符合地名命名的普遍规律。⑤

---

① 张金光：《秦制研究》，第 586—587 页。
② 杨剑虹：《从简牍看秦汉时期的乡与里组织》，《陕西历史博物馆馆刊》第 3 辑，西北大学出版社 1996 年，第 136—144 页。
③ 周晓陆、路东之编著：《秦封泥集》，第 67 页。
④ 郭子章：《郡县释名》，明万历四十二年刻本。
⑤ 华林甫：《中国地名学史考论》。

考察上文所见乡里名,其中以方位词命名者甚多,有以东南西北者,有以内外者,有以上下者,有以阴阳者。以东南西北者如西里、东就、南就、西就;以内外者,如丹阳有外里;以上下者,如巫、丹阳、阳陵三县都有下里;有以阴阳者,如资中有阳里、孱陵有咸阴。以此原则命名者数量较多,但并不如上引张金光先生所述那样整齐划一,可能是由于资料不齐备,我们未见同一县下之乡里统一按照方位命名的现象。除此之外,有以山川等地理特征名者,如中陵、启陵、江里、溪里;有以美愿嘉名命者,如宜居、长亲等。

其实,上文所列乡里名的另一显著特点还表现在其乡里名存在与《汉志》所载县名相同的现象。譬如颖川郡城父县下有阳翟,与《汉志》同郡阳翟县同名。巴郡朐忍县下有成都,与《汉志》蜀郡下成都县同名。汉中郡旬阳县下有平阳,与《汉志》河东郡下平阳同名。江夏郡竟陵县下有薹阴,薹可读为荡,这样也与《汉志》河内郡下荡阴县同名。其实在秦封泥中也存在乡名与县名相同的情况。如"栎阳乡印"与《汉志》左冯翊下栎阳县同名。"安平乡印"与见于《汉志》涿郡和豫章郡之安平县同名。"高陵乡印"与见于《汉志》左冯翊和琅邪郡之高陵县同名。① 《秦封泥集》著录的"轵乡""安乡""安国乡""台乡""朝阳乡印""新息乡印""白水乡印""西平乡印""阳夏乡印""南成乡印""南阳乡印"等均属于此类情形。② 其中"安国乡""新息乡印""白水乡印""西平乡印""阳夏乡印""南成乡印""南阳乡印"等原著录于《续封泥考略》,此前均以汉封泥视之。陈直先生认为西汉初中期最重都乡制度,都乡为各乡之首,而这种冠以县名的乡印属于都乡。③ 而王辉先生的看法是将此类乡名看作与之同名某县之属乡,譬如说栎阳乡为栎阳县之属乡等。周晓陆等人在《秦封泥集》中的看法比较谨慎,大致是将其看作与同名某县无关之乡名。现在,我们借助里耶简中所见乡县同名现象已经基本上可以肯定王辉先生的观点存在问题。既然如此,那么乡里名为什么会与《汉志》所载汉县名存在同名的情况呢? 由于此类现象较为普遍,基本上可以排除偶然巧合的可能性。那么其原因又是怎样的呢? 在此我们可以回顾一下学界对南阳里户籍的研究,其中有些学者的观点对此问题的探讨颇具启发意义。

关于南阳里户籍简牍的内容,上文我们已经作了介绍,对于户主籍贯"南阳"的性质,此前虽然曾有不同的意见,但结合其他学者的研究以及本文

---

① "栎阳乡印""安平乡印""高陵乡印",参阅王辉:《秦文字集证》,第243—244页。
② 周晓陆、路东之编著:《秦封泥集》,第340—360页。
③ 陈直:《汉书新证》,第136—137页。

的论述,"南阳"为里名这一点应该被肯定下来。问题的关键是南阳里人的户籍为什么出现在里耶古城北护城壕中段底部一凹坑(K11)中?对此,黎明钊先生给出的解释是:

> 里耶户籍简牍二十余户南阳里编户的家庭很可能是来自南阳郡的新移民,著籍于里耶,并命名其居住地为南阳里,因此在户籍册上登录名事邑里的地方写上"南阳"。①

李成珪先生也有类似的看法。② 我们都知道,秦在兼并六国过程中以及秦王朝建立之后很长一段时间之内,为了巩固其统治,一直采取迁徙人民的策略。结合这一背景来看我们上文所提出的疑问,不难发现这是解释乡县同名现象的一种较为合理的途径。不过这里还需添加一个前提条件,即必须能够证明与乡里名相同的迁出地(汉郡县)在秦时已经置郡或置县。不然他们不会将其原籍贯带到新迁入地作为乡里名。以里耶简中所见的例子来讲,我们知道蜀郡的成都、河内郡的荡阴、颍川郡的阳翟、河东郡的平阳,均有比较可靠的证据证明为秦置县。③ 那么简文所见朐忍县成都里、竟陵县荡阴里、城父县阳翟里、旬阳县平阳里,极有可能是分别来自上述四县居民的迁入地,他们在迁徙到新地后以原籍贯来命名其所居之里,这一情形符合历史上地名随人搬家的一般规律。④ 至于秦封泥中的乡县同名现象,由于其上属县不明,难以一一辨别,姑存疑待考。⑤

四、迁陵县基层政区个案

迁陵县是这批简牍的保存地,其中许多资料与该县直接相关,因此有关迁陵县乡里关系的资料相对来说也较为丰富。本节拟以迁陵县为个案就其乡里体系和职能等问题作一番考察,窥豹一斑,以期能获得关于秦乡里体系的更加全面的认识。

---

① 黎明钊:《里耶秦简:户籍档案的探讨》,《中国史研究》2009年第2期。
② 李成珪:《里耶秦简南阳户人户籍与秦迁徙政策》,《中国学报》第57辑,2008年(按此文未见,转引自尹在硕:《韩国的秦简研究(1979—2008)》,《简帛》第4辑,第71页)。
③ 后晓荣:《秦代政区地理》。
④ 参阅鲁西奇、罗杜芳:《地名迁置漫谈》,《寻根》2002年第2期。
⑤ 《汉志》中以"某乡"为名的汉县为数不少,这些汉县的前身在秦时应该就是其相邻县的属乡,后来升格为县。《汉书·武帝纪》载武帝"至左邑桐乡,闻南越破,以为闻喜县"即属此类情形。不过这是改name置换县,更多的情况则是不改旧名,直接升格为县。这不失为解释秦封泥中的乡里名与《汉志》所载县名相同的一条途径,但前提是两地有相邻关系。

（一）迁陵县的乡里结构

我们先来看下表简文及校算。

简　文（8-1519）	校　　算
迁陵卅五年狠（垦）田舆五十二顷九十五亩，①税田四顷五十一亩。 户百五十二，租六百七十七石，率之亩一石五斗。② 户婴四石四斗五升，奇不率六斗。正 启：田九顷十亩，租九十七石六斗。六百七十七石。 都：田十七顷五十一亩，租二百卌一石。 贰：田廿六顷卅亩，租三百卌九石三。 凡田七十顷卌二亩。·租凡九百一十。背	每户租赋＝总租赋÷户数＝677÷152≈4.45 每亩租赋＝总租赋÷税田数（X） 税田数＝总租赋÷每亩租赋＝677÷1.5≈451 垦田：　9.10　　　　租：　97.6 　　　＋17.51　　　　　＋241 　　　＋26.34　　　　　＋339.3 　　　＝52.95　　　　　＝677.9

简文正面第一行"税田"下数字漫漶不清，根据我们的校算，可以补为"四顷五十一亩"。简文背面记有启陵乡、都乡、贰春乡（分别简称为启、都、贰）的田数、租数，三项合计与正面迁陵县垦田、租赋数目相合，由此可见，启陵乡、都乡、贰春乡应属迁陵县。不过根据我们校算的结果，三乡数据合计与最后有一行所记田亩、租赋数不符。而正面每户租赋与每亩租赋的数据又都是以正面所记垦田、租赋数为基础而得出的，那么简背"凡田七十顷卌二亩。租凡九百一十"的记载是怎么统计出来的呢？我们注意到这条统计数据与前述三乡总数的差额为"田十七顷卌七亩，租二百卅三石"，这大致与同简"都乡"的田、租指标相符。另需注意的是，"启陵乡"与"都乡"两行之间的间距比较大，而且简上似乎存有刮削的痕迹。这两点迹象似乎说明这里曾另有一条记录，只是不知出于什么原因后来被刮削了。这似乎说明迁陵县除启陵乡、都乡、贰春乡之外还另有其他乡级政区。不过这一点尚需更

---

① "垦田"指已开垦的田地。《国语·周语中》："道无列树，垦田若艺。"《后汉书·光武帝纪下》："诏下州郡检核垦田顷亩及户口年纪。"睡虎地秦简《秦律十八种·田律》简1有"辄以书言澍（澍）稼、诱（秀）粟及狠（垦）田暘毋（无）稼者顷数"，可参。或云垦田为新开垦之田地，此说从字面上看并无不可，然与当时的生产力水平不合，据简文计算，迁陵县户均垦田数约为35亩，而据《汉志》载西汉元始年间全国垦田数、户数测算，西汉末年的全国户均垦田数约为70亩。相比之下有一倍的差距，而这与葛剑雄先生对西汉时期生产力水平测算的结论大致吻合（详葛剑雄《西汉人口地理》，人民出版社1986年，第57—59页）。因此简文的垦田应是已经开垦的土地，即三十五年迁陵县的实际土地数目。

② 率，即计算。《汉书·高帝纪下》："令诸侯王、通侯常以十月朝献，及郡各以其口数率，人岁六十三钱，以给献费。"颜师古注："率，计也。"关于汉初的粮食亩产，葛剑雄曾据《汉书·食货志》测算为1.5左右（详葛剑雄《西汉人口地理》，第57页），这大致与简文所见的秦时的亩产一致。

多的资料来证实,但可以肯定的是,迁陵县至少设有启陵乡、都乡、贰春乡三个乡级政区。接下来探讨一下里的设置。

　　卅二年正月戊寅朔甲午,启陵乡夫敢言之:成里典、启陵Ⅰ邮人缺。除士五(伍)成里匄、成,成为典,匄为邮人,谒令Ⅱ尉以从事。敢言之。Ⅲ8-157

　　正月戊寅朔丁酉,迁陵丞昌却之启陵:廿七户已有一典,今有(又)除成为典,何律令Ⅰ應(应)？尉已除成、匄为启陵邮人,其以律令。/气手。/正月戊戌日中,守府快行。Ⅱ正月丁酉旦食时,隶妾冉以来。/欣发。　壬手。Ⅲ8-157背

　　☐【陵】乡啬夫除成里小男子。8-1254

　　据简8-157,成里里典的任命需由启陵乡啬夫上报迁陵县批准,由此可见,成里必定为启陵乡下属之里。里耶秦简所见乡名含有"陵"字者只有迁陵县启陵乡,故疑简8-1254"陵"字前可补"启"字,这条记载同样也说明成里属于启陵乡。另从上文所引简16-9来看,渚里也应属启陵乡。

　　卅二年六月乙巳朔壬申,都乡守武爱书:高里士五(伍)武自言以大奴幸、甘多,大婢言、言子益Ⅰ等,牝马一匹予子小男子产。　典私占。　初手。Ⅱ8-1443+8-1455

　　六月壬申,都乡守武敢言:上。敢言之。/初手。Ⅰ

　　六月壬申日,佐初以来。/欣发。　初手。Ⅱ8-1443背+8-1455背

　　卅五年七月戊子朔己酉,都乡守沈爱书:高里士五(伍)广自言:谒以大奴良、完,小奴畴、饶,大婢阑、愿、多、☐,Ⅰ禾稼、衣器、钱六万,尽以予子大女子阳里胡,凡十一物,同券齿。Ⅱ

　　典弘占。Ⅲ8-1554

　　七月戊子朔己酉,都乡守沈敢言之:上。敢言之。/☐手。Ⅰ

　　【七】月己酉日入,沈以来。☐☐。　沈手。Ⅱ8-1554背

　　以上两简均为都乡守上报迁陵县的爱书,文书内容相似,大致是某人向里典申报将某些财物给予自己的子女(疑为先令券)。其中8-1443+8-1455简涉及高里士伍武,8-1554涉及高里士伍广及其女儿阳里胡。由此看来,高里、阳里应属都乡。而简8-78和8-1477直接书写"迁陵阳

里",这应该是省略了其中的"都乡"这一级信息。

☐朔己未,贰春乡兹☐Ⅰ
☐☐为南里典庠,谒☐Ⅱ
☐☐下书尉,尉传都☐☐Ⅲ 8-661
☐贰春乡治☐☐8-661 背

这枚简文残缺较多,但似乎涉及贰春乡守兹和南里典庠,因此南里很可能为贰春乡下之里。另外上文曾论述 K11 所见之南阳里户籍简,从出土地来看,南阳里也应属迁陵县,陈絜先生认为其上级行政单位或为设置在迁陵之都乡。① 此说有一定的合理性,不过亦无强证,故此里上属乡暂存疑。这样,迁陵县可考之乡里结构暂可用下图表示:

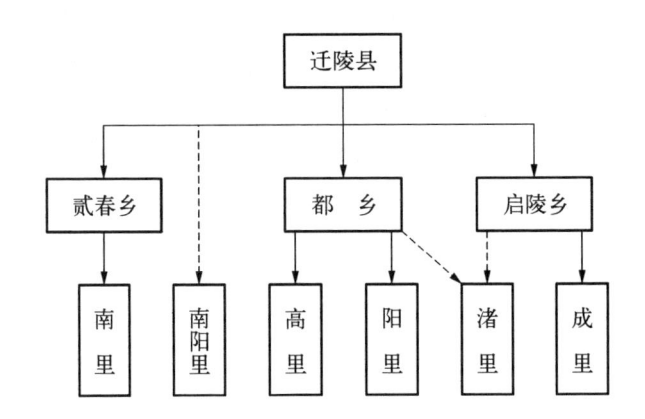

说明:南阳里隶属关系暂无确证,用虚线表示;据简 16-9,"渚里"在二十六年由启陵乡迁徙至都乡,亦以虚线表示。

(二)迁陵县乡里的户口规模

关于秦乡的户口规模,传世文献资料没有专门的记载。《史记·陈丞相世家》载:"高帝南过曲逆,上其城,望见其屋室甚大,曰:'壮哉县!吾行天下,独见洛阳与是耳。'顾问御史曰:'曲逆户口几何?'对曰:'始秦时三万余户。'"张金光先生据此推论道:"一个三万余户的县,以六乡计之,一乡亦均在五千户以上。此为大乡。而实际上,各乡间户数差别甚大,不可一概而论。"② 至于秦里的户口规模,文献中有百户、八十户、五十户、二十五户等不

---

① 陈絜:《里耶"户籍简"与战国末期的基层社会》,《历史研究》2009 年第 2 期。
② 前揭张金光:《秦制研究》,第 586 页。

同的说法。① 张金光先生据江陵凤凰山十号汉墓木牍及睡虎地秦简秦简《封诊式》等内容,认为秦里特别是城邑中之里的户口规模应以二十五户为是。② 当然这是张氏在没有直接证据的情况下作出的推测,结论是否正确,我们可以借助里耶秦简的记载作进一步的探讨。传世文献记载某地当前户口一般用"见户",如《东观汉记》卷七:"刘敞曾祖节侯买,以长沙定王子封于零道之舂陵乡,为舂陵侯。敞父仁嗣侯,于时见户四百七十六。"③司马彪《续汉书》亦载:"诩始到〔郡〕,谷石千,盐石八千,见户万三千。"④见户,见于即现户,当前的户口。

我们首先看秦里的户数,上文所引第 8-157 简记有卅二年启陵乡夫奏请除成里典和启陵邮人的文书,迁陵丞在回复中说道"廿七户已有一典",可见三十二年成里的户数为 27 户,这大致与两年后启陵乡的户数相同。又,上文第 16-9 简有二十六年"渚里□□劾等十七户徙都乡"的记载。古人常聚族而居、合族迁徙,17 户之目也应是渚里的全部户数,即便不是举里全数迁徙,其总户数也不会与 17 相去太远。另据上文所述,出土于里耶古城北护城壕中段底部一凹坑(K11)中的户籍简牍共 24 枚,这批简均为南阳里户籍实物,虽然这不一定是南阳里户籍的全部,但其总户数也当在 24 上下。再比如说下面这支简:

　　□□二户。
　　大夫一户。
　　大夫寡三户。
　　不更一户。
　　小上造三户。
　　小公士一户。
　　士五(伍)七户☒
　　司寇一户☒
　　小男子□☒
　　大女子□☒

---

① 百户说出自《续汉书·百官志》刘昭补注;八十户说出自《公羊传》"宣公十五年"何休注;五十户说出自银雀山汉简《田法》"五十家而为里";二十五户说出自《诗·郑风·将仲子》"无踰我里"句下毛《传》"二十五家为里"。
② 前揭张金光:《秦制研究》,第 599 页。
③ 吴树平校注:《东观汉记校注》,中州古籍出版社 1987 年,第 230 页。
④ 周天游辑注:《八家后汉书辑注》,上海古籍出版社 1986 年,第 440 页。

·凡廿五☐ 8-19

虽然由于简文比较残缺，难以确定其归属，但极有可能是某里的户口统计。由此可见，张氏认为秦里户数在二十五户上下大致是可信的，但不会像传世文献中所说的那样整齐划一。长沙马王堆三号汉墓出土西汉文帝时期《驻军图》中有 40 多个里，最多者龙里 108 户，最少者资里才 12 户。其他皆参差不等，无一相合者，其中以 30 户到 50 户居多。张金光先生指出这些里都应是乡野自然村落里聚，故不如都邑之里整齐划一。于振波先生考察吴简中里的规模时指出其里规模多在 20—50 户之间，不像传世文献中所说的那样整齐划一。① 这些数据分别反映的是西汉初年、东汉末年长沙地区里的户口情形，对于我们所讨论秦迁陵县里规模具有一定的借鉴意义。

至于乡的户数，其户口规模取决于其所辖里的数量。我们先看下面这则例子：

廿四年，启陵乡见户、当出户赋者志：☐ I
见户廿八户，当出茧十斤八两。☐ II 8-518

据简文启陵乡现户只有 28 户，仅相当于一个里的户数。为什么会出现这种情况呢？根据上文的讨论，二十六年原启陵乡渚里户人迁徙至都乡之后，该乡很可能只辖一里，故其户数只相当于一里之数。当然这是比较特殊的情况，里耶秦简有辖二里的乡，如：

今见一邑二里：大夫七户，大夫寡二户，大夫子三户，不更五户，☐☐四户，上造十二户，公士二户，从廿六户。☐ 8-1236+8-1791

简文所记"一邑二里"，应该理解为设有两个里的乡邑，其户数总计为 61 户。我们再看下面这则简文：

廿四年八月癸巳朔癸卯，户曹令史雠疏书廿八年以 I
尽卅三年见户数牍北（背）、移狱具集上，如请史书。/雠手。II
8-487+8-2004
廿八年见百九十一户。A I

---

① 于振波：《走马楼吴简所见户与里的规模》，《江汉考古》2009 年第 1 期。

廿九年见百六十六户。AⅡ

卅年见百五十五户。AⅢ

卅一年见百五十九户。AⅣ

卅二年见百六十一户。Ⅰ

卅三年见百六十三户。BⅡ 8-2004 背

张春龙先生认为这是记录某里的户数。① 今按，上文我们曾引述简 8-1519，其中明确记载迁陵县三十五年的户数为 152 户。因此我们怀疑简 8-2004 实际上应为迁陵县从二十八年到三十三年的见户记录。我们注意到里耶简多见"廷户曹"（如 8-1072 等），廷即是县廷。又简 8-488"户曹计录"的七项内容中包括"乡户计"，这说明户曹应是乡的上级单位。再比如说简 8-769 启陵乡守狐在向县廷上报的文书中署明户曹，可见户曹是县廷分管户籍等事务的官署。同样，令史为县令的属吏，职掌文书等事，也是县级官吏。② 因此这份户口报表所反映的主体应是县而不是其他。从简文可以看出，迁陵县多年的户数多年一直在 150 户左右徘徊，户数最多的 28 年也只有 191 户，以里数而论大致为 5—6 里之数。③

基于上述推论，我们还可以大致推算迁陵县各乡的户数。据简 8-1519 所记迁陵县辖三乡的垦田数可知启陵乡、都乡、贰春乡三乡的垦田比大致为 1∶2∶3，在假定总户数为 180、户均垦田比率为固定值的前提下，可得出启陵乡、都乡、贰春乡三乡户数分别为 30 户、60 户、90 户。可以发现这个数目与启陵乡三十四年得户数大致吻合，也许还能说明简 8-1236+8-1791"一邑二里"反映的是都乡的情况。

另需注意的是，里耶简中还有"积户"一词，如：

卅二年，迁陵积户五万五千五卅四。8-552

廿七年，迁陵贰春乡积户☐ Ⅰ

亡者二人。衡（率）之，万五千三户而☐☐ Ⅱ 8-927

卅五年迁陵贰春乡积户二万一千三百☐ Ⅰ

---

① 前揭张春龙《里耶秦简所见户籍和人口管理》。
② 《史记·项羽本纪》集解引《汉仪注》："令吏曰令史，丞吏曰丞史。"譬如睡虎地秦简《编年记》载"喜"（一般认为即是墓主人）曾任安陆令史、鄢令史等职，安陆、鄢均为秦县。
③ 作为一个地处帝国边境、位置偏远的县，这样的人口规模大致是可信的。据《汉书·贾谊传》文帝七年贾谊上疏云长沙国户数为 25 000 户，时长沙国辖三十余县，度之每县户数仅 700 余。

毋将阳阑亡乏户。☐ Ⅱ 8-1716

所谓积户是指累计户口数,从统计角度讲,是各年度户数累加的总和,其中应包括因死亡、迁徙、等原因而已经消失的户数,因此这个数目并不能反映当前的户口数量。

陈伟在《里耶秦简牍校释》(第二卷)的《前言》中对"见户""积户"有专门论述。关于"见户",陈伟说:

> 据8-157,32年启陵乡所属成里就有27户,比34年启陵乡"见户"仅少一户。"见户"并非启陵乡当时的全部户数,不言而喻。8-1236+8-1791所记一邑二里35户,这与成里的情形相当。可见秦代一里20户左右大概比较普遍。在这种情形下,一乡只有几十户,也殊难想像。在8-1519中,见户与垦田、田租相联系。在8-518、9-661中,见户与"出茧"相联系。这提示我们,见户可能是承担租赋的户。8-1236+8-1791与9-2335记载有比较多的"从户",这些户当不在"见户"之列,大概也不负担一般的租赋。另有迹象显示,迁陵还居住有蛮夷。9-557记云:"【黔】首皆变(蛮)夷,时来盗黔首、徒隶田蔺者"。8-1199提到"【黔首】当出义赋者"。《后汉书·南蛮传·巴郡南郡蛮》:"及秦惠王并巴中,以巴氏为蛮夷君长,世尚秦女,其民爵比不更,有罪得以爵除。其君长岁出赋二千一十六钱,三岁一出义赋千八百钱。其民户出幏布八丈二尺,鸡羽三十镞。汉兴,南郡太守靳强请一依秦时故事。"这些只交"义赋"而不承担常规租赋的蛮夷,大概也不在"见户"之列。

陈伟注意到简文中所见的若干不恰之处,"见户可能是承担租赋的户"的这一解释比较拙说更合理。关于"积户",张春龙先生认为是当时登记在册的全部户数。笔者认为是历年"见户"数累计。据陈伟在《前言》中介绍,他在京都大学人文研宫宅洁先生主持的"里耶秦简讲读会"上,鹰取祐司先生提出用365天除以"积户"数,约与"见户"数相当,即他认为积户为一年中逐日"见户"数合计。陈伟指出:

> 我们注意到,8-927虽然残坏,但大意可晓。是说27年贰春乡积户15 003,亡者2人,并据以统计"亡者"的比率。如果积户不是当时的实际数值,这种统计似不具意义。历年户数累计或一年中逐日户数合

计,恐怕没有统计的价值和必要。看 8-927 和 8-1716,贰春乡积户 27 年为 15 003,35 年约为 21 300。由于迁陵是在秦始皇 25 年入秦,用历年"见户"数累计也很难解释这两个数据。不过,相对于我们的既有知识而言,积户数过于庞大。《汉书·百官公卿表上》云:"县令、长,皆秦官,掌治其县。万户以上为令,秩千石至六百石。减万户为长,秩五百石至三百石。"显示秦汉的县多应在万户上下。尹湾汉简《集簿》记东海郡"县邑侯国卅八"、"乡百七十"而"户廿六万六千二百九十",平均一县(邑、侯国)约 7 000 户、一乡约 1 566 户。前者略与《汉志》所示近似。后者则与荆州松柏出土的"二年西乡户口名簿"所记"户千一百九十六"相近。在现有几种意见中,认为"积户"为当时统计的实际户数一说,较为合理。但县、乡"积户"数如此之大,也让人未敢遽从。

陈伟指出"历年户数累计或一年中逐日户数合计,恐怕没有统计的价值和必要",这一看法值得重视,这样"积户"的内涵当重新思考。我们注意到 8-927、8-1716 在统计相关积户数字之后,特意注明"亡者二人""毋将阳阑亡乏户",从这里似乎可以找到解释"积户"内涵的突破口。亡者即逃亡之人,将阳为徘徊游荡之意,阑为无符传而擅自出入边关。因此所谓"将阳、阑、亡、乏"实际上是不便于纳入官府户口管理的户口。《里耶》中有追捕逃亡者的文书,如:

> 廿五年九月己丑,将奔命校长周爰书:敦长买、什长嘉皆告曰:徒士五(伍)右里缭可,行到零阳庑溪桥亡,不智(知)□□□ I
> 缭可年可廿五岁,长可六尺八寸,赤色,多发,未产须,衣络袍一、络单胡衣一,操具弩二、丝弦四、矢二百、钜剑一、米一石□ II 8-439+8-519+8-537

简文中逃亡者"缭可"的身份是"徒"。又里耶简 16-5 云:

> 廿七年二月丙子朔庚寅,洞庭守礼谓县啬夫、卒史嘉、假卒史谷、属尉:令曰:"传送委输,必先悉行城旦舂、隶臣妾、居赀赎责。急事不可留,乃兴繇。"今洞庭兵输内史,及巴、南郡、苍梧输甲兵,当传者多。节(即)传之,<u>必先悉行乘城卒、隶臣妾、城旦舂、鬼薪白粲、居赀赎责(债)、司寇隐官、践更县者</u>。田时殹(也),不欲兴黔首。嘉、谷、尉各谨

案所部县卒、徒隶、居赀赎责、司寇隐官、践更县者簿,有可令传甲兵县弗令传之而兴黔首,兴黔首可省少弗省少而多兴者,辄劾移县,县丞以律令具论当坐者,言名史泰守府。

这份文书透漏出,洞庭郡内除承担租赋,纳入"见户"管理的"黔首"外,还生活着大量乘城卒、隶臣妾、城旦舂、鬼薪白粲、居赀赎债、司寇隐官、践更县者,这些人员数量巨大,可从里耶简中记载田官、需官作徒簿以及仓廪发放粮食的记载中见得一斑。既然"见户"是承担租赋的"黔首",那么所谓"积户"统计的对象,可能即这些以乘城卒、隶臣妾、城旦舂、鬼薪白粲、居赀赎债、司寇隐官、践更县者身份生活在迁陵县的人员。

积有留滞意。《庄子·天道》:"天道运而无所积,故万物成。"陆德明《释文》:"积,谓积滞不通。"乘城卒、隶臣妾、城旦舂、鬼薪白粲、居赀赎债、司寇隐官、践更县者本外乡之人,他们因种种原因留滞异乡,"积户"得名或缘于此。

五、乡啬夫与乡守

关于秦乡里吏员设置问题此前已有较为系统的研究。裘锡圭先生《啬夫初探》一文大部分内容与乡里吏员设置有关,专门的研究则可以张金光氏基于睡虎地秦简的研究以及卜宪群氏基于里耶秦简的考察为代表。① 不过限于材料,这一问题仍有剩义有待继续挖掘。本节中我们拟就里耶秦简中的乡啬夫与乡守作一点补充。

在秦汉时期,啬夫是使用较为普遍的职官名。日本学者大庭修曾著文对汉代的啬夫进行了卓有成效的研究,②至于秦啬夫的研究则是在云梦睡虎地秦简出土之后才成为可能。围绕这一问题学者展开了密集的讨论,一度出现了啬夫研究的热潮。先后参加讨论的有郑实、高敏、钱剑夫、高恒、裘锡圭、堀毅、朱大昀、劳干、工藤元男等几位先生。③ 通过这次讨论秦代的啬

---

① 裘锡圭:《啬夫初探》,《古代文史研究新探》,江苏古籍出版社1992年,第430—523页;前揭张金光《秦制研究》及卜宪群《从简牍看秦代乡里的吏员设置与行政功能》。
② 大庭修:《汉代的啬夫》,中国社会科学院历史研究所、战国秦汉史研究室编:《简牍研究译丛》第一辑,中国社会科学出版社1983年,第171—196页。
③ 郑实:《啬夫考——读云梦秦简札记》,《文物》1978年第2期;高敏:《论〈秦律〉中的啬夫一官》,《社会科学战线》1979年第1期;高敏:《秦律中的啬夫》,收入《中国法制史考证》甲编第二卷,中国社会科学出版社2003年,第74—88页;钱剑夫:《秦汉啬夫考》,《中国史研究》1980年第1期;高恒:《"啬夫"辨正——读云梦秦简札记》,《法学研究》1980年第3期,收入《中国法制史考证》甲编第二卷,第88—98页;裘锡圭:《啬夫初探》,原载中华书局编辑部:《云梦秦简研究》,中华书局1981年,收入氏著《古代文史研究新探》,(转下页)

夫制度大致已经明晰。不过睡虎地秦简所见啬夫虽多，却独独不见《汉书·百官公卿表》明确记载源自秦制的"乡啬夫"。这一现象使得不少学者对秦代乡官系统中是否存在啬夫心生疑窦。① 即使是那些认为秦有乡啬夫的学者对此的解释也是五花八门。而里耶秦简的出土终于澄清了这一问题，简文中有乡啬夫的明确记载，这就使得长期以来有无乡啬夫的问题尘埃落定。② 不过问题亦随之而来，乡啬夫与乡守是什么关系，二者是平行还是从属，抑或是其他形式的关系呢？这些都是需要深入探讨才能获知的。

乡啬夫的职掌，据《汉书·百官公卿表》为"职听讼,收赋税"，一般研究者也多认为乡啬夫是乡级政权中的负责人（或曰政长、主官），不过历来并无其他佐证。现可借助里耶秦简的资料对其职掌作一点辨析。

廿八年八月戊辰朔丁丑,酉阳守丞又敢告迁陵丞主：Ⅰ高里士五（伍）顺小妾玺余有逮,事已,以丁丑遣归。Ⅱ令史可听书从事,【敢告主】。/八月甲午,迁陵拔谓都Ⅲ 9-986 乡啬夫,以律令从事。/朝手。即走印行都乡。Ⅰ

八月壬辰水下八刻,隶妾以来。/朝半。　　樛手。Ⅱ 9-986 背

□【陵】乡啬夫除成里小男子。8-1254

卅五年五月己丑朔庚子,迁陵守丞律告启陵Ⅰ乡啬夫：乡守恬有论事,以旦食遣自致,它Ⅱ有律令。Ⅲ 8-770

五月庚子,□守恬□□。　　敬手。8-770 背

据简 9-986，都乡啬夫参与处理了一件涉及其下辖高里士五（伍）顺、小妾玺余的案件，这大致属于"听讼"的范畴。至于简 8-1254，其所说情形可能与 8-157 启陵乡夫除成里典和启陵邮人的情况类似，这大致说明乡啬夫在其下级官吏的任免上握有一定的决定权力（至少有推举的权利），这大致也可以说明乡啬夫在乡级政权中的负责人地位。8-770 所载的情形是迁

（接上页）江苏古籍出版社 1992 年，第 430—523 页；崛毅：《关于秦汉时代的啬夫——〈汉书·百官表〉和云梦秦简的考察》，《史滴》第 2 号，东京，1981 年；朱大昀：《有关啬夫的一些问题》，中国秦汉史研究会编：《秦汉史论丛》第 2 辑，陕西人民出版社 1983 年；劳干：《从汉简中的啬夫令史侯史土吏论汉代郡县吏的职务和地位》，《"中研院"历史语言研究所集刊——故院长钱思亮先生纪念论文集》55 集，台北，1984 年；工藤元男：《云梦秦简所见县、道啬夫和大啬夫》，中国社会科学院简帛研究中心编：《简帛研究译丛》第 1 辑，湖南出版社 1996 年，第 44—61 页。

① 堀毅：《秦汉法制史论考》，法律出版社 1988 年，第 122 页。
② 详前揭卜宪群《从简牍看秦代乡里的吏员设置与行政功能》。

陵守丞将启陵乡守"有论事"的情况以文书通报启陵乡啬夫的文书。简文虽简略，但意义重大，从中可得出如下三点认识：其一，乡啬夫和乡守同时并存，是两个不同职务；其二，乡啬夫在一乡之中地位最高，所以县廷处置乡守要向乡啬夫通知有关情况；其三，对乡守的调查、处理都由县廷直接进行，这又反映出乡守似乎直接对县廷负责，与乡啬夫近乎平行。

值得注意的是，在目前公布的简中"乡啬夫"仅三见，这远远少于"乡守"出现的频率。更重要的是，乡守一般以"乡守+人名"（或省去守字）的形式出现，从未见"乡啬夫+人名"的例子。"乡守"的出现使乡的主官称谓问题显得更加扑朔迷离。为了阐明这一问题，必须弄清"守"字在职官名称中的不同用法。

《史记·秦始皇本纪》："（秦始皇二十六年）分天下以为三十六郡，郡置守、尉、监。"这是"守"的一种用法，即用作郡级政区的长官名。此外，"守"还有试署性质，属暂时署理职务，犹"摄"也。通常是试守一岁，试用期满称职者可为真。① 具体事例，如：

（薛宣）入守左冯翊，满岁称职为真。②
（韩延寿）入守左冯翊，满岁称职为真。③
（尹翁归）以高第入守右扶风，满岁为真。④

从形式上来看。第一种用法的"守"字一般出现在地名之后，如《陈涉世家》载李由为"三川守"，《范雎列传》载王稽为"河东守"之类。第二种用法的"守"字一般出现在所摄行官职之前。如：

（郑）庄以此陷罪，赎为庶人，顷之，守长史。⑤
鲍宣字子都，渤海高城人也，好学明经，为县乡啬夫，守束州丞。⑥

"守长史"意为代理长史。"守束州丞"意为代理束州丞，或即为束州守丞。再比如下例：

---

① 安作璋、熊铁基：《秦汉官制史稿》，齐鲁书社2007年，第854页。
② 《汉书·薛宣传》。
③ 《汉书·韩延寿传》。
④ 《汉书·尹翁归传》。
⑤ 《史记·汲郑列传》。
⑥ 《汉书·鲍宣传》。

攻陈,陈守、令皆不在,独守丞与战谯门中。①

上引《陈涉世家》句中"守"字两见,用法各不相同。由于第一个守字的用法涉及秦是否置有"陈郡",故这个问题长期以来一直聚讼纷纭,得不到解决。不过近来辛德勇先生在新作中很好地解决了这一问题,他认为秦置淮阳郡,治陈,故淮阳郡亦称为陈郡。② 这样来看,第一个"守"字是就陈郡而言,令字是就陈县而言,因郡县治所为一地,故云"守、令皆不在"。至于第二个"守丞"之"守",当为试署之意。譬如里耶简文所见迁陵县、阳陵县的官吏多见守丞的称谓。整理者最初在注释中主张"试守"说,③陈松长先生有不同看法,他认为:

[8]134正:"廿六年八月庚戌朔丙子,司空守樛(樛)敢言"。[8]152正:"卅二年四月丙午朔甲寅,少内守是敢言之"。[9]1背:"卅四年六月甲午朔戊午,阳陵守庆敢言之"。[9]981正:"卅年九月丙辰朔己巳,田官守敬敢言之"。[16]6正:"廿七年二月丙子朔庚寅,洞庭守礼谓县啬夫"。[16]9正:"都乡守嘉言"。以上出现的六个"守"字,《选释》中只注了第三例中的"守"字,注曰:"守,守令。"对第四例中的"田官守"则注曰:"田官守,乡啬夫的佐吏。"对第六例的"都乡守"则注曰:"都乡守,乡亦有守。"此外,在《选释》后面所附的"几点收获"中有这样的讨论:……按,第三例中的"守"显然不是"守令",因为在[9][10]背中有"卅四年六月甲午朔壬戌,阳陵守丞庆敢言之"的相同记载。两相比较,可以确认识第三例中的"守"乃是"守丞"之省。至于"守丞"之"守"确不应理解为"试"或"代理"之意,因为"守丞"在秦汉时期是常见的一种职位较低的官吏。如《史记·陈涉世家》:"攻陈,陈守令皆不在,独守丞与战谯门中"。《汉书·陈胜传》注:"守丞,谓郡守之居守者。一谓郡守之丞,故曰守丞。"又《汉书·朱买臣传》:"坐中惊骇,白守丞,相推排陈列中庭拜谒。"服虔注曰:"守邸臣也。"据此,我们完全可以认定秦简中所多次出现的"守丞"应该就是辅佐郡守或县令的官吏,而不应该是所谓试用或代理之丞。上列六例中除了第三例应是

---

① 《史记·陈涉世家》。
② 辛德勇:《秦始皇三十六郡新考》,《文史》2006年第1辑、第2辑,收入氏著《秦汉政区与边界地理研究》。
③ 湖南省文物考古研究所、湘西土家族苗族自治州文物处:《湘西里耶秦代简牍选释》,《中国历史文物》2003年第1期,第8—25页。

"守丞"之省外,其他五例中的守字都应是主管、署理的意思。如《左传·昭公二十年》:"山林之木,衡鹿守之;泽之萑蒲,舟鲛守之。"这里的"守"就是掌管、主管之意,秦代所设郡守的"守"字,其字义也就是掌管、主管的意思,秦简中反复出现的"守"字,除"郡守"的"守"是固定的官名之外,其他如"司空守""少内守""田官守""都乡守"等中的"守"字均应是表示一种掌管、主管的泛称。①

杨宗兵先生则认为:

> 经比较,张家山汉简和里耶秦简县之"守""丞""守丞"的职权范围和职责内容不同,……历史文献的有关记载与里耶秦简所记官制实际大相径庭,……从里耶秦简本身文例分析,县之"守""丞""守丞"互见无别……合理的解释宜为:县之"守""丞""守丞"含义相同,泛指"长官"义。②

整理者在《发掘报告》中吸纳了以上部分意见。通过人名的排比分析,将其论述修订为:

> 可以认为他们都是在一段时间内同为阳陵县或迁陵县的行政长官,但应有主副之分,而不仅是试守或代理之意。③

为了进一步弄清原委,我们将迁陵县县级吏员按照其职衔与任职时间列表如下:

迁陵县吏员表

职名	时 间	人名	出 处	年月不明者署于同名人后
守	廿六年十二月	禄	8-1516	守或为守丞之省,如9-1有"阳陵守庆",9-10有"阳陵守丞庆";一说守同"主"

---

① 陈松长:《〈湘西里耶秦代简牍选释〉校读(八则)》,甘肃文物考古研究所、西北师范大学文学院历史系编:《简牍学研究》第4辑,甘肃人民出版社2004年,第21—27页。
② 杨宗兵:《里耶秦简县"守"、"丞"、"守丞"同义说》,《北方论丛》2004年第6期,第11—14页。
③ 前揭《里耶发掘报告》,第213—214页。

续表

职名	时间	人名	出处	年月不明者署于同名人后
省略①	廿六年 廿七年 廿八年	拔	12-10、8-918 8-985、8-406 8-1744+8-2015 8-209	
守丞	廿六年 廿七年	敦狐	16-6、16-9、8-135 8-406、8-1744+8-2015 8-138+8-174+8-522+8-523 8-1510	6-4
	廿七年八月	陉②	8-133	
	廿七年十月	敬	8-63	
	廿八年七月 廿八年十二月	膻之	8-1563 8-75+8-166+8-485	8-657
	廿八年九月	胡	8-1463	
	卅二年四月	色	8-158	8-904+8-1343 8-155
	卅二年九月 卅三年二月	都	8-664+8-2167+8-1053 8-154	8-85
	卅三年六月	有	8-768	8-1439
	卅四年正月 卅四年七月	甝	8-197 8-1525	8-1538
	卅四年十月	说	8-183+8-290+8-530	
	卅四年后九月	兹	8-1449+8-1484	
	卅五年五月	律	8-770	

---

① 省略的职官可能为"令""长"之类。简 8-406、8-1744+8-2015 中"拔"均位处"敦狐"之前,地位应在守丞之上,根据职官省称的规律,省略部分应是县级主官的称谓。

② 《发掘报告》释"从"。

续表

职名	时间	人名	出处	年月不明者署于同名人后
守丞	卅五年六月	衎	8-1008+8-1461+8-1532	8-1060 8-2001 8-2130
	元年	固	5-2、8-653	
	未知	建	8-1282	
	未知	齮	8-704+8-706	
丞	廿七年	欧	16-5、16-6	8-210
	廿九年 卅年 卅一年 卅二年	昌	8-1246、8-1510 8-754+8-1007 8-71、8-1561、8-1344+8-2245 8-62、8-157	8-140、8-1925 8-198+8-213+8-2013 8-505、8-2245 8-60+8-656+8-665+8-748
	卅五年	迁	8-378+8-514	8-137
	未知	膻	8-60+8-656+8-665+8-748	不知与守丞"膻之"是否为一人
啬夫	未知	感	8-61+8-293+8-2012	

考察上表可知,丞的人选一般较为固定,譬如"昌"自廿九年至卅二年期间一直任迁陵县丞。而守丞的人选则较多,在某一时期内可见多人同时为守丞的现象,而且守丞的任职时间一般为一年左右,因此丞与守丞之间界限分明,并不存在杨宗兵先生所云那种混用的情形。由此可见,迁陵县的主官实际上是县丞,守丞可能同时存在多名,一般任职时间较短,似乎是县丞的副贰之职。

我们再看"乡守"之守该如何理解。与上述情形不同,里耶简文一般作"某乡守",而未见"守某乡"的文例,这是形式上的差异。除此而外,试署性质的官在试用期后一般应有真除的记载,而乡守则不然。根据我们统计的"迁陵县乡守表"(见下),一般的乡守任职期大致在一年,这刚好是一个试用期的长度。不过也不乏只任职数月的例子,如启陵乡卅一年正月乡守为尚、四月乡守为逐、七月乡守为带;再比如说贰春乡卅五年八月乡守为兹、九月乡守为辨。这些乡守在一年之中屡次被更换。在这种情形下,如果将"乡守"之"守"理解为试署的话,那么简文中所有的乡守在试用期满(或未满)时都被替换了,当然我们可以借口试用不合格来解释这一现象;但是如此大量的试用而不真除的情形仍然是难以想象的。再者,根据此前学者对秦汉时期职官省称的研究,各级政区(包括县道乡里等)或机构(仓、库等)的主官称谓,如令、长、啬夫等常常被省略而直接以政区或机构名称之,副贰之职官则断不可省。① 正因为如此,我们在迁陵县吏员表中从未见有"守丞"省略的,唯一作省称的"拔"也可能应属县令、长之类。而乡守则不然。里耶秦简 8 - 157 号有"乡夫"(见上文所引)一语,《发掘报告》认为是乡啬夫之省。② 于振波认为一种可能是笔误遗漏了"啬"字,另一种可能是"启陵乡啬夫"的简称,不过于氏同时也指出目前还没有"乡啬夫"简称"乡夫"的其他例证。③ 杨宗兵、王焕林认为"夫"是人名。④ 马怡两说并举,未作定论。⑤ 刘乐贤在对秦汉时期职官省称现象进行研究的基础上指出"启陵乡夫"看作"启陵乡啬夫夫"的省略更为合适,即启陵乡的乡啬夫名叫"夫"。⑥

今按,我们注意到里耶秦简 8 - 1445 云:

卅二年启陵乡守夫当坐上造居梓潼武昌,今徙为临沅司空啬夫,时毋吏。

两只简所记时间同为卅二年,由此可以肯定两处的"夫"应是同一人,这样"启陵乡夫"应是"启陵乡守夫"的省称。这样看来,乡守之守可以像"令""长"那样被省略去。因此,我们认为"乡守"之"守"很难说是试署之意。在里耶秦简中,乡守负责的事情包括户籍管理、赋税征收、刑徒管理、民间财产转移、地方情报记录(8 - 645、8 - 1527)、公家购买奴隶、任命

---

① 裘锡圭:《啬夫初探》,《古代文史研究新探》,第 430—523 页;李学勤:《〈奏谳书〉与秦汉铭文中的职官省称》,《中国古代法律文献研究》第 1 辑;张金光:《秦制研究》,第 571—572 页;刘乐贤:《里耶秦简和孔家坡汉简中的职官省称》,《文物》2007 年第 9 期。
② 湖南省文物考古研究所、湘西土家族苗族自治州文物处:《湘西里耶秦代简牍选释》,《中国历史文物》2003 年第 1 期,第 8—25 页;前揭《里耶发掘报告》,第 192 页。
③ 于振波:《里耶秦简中的"除邮人"简》,《湖南大学学报(社会科学版)》2003 年第 3 期,第 8—12 页。
④ 杨宗兵:《里耶秦简释义商榷》,《中国历史文物》2005 年第 2 期,第 51—57、76 页;王焕林:《里耶秦简校诂》,第 52 页。
⑤ 马怡:《里耶秦简选校》,简帛网 2005 年 11 月 14、18、24 日。
⑥ 刘乐贤:《里耶秦简和孔家坡汉简中的职官省称》,《文物》2007 年第 9 期。

乡吏等,可以说承担了大量具体事务的管理责任,似乎属于乡啬夫的副贰之职务。

迁陵县乡守表

任职地	时间	人名	出处	年月不明者附在同名人后
启陵乡	廿八年	歇	8-39、8-938+8-1144	
	廿八年七月	赵	8-767、8-1562	
	卅年十月	高	8-801	
	卅一年正月	尚	8-925+8-2195、8-1241	
	卅一年四月	逐	8-1278+8-1758	
	卅一年七月	带	8-1550	
	卅二年	夫	8-157、8-1445	
	卅三年正月	绕	8-651	
	卅四年七月	意	8-1525	
	卅五年五月	恬	8-770	8-58、8-1797、8-2243
	卅五年八月	狐	8-769	8-1029
	不明	增	8-1839	
	不明	觚	8-205	
都乡	廿八年五月	敬	8-170	
	卅一年五月	是	8-2011	
	卅二年六月	武	8-1443+8-1455	
	卅三年七月	壬	8-1537	
	卅五年七月	沈	8-1554	
	卅六年十一月	桦	8-1041+8-1043	
	不明	舍	8-142	

续 表

任职地	时 间	人名	出　处	年月不明者附在同名人后
贰春乡	廿八年九月	畸	8-1280	
	廿九年九月	根	8-645	
	卅年十月	绰	8-1515	8-787
	卅一年	氏夫	8-816、8-1335、8-1557、8-1576、8-1595、	
	卅二年	福	8-2014、8-2247	
	卅三年正月	吾	8-1207+8-1255+8-1323	8-1742+8-1956
	卅四年八月	平	8-1527	
	卅五年八月	兹	8-1565	8-661、8-2121
	卅五年九月	辨	8-1539	
不明	不明	吾	8-1340	
不明	不明	履	8-300	

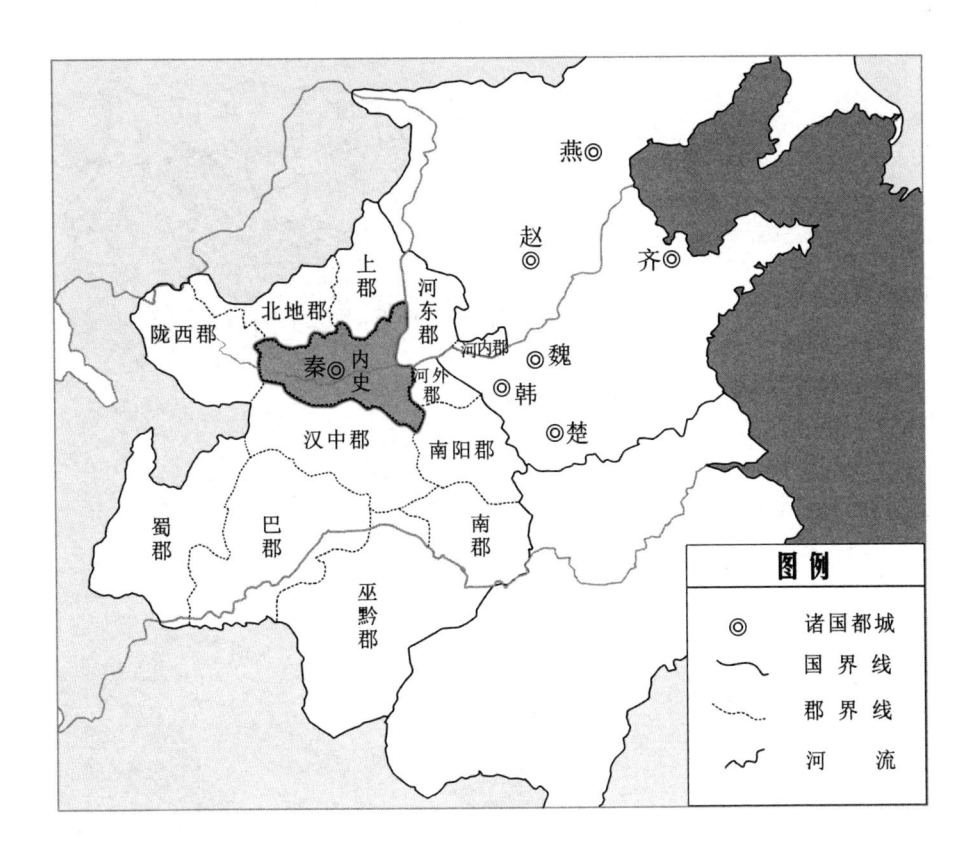

附图一：秦昭襄王三十五年十二郡示意图

图中标注：
- 燕◎
- 赵◎
- 齐◎
- 上郡
- 北地郡
- 陇西郡
- 河东郡
- 河内郡
- ◎魏
- 秦◎ 内史
- 河外郡
- ◎韩
- ◎楚
- 汉中郡
- 南阳郡
- 蜀郡
- 巴郡
- 南郡
- 巫黔郡

图例：
- ◎ 诸国都城
- 〜 国界线
- ┈ 郡界线
- 〰 河流

附图二：秦始皇二十六年政区示意图

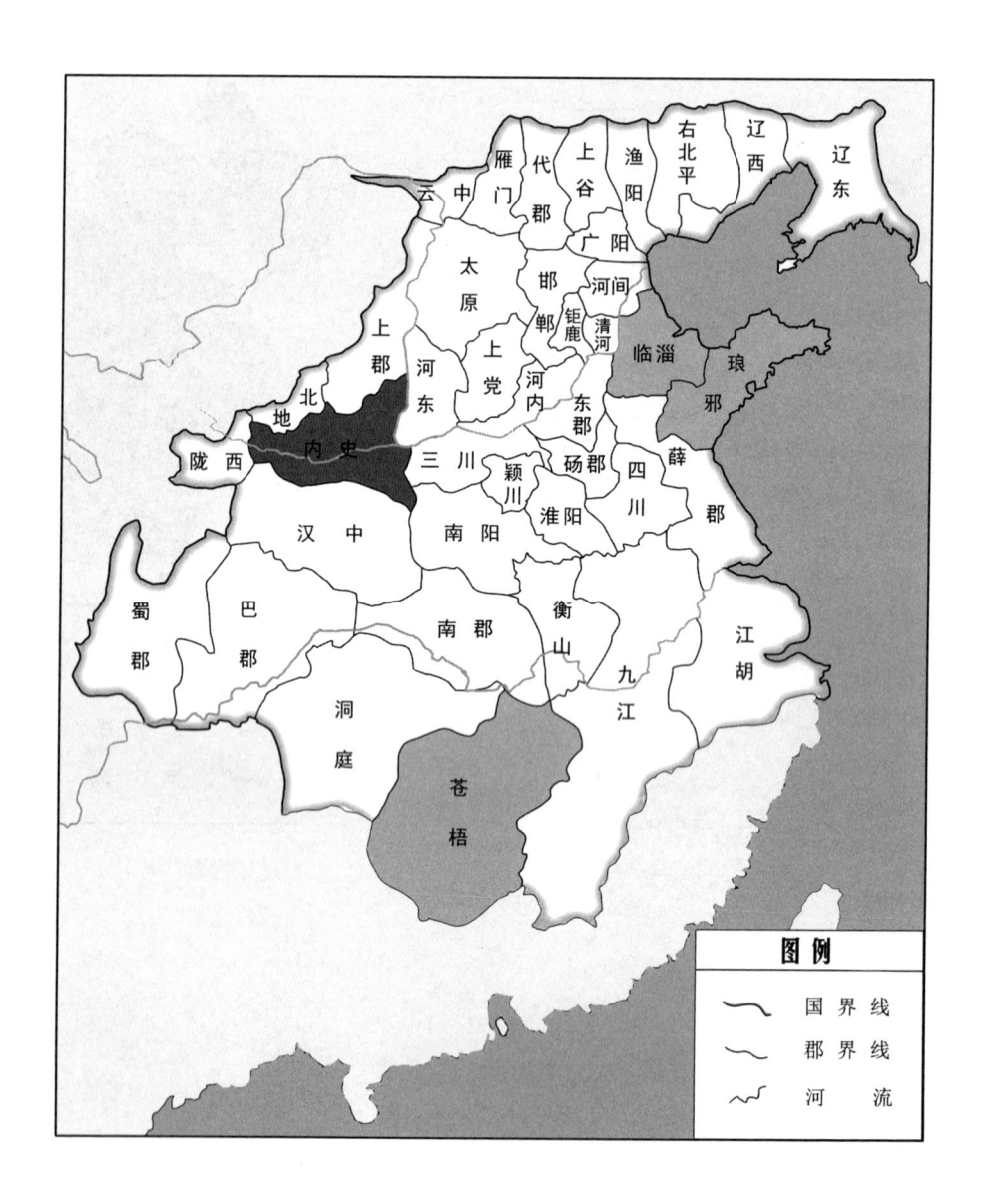

附图三：秦末政区示意图

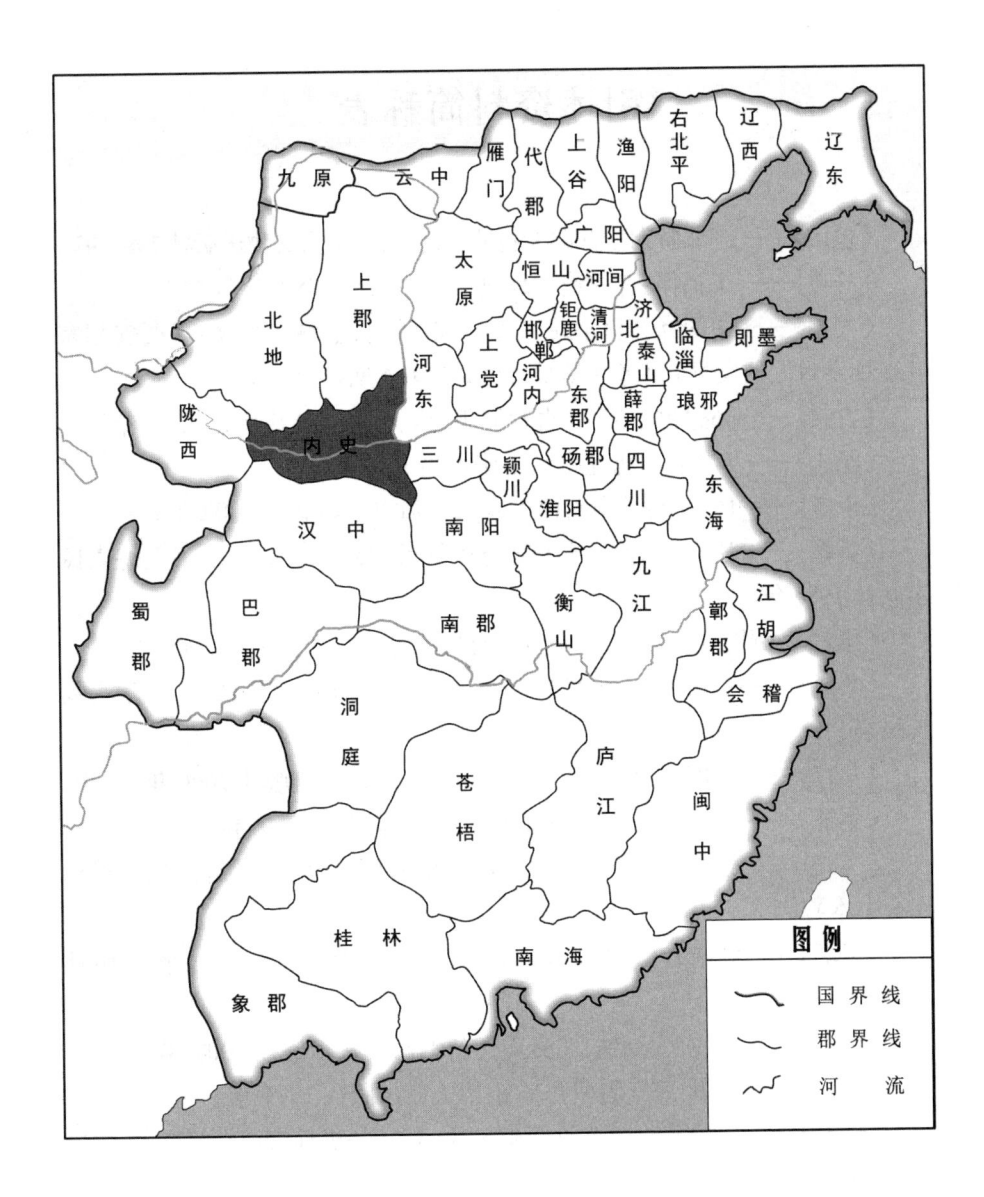

引述资料简称表

《包山》——湖北省荆沙铁路考古队：《包山楚简》，文物出版社1991年。

《辞典》——丁福保：《古钱大辞典》，中华书局1982年。

《发掘》——中国社会科学院考古研究所汉长安城工作队：《西安相家巷遗址秦封泥的发掘》，《考古学报》2001年第4期。

《古封》——孙慰祖主编：《古封泥集成》，上海书店出版社1994年。

《汉志》——《汉书·地理志》，中华书局1962年。

《汇考》——傅嘉仪：《秦封泥汇考》，上海书店出版社2007年。

《货系》——汪庆正主编：《中国历代货币大系·先秦货币》，上海人民出版社1988年。

《集》——周晓陆、路东之主编：《秦封泥集》，三秦出版社2000年。

《集成》——中国社会科学院考古研究所：《殷周金文集成》，中华书局1984年。

《集存》——刘瑞：《秦封泥集存》，中国社会科学出版社2020年。

《集证》——王辉等：《秦文字集证》，艺文印书馆1999年。

《考略》——吴式芬、陈介祺：《封泥考略》，清光绪三十年石印本（续四库全书本）。

《里耶》——湖南省文物考古研究所：《里耶秦简（壹）》，文物出版社2012年。

《秦陶》——袁仲一、刘钰：《秦陶文新编》，文物出版社2009年。

《三晋》——朱华：《三晋货币》，山西人民出版社1994年。

《睡虎地》——睡虎地秦墓竹简整理小组：《睡虎地秦墓竹简》，文物出版社1990年。

《五十例》——陈晓捷、周晓陆：《新见秦封泥五十例考略——为秦封泥发现十周年而作》，西安碑林博物馆：《碑林集刊》第11辑，陕西人民美术出版社2005年。

《玺汇》——罗福颐主编：《古玺汇编》，文物出版社1981年。

《校释》——陈伟主编,何有祖、鲁家亮、凡国栋撰著:《里耶秦简牍校释》(第一卷),武汉大学出版社2012年。

《新见》——周晓陆等:《于京新见秦封泥中的地理内容》,《西北大学学报(哲学社会科学版)》2005年第4期。

《新收》——钟柏生等:《新收殷周青铜器铭文暨器影汇编》,艺文印书馆2006年。

《续补》——王伟、孟宪斌:《秦出土文献编年续补》,商务印书馆2023年。

《再读》——周晓陆等:《秦封泥再读》,《考古与文物》2002年第5期。

《在京》——周晓陆等:《在京新见秦封泥中的中央职官内容——纪念相家巷秦封泥发现十周年》,《考古与文物》2005年第5期。

《征存》——罗福颐:《秦汉南北朝官印征存》,文物出版社1987年。

《秩律》(或《奏谳书》)——张家山汉简整理小组:《张家山汉墓竹简[二四七号墓](释文修订本)》,文物出版社2006年。

主要参考文献

（一）出土文献报告

1. 陈松长：《岳麓书院所藏秦简综述》，《文物》2009 年第 3 期，第 75—88 页。
2. 陈伟主编：《秦简牍合集》，武汉大学出版社 2014 年。
3. 甘肃省文物考古研究所：《天水放马滩秦简》，中华书局 2009 年。
4. 湖南省文物考古研究所、湘西土家族苗族自治州文物处、龙山县文物管理所：《湖南龙山里耶战国——秦代古城一号井发掘简报》，《文物》2003 年第 1 期。
5. 湖南省文物考古研究所、湘西土家族苗族自治州文物处：《湘西里耶秦代简牍选释》，《中国历史文物》2003 年第 1 期。
6. 湖南省文物考古研究所：《湖南龙山县里耶战国秦汉城址及秦代简牍》，《考古》2003 年第 7 期。
7. 湖南省文物考古研究所：《里耶发掘报告》，岳麓书社 2007 年。
8. 湖北省荆州市周梁玉桥遗址博物馆编：《关沮秦汉墓简牍》，中华书局 2001 年。
9. 荆州博物馆编：《荆州重要考古发现》，文物出版社 2009 年。
10. 刘信芳、梁柱：《云梦龙岗秦简》，科学出版社 1997 年。
11. 彭浩、陈伟、工藤元男：《二年律令与奏谳书》，上海古籍出版社 2007 年。
12. 睡虎地秦墓竹简整理小组：《睡虎地秦墓竹简》，文物出版社 1990 年。
13. 张家山二四七号汉墓竹简整理小组：《张家山汉墓竹简［二四七号墓］》，文物出版社 2001 年。
14. 张家山二四七号汉墓竹简整理小组：《张家山汉墓竹简［二四七号墓］》（释文修订本），文物出版社 2006 年。
15. 中国文物研究所、湖北省文物考古研究所：《龙岗秦简》，中华书局 2001 年。

16. 湖南省文物考古研究所：《里耶秦简（壹）》，文物出版社 2012 年。
17. 湖南省文物考古研究所：《里耶秦简（贰）》，文物出版社 2017 年。
18. 陈伟主编，何有祖、鲁家亮、凡国栋撰著：《里耶秦简牍校释》（第一卷），武汉大学出版社 2012 年。
19. 陈伟主编，鲁家亮、何有祖、凡国栋撰著：《里耶秦简牍校释》（第二卷），武汉大学出版社 2018 年。
20. 朱汉民、陈松长主编：《岳麓书院藏秦简》（壹），上海辞书出版社 2010 年。
21. 朱汉民、陈松长主编：《岳麓书院藏秦简》（贰），上海辞书出版社 2011 年。
22. 朱汉民、陈松长主编：《岳麓书院藏秦简》（叁），上海辞书出版社 2013 年。
23. 陈松长主编：《岳麓书院藏秦简（肆）》，上海辞书出版社 2015 年。
24. 陈松长主编：《岳麓书院藏秦简（伍）》，上海辞书出版社 2017 年。
25. 陈松长主编：《岳麓书院藏秦简（陆）》，上海辞书出版社 2020 年。
26. 陈松长主编：《岳麓书院藏秦简（柒）》，上海辞书出版社 2022 年。

（二）主要文献典籍和工具书

1. ［北魏］郦道元撰，陈桥驿校证：《水经注校证》，中华书局 2007 年。
2. ［北魏］郦道元撰，杨守敬、熊会贞疏：《水经注疏》，江苏古籍出版社 1989 年。
3. ［汉］班固：《汉书》，中华书局 1962 年。
4. ［汉］司马迁：《史记》，中华书局 1982 年。
5. ［汉］许慎：《说文解字》，中华书局 1963 年。
6. ［南朝宋］范晔：《后汉书》，中华书局 1965 年。
7. ［宋］王应麟撰，张保见校注：《通鉴地理通释校注》，四川大学出版社 2008 年。
8. ［清］《嘉庆重修一统志》，四部丛刊本。
9. ［清］段玉裁：《说文解字注》，上海古籍出版社 1988 年。
10. ［清］顾炎武著，黄汝成集释：《日知录集释》，上海古籍出版社 2006 年。
11. ［清］顾祖禹：《读史方舆纪要》，中华书局 2005 年。
12. ［清］洪亮吉撰，刘德权点校：《洪亮吉集》，中华书局 2001 年。
13. ［清］金榜：《礼笺》，《续修四库全书》影印清乾隆游文斋刻本。
14. ［清］梁玉绳：《史记志疑》，中华书局 1981 年。

15. [清] 钱大昕:《潜研堂集》,上海古籍出版社 1989 年。
16. [清] 钱大昕:《廿二史考异》,上海古籍出版社 2004 年。
17. [清] 全祖望:《全祖望集汇校集注》,上海古籍出版社 2000 年。
18. [清] 阮元:《十三经注疏》(附校勘记),中华书局 1980 年。
19. [清] 沈钦韩:《汉书疏证》(外二种),上海古籍出版社 2006 年。
20. [清] 孙楷撰,徐复订补:《秦会要订补》,中华书局 1959 年。
21. [清] 孙星衍等辑,周天游点校:《汉官六种》,中华书局 1990 年。
22. [清] 王先谦:《汉书补注》,上海古籍出版社 2008 年。
23. [清] 姚鼐:《惜抱轩诗文集》,上海古籍出版社 1992 年。
24. [清] 赵绍祖:《读书偶记》,中华书局 1997 年。
25. 杨守敬:《历代舆地沿革图》,光绪丙午九月重校订本,(台北)联经出版事业公司 1981 年影印。
26. 谭其骧主编:《中国历史地图集》,中国地图出版社 1982 年。

(三) 今人论著

〈一〉著作

1. 卜宪群:《秦汉官僚制度》,社会科学文献出版社 2002 年。
2. 陈伟:《楚"东国"地理研究》,武汉大学出版社 1992 年。
3. 陈直:《汉书新证》,中华书局 2008 年。
4. 傅嘉仪:《秦封泥汇考》,上海书店出版社 2007 年。
5. 高敏:《云梦秦简初探》(增订本),河南人民出版社 1981 年。
6. 韩兆琦编著:《史记笺证》,江西人民出版社 2004 年。
7. 后晓荣:《秦代政区地理》,社会科学文献出版社 2009 年。
8. 胡平生、李天虹:《长江流域出土简牍与研究》,湖北教育出版社 2004 年。
9. 黄盛璋:《历史地理论集》,人民出版社 1982 年。
10. 黄盛璋:《历史地理与考古论丛》,齐鲁书社 1982 年。
11. 姜亮夫:《楚辞学论文集》,上海古籍出版社 1984 年。
12. 李峰:《西周的政体——中国早期的官僚制度》,生活·读书·新知三联书店 2010 年。
13. 李晓杰:《中国行政区划通史·先秦卷》,复旦大学出版社 2009 年。
14. 刘瑞:《秦封泥集存》,中国社会科学出版社 2020 年。
15. 路东之:《问陶之旅——古陶文明博物馆藏品掇英》,紫禁城出版社 2008 年。

16. 罗福颐：《秦汉南北朝官印征存》，文物出版社 1987 年。
17. 马非百：《秦集史》，中华书局 1982 年。
18. 庞任隆：《秦封泥研究》，陕西人民美术出版社 2015 年。
19. 钱穆：《先秦诸子系年》，商务印书馆 2001 年。
20. 钱穆：《古史地理论丛》，生活·读书·新知三联书店 2004 年。
21. 裘锡圭：《古代文史研究新探》，江苏古籍出版社 1992 年。
22. 任红雨：《中国封泥大系》，西泠印社 2018 年。
23. 孙庆伟：《鼏宅禹迹——夏代信史的考古学重建》，生活·读书·新知三联书店 2018 年。
24. 孙慰祖：《两汉官印汇考》，上海书画出版社、大业公司 1993 年。
25. 孙慰祖：《孙慰祖论印文稿》，上海书画出版社 1999 年。
26. 孙慰祖：《封泥：发现与研究》，上海书店出版社 2002 年。
27. 谭其骧：《长水集》，人民出版社 1987 年。
28. 谭其骧：《长水集续编》，人民出版社 1994 年。
29. 谭其骧：《长水粹编》，河北教育出版社 2000 年。
30. 童书业：《童书业历史地理论集》，中华书局 2004 年。
31. 汪桂海：《汉代官文书制度》，广西教育出版社 1999 年。
32. 王国维：《古史新证——王国维最后的讲义》，清华大学出版社 1996 年。
33. 王国维：《观堂集林》，中华书局 1959 年。
34. 王国维：《王国维遗书》，上海古籍书店 1983 年。
35. 王辉：《秦铜器铭文编年集证》，三秦出版社 1990 年。
36. 王辉等：《秦文字集证》，艺文印书馆 1999 年。
37. 王辉：《秦出土文献编年》，新文丰出版公司 2000 年。
38. 王蘧常：《秦史》，上海古籍出版社 2000 年。
39. 王人聪：《古玺印与古文字论集》，香港中文大学文物馆 2000 年。
40. 王伟：《秦玺印封泥职官地理研究》，中国社会科学出版社 2014 年。
41. 王玉清、傅春喜：《新出汝南郡秦汉封泥集》，上海书店出版社 2009 年。
42. 吴良宝：《战国楚简地名辑证》，武汉大学出版社 2010 年。
43. 吴良宝：《出土文献史地论集》，中西书局 2020 年。
44. 辛德勇：《秦汉政区与边界地理研究》，中华书局 2009 年。
45. 辛德勇：《建元与改元——西汉新莽年号研究》，中华书局 2013 年。
46. 徐龙国：《秦汉城邑考古学研究》，中国社会科学出版社 2013 年。
47. 许雄志：《鉴印山房藏古封泥菁华》，河南美术出版社 2011 年。
48. 严耕望：《中国地方行政制度史——秦汉地方行政制度》，上海古籍出版社 2007 年。

49. 晏昌贵:《秦简牍地理研究》,武汉大学出版社 2017 年。
50. 杨广泰:《新出封泥汇编》,西泠印社出版社 2010 年。
51. 杨广泰:《新出陶文封泥选编》,文雅堂 2015 年。
52. 杨宽:《战国史》(增订本),上海人民出版社 1998 年。
53. 杨宽:《战国史料编年辑证》,上海人民出版社 2001 年。
54. 杨宽:《中国上古史导论》,上海人民出版社 2016 年。
55. 雍际春:《天水放马滩木版地图研究》,甘肃人民出版社 2002 年。
56. 张金光:《秦制研究》,上海古籍出版社 2004 年。
57. 郑威:《出土文献与楚秦汉历史地理研究》,科学出版社 2017 年。
58. 周晓陆、路东之:《秦封泥集》,三秦出版社 2000 年。
59. 周晓陆:《二十世纪出土玺印集成》,中华书局 2010 年。
60. 周晓陆:《酒余亭陶泥合刊》,艺文书院 2012 年。
61. 周振鹤:《西汉政区地理》,人民出版社 1987 年。
62. 周振鹤:《中国地方行政制度史》,上海人民出版社 2005 年。
63. 周振鹤主编:《中国行政区划通史·秦汉卷》第二版,复旦大学出版社 2019 年。

〈二〉论文

1. 曹婉如:《有关天水放马滩秦墓出土地图的几个问题》,《文物》1989 年第 12 期。
2. 陈仓:《战国赵九原郡补说》,《中国历史地理论丛》1994 年第 2 期。
3. 陈恭禄:《论秦疆域》,《斯文(半月刊)》1941 年第 1 卷第 9、10 期。
4. 陈蒲清:《长沙是楚国"洞庭郡"的首府》,《长沙大学学报》2006 年第 3 期。
5. 陈松长:《岳麓书院新获秦简中的郡名考略》,"东亚资料学可能性的探索——以出土资料为中心"国际学术研讨会,成均馆大学 2008 年 8 月 28、29 日;又,《岳麓书院藏秦简中的郡名考略》,《湖南大学学报(社会科学版)》2009 年第 2 期。
6. 陈伟:《"江胡"与"州陵"——岳麓书院藏秦简中的两个地名初考》,《中国历史地理论丛》2010 年第 1 期;原以《"州陵"与"江胡"——岳麓书院藏秦简中的两个地名小考》为题提交,"荆楚历史地理与长江中游开发——2008 年中国历史地理国际学术研讨会",武汉大学 2008 年 10 月。
7. 陈伟:《包山楚简所见楚国的宛郡》,氏著《新出楚简研读》,武汉大学出版社 2010 年。

8. 陈伟：《关于秦封泥"河外"的讨论》，《出土文献研究》第 10 辑，中华书局 2011 年。

9. 陈伟：《晋南阳考》，《历史地理》第 18 辑，上海人民出版社 2002 年。

10. 陈伟：《秦苍梧、洞庭二郡刍论》，《历史研究》2003 年第 5 期。

11. 陈伟：《魏盗杀安宜等案"焦城"试说》，简帛网 2013 年 9 月 24 日。

12. 陈伟：《秦洞庭和苍梧郡新识》，《中国社会科学报》2019 年 3 月 6 日。

13. 陈晓捷、周晓陆：《新见秦封泥五十例考略——为秦封泥发现十周年而作》，收入西安碑林博物馆：《碑林集刊》第 11 辑，陕西人民美术出版社 2005 年。

14. 顾铁符：《江南对楚国的贡献与楚国的开发江南》，氏著《夕阳刍稿》。

15. 郭涛：《文书行政与秦代洞庭郡的县际网络》，《社会科学》2017 年第 10 期。

16. 郭永秉、广濑薰雄：《绍兴博物馆藏西施山遗址出土二年属邦守蓐戈研究——附论所谓秦廿二年丞相戈》，《出土文献与古文字研究》第 4 辑，上海古籍出版社 2011 年。

17. 何介钧：《"秦三十六郡"和西汉增置郡国考证》，陕西师范大学、宝鸡青铜博物馆：《黄盛璋先生八秩华诞纪念文集》，中国教育文化出版社 2005 年。

18. 何瑞云：《秦颍川郡沿革考——并与谭其骧先生商榷陈郡问题》，《青海民族学院学报（社会科学版）》1991 年第 1 期。

19. 胡开祥：《秦汉芦山郡县建置与文化发展之关系》，《四川文物》2005 年第 1 期。

20. 郇蕾：《秦内史初探》，《理论学习》2007 年第 9 期。

21. 黄留珠：《秦封泥窥管》，《西北大学学报（哲学社会科学版）》1997 年第 1 期。

22. 黄盛璋：《青川新出秦田律木牍及其相关问题》，《文物》1982 年第 9 期。

23. 黄盛璋、钮仲勋：《有关长沙马王堆汉墓的历史地理问题》，收入湖南省博物馆编：《马王堆汉墓研究》，湖南人民出版社 1981 年。

24. 黄彰健：《释汉志所记秦郡与汉郡国的增置》，《中央研究院院刊》1954 年 7 月第 1 期。

25. 贾俊侠：《内史之名及职能演变考析》，《西安联合大学学报》2004 年第 6 期。

26. 荆三林：《荥阳故城沿革与古荥镇冶铁遗址的年代问题》，《河南文博通讯》1979 年第 2 期。

27. 劳榦：《秦帝国的领域及其边界》，《现代学报》第一卷第 4—5 期，1947 年。

28. 劳榦：《秦郡的建置及其与汉郡之比较》，《大陆杂志特刊》第一辑（下），1952 年，收入氏著《古代中国的历史与文化》，中华书局 2006 年。

29. 劳榦：《秦郡问题的讨论》，《大陆杂志》卷二十七，1963 年第 10 期。

30. 雷震：《秦汉汉中郡变迁考》，《陕西理工学院学报（社会科学版）》2006 年第 1 期，第 29—31 页。

31. 李昊林：《秦郐郡非"故鄁郡"辨正》，《中国历史地理论丛》2019 年第 3 期。

32. 李京华：《十年来河南冶金考古的新进展》，《华夏考古》1989 年第 3 期。

33. 李晓峰、杨冬梅：《济南市博物馆藏界格封泥考释》，《中国书画》2007 年第 4 期。

34. 李祖弼：《闽中疆域考》，《厦门大学学报（哲学社会科学版）》1980 年第 1 期。

35. 刘庆柱、李毓芳：《西安相家巷遗址秦封泥考略》，《考古学报》2001 年第 4 期。

36. 刘子敏：《战国秦汉时期辽东郡东部边界考》，《社会科学战线》1996 年第 5 期。

37. 罗士杰：《里耶秦简地理问题初探》，台北市简牍学会、中华简牍学会编辑：《简牍学报：劳贞一先生百岁冥诞纪念论文集》2006 年总第 19 期。

38. 马骥：《西安近年封泥出土地调查》，《青泥遗珍——战国秦汉封泥文字国际学术研讨会论文集》，西泠印社 2010 年。

39. 马孟龙：《再论秦郡不用灭国名》，《复旦大学史地所青年禹贡论坛文集》，2015 年。

40. 毛岳生：《秦三十六郡说》，《休复居文集》卷一，收入谭其骧主编：《清人文集地理类汇编》第 1 册，浙江人民出版社 1986 年。

41. 庞任隆：《秦郡县封泥的历史地理学意义》，《文博》2009 年第 3 期。

42. 彭浩：《〈河堤简〉校读》，《考古》2005 年第 11 期。

43. 彭浩：《读松柏出土的四枚西汉木牍》，《简帛》第 4 辑，上海古籍出版社 2009 年。

44. 裘锡圭：《古玺印考释四篇》，吴浩坤、陈克伦主编：《文博研究论集》，上海古籍出版社 1992 年，第 79—88 页。

45. 屈卡乐、卢地生：《秦"十二郡"考议》，《殷都学刊》2020 年第 1 期。

46. 权少文：《秦郡沿革考辑》，《西北问题论丛》第一辑，1941 年。

47. 任隆:《秦封泥官印考》,《秦陵秦俑研究动态》1997 年第 3 期,第 17—35 页。
48. 任隆:《秦封泥官印续考》,《秦陵秦俑研究动态》1998 年第 3 期,第 22—24 页。
49. 日比野丈夫:《汉书地理志的秦郡》,《东方学报》36 号,1964 年。
50. 桑秀云:《黔中、黔中郡和武陵郡的关系》,《历史语言研究所集刊》五十二本第三分,1981 年。
51. 施谢捷:《秦兵器刻铭零释》,《安徽大学学报(哲学社会科学版)》2008 年第 4 期,亦见复旦大学出土文献与古文字研究中心网站 2008 年 4 月 18 日。
52. 施谢捷:《新见秦汉官印二十例》,《古文字研究》第 28 辑,中华书局 2010 年。
53. 施之勉:《秦三十六郡有内史考》,《大陆杂志》卷二,1951 年第 11 期。
54. 史党社:《新发现秦封泥丛考》,《秦陵秦俑研究动态》1997 年第 3 期。
55. 史念海:《论秦九原郡始置的年代》,《中国历史地理论丛》1993 年第 2 期。
56. 史念海:《秦县考》,《禹贡(半月刊)》第 7 卷 6、7 合期,1937 年。
57. 守彬:《秦苍梧郡考》,《出土文献研究》第 7 辑,上海古籍出版社 2005 年。
58. 司豪强:《秦钜鹿郡考——兼与〈中国行政区划通史·秦汉卷〉钜鹿郡"废弃说"商榷》,《秦汉研究》第 20 辑,西北大学出版社 2020 年。
59. 苏建灵:《秦汉时期岭南的郡县——兼论岭南土司制度的渊源》,《广西民族研究》1989 年第 2 期。
60. 藤田胜久著,李淑平译:《战国时秦的领域形成和交通路线》,《秦文化论丛》第 6 辑,西北大学出版社 1998 年。
61. 王辉:《秦印探述》,《文博》1990 年第 5 期。
62. 王辉:《西安中国书法艺术博物馆藏秦封泥选释续》,《陕西历史博物馆馆刊》第八辑,三秦出版社 2000 年。
63. 王辉:《秦印封泥考释(五十则)》,四川大学历史文化学院考古学系编:《四川大学考古专业创建四十周年暨冯汉骥教授百年诞辰纪念文集》,四川大学出版社 2001 年。
64. 王辉:《西安中国书法艺术博物馆藏秦封泥选释》,《文物》2001 年第 12 期。
65. 王辉:《秦封泥的发现及其研究》,《文物世界》2002 年第 2 期。
66. 王辉:《秦陵博物院藏汉封泥汇释》,《秦始皇帝陵博物院》2015 年总第 5

辑,陕西师范大学出版社 2015 年。
67. 王人聪:《论西汉田字格官印及其年代下限》,氏著《秦汉魏晋南北朝官印研究》,香港中文大学文物馆 1990 年。
68. 王伟:《秦置郡补考》,"纪念徐中舒先生诞辰 110 周年国际学术研讨会"论文,2009 年 4 月 17—20 日。
69. 王伟:《20 世纪以来的秦玺印封泥研究述评》,复旦大学出土文献与古文字研究中心网站 2009 年 7 月 23 日。
70. 王钟翰、陈连开:《战国秦汉辽东辽西郡县考略》,《社会科学辑刊》1979 年第 4 期。
71. 王子今、马振智:《张家山汉简〈二年律令·秩律〉所见巴蜀县道设置》,《四川文物》2003 年第 2 期。
72. 吴良宝:《战国文字所见三晋置县辑考》,《中国史研究》2002 年第 4 期。
73. 吴良宝:《战国时期魏国西河与上郡考》,《中国史研究》2006 年第 4 期。
74. 吴良宝:《战国时期上党郡新考》,《中国史研究》2008 年第 1 期。
75. 吴良宝:《十五年上郡守寿戈置用地名补说》,《出土文献研究》第 11 辑,中西书局 2012 年。
76. 吴良宝、徐世权:《魏"淮阳上官"鼎释地》,《中国文字研究》第 21 辑,上海书店出版社 2015 年。
77. 吴良宝:《战国秦汉传世文献中地名的讹误问题》,《出土文献史地论集》,中西书局 2020 年。
78. 吴镇烽:《陕西历史博物馆馆藏封泥考》(下),《考古与文物》1996 年第 6 期。
79. 项国茂:《秦"闽中郡"小议》,《福建师范大学福清分校学报》1986 年。
80. 肖华忠:《秦置豫章郡的历史地理探讨》,《南方文物》1996 年第 4 期。
81. 肖瑞玲:《秦汉对北部边郡的开发》,《中国边疆史地研究》1996 年第 4 期。
82. 辛德勇:《阴山高阙与阳山高阙辨析——并论秦始皇万里长城西段走向以及长城之起源诸问题》,《文史》2005 年第 3 辑。
83. 辛德勇:《张家山汉简所示汉初西北隅边境解析——附论秦昭襄王长城北端走向与九原云中两郡战略地位》,《历史研究》2006 年第 1 期。
84. 辛德勇:《秦始皇三十六郡新考》,《文史》2006 年第 1、2 辑,收入氏著《秦汉政区与边界地理研究》,中华书局 2009 年。
85. 徐少华、李海勇:《从出土文献析楚秦洞庭、黔中、苍梧诸郡县的建置与地望》,《考古》2005 年第 11 期。
86. 徐卫民:《秦内史置县研究》,《中国历史地理论丛》2005 年第 1 期。

87. 严宾：《秦三十六郡考》，《学术研究》1991 年第 6 期。
88. 严耕望：《楚置汉中郡地望考》，《责善（半月刊）》第 2 卷第 16 期，1941 年。
89. 严耕望：《楚秦黔中郡地望考》，《责善（半月刊）》第 2 卷第 19 期，1942 年。
90. 晏昌贵：《张家山汉简释地六则》，《江汉考古》2005 年第 2 期。
91. 晏昌贵、钟炜：《里耶秦简所见的阳陵与迁陵》，《中国历史地理论丛》2006 年第 4 期。
92. 晏昌贵：《〈二年律令·秩律〉与汉初政区地理》，《历史地理》第 21 辑，上海人民出版社 2006 年。
93. 杨智宇：《里耶秦简牍所见洞庭郡交通路线相关问题补正》，《简帛研究二〇一九（秋冬卷）》，广西师范大学出版社 2020 年。
94. 尤佳：《学术史视阈下秦统一前后九原郡辖域变迁再探》，《中国矿业大学学报（社会科学版）》2016 年第 6 期。
95. 于薇：《试论岳麓秦简中"江胡郡"即"淮阳郡"》，简帛网 2009 年 6 月 18 日。
96. 袁祖亮：《秦汉时期的颍川郡》，《许昌师专学报（社会科学版）》1989 年第 2 期。
97. 曾昭璇：《秦郡考》，《岭南学报》1947 年。
98. 张定福：《秦汉建置乌江流域郡县考》，《贵州文史丛刊》2006 年第 4 期。
99. 张金光：《秦简牍所见内史非郡辨》，《史学集刊》1992 年第 4 期。
100. 张懋镕：《试论西安北郊出土封泥的年代与意义》，《西北大学学报（哲学社会科学版）》1997 年第 1 期。
101. 张其昀：《秦帝国的政区——五十一郡》，《中华文艺复兴月刊》第 108 期，1979 年。
102. 张修桂：《西汉初期长沙国南界探讨——马王堆汉墓出土古地图的论证》，《中国历史地理论丛》1985 年第 2 期。
103. 张修桂：《天水〈放马滩地图〉的绘制年代》，《复旦学报（社会科学版）》1991 年第 1 期。
104. 张修桂：《当前考古所见最早的地图——天水〈放马滩地图〉研究》，《历史地理》第 10 辑，上海人民出版社 1992 年。
105. 张正明：《秦与楚》，华中师范大学出版社 2007 年。
106. 赵炳清：《秦代无长沙、黔中二郡略论——兼与陈伟、王焕林先生商榷》，《中国历史地理论丛》2005 年第 4 期。
107. 赵炳清：《秦洞庭郡略论》，《江汉考古》2005 年第 2 期。

108. 赵炳清:《楚、秦黔中郡略论———兼论屈原之卒年》,《中国历史地理论丛》2006 年第 3 期。

109. 赵超:《谈几方秦代的田字格印及有关问题》,《考古与文物》1982 年第 6 期。

110. 郑炳林:《秦汉吴郡会稽郡建置考》,《兰州大学学报(社会科学版)》1988 年第 3 期。

111. 郑威:《出土文献所见秦洞庭郡新识》,《考古》2016 年第 11 期。

112. 郑州市博物馆:《郑州古荥镇汉代冶铁遗址发掘简报》,《文物》1978 年第 2 期。

113. 钟凤年:《战国疆域沿革考(秦)》,《禹贡(半月刊)》1934 年第 2 卷第 8 期,第 1—10 页。

114. 钟凤年:《战国时代秦疆域考辨》,《燕京学报》1946 年第 31 期,第 1—34 页。

115. 钟炜:《楚秦黔中郡与洞庭郡关系初探》,《湖北大学学报(哲学社会科学版)》2005 年第 4 期。

116. 钟炜:《秦洞庭、苍梧两郡源流及地望新探》,简帛网 2005 年 12 月 18 日。

117. 钟炜:《洞庭与苍梧郡新探》,《南方论刊》2006 年第 10 期。

118. 钟炜:《里耶秦简所见县邑考》,《河南科技大学学报(社会科学版)》2007 年第 2 期。

119. 钟炜、晏昌贵:《楚秦洞庭苍梧及其源流演变》,《江汉考古》2008 年第 2 期。

120. 周恒:《秦郡考序》,(天津)《益世报·史地周刊》第 53 期,1947 年。

121. 周恒:《秦郡建置之沿革》,(天津)《益世报·史地周刊》第 104—105 期,1948 年。

122. 周恒:《秦郡问题之检讨》,(天津)《益世报·史地周刊》第 98 期,1948 年。

123. 周恒:《清代以来学者对于秦郡之争论与考订》,(天津)《益世报·史地周刊》第 97 期,1948 年。

124. 周宏伟:《传世文献中没有记载过洞庭郡吗?》,《湖南师范大学社会科学学报》2003 年第 3 期。

125. 周群:《秦代置郡考述》,《中国史研究》2016 年第 4 期。

126. 周世荣:《马王堆古地图有关问题研究》,收入湖南省博物馆编辑《马王堆汉墓研究》,湖南人民出版社 1981 年。

127. 周伟洲:《新发现的秦封泥与秦代郡县制》,《西北大学学报(哲学社会科学版)》1997 年第 1 期。

128. 周晓陆、路东之：《空前的收获重大的课题——古陶文明博物馆藏秦封泥综述》，《西北大学学报(哲学社会科学版)》1997 年第 1 期。

129. 周晓陆等：《秦代封泥的重大发现——梦斋藏秦封泥的初步研究》，《考古与文物》1997 年第 1 期。

130. 周晓陆、刘瑞：《九十年代之前所获秦式封泥》，《西北大学学报(哲学社会科学版)》1998 年第 1 期。

131. 周晓陆等：《西安出土秦封泥补读》，《考古与文物》1998 年第 2 期。

132. 周晓陆、刘瑞：《新见秦封泥中的地理内容》，《秦陵秦俑研究动态》2001 年第 4 期。

133. 周晓陆、陈晓捷：《新见秦封泥中的中央职官印》，《秦文化论丛》第九辑，西北大学出版社 2002 年。

134. 周晓陆等：《秦封泥再读》，《考古与文物》2002 年第 5 期。

135. 周晓陆等：《于京新见秦封泥中的地理内容》，《西北大学学报(哲学社会科学版)》2005 年第 4 期。

136. 周晓陆等：《在京新见秦封泥中的中央职官内容——纪年相家巷秦封泥发现十周年》，《考古与文物》2005 年第 5 期。

137. 周晓陆等：《秦封泥与甘肃古史研究》，《甘肃社会科学》2005 年第 6 期。

138. 周曰琏：《古代青衣江上游的郡县建置与西南丝绸之路》《四川文物》1991 年第 6 期。

139. 周运中：《江胡郡即江夏郡考》，简帛网 2009 年 8 月 8 日。

140. 周运中：《岳麓秦简江胡郡新考》，简帛网 2009 年 9 月 12 日。

141. 周振鹤：《〈二年律令·秩律〉的历史地理意义》，《学术月刊》2003 年第 1 期。其修订本刊于简帛研究网 2003 年 11 月 23 日。

142. 周振鹤：《秦代洞庭、苍梧两郡悬想》，《复旦学报(社会科学版)》2005 年第 5 期。

143. 朱圣明：《秦统一前后巴地郡县变迁考》，《成都大学学报(教育科学版)》2008 年第 4 期。

144. 庄小霞：《秦汉简牍所见"巴县盐"新解及相关问题考述》，《四川文物》2019 年第 6 期。

〈三〉学位论文

1. 董珊：《战国题铭与工官制度》，北京大学博士学位论文 2002 年。

2. 何慕：《秦代政区研究》，复旦大学博士学位论文 2009 年。

3. 林丽卿：《秦封泥地名研究》，国立台湾师范大学国文研究所硕士学位论文 2002 年。

4. 路伟东:《战国郡考》,复旦大学硕士学位论文 2000 年。

5. 王伟:《秦玺印封泥职官地理研究》,陕西师范大学博士学位论文 2008 年。

6. 徐世权:《学术史视野下的秦郡研究》,吉林大学博士学位论文 2017 年。

7. 钟炜:《里耶秦简牍所见历史地理及相关问题》,武汉大学硕士学位论文 2004 年。

8. 朱力伟:《东周与秦兵器铭文中所见的地名》,吉林大学硕士学位论文 2004 年。

后　　记

　　本书雏形是我在武汉大学历史学院求学时期撰写的博士学位论文，2014年曾列入湖北省博物馆建馆六十周年系列丛书计划出版，但因各种因素而搁置。2016年我尝试将拙作申报国家社科基金后期资助，有幸获得立项。本书即是在项目开展期间逐步增补修订而成的。

　　犹记得将现在这个题目作为博士论文的选题其实颇费了一番周折。在最初的时候，陈伟师曾建议以里耶秦简作为论文的选题方向，不过由于这批秦简未能按照预期的计划公布，无奈之下只得另觅其他选题。那时，由于里耶秦简、岳麓秦简等秦简牍相继出土，其中涉及秦的政区地理研究的信息颇为丰富。在此背景下，秦的政区地理研究亦面临着取得重大突破的契机。在陈师的鼓励下，我确定将秦的地方行政制度研究作为自己的主攻方向。在最初的计划之中，这一选题包括秦的郡县制度以及职官制度两个层面。不过在撰写过程中，我陆续注意到后晓荣、何慕、王伟等先生在这一领域的相关著作。结合这些研究已经取得的成果和存在的问题，我反复多次修正选题的具体方向，直到最后才确定以秦郡作为突破口。

　　当时，由于参与陈伟师主持教育部哲学社会科学研究重大课题攻关项目"秦简牍的综合整理与研究"（项目批准号08JZD0036）的机会，我得以较早读到里耶秦简的部分资料。在与陈伟师以及何有祖、鲁家亮两位师兄合作撰写《里耶秦简牍校释》（第一卷）的过程中，我陆续撰写了本书附录所列的三篇论文，本来计划作为博士学位论文的有关章节，但是答辩前因里耶秦简出版计划搁置，这部分内容没有提交答辩委员会。现在《里耶秦简牍校释》（第一卷）已正式出版，遂将这部分内容附在博士学位论文之后一并出版。此次定稿，对原稿做了一定修改、增补，近几年新见的里耶秦简、岳麓秦简的有关内容得以在书稿中反映出来。一些学者对原作的批评指正，在修订时也尽量加以引用，并略作回应。总体而言，拙稿未能完成原课题计划，仍遗留不少问题。特别是里耶秦简未完全公布，书中的若干观点仍有待进一步验证。现在将它付梓显得过于急迫，不过我最终还是决定先把小书出版供学界批评。至于书稿未能解决的问题，姑且留待来日进一步探索。

进入历史文献学专业领域学习，特别是将先秦秦汉出土文献作为自己的研究方向是一个又一个偶然的结果。当年大学本科学习的是旅游管理，进入武大本来是打算学习旅游地理的，机缘巧合之下进入了历史地理专业学习。由于当时负责指导我的硕士导师晏昌贵师在出土文献研究领域有着浓厚的兴趣，在晏师的熏陶下，我渐渐将学术兴趣转移到出土文献研究领域。硕士毕业后，陈伟师又破格录取我进入历史文献学领域继续学习。由于多次跨专业进行学习，其中艰辛与坎坷、失落与彷徨往往有之。不过现在回想起来，我最终坚持了下来，并且始终没有后悔自己的选择。毕业后我进入湖北省文物考古研究院（原湖北省文物考古研究所和湖北省博物馆合署办公）工作，曾长期在《江汉考古》编辑部工作，对我来说，考古又是全新的领域。2020年，我又有幸参加了国家文物局委托吉林大学在山西夏县开办的田野考古培训班，现在我也取得了考古项目负责人的资质，我的工作内容和个人兴趣又逐步转移到田野考古发掘和研究。回到田野，回到出土文献的发掘、整理的第一现场，谁又能说这就是终点呢？

回忆在武大求学的六年时光，有许多难忘的记忆。晏昌贵师、陈伟师先后作为我的硕士导师和博士导师指导我的学业。他们不弃我资质愚钝，悉心教诲，多年的耳濡目染之下，深为二位恩师的学识修养和人格风范所折服。他们给我学术研究上的启迪是我毕生值得珍藏的宝贵财富。博士研究生期间，陈伟师推荐我赴日留学，进一步开阔学术视野。而这篇论文从选题、开题到写作各环节都凝聚着陈师的心血，论文的谋篇布局，甚至遣词造句，陈师都给予了具体而认真的指导。晏师也不时关心论文的进展，特别是在论文开题、预答辩等环节都提出了非常多的建议。这些帮助与教诲我都将永远铭刻于心。

在武汉大学简帛研究中心求学期间，历史学院以及中心的李天虹、杨华、彭浩、徐少华、刘国胜、宋华强等老师在学业和生活上都给予了我极大的支持与帮助。其中李天虹、彭浩、刘国胜、宋华强等老师参加了我论文的开题和预答辩，他们的指点使拙文得以避免一些不必要的疏失和错误，在此重申谢意。论文送审过程中，有幸得到中国人民大学王子今教授、北京师范大学宋杰教授、吉林大学吴良宝教授的认真审阅和评议。王子今教授还不辞劳苦，亲临武汉主持博士学位论文答辩。答辩会上，王子今教授、华中师范大学熊铁基教授、荆州博物馆彭浩研究员、武汉大学李天虹教授、武汉大学晏昌贵教授对论文提出了十分中肯的意见和建议，在此谨致谢意！

在武大读书期间，师兄鲁家亮博士、何有祖博士，同门杨芬博士、罗小华博士、曹方向博士以及李静、叶芃等同学一直是身边最亲近的人，或相与析疑，或嘘寒问暖，点点滴滴都是我攻读生涯的难忘回忆。特别是住在简帛中心的几年时光，先后与有祖、叶芃、方向同室而居，每日相对读书，结下了深厚的情谊。我早晚喜在陈师办公室后静谧的阳台上读书，这样惬意的时光今后恐不能再有了吧。那时有几年无法回家过年，陈师都邀我去他家共度除夕，新年第一天，李天虹老师还亲自送来熬好的鸡汤。忆及这些往事，心中不免涌起暖暖的热流。感谢这些敬爱的师长、亲爱的同学。

攻读博士期间，我得到国家留学基金委的资助，曾于2007年10月至2008年10月在日本早稻田大学访问求学一年。其间，我的日本导师工藤元男先生在学业与生活上给予极大的关心与照顾，还得到东京大学大西克也教授、早稻田大学古屋昭弘教授以及森和博士、水间大辅博士、广濑薫雄博士、柿沼阳平博士等先生的帮助，在此深表谢意。同时也感谢国家留学基金委给予这次学习交流的机会。

在湖北省文物考古研究所工作了近九年后，我有幸申请到美国哥伦比亚大学唐中心的资助，于2019年9月至2020年8月在哥大访学一年。其间得到李峰先生的悉心指导和无私帮助。唐中心的学术活动丰富多彩，极大地开阔了我的研究视野。访学期间也得到巴纳德学院郭珏女士、纽约大学郝益森先生的诸多帮助，在此表示感谢！

感谢我的家人。如果没有他们的理解和支持，很难想象一个农家子弟能够顺利走完艰辛的求学之路，在缺少陪伴的日子里给予最大的宽容，共同面对清贫的生活。现在因为工作的需要，我没有能够实现跳出农门的期望，仍然是与泥土最亲近的一拨人，在考古的田野上继续耕耘。

2023年10月12日改定
湖北赤壁大湖咀遗址考古工地

图书在版编目(CIP)数据

秦郡新探：以出土文献为主要切入点 / 凡国栋著.
上海：上海古籍出版社，2024.11. -- ISBN 978-7
-5732-1347-1
Ⅰ．K877.04
中国国家版本馆 CIP 数据核字第 2024TZ0500 号

秦郡新探——以出土文献为主要切入点

凡国栋　著

上海古籍出版社出版发行

（上海市闵行区号景路 159 弄 1－5 号 A 座 5F　邮政编码 201101）

（1）网址：www.guji.com.cn
（2）E-mail：guji1@guji.com.cn
（3）易文网网址：www.ewen.co

商务印书馆上海印刷有限公司印刷

开本 700×1000　1/16　印张 26　插页 3　字数 453,000
2024 年 11 月第 1 版　2024 年 11 月第 1 次印刷
ISBN 978－7－5732－1347－1
K·3708　定价：128.00 元

如有质量问题，请与承印公司联系